武漢大學党内法规研究中心

珞 珈 党 规 精 品 书 系

韩国政党法规和
党内法规选译

한국 정당법규와 당내법규

蔡永浩　朴大宪　崔慧珠　姜祉言／译
袁淑华　高晗之／校
祝捷／策划

社会科学文献出版社
SOCIAL SCIENCES ACADEMIC PRESS (CHINA)

丛书编委会

主　　任：王亚平　　周叶中

副主任：艾海滨　　李斌雄　　祝　捷

编　　委：（按姓氏音序排列）

陈洪波　　陈焱光　　丁俊萍　　刘茂林　　罗永宽

秦前红　　孙大雄　　孙德元　　王广辉　　王伟国

伍华军　　张晓燕　　赵　静

武汉大学党内法规研究中心简介

　　武汉大学党内法规研究中心成立于 2016 年 9 月 21 日。中心由中共湖北省委办公厅与武汉大学共建，是全国第一家党内法规实体性科研机构。中心按照建设全国党内法规研究高端智库、党内法规理论研究和创新基地、党内法规制度教育培训基地的"一库两基地"目标定位，主要承担党内法规基础理论和应用理论研究、对策研究、人才培养和学术交流等基本任务。武汉大学是我国高校中最早开展党内法规相关问题研究的学术阵地。依托马克思主义理论、法学、政治学等优势学科，党内法规研究中心的专家学者围绕党内法规基础理论、党内法规与国家法律的关系、党内法规实施机制等问题，已经出版学术专著数十部，发表学术论文数百篇，并提交多篇咨询报告，形成了一批具有重要理论价值和实践价值的标志性成果。中心陆续获批招收全国首批党内法规研究方向博士研究生、硕士研究生，开创"党内法规学"学科建设先河。中心召开的 2017 年第一次工作会议图片入选 2017 年 9 月 25 日开幕的"砥砺奋进的五年"大型成就展，这充分肯定了中心在标志性、引领性、关键性党内法规制定出台工作中作出的贡献。面向未来，武汉大学党内法规研究中心将始终坚持正确政治方向，继续贯彻中央有关全面从严治党的大政方针，围绕党内法规建设问题开展跨学科协同创新研究，集中力量打造党内法规理论研究、智库建设、人才培养、高端培训的高质量研究平台与国家高端智库。

序　言

　　习近平总书记指出：加强党内法规制度建设是全面从严治党的长远之策、根本之策。党的十八大以来，以习近平同志为核心的党中央坚持思想建党与制度治党紧密结合，坚持依法治国与制度治党、依规治党统筹协调、一体建设，在党内法规制度建设领域取得了丰硕的成果。党内法规制度建设，已经成为中国共产党探索共产党执政规律的重要组成部分。世界很多国家都采取政党政治，法治也成为治国理政的必然选择，将政党政治和法治结合起来，推进政党法治建设，已经成为一种潮流，也体现了人类政治文明发展的一般规律。政党法规，是国家或地区的公权力机构制定、施行，以规范政党行为的规范性文件，而党内法规则是由各政党自行制定、施行，以规范党组织和党员行为的规范性文件。政党法规在政党外部规范政党行为，体现了国家或地区的公权力机构对于政党的政策、立场和原则，而党内法规则在政党内部规范本党党组织和党员的行为，体现了政党对于自身建设的政策、立场和原则。世界上很多国家都在宪法中规定政党的地位和作用，有很多国家制定专门的政党法规规范政党组织和政党行为，一些国家的政党也制定党章、党纲和其他党内法规。他山之石，可以攻玉。学习、借鉴乃至批判其他国家的政党法规和党内法规，对于加强中国共产党党内法规制度建设、推进党内法规制度建设更加科学化有着积极意义。

　　然而，受限于语言的障碍和资料的匮乏，对国外政党法规和党内法规的翻译工作开展得十分艰难。很多国家的政党法规和党内法规特别是一些长期执政或具有国际影响力的大党、老党的党内法规，我们缺乏对其系统的收集、整理和翻译，这不能不说是党内法规理论研究工作的一种遗憾。2017年，中央印发《关于加强党内法规制度建设的意见》，明确提出要在建党100周年时形成比较完善的党内法规制度体系、高效的党内法规实施体系、有力的党内法规制度建设保障体系。国外政党法规和党内法规的构成和主要内容，是形成比较完善的党内法规制度体系的有效借鉴。国外公权力机构制定、运行政党法规，以及国外政党制定、运行党内法规的实践，是形成高效的党内法规实施体系的必要参考。国外政党法规和党内法规的比较研究，是党内法规制度建设理论研究的重要组成部分，因而也是形成有力的党内法规制度建设保障体系的关键环节。因此，对国外政党法规和党内法规的收集、翻译、整理以及在此基础上的研究工作，对于建立完善的党内法规体系有着重大理论和实践价值。

为此，武汉大学党内法规研究中心组织骨干力量，计划运用跨学科、多语言的优势，翻译出版"国外政党法规和党内法规译丛"，翻译德国、日本、俄罗斯、韩国、西班牙、法国等国家的政党法规和这些国家主要政党的党内法规，供学术界开展研究时参考，也供有关部门决策和制定相关党内法规时参考。对于这套译丛，有几个理论、实践和翻译方面的问题，必须予以说明。

第一，关于国外政党法规和党内法规的基本态度。尽管政党政治和法治是世界很多国家进行治国理政的基本方式，也为越来越多的跨社会制度、跨文化背景和跨文明形态的国家所采用，人类在政治文明演进过程中，也的确形成了一些具有规律性的共识，但是，这并不意味着国外特别是西方国家的政党法规和党内法规已经成为一种具有普遍性的模式。世界各国的政党政治发展有着特异性，世界各国的法治形态和法治的实现形式也存在差异，因而并不存在"放之四海而皆准"的政党法规和党内法规模式。各国的政党法规和党内法规也存在诸多不同，差异性大于共同性，特色性大于一般性。国外的政党法规和党内法规对中国共产党党内法规制度建设的主要价值是参考和借鉴，中国共产党党内法规制度建设既需要从国外政党法规和党内法规中吸取、借鉴合理的因素，也需要批判、反思国外政党法规和党内法规中值得商榷或不符合中国国情和中国共产党党情的做法。国外政党法规和党内法规因而并不是中国共产党党内法规制度建设的唯一道路和终极目标，更不能作为判断中国共产党党内法规制度建设的标准。

第二，关于国外政党法规和党内法规文本在理论研究和实践运行中的参考价值。《中国共产党党内法规制定条例》第5条第1款规定，党内法规的内容应当用条款形式表述，不同于一般不用条款形式表述的决议、决定、意见、通知等规范性文件。据此，党内法规是具有规范形态的党的政策、纪律和各级党组织、党员行为方式的总和。党内法规的外在表现形态类似于国家法律，在规范原理、规范构成、规范表述和规范实施方式上，与国家法律有着共通之处。因此，法律文本对于法学研究的重要价值，可以类比迁移至理解党内法规文本对于党内法规理论研究的重要价值上来。注重文本，从文本中探寻规范演化规律、发展规律，研究党内各项制度的构成要件、调整方式和责任机制，是从理论角度研究党内法规的重要方法。而对党内法规文本的比较研究，在理论研究的层次适度引入国外政党法规和党内法规文本，有助于深化对党内法规制度建设规律的认识，建立党内法规制度建设的理论体系。党内法规制度建设是实践性、技术性和操作性较强的活动。党内法规实践运行，需要合理借鉴和吸取国外政党法规和党内法规实施的若干经验和教训。从文本出发，了解国外政党法规和党内法规的规范构成、基本框架、主要内容和实施体制，特别是与规范实施密切相关的立改废释制度、责任追究制度、实施评估制度等，都能够对党内法规制度建设的实践运行产生推动作用。

第三，关于本译丛翻译过程中的相关问题。翻译是一次文本再造的过程。规范文本的翻译，需要进入规范文本制定和实施的场域，既需要借助较高的外语能力和业务能力理解、吃透国外政党法规和党内法规文本的含义，又需要较高的语言表达能力将国外政党法规和党内法规文本的含义用准确的中文表达出来。众所周知，由于语言、法律传统以及政党自身的原因，国外政党法规和党内法规的文本都非常晦涩，一些条文的编列方式、表述方式与中国法律和中国共产党的党内法规差异较大，这给翻译工作造成了很大的困扰。本着坚持正确的政治立场、忠实条文原文原意和符合国内读者阅读习惯的原则，在翻译时有三点提请读者注意：一是翻译对象的选择，包括各国宪法中的政党条款、主要政党法规和主要政党的党章、党纲、其他重要党内法规等，其中所谓"主要政党"是指仍然活跃在该国政坛，曾经或正在执政，或者虽未执政但有着重大影响力的政党；二是翻译文本的结构，尽量忠实于原文本的结构，符合原文本的表述习惯，但是由于很多国外政党法规和党内法规自身存在文本瑕疵、结构谬误的，在不影响阅读和不破坏原意的情况下，进行必要的调整和修饰；三是翻译语言的风格，尽量符合原文本的风格，也符合该国法律文本的表述风格，但同时也符合国内读者的阅读习惯，如德国政党法规和党内法规的文本，如同其他德国法一样，大量出现复杂句式和晦涩的法律用语，如果按原文直译，会给读者造成较大的困扰，因而在翻译时尽量使用国内读者易于理解的句式和语言，再如日本政党法规和党内法规的文本，有很多制度名称如果按日语直译，与中文同一制度名称含义差异较大且与其他制度名称难以严格区分，因而在翻译时也做了必要的处理。

当然，翻译国外政党法规和党内法规是一项非常艰难的工作，只能逐步摸索、循序渐进，成熟一本、出品一本。但是，我们认为，这的确是一项有着重大理论价值和实践价值的工作，也是一件有意义的工作。因此，武汉大学党内法规研究中心将"不忘初心、砥砺前行"，持续推动本项工作，以期为我国党内法规制度建设贡献智慧。

目　录

大韩民国宪法（节选）……………………………………………… 1

政党法…………………………………………………………………… 3

政党事务管理规则…………………………………………………… 20

政治资金法…………………………………………………………… 35

关于中断支付以及削减政党辅助金的规定……………………… 76

共同民主党…………………………………………………………… 78
　　共同民主党党宪……………………………………………… 78
　　党员规定……………………………………………………… 128
　　党费规定……………………………………………………… 139
　　中央组织规定………………………………………………… 143
　　地方组织规定………………………………………………… 179
　　选举管理委员会规定………………………………………… 198
　　党代表及最高委员选出规定………………………………… 202
　　第十九届总统选举候选人选出规定………………………… 217
　　共同民主党伦理规范………………………………………… 243
　　伦理审判院规定……………………………………………… 247

自由韩国党 ··· 256

　党　宪 ··· 256

　党员规定 ··· 299

　党费规定 ··· 303

　全党大会规定 ······································· 305

　全国委员会规定 ····································· 310

　常任全国委员会规定 ································· 312

　最高委员会议规定 ··································· 315

　中央职能委员会规定 ································· 317

　地方组织运行规定 ··································· 326

　党代表及最高委员选出规定 ··························· 337

　总统候选人选出规定 ································· 349

　比例代表国会议员候选人推荐规定 ····················· 364

　议员立法程序规定 ··································· 369

　伦理规则 ··· 370

　伦理委员会规定 ····································· 378

国民之党 ··· 387

　党　宪 ··· 387

　党员规定 ··· 424

　党费规定 ··· 431

　中央组织规定 ······································· 435

　地方组织规定 ······································· 463

　选举管理委员会规定 ································· 480

　党代表及最高委员选出规定 ··························· 483

　第十九届总统选举候选人选出规定 ····················· 494

　伦理规范 ··· 501

　党纪伦理审判院规定 ································· 504

正义党 ……………………………………………………………… 512

　党　宪 ……………………………………………………………… 512

　党员规定 …………………………………………………………… 531

　党费规定 …………………………………………………………… 540

　代议机构的构成 …………………………………………………… 542

　执行机构 …………………………………………………………… 544

　地区组织 …………………………………………………………… 547

　院内组织的运行 …………………………………………………… 551

　会议规定 …………………………………………………………… 553

　选举管理规定 ……………………………………………………… 562

　关于国会议员履行职务的规定 …………………………………… 585

　有关选出职公职者伦理的规定 …………………………………… 586

　党员的惩戒及党纪委员会规定 …………………………………… 588

后　记 …………………………………………………………… 595

大韩民国宪法（节选）

第八条

（一）政党设立自由，保障复数政党制。

（二）政党的目的、组织及活动应民主，应具有参与国民的政治意志形成所需的组织。

（三）政党根据法律规定受国家保护，国家可以按法律规定补助政党运行所需资金。

（四）如政党的目的或活动违背民主的基本秩序，政府可以向宪法裁判所提起解散申请之诉，政党根据宪法裁判所的审判解散。

第八十九条

下列事项应由国务会议审议：

14. 解散政党的申请；

第一百一十一条

（一）宪法裁判所管辖下列事项：

3. 政党的解散审判；

第一百一十二条

（二）宪法裁判所裁判官不得加入政党或参与政治。

第一百一十三条

（一）宪法裁判所做出的法律违宪决定、弹劾决定、政党解散决定或宪法诉愿认可决定，应经六人以上裁判官的赞成。

第七章　选举管理

第一百一十四条

（一）为公正地管理选举和国民投票并处理关于政党的事务，设立选举管理委员会。

（二）中央选举管理委员会由总统任命的三人、国会选出的三人及大法院长指名的三人组成。委员长在委员中互选产生。

（三）委员的任期为六年。

（四）委员不得加入政党或参与政治。

（五）委员非因弹劾或监禁以上的刑罚，不受罢免。

（六）中央选举管理委员会可在法令范围内制定关于选举管理、国民投票管理或政党事务的规则，在不与法律相抵触的范围内制定关于内部运行的规则。

（七）各级选举管理委员会的组织、职务范围及其他必要事项由法律规定。

第一百一十五条

（一）各级选举管理委员会可就选民名册的制作等选举事务和国民投票事务向相关行政机关做出必要的指示。

（二）收到第一款规定指示的行政机关应予以执行。

第一百一十六条

（一）选举活动应在各级选举管理委员会的管理下与法律规定的范围内进行，并保障机会平等。

（二）除法律规定的情形外，不得使政党或候选人承担关于选举的经费。

政党法

[2018.1.1 施行；法律第 11212 号，2012.1.26 他法修正]

第一章　总则

第一条【目的】

为了确保政党在参与国民政治意志形成中所必需的组织，保障政党的民主组织与活动，进而为民主政治的健康发展做出贡献，制定本法。

第二条【定义】

本法中，"政党"是指为了国民的利益，推动负责任的政治主张或政策，推荐或支持公职选举候选人，以参与国民政治意志的形成为目的的国民自发性组织。

第三条【构成】

政党由位于首都的中央党和位于特别市，广域市，道的市、道党（以下称"市、道党"）构成。

第二章　政党的成立

第四条【成立】

（一）政党由中央党向中央选举管理委员会注册而成立。

（二）第一款的注册，应满足第十七条（法定市、道党数）及第十八条（市、道党的法定党员数）规定的条件。

第五条【创党准备委员会】

由发起人组成的创党准备委员会从事政党的创立活动。

第六条【发起人】

创党准备委员会由发起人组成，若为中央党，应达到二百人以上；若

为市、道党，应达到一百人以上。（2010. 7. 23 修改）

第七条 【申报】

（一）组建中央党创党准备委员会，其代表人应向中央选举管理委员会申报以下各事项：

1. 发起的宗旨；

2. 政党的名称（暂称）；

3. 事务所所在地；

4. 发起人及其代表人的姓名、地址；

5. 会印及其代表人职印的印影；

6. 中央选举管理委员会规则规定的事项。

（二）中央党创党准备委员会申报第一款事项后，方可开始从事活动。

（三）申报第一款事项时，应附上发起人签名、盖章的同意书。（2010. 7. 23 新设）

（四）第一款申报事项中第一项至第五项（第四项中发起人的姓名、地址除外）规定的事项发生变更时，中央党创党准备委员会代表人应在十四日内向中央选举管理委员会进行变更申报。（2010. 7. 23 修改）

第八条 【创党准备委员会的活动范围】

（一）创党准备委员会应在创党目的范围内从事活动。

（二）根据第七条（申报）第一款规定中央党创党准备委员会自组建申报之日起六个月以内，可从事创党活动。

（三）中央党创党准备委员会在第二款规定的时限内未依照第十一条（注册申请）的规定做出中央党创党注册申请的，自期满之次日起，该创党准备委员会视为消灭。

（四）中央党创党准备委员会消灭时，中央选举管理委员会应及时予以公告。

第九条 【市、道党的创党承认】

市、道党的创党，应得到中央党或其创党准备委员会的承认。

第十条 【创党集会的公开】

（一）政党的创党集会应予以公开。

（二）中央党创党准备委员会为公开创党集会，应于集会召开五日前，在《关于振兴报纸等的法律》第二条（定义）规定的日报上刊登集会召开

公告。（2009.7.31 修改）

第十一条【注册申请】

创党准备委员会在完成创党准备后，其代表人应向辖区选举管理委员会申请政党注册。

第十二条【中央党的注册申请事项】

（一）中央党的注册申请事项如下：

1. 政党的名称（如有简称，则包括简称）；

2. 事务所所在地；

3. 纲领（或基本政策）和党宪；

4. 代表人、干部的姓名与住址；

5. 党员数；

6. 党印及其代表人职印的印影；

7. 市、道党的所在地与名称；

8. 市、道党代表人的姓名与住址。

（二）第一款规定的注册申请中，应附上代表人及干部的就任同意书，根据第十条（创党集会的公开）第二款规定进行报纸公告的证明材料与创党大会会议录复印件。

（三）第一款第四项规定的干部的范围以中央选举管理委员会规则规定之。（2010.1.25 新设）

第十三条【市、道党的注册申请事项】

（一）市、道党的注册申请事项如下：

1. 政党的名称；

2. 事务所所在地；

3. 代表人、干部的姓名与住址；

4. 党员数；

5. 党印及其代表人职印的印影。

（二）第一款规定的注册申请中，应附上代表人及干部的就任同意书、中央党或其创党准备委员会的创党承认书、相当于法定党员数党员的入党志愿书复印件及创党大会会议录复印件。

（三）第一款第三项规定的干部的范围由中央选举管理委员会规则规定。（2010.1.25 新设）

第十四条 【变更注册】

第十二条（中央党的注册申请事项）及第十三条（市、道党的注册申请事项）规定的注册申请事项中，以下各项之一发生变更，应在十四日内向辖区选举管理委员会申请变更注册（2010.1.25 修改）：

1. 政党的名称（包括简称）；
2. 事务所（中央党仅限于其事务所）所在地；
3. 纲领（或基本政策）和党宪；
4. 代表人、干部的姓名与住址；
5. 党印及其代表人职印的印影。

第十五条 【注册申请的审查】

辖区选举管理委员会收到注册申请，具备形式要件的，不可以驳回申请；不具备形式要件的，应命令其在一定期限内予以完善；若对其进行两次以上完善命令，都不予回应的，可驳回该申请。

第十六条 【注册、注册证的发放以及公告】

（一）辖区选举管理委员会收到第十二条（中央党的注册申请事项）至第十四条（变更注册）规定的注册申请后，应于接到注册申请之日起七日内受理申请，并发放注册证。

（二）受理第一款规定的注册申请后，该选举管理委员会应及时将其予以公告。

第十七条 【法定市、道党数】

政党应有五个以上的市、道党。

第十八条 【市、道党的法定党员数】

（一）市、道党应有一千名以上的党员。

（二）相当于第一款规定的法定党员数的党员的住址应在该市、道党的辖区内。

第三章　政党的合并

第十九条 【政党合并】

（一）政党以新的名称合并（以下称"新设合党"）或被其他政党合并（以下称"吸收合党"）时，须经参与合并的政党代议机关或其受委托机关的联合会议讨论，做出决议。

（二）政党的合并，依照第二十条（政党合并的注册申请）第一款、第二款及第四款的规定向中央选举管理委员会注册或申报后，方可成立。但是，政党在《公职选举法》第二条（适用范围）规定的选举（以下称"公职选举"）中，候选人登记申请开始之日起至选举日期间进行合并的，在选举日二十日后方可生效。

（三）根据第一款及第二款的规定政党进行合并的，其所属市、道党亦视为合并。但新设合党应自合并注册申请日起三个月内召开市、道党的改编大会，方可进行变更注册申请。

（四）新设合党的政党，若在第三款但书规定的期限内未进行变更注册申请的，自期满之次日起，该市、道党视为消灭。

（五）经合并、新设或存续的政党继承政党合并之前的政党的权利与义务。

第二十条【政党合并的注册申请】

（一）新设合党的政党代表人应自第十九条（政党合并）第一款规定的联合会议决议通过之日起十四日内，附上其会议录复印件，依照第十二条（中央党的注册申请事项）的规定，向中央选举管理委员会进行注册申请。

（二）第一款的情形中，第十二条第一款第七项及第八项规定的事项，可以自注册申请之日起一百二十日内补全。

（三）第二款的情形中，在期限内未进行补全的，中央选举管理委员会应两次以上命令其在一定期限内予以补全；若仍未补全的，可以根据第四十四条（注册的撤销）第一款的规定，撤销该注册。

（四）以吸收合并的方式存续的政党的代表人，应自第十九条第一款规定的联合会议决议通过之日起十四日内，附上其会议录复印件，将合并事由向中央选举管理委员会进行申报。

第二十一条【政党合并后的党员】

根据第十九条（政党合并）的规定进行政党合并的，合并前政党的党员成为合并后政党的党员。此时，政党合并前的入党志愿书视为政党合并后的入党志愿书。

第四章 政党的入党、退党

第二十二条【发起人及党员的资格】

（一）虽然其他法律有以公务员以及其他的身份为由禁止部分人员加入

政党或参加政治活动的相关规定，但是凡具有国会议员选举权者均可成为政党发起人及党员。但下列各项之一除外（2011. 7. 21，2012. 1. 26，2012. 2. 29，2013. 12. 30，2017. 12. 30 修改）：

1. 《国家公务员法》第二条（公务员的类别）或《地方公务员法》第二条（公务员的类别）规定的公务员。但是总统，国务总理，国务委员，国会议员，地方议会议员，通过选举就任的地方自治团体的长官，国会副议长的首席秘书官、秘书官、秘书、行政辅助要员，国会常任委员会、预算结算特别委员会、伦理特别委员会委员长的行政辅助要员，国会议员的辅佐官、秘书官、秘书，国会交涉团体代表议员的行政秘书官，国会交涉团体政策研究委员、行政辅助要员和《高等教育法》第十四条（教职员的类别）第一款、第二款规定的教员除外；

2. 《高等教育法》第十四条第一款、第二款规定的教员以外的私立学校的教员；

3. 根据法令规定具有公务员身份者。

（二）非大韩民国国民，不得成为党员。

第二十三条【入党】

（一）欲成为党员者，可依照下列方法之一，向市、道党或其创党准备委员会提出入党申请（2015. 8. 11 修改）：

1. 提交本人签名或盖章的入党志愿书的方法；

2. 提交根据《电子签名法》第二条第三项规定撰写的具有公认电子签名的入党志愿书电子文书的方法；

3. 根据政党的党宪、党规规定，利用信息通信网络的方法。这种情形，应根据《关于促进信息通信网络的利用及信息保护等的法律》等相关法令规定确认本人身份。

（二）市、道党或其创党准备委员会收到第一款规定的入党志愿书后，经党员资格审查机关的审议，决定是否允许入党，并登记于党员名册。市、道党或其创党准备委员会代表人可根据成为党员者的要求，发放党员证。入党的效力，自入党申请人登记于党员名册之时起生效。（2015. 8. 11 修改）

（三）若市、道党或其创党准备委员会拒绝接受入党志愿书或无正当理由拖延入党审议或不允许入党，入党申请人可以直接向中央党或其创党准备委员会提交入党申请书；中央党或其创党准备委员会对是否允许入党进行审议，若认定应允许其入党，应命令市、道党或其创党准备委员会将入党申请人登记到党员名册中。此情形，入党的效力自中央党或其创党准备委员会接收入党志愿书之时起生效。

（四）未登记到党员名册的，不认定为党员。

第二十四条【党员名册】

（一）市、道党应备有党员名册。

（二）中央党根据市、道党的党员名册，通过电子系统统合管理党员名册。市、道党的党员名册和中央党通过电子系统管理的党员名册不一致时，市、道党的党员名册效力优先。（2012. 2. 29 修改）

（三）第一款及第二款的名册，除法院提出裁判要求和相关选举管理委员会确认有关党员事项的情形之外，禁止强行要求阅览。（2012. 2. 29 修改）

（四）因犯罪侦查所需对党员名册进行调查，应出具法官发放的命令书。涉及调查的相关公务员不得泄露知晓的党员名册相关事实。（2012. 2. 29 修改）

第二十五条【退党】

（一）党员欲退党，可依照下列方法之一，向所属市、道党提出退党申报；若不能向所属市、道党提出退党申报，可向其中央党提出退党申报（2015. 8. 11 修改）：

1. 提交本人签名或盖章的退党申报书的方法；

2. 提交根据《电子签名法》第二条第三项规定撰写的具有公认电子签名的退党申报书电子文书的方法；

3. 根据政党的党宪、党规规定，利用信息通信网络的方法。这种情形，应根据《关于促进信息通信网络的利用及信息保护等的法律》等相关法令规定确认本人身份。

（二）根据第一款规定退党的效力，自所属市、道党或中央党接收退党申报书之时起生效。

（三）接收退党申报书的该市、道党，自接收之日起两日内删除党员名册中的记载，并发放退党证明书。

（四）根据第一款的规定，中央党接收退党申报书时，应立即发放退党证明书，并通报市、道党删除党员名册中的记载。

第二十六条【退党党员名册】

市、道党应备有退党党员名册。退党党员名册可以以在党员名册中记载退党日期的方式代替。

第二十七条【党员名册等的移交】

代表人变更、政党合并导致组织改编时的中央选举管理委员会规则规定的党员名册等相关文书（以下称"相关文书"）和与政党运行相关的印章等的移交义务人，应由政党在党宪中规定。该移交义务人应于自相关事由发生之日起十四日内移交相关文书和印章等。

第五章　政党的运行

第二十八条【纲领等的公开及党宪的记载事项】

（一）政党应公开其纲领（或基本政策）和党宪。

（二）第一款规定的党宪中应规定以下事项：

1. 政党的名称；

2. 政党的一般性组织、组成及权限相关事项；

3. 代表人、干部的选任方法、任期、权利及义务相关事项；

4. 党员的入党、退党、除名和权利及义务相关事项；

5. 代议机关的设置及召集程序；

6. 干部会议的组成、权限及召集程序；

7. 党的财政相关事项；

8. 选出公职选举候选人相关事项；

9. 党宪、党规的制定及修改的相关事项；

10. 政党的解散及合并的相关事项；

11. 撤销注册或自行解散时处分剩余财产的相关事项。

（三）中央选举管理委员会保存根据第十二条（中央党的注册申请事项）第一款及第十四条（变更注册）规定在注册申请时接收的纲领（或基本原则）和党宪，并将其在网站主页上公开。相关政党合并或消灭，也应继续公开。（2016. 1. 15 新设）

（四）第三款规定的关于纲领、党宪的保存及公开方法，以及其他必要事项由中央选举管理委员会规则规定之。（2016. 1. 15 新设）

第二十九条【政党的机构】

（一）为了维持民主的内部秩序，政党应设有能够反映党员意志的代议机关及执行机关，若有所属国会议员，还应设有议员总会。

（二）为确认、检查政党的预算、结算及其明细的会计检查等关于政党财政的相关事项，中央党应设有预算结算委员会。

（三）第一款及第二款规定的机构组织、权限以及其他事项，以党宪规定。

第三十条【政党的带薪事务职员数的限制】

（一）政党可以设有带薪事务职员，中央党不能超过一百名，市、道党的总人数为一百名以内，由中央党确定各市、道党的人数。（2010.1.25 修改）

（二）若政党的带薪事务职员人数超过第一款规定的数量，中央选举管理委员会应在下一年度根据《政治资金法》第二十五条第四款规定支付的经常性补助金中减去该年度政党的带薪事务职员年平均劳务费乘以超过的带薪事务职员数的金额。（2008.2.29 修改）

（三）第一款中"带薪事务职员"是指，无论全勤还是兼职，每月被政党雇佣工作十五日以上，并以工资、俸禄、津贴、活动费以及其他任何名目收取代价的人。每月提供十五日以内的劳动，并收取其代价的人（扫除、搬迁等临时性提供单纯劳动的日工和劳务企业的职员除外）超过两人时，将其劳动日数全部相加，一个月超过十五日以上，每到三十日为止，计算为带薪事务职员数一名。（2010.1.25 修改）

（四）虽有第三款的规定，但属于下列各项之一者，不计入第一款规定的带薪事务职员数（2010.1.25 修改）：

1. 第三十八条规定的政策研究所的研究员；

2. 未接收劳动报酬，仅接收履行职责所需活动费的政党干部。

第三十一条【党费】

（一）为实现党员的精锐化与政党的财政自立，政党应设置、运行党费缴纳制度。

（二）政党的党员不得承担同一政党内他人的党费，承担他人党费的人和让他人承担自己党费的人，自确认交纳党费之日起一年内停止该政党党员的资格。

（三）对未履行党费交纳义务的党员限制其权利行使、除名以及根据第二款规定停止党员资格等相关必要事项，由党宪规定之。

第三十二条 【书面决议的禁止】

（一）代议机关的决议和关于所属国会议员除名的决议，不得以书面形式或由代理人议决。

（二）代议机关的决议可以通过《电子签名法》第二条（定义）第三项规定的公认电子签名议决，具体方法由党宪规定。

第三十三条 【政党所属国会议员的除名】

政党对其所属国会议员进行除名，除应依照党宪规定的程序之外，还应得到其所属国会议员全体二分之一以上的同意。

第三十四条 【政党的财政】

政党的财产及收入、支出等财政相关事项，以法律另行规定。

第三十五条 【定期报告】

（一）中央党和市、道党应在第二年度 2 月 15 日（市、道党是 1 月 30 日）为止，向辖区选举管理委员会报告每年 12 月 30 日为止的党员数及活动概况。中央党应向中央选举管理委员会报告该年度的政策推进内容、推进结果及第二年度的主要政策推进计划。

（二）第十七条（法定市、道党数）及第十八条（市、道党的法定党员数）规定的要件存在瑕疵时，自出现瑕疵之日起十四日以内，中央党和市、道党应向辖区选举管理委员会报告。

（三）第三十八条（政策研究所的设置、运行）规定的政策研究所，应在第二年度 2 月 15 日为止向中央选举管理委员会报告每年 12 月 31 日为止的年度活动实绩，并通过在该政党的网站主页上公布等的方式公开。

（四）中央选举管理委员会应将根据第三款规定接收到的年度活动实绩，通过其网站主页等方式予以公开。

第三十六条 【提交报告或资料等的要求】

各级选举管理委员会（邑、面、洞选举管理委员会除外）进行监督时，若有必要可以要求政党提交报告或账簿、文书以及其他资料。但党员名册除外。

第六章　政党活动的保障

第三十七条 【活动的自由】

（一）根据宪法和法律规定，政党有活动的自由。

（二）在不支持、不推荐或不反对特定政党或特定公职选举候选人（包括欲成为候选人者）的前提下，政党利用印刷品、设施、广告等方式宣传该政党的政策或关于政治问题立场的行为和为招募党员所进行的活动（家访除外），视为一般性政党活动，予以保障。

（三）政党可按照国会议员地方选区及自治区域、市、郡，邑、面、洞设立党员协议会。但任何人不得为市、道党下级组织的运行设置党员协议会等事务所。

第三十八条【政策研究所的设置、运行】

（一）根据《政党资金法》第二十七条（补助金的分配）的规定成为补助金分配对象的政党（以下称"补助金分配对象政党"），为促进政策的开发、研究活动，应在中央党设置、运行独立法人形式的政策研究所（以下称"政策研究所"）。

（二）国家可以支援政策研究所的活动。

第三十九条【政策讨论会】

（一）《公职选举法》第八条之七（选举放送讨论委员会）规定的中央选举放送讨论委员会，为实现补助金分配对象政党能够通过广播电视宣传其政纲、政策，在任期结束而进行的公职选举（包括总统缺位选举及重新选举）的前九十日（总统缺位选举及重新选举时，是指确定实施该选举事由之日）起至选举日以外的期间中，应每年两次以上邀请中央党代表人、政策研究所所长或中央党代表人指定的人召开政策讨论会（以下称"政策讨论会"）。

（二）公营放送社（指韩国放送公司和根据《放送文化振兴会法》的规定放送文化振兴会为最大出资人的放送事业者，下同。）应通过所属电视广播转播政策讨论会，该费用由公营放送社承担。

（三）《公职选举法》第八十二条之二（选举放送讨论委员会主管的访谈、讨论会）第七款至第九款、第十二款及第十三款的规定，适用政策讨论会。此时，"访谈、讨论会"视为"政策讨论会"，"各级选举放送讨论委员会"视为"中央选举放送讨论委员会"。

（四）政策讨论会的召开、进行、告知以及其他必要事项，以中央选举管理委员会规则规定之。

第三十九条之二【促进政策选举为目的的公益广告】

（一）《放送法》规定的广播电视台应在任期结束而进行公职选举的当

年，为促进政策选举，在中央选举管理委员会规则规定的时段内播放五次以上公益广告，费用由该放送社承担。

（二）为实现第一款规定的公益广告，《韩国放送广告公社法》规定的韩国放送广告公社（以下本条称"韩国放送广告公社"），应自己承担经费制作放送广告一次以上，提供给广播电视台。

（三）韩国放送广告公社制作第二款规定的放送广告时，应与中央选举管理委员会协商广告主题。

（2012.2.29 新设）

第四十条【代替政党的禁止】

政党被宪法裁判所决定解散后，不得以与被解散政党的纲领（或基本政策）相同或相似的内容创党。

第四十一条【类似名称等的禁止使用】

（一）非依据本法注册的政党，其名称中不得使用表示政党的文字。

（二）与被宪法裁判所决定解散的政党相同的名称，不得重新作为政党名称使用。

（三）创党准备委员会及政党的名称（包括简称）应与已经申报的创党准备委员会及注册的政党正在使用中的名称明确区分。

（四）与根据第四十四条（注册的撤销）第一款规定撤销注册的政党名称相同的名称，自撤销注册之日起至最初实施因任期结束而进行国会议员选举的选举日为止，不得使用为政党名称。

［单纯违宪，2012 헌마 431，2012 헌가 19（合并）2014.1.28. 政党法（2005.8.4 法律第 7683 号修改）第 41 条第 4 款中关于第 44 条第 1 款第 3 项的部分违宪］

第四十二条【强制入党等的禁止】

（一）任何人未经本人自由意志的同意，不被强制加入或退出政党。但党员的除名处分除外。

（二）任何人不得成为两个以上政党的党员。

第四十三条【严守秘密的义务】

各级选举管理委员会委员和职员不仅在任职期间，即使离职以后也应严守职务秘密。

第七章　政党的消灭

第四十四条【注册的撤销】

（一）政党出现下列情形之一的，相关选举管理委员会撤销其注册：

1. 未具备第十七条（法定市、道党数）及第十八条（市、道党的法定党员数）规定的要件的情形。但要件的瑕疵出现在公职选举的选举日前三个月以内的，可将取消登记延长至选举日后三个月，其他情形，可将撤销延长至出现要件瑕疵之日后三个月；

2. 最近四年内未参加因任期结束而进行的国会议员选举、因任期结束而进行的地方自治团体长官选举和市、道议会议员选举的情形；

3. 在任期结束而进行的国会议员选举中未获得议席，同时未获得有效投票总数的百分之二以上的情形。

（二）根据第一款规定撤销注册时，相关选举管理委员会应及时予以公告。

［单纯违宪，2012 헌마 431，2012 헌가 19（合并）2014.1.28. 政党法（2005.8.4. 法律第 7683 号修改）第 44 条第 1 款第 3 项违宪］

第四十五条【自行解散】

（一）政党可通过其代议机关的决议而解散。

（二）政党根据第一款规定解散时，其代表人应及时向辖区选举管理委员会申报。

第四十六条【市、道党创党承认的撤销】

中央党或其创党准备委员会应在党宪或创党准备委员会规约中规定撤销市、道党创党承认的事由与程序；以党宪或规约规定之外的事由撤销创党承认时，应由中央党或其创党准备委员会代议机关投票决定。

第四十七条【解散公告等】

相关选举管理委员会收到第四十五条（自行解散）规定的申报，宪法裁判所做出的解散决定的通知，中央党或其创党准备委员会撤销市、道党创党承认的通知时，应删除其政党的注册，并及时予以公告。

第四十八条【解散等情形下对剩余财产的处分】

（一）政党根据第四十四条（注册的撤销）第一款规定被撤销注册，或根据第四十五条（自行解散）规定被解散时，其剩余财产依据党宪规定进行处分。

（二）未根据第一款的规定进行处分的政党的剩余财产以及根据宪法裁判所解散决定被解散的政党的剩余财产，归国库所有。

（三）第二款有关必要事项，以中央选举管理委员会规则规定之。

第七章之二　补则（2008.2.29 新设）

第四十八条之二【党代表竞选事务的委托】

（一）根据《政治资金法》第二十七条的规定成为补助金分配对象政党的中央党，可以向中央选举管理委员会申请，委托其管理代表人选举（以下本条中称"党代表竞选"）事务中的投票及开票相关事务。

（二）中央选举管理委员会根据第一款的规定，接受党代表竞选中的投票及开票相关事务的委托管理时，其费用由该政党承担。

（三）根据第一款的规定，政党的中央党委托党代表竞选事务时，其具体程序与必要事项以中央选举管理委员会规则规定之。（2008.2.29 新设）

第八章　处罚规定

第四十九条【党代表竞选等的妨碍自由罪】

（一）政党的代表人、投票选出的党职者（包括选出党职者的选举人团，以下同）的选举（以下称"党代表竞选等"）中，如有下列各项之一者，处以五年以下徒刑或一千万韩元以下罚金：

1. 对候选人、欲成为候选人者或当选人实施暴行、胁迫或诱拐、逮捕、监禁者；

2. 妨碍选举活动或交通，或以诡计、欺诈以及其他不正当方式妨碍党代表竞选等的自由者；

3. 以业务、雇佣以及其他关系强行要求受其保护、指挥、监督者，支持、推荐或反对特定候选人者。

（二）在党代表竞选等活动中，多数人在选举活动设施、场所等处投放危险物，或对候选人施暴者，依据以下各项规定区分予以处罚：

1. 主犯处以三年以上有期徒刑；

2. 指挥他人或领头实施行为者，处以七年以下徒刑；

3. 协同他人意见实施行为者，处以两年以下徒刑。

第五十条 【党代表竞选等的收买及利害诱导罪】

（一）在党代表竞选等活动中，有下列各项之一者，处以三年以下徒刑或六百万韩元以下罚金（2013.8.13修改）：

1. 以选出、使其成为或不能成为政党的代表人或党职者为目的或以使选民（是指登记在党代表竞选等的选民名册上者，以下同）投票或不投票为目的，向候选人（包括欲成为候选人者）、选举活动相关人员、选民或监票人提供、表示或承诺钱财、招待以及其他财产上的利益或公司职位者。但是，政党的中央党根据党宪规定向参加全国性最高代议机关会议的党员以政党的经费提供交通便利，以及根据中央选举管理委员会规则规定依照惯例提供的食品除外；

2. 接受或同意接受第一款规定的利益或职位者。

（二）指示、劝诱、要求或斡旋第一款第一项、第二项规定行为者，处以五年以下徒刑或一千万韩元以下罚金。

第五十一条 【对党代表竞选等的收买及利害诱导罪相关利益的没收】

对构成第五十条（党代表竞选等的收买及利害诱导罪）规定之罪者所得到的利益予以没收。但无法没收其全部或者部分的，可追缴其差额。

第五十二条 【党代表竞选等的虚假事实公布罪】

（一）在党代表竞选等活动中，以当选或使他人当选为目的，通过演讲、电视广播、报纸、通信、杂志、墙报、宣传文书以及其他方法，为有利于候选人而对候选人及其配偶、直系亲属、兄弟姐妹的所属、身份、职业、财产、经历、学历、学位或奖惩相关事实进行虚假公布者和散布载有虚假事实的宣传文书者（包括以散布为目的的持有者），处以三年以下徒刑或六百万韩元以下罚款。

（二）在党代表竞选等活动中，以不让他人当选为目的，通过演讲、电视广播、报纸、通信、杂志、墙报、宣传文书以及其他方法，为不利于候选人而对候选人及其配偶、直系亲属、兄弟姐妹相关事实进行虚假公布者和散布载有虚假事实的宣传文书者（包括以散布为目的的持有者），处以五年以下徒刑或一千万韩元以下罚金。

第五十三条 【违法成为发起人或者党员之罪】

违反第二十二条（发起人及党员的资格）第一款但书的规定，成为政党的发起人或党员者，处以一年以下徒刑或一百万韩元以下罚金。

第五十四条 【强迫入党罪等】

违反第四十二条（强制入党等的禁止）第一款的规定，强迫他人加入政党或退党的，处以两年以下徒刑或二百万韩元以下罚金。

第五十五条 【违法加入政党罪】

违反第四十二条（强制入党等的禁止）第二款的规定，成为两个以上政党的党员者，处以一年以下徒刑或一百万韩元以下罚金。

第五十六条 【强行要求阅览党员名册罪】

强行要求阅览党员名册者，处以五年以下徒刑。

第五十七条 【报告不履行等罪】

无正当事由不提交根据第三十六条（提交报告或资料等的要求）的规定由选举管理委员会要求提交的报告或资料者，或提交虚假报告、记载者，或未提交第三十五条（定期报告）第一款至第三款规定的报告或虚假记载该报告书者，处以两年以下徒刑或二百万韩元以下罚金。

第五十八条 【公务知晓事实泄露罪等】

下列各项之一者，处以三年以下徒刑或监禁（2012.2.29修改）：

1. 违反第二十四条（党员名册）第四款中的规定，泄露知晓的党员名册相关事实者；

2. 违反第四十三条（严守秘密的义务）规定，未能严守职务秘密者。

第五十九条 【虚假注册申请罪等】

（一）下列各项之一者，处以两年以下徒刑或两百万韩元以下罚金：

1. 虚假申请第十二条（中央党的注册申请事项）或第十三条（市、道党的注册申请事项）规定的注册事项者；

2. 虚假申请第十四条（变更注册）规定的变更注册者；

3. 违反第三十七条（活动的自由）第三款但书的规定，为市、道党下级组织的运行设置党员协议会等事务所者。

（二）违反第四十一条（类似名称等的禁止使用）第一款或第二款规定者，处以一年以下徒刑或一百万韩元以下罚金。

第六十条 【各种义务懈怠罪】

（一）违反第二十四条（党员名册）第一款或第二十六条（退党党员名册）的规定，未备有党员名册或退党党员名册者，处以一年以下徒刑或五十万韩元以上、三百万韩元以下罚金。

（二）违反第二十五条（退党）第三款规定者，处以一百万韩元以下罚金。

（三）违反第二十七条（党员名册等的移交）规定，未移交相关文书和印章者，处以两年以下徒刑或二百万韩元以下罚金。

第六十一条 【妨碍创党等罪】

（一）用诡计或威慑力妨碍创党准备活动，使创党准备委员会丧失或暂时中止其功能者，处以七年以下徒刑或三千万韩元以下罚金。

（二）用诡计或威慑力妨碍政党活动，使政党丧失或暂时中止其功能者，处以第一款规定之刑。

第六十二条 【罚款】

（一）下列各项之一者，处以一百万韩元以下罚款：

1. 违反第十四条（变更注册）规定，懈怠变更注册申请者；

2. 懈怠第二十条（政党合并的注册申请）第一款规定的注册申请或同条第四款规定的申报者；

3. 懈怠第三十五条（定期报告）第一款至第三款规定的报告者。

（二）根据中央选举管理委员会规则的规定，第一款规定的罚款由辖区选举管理委员会（邑、面、洞选举管理委员会除外）向违反者征收；未按时交纳的，可以委托所属税务署长依照国税滞纳处分之例进行征收。

（三）删除。（2012.2.29）

（四）删除。（2012.2.29）

（五）删除。（2012.2.29）

（2012.2.29 修改标题）

附则 （第 13757 号，2016.1.15）

第一条 【施行日】

本法自公布之日起三个月后施行。

第二条 【关于公开纲领、党宪的适用之例】

第二十八条第三款的修改规定，适用于本法施行当时注册在案的政党与本法施行后注册的政党的纲领、党宪。

政党事务管理规则

[2016.4.16 施行；中央选举管理委员会规则第 441 号，
2016.1.15 部分修正]

第一章　总　则

第一条【目的】

为了规范《政党法》委任的事项和管理政党事务的必要事项，制定本
规则。

第二章　政党的成立

第二条【中央党创党准备委员会的组建申报事项以及处理】

（一）《政党法》（以下称"法律"）第七条（申报）第一款规定的中央
党创党准备委员会组建申报，依照附录第一号表格进行。

（二）中央党创党准备委员会在进行组建申报时，应当附上发起人大会
会议记录复印件以及代表人的就任同意书。

（三）中央选举管理委员会收到第一款规定的组建申报时，应当依照下
列各项规定处理事务：

1. 依照附录第二号表格，登记于组建申报簿；

2. 公告组建事实；

3. 依照附录第三号表格，发放组建申报讫证；

4. 通知特别市、广域市、道的选举管理委员会（以下称"市、道选举
管理委员会"）。

第三条【中央党创党准备委员会变更申报的处理】

（一）依照附录第四号表格，根据法律第七条第四款的规定进行中央党

创党准备委员会变更申报。（2014.7.29 修改）

（二）当中央选举管理委员会收到第一款规定的变更申报时，应当依照下列各项规定处理事务：

1. 删除组建申报簿上的相应事项或者记载变更事项；

2. 公告变更事实；

3. 再次发放组建申报讫证（仅限于组建申报讫证中的记载事项发生变更的情形）；

4. 通知市、道选举管理委员会。

第四条【中央党创党准备委员会的消灭以及解散】

（一）当发生法律第八条（创党准备委员会的活动范围）第三款规定的中央党创党准备委员会的消灭，或者依照附录第五号表格申报解散时，中央选举管理委员会应当依照下列各项规定处理事务：

1. 注销组建申报簿；

2. 公告消灭或者解散的事实；

3. 通知市、道选举管理委员会。

（二）市、道选举管理委员会接到第一款第三项规定的通知，应当及时注销相应市、道党的注册簿，并公告该注销事实。

第五条【政党的注册申请】

中央党依照附录第六号表格，市、道党依照附录第九号表格，进行法律第十一条（注册申请）规定的政党注册申请。

第六条【干部的范围】

（一）在中央党的干部中，依照法律第十二条第一款第四项的规定，应当进行注册的人员，或者依照法律第二十八条第二款第三项的规定，应当通过党宪规定选举方法等的人员，如下（2010.1.25 修改）：

1. 代议机关的长官；

2. 事务机构的长官；

3. 总揽政策机构的负责人；

4. 有国会议员的情形下，在国会中代表该政党的代表人。

（二）在市、道党的干部中，依照法律第十三条第一款第三项的规定，应当进行注册的人员，如下（2010.1.25 修改）：

1. 代议机关的长官；

2. 事务机构的长官。

（三）删除。（2010.1.25）

第七条【政党注册申请的处理】

（一）中央选举管理委员会根据法律第十六条（注册、注册证的发放以及公告）第一款的规定受理中央党的注册申请，依照下列各项规定处理事务：

1. 依照附录第七号表格，登记于注册簿；

2. 公告注册事项；

3. 依照附录第八号表格，发放注册证；

4. 通知市、道选举管理委员会。

（二）市、道选举管理委员会根据法律第十六条第一款的规定受理市、道党的注册申请，依照下列各项规定处理事务：

1. 依照附录第十号表格，登记于注册簿；

2. 公告注册事项；

3. 依照附录第八号表格，发放注册证；

4. 通知区、市、郡选举管理委员会。

第八条【变更注册申请的处理】

（一）根据法律第十四条（变更注册）的规定变更注册申请时，依照附录第十一号表格进行申请。

（二）根据法律第十六条（注册、注册证的发放以及公告）第一款的规定受理变更注册申请时，依照下列各项规定处理事务：

1. 删除注册簿上的相应事项或者登记变更事项；

2. 公告变更注册事实；

3. 再次发放注册证（仅限于注册证上的记载事项发生变更的情形）；

4. 当变更事项与中央党有关时，通知市、道选举管理委员会；当变更事项与市、道党有关时，通知区、市、郡选举管理委员会。

第九条【政党印影确认申请的处理】

（一）政党代表人需要确认相应政党的党印以及代表人的职印时，应当填写附录第十二号表格的印影确认书，向辖区选举管理委员会提出申请。

（二）收到第一款申请的辖区选举管理委员会，通过对照已经登记于辖区选举管理委员会的印影，做出确认、处理。

第三章　政党的合并

第十条【中央党新设合党注册申请的处理】

（一）依照附录第十三号表格，进行法律第二十条（政党合并的注册申请）第一款规定的中央党新设合党注册申请。

（二）中央选举管理委员会收到第一款规定的中央党新设合党注册申请时，应当在七日以内决定受理，并且依照下列各项规定处理事务：

1. 依照附录第七号表格，登记于注册簿；

2. 发放注册证；

3. 注销合并前政党的注册簿；

4. 公告合并注册事实；

5. 通知市、道选举管理委员会。

第十一条【中央党吸收合党申报的处理】

（一）依照附录第十四号表格，进行法律第二十条（政党合并的注册申请）第四款规定的中央党吸收合党申报。

（二）中央选举管理委员会收到第一款规定的中央党吸收合党申报时，应当依照下列各项规定处理事务：

1. 在存续政党的注册簿中，记载合党事由和申报年月日以及党员人数（将被吸收政党的党员人数计入存续政党的党员人数）；

2. 注销被吸收政党的注册簿；

3. 公告合党事实；

4. 通知市、道选举管理委员会。

（三）中央选举管理委员会在处理第二款规定的中央党吸收合党申报过程中，当发现存续政党的注册事项中存在变更事项时，无须要求进行变更注册申报，准用第八条（变更注册申请的处理）的规定处理事务。

第十二条【新设合党相关市、道党事务的处理】

（一）市、道选举管理委员会在收到来自中央选举管理委员会的中央党新设合党通知后，应当及时依照下列各项规定处理事务：

1. 当在同一市、道内，有两个以上属于合并前政党的市、道党时，将各市、道党注册簿上的市、道党名称变更记载为新设政党的市、道党名称，同时再次颁发市、道党注册证；

2. 当在同一市、道内，仅有一个属于合并前政党的市、道党时，将该市、道党注册簿上的市、道党名称变更记载为新设政党的市、道党名称，同时再次发放市、道党注册证。

（二）第一款第一项的情形下，在依照法律第十九条（政党合并）第三款但书的规定完成变更注册前，应当将各市、道党的代表人视为是新设政党的市、道党共同代表人。

第十三条 【吸收合党相关市、道党事务的处理】

市、道选举管理委员会在收到中央选举管理委员会的中央党吸收合党通知后，应当及时依照下列各项规定处理事务：

1. 在同一市、道内，既有存续政党的市、道党，又有被吸收政党的市、道党时，在存续政党的市、道党注册簿上记载合党事由，注销被吸收政党的市、道党注册簿，将被吸收政党的市、道党党员人数计入存续政党的市、道党注册簿党员人数中；

2. 在同一市、道内，仅有一个被吸收政党的市、道党时，准用第十二条（新设合党相关市、道党事务的处理）第一款第二项的规定处理；

3. 在同一市、道内，同时存在两个以上被吸收政党的市、道党时，准用第十二条（新设合党相关市、道党事务的处理）第一款第一项、第二款以及第十四条（新设合党变更注册申请的处理）的规定处理。

第十四条 【新设合党变更注册申请的处理】

市、道选举管理委员会收到法律第十九条（政党合并）第三款但书规定的改编后市、道党的变更注册申请时，应当在七日以内决定受理，并且依照下列各项规定处理事务：

1. 注销改编前市、道党的注册簿；

2. 将改编后市、道党的变更注册事项，重新登记于注册簿；

3. 公告变更注册事实；

4. 再次发放注册证；

5. 通知区、市、郡选举管理委员会。

第四章　入党、退党

第十五条 【入党志愿书等的管理】

（一）法律第二十三条第一款规定的入党志愿书以及法律第二十五条第

一款规定的退党申报书中，应当记载居民登录证号码。（2014.11.27 新设）

（二）市、道党应当备案、管理党员名册中人员的入党志愿书以及退党党员名册中人员的退党申报书和退党证明开具簿。（2014.11.27 修改）

（三）市、道党应当将依照《电子签名法》的电子文书或者使用信息通信网的方式提交的入党志愿书和退党申报书，保存于电子记录媒介中，通过打印该内容进行保存、管理，同时还应当在党员名册和退党党员名册中注明属于依照《电子签名法》的电子文书或者使用信息通信网的方式完成的入党或者退党。（2014.11.27，2015.8.13 修改）

第十六条【中央党或者其创党准备委员会对入党志愿书的处理】

依照法律第二十三条（入党）第三款的规定，接收入党志愿书的中央党或者其创党准备委员会应当要求入党申请人说明提交入党志愿书的原委，审查是否可以入党；允许入党时，将该处理结果记载于入党志愿书接收处理簿，进行备案，同时将该入党志愿书送达相应市、道党或者其创党准备委员会。

第十七条【中央党对退党申报书的处理】

中央党依照法律第二十五条（退党）第四款的规定，接收并处理退党申报书时，应当将该处理结果记载于退党申报书接收处理簿，进行备案。

第十八条【相关材料的移交】

根据法律第二十七条（党员名册等的移交）的规定，政党应当移交的相关材料如下：

1. 中央党的情形：入党志愿书接收处理簿、退党申报书接收处理簿、政党的收入支出簿，以及相应证明材料；

2. 市、道党的情形：党员名册、入党志愿书册、退党党员名册、退党申报书册、退党证明开具簿、政党的收入支出簿，以及相应证明材料。

第十八条之二【为了公开纲领等而提交的电子版文件】

中央党在依照法律第十二条进行注册申请或者依照法律第十四条进行变更注册申请的情形下，应当一并提交电子版纲领（或者基本政策）和党宪。（2016.1.15 新设）

第五章　政党的运行

第十九条【依定期报告变更注册簿】

当依照法律第三十五条（定期报告）第一款的规定，汇报党员人数以及活动概况时，发现党员人数存在出入时，相应选举管理委员会应当变更记载该政党注册簿上的党员人数。

第二十条 【政党活动概况等的报告】

（一）汇报法律第三十五条（定期报告）第一款规定的党员人数以及活动概况时，应当遵循中央选举管理委员会的规定；在编制政策推进内容及其推进结果以及下一年度的主要政策推进计划时，应当区分政治、司法伦理、财政经济、统一外交通商、国防、行政自治、教育、科学技术信息通信、文化观光、农林海洋水产、产业资源、保健福祉、环境、劳动、建设交通以及女性等领域。

（二）应当使用通俗易懂的目标完成度等各种指标，编制第一款规定的政策推进内容及其结果。

（三）辖区选举管理委员会可以要求以电子文书的形式编制、汇报第一款规定的党员人数以及活动概况。

第二十一条 【政策研究所的活动业绩报告】

（一）法律第三十五条（定期报告）第三款规定的政策研究所年度活动业绩，依照中央选举管理委员会规定的内容，应当以通俗易懂的形式编制并汇报，有关刊物等资料的发行、讨论会等的召开、政策宣传以及教育和研修等其他活动的情况和业绩。

（二）第一款规定的政策研究所年度活动业绩报告，准用第二十条（政党活动概况等的报告）第三款的规定。

第二十一条之二 【公益广告的时间段】

（一）依照法律第三十九条之二第一款规定的广播电视台公益广告时间段，如下：

1. 平日：自下午七点至下午十一点；

2. 星期六、星期日以及公休日：自下午六点至下午十一点。

（二）韩国放送广告公社在根据法律第三十九条之二第二款的规定制作广告时，应当就广告主题和内容，事前听取中央选举管理委员会的意见；制成广告时，应当及时送交中央选举管理委员会一份。（2012.3.2 新设）

第六章　政党的消灭

第二十二条 【注册的撤销】

（一）辖区选举管理委员会依照法律第二十条（政党合并的注册申请）

第三款或者法律第四十四条（注册的撤销）第一款的规定撤销政党的注册时，应当依照下列各项规定处理事务：

1. 注销注册簿；

2. 公告撤销注册的事实；

3. 变更事项涉及中央党时，通知市、道选举管理委员会；变更事项涉及市、道党时，通知区、市、郡选举管理委员会。

（二）市、道选举管理委员会收到依第一款第三项的通知后，应当及时注销相应市、道党的注册簿，并且公告该注销事实。

第二十三条【注册的注销等】

（一）依照附录第五号表格，进行法律第四十五条（自行解散）第二款规定的政党解散申报。

（二）准用第二十二条（注册的撤销）规定处理法律第十九条（政党合并）第四款规定的市、道党归于消灭的事务以及法律第四十七条（解散公告等）规定的注销注册事务。

第二十四条【解散等情形下对剩余财产的处分】

（一）依照法律第四十八条（解散等情形下对剩余财产的处分）第二款的规定，应当将剩余财产归还国家的政党，自撤销注册之日或者解散之日起至两个月以内，向中央选举管理委员会汇报有关应当转归国库剩余财产（以下在本条中称"转归国库剩余财产"）的具体明细，并交付该剩余财产。

（二）未依照第一款的规定交付转归国库剩余财产时，中央选举管理委员会向该政党签发附有缴纳期限的督促状；该期限届满仍未交付时，应当及时委托辖区税务署长进行征收。

（三）针对向国家上缴由中央选举管理委员会或者辖区税务署长征收的转归国库剩余财产相关程序，准用《国库资金管理法施行规则》。

第六章之二　补则（2008.2.29 新设）

第二十四条之二【党代表竞选事务的管理】

（一）中央选举管理委员会依照法律第四十八条之二第一款的规定，受委托管理党代表竞选事务中投票以及开票相关事务（以下称"党代表竞选事务"）的，关于该党代表竞选事务的管理，除本规则规定的事项，其他事项由中央选举管理委员会与相应政党协商决定。

（二）申请委托党代表竞选事务的政党，当该政党的党宪、党规中没有规定党代表竞选事务日程或者不同于本规则所规定的事项时，虽有第一款的规定，但是可以由中央选举管理委员会与该政党协商，另行规定相应日程。（2008.2.29 新设）

第二十四条之三 【党代表竞选事务的委托】

（一）当政党欲向中央选举管理委员会委托党代表竞选事务的管理时，应当明示下列各事项，在党宪、党规规定的党代表竞选开始日（在党宪、党规未规定的，是指党代表竞选候选人登记结束日的次日，下同）的十五日前，依照附录第十四条之二的表格提出申请：

1. 党代表竞选期间以及党代表竞选日；

2. 投票方法以及投票时间；

3. 投票以及开票单位；

4. 党宪、党规规定的党代表竞选相关内容；

5. 管理党代表竞选事务的其他必要事项。

（二）中央选举管理委员会在收到第一款的委托管理申请时，综合考虑公职选举（包含为推荐公职选举候选人的竞选、国民投票、居民投票以及居民罢免投票）、教育议员以及教育部门负责人选举、公共团体选举的委托或者其他政党所申请的党代表竞选事务日程等，决定是否接受委托管理，并在接收党代表竞选委托申请书后七日内，将该结果通报相应政党。

（三）当有两个以上的政党申请委托党代表竞选事务的管理，导致党代表竞选事务日程发生重叠时，可以由中央选举管理委员会与相应政党协商调整其日程。（2008.2.29 新设）

第二十四条之四 【党代表竞选选民名册的提出】

（一）委托中央选举管理委员会管理党代表竞选事务的政党（以下称"委托竞选事务的政党"）应当在党代表竞选开始日之前，将一份符合附录第十四号之三表格的党代表竞选选民名册及其电子版资料的复印件，分别提交至中央选举管理委员会和按照党代表竞选投票场所而设置的主管投票以及开票的各选举管理委员会（以下称"党代表竞选投票与开票管理委员会"）。

（二）党代表竞选投票与开票管理委员会通过综合考虑设置投票场所的单位和各投票场所的党代表竞选选民数等，可以分别装订党代表竞选选民

名册或者制作并使用复印件。（2008.2.29 新设）

第二十四条之五 【党代表竞选候选人名册的提出】

委托竞选事务的政党应当在党代表竞选候选人登记结束日的次日前，依照附录第十四号之四表格，将一份党代表竞选候选人名册，提交至中央选举管理委员会。（2008.2.29 新设）

第二十四条之六 【投票方法】

（一）以一人一票的标记方法进行党代表竞选的投票；中央选举管理委员会可以与委托竞选事务的政党协商，确定其他方法。

（二）由党代表竞选选民直接进行投票。

（三）党代表竞选选民不得在选票中标示其姓名以及其他能够推定党代表竞选选民的标记。（2008.2.29 新设）

第二十四条之七 【党代表竞选投票场所的设置】

（一）设置党代表竞选投票场所，在无特别事由的前提下，以全国为单位的，设置于首都；以市、道以及区、市、郡为单位的，设置于相应行政机构办公场所的所在地。

（二）党代表竞选投票与开票管理委员会原则上遵循下列各项规定，也可以指定辖区内的区、市、郡选举管理委员会（不包括区、市、郡选举管理委员会已经被确定为党代表竞选投票与开票管理委员会的情形）负责投票以及开票相关事务：

1. 以全国为单位设置时，由中央选举管理委员会或者中央选举管理委员会指定的市、道选举管理委员会负责；

2. 以市、道为单位设置时，由辖区市、道选举管理委员会负责；

3. 以区、市、郡为单位设置时，由辖区内的区、市、郡选举管理委员会负责。

（三）依照第一款以及第二款的规定，由中央选举管理委员会与委托竞选事务的政党协商，确定设置党代表竞选投票场所的单位。

（四）党代表竞选投票与开票管理委员会应当在党代表竞选日的三日前，决定并公告设置党代表竞选投票场所的地点，同时应当将该内容告知委托竞选事务的政党。

（五）当发生自然灾害等不可抗力事由时，虽有第四款的规定，但是可以变更设置党代表竞选投票的场所，并应当及时公告该事实，同时将包含先前公告内容的事实一并公布于党代表竞选投票与开票管理委员会的网站主页（限于已经开设并运行网站主页的情形）；在还未发送依照第二十四条之九的投票公告时，应当将该事实反映于投票公告中，告知党代表竞选选民。

（六）委托竞选事务的政党可以提出针对投票场所设备的整改要求。

（七）为了辅助投票以及开票事务，党代表竞选投票与开票管理委员会设置投票事务员以及开票事务员，投票事务员可以兼任开票事务员。这一情形下，由党代表竞选投票与开票管理委员会委任投票事务员，并应当在党代表竞选日的三日前，依照附录第十四号之五表格，将该名单告知委托竞选事务的政党。（2008.2.29 新设）

第二十四条之八 【选票】

（一）应当在选票中，标示党代表竞选候选人的号码以及姓名。

（二）由委托竞选事务的政党确定记载于选票的号码。（2008.2.29 新设）

第二十四条之九 【投票公告的发送】

（一）党代表竞选投票与开票管理委员会制作填写党代表竞选选民的姓名、党代表竞选选民名册登记号码、党代表竞选投票场所的位置、可以进行投票的时间、投票时应当携带的准备物、投票程序（在由电子系统实施投票的情形下，包含该方式下的程序）和劝说参与投票的内容、其他党代表竞选事务程序等的附录第十四号之六表格的投票公告，在党代表竞选日的三日前，向党代表竞选选民，以邮寄的方式发送；与委托竞选事务的政党协商，可以通过其他方式告知党代表竞选选民。

（二）与委托竞选事务的政党协商，可以合并发送投票公告和相应政党的党代表竞选宣传物。（2008.2.29 新设）

第二十四条之十 【投票时间等】

（一）中央选举管理委员会与委托竞选事务的政党协商，确定投票时间。

（二）开始投票时，党代表竞选投票与开票管理委员会委员长应当检查投票箱以及写票处内外是否存在异常，同时应当要求投票监督人进行监督。但当投票监督人在投票开始的那一刻还未出席时，应当由最先前来投票的党代表竞选选民负责监督。（2008.2.29 新设）

第二十四条之十一 【投票的限制】

（一）在党代表竞选日，无党代表竞选选民资格的人，即使在党代表竞选人名册中有姓名，也不得进行投票。

（二）在党代表竞选日前，委托竞选事务的政党应当依照相当于附录第十四号之三表格中《内容页》的表格，将第一款中无党代表竞选选民资格的人员名单告知中央选举管理委员会。（2008.2.29 新设）

第二十四条之十二【投票以及开票的监督人】

（一）投票监督人可以监督发放选票的情况和投票的情况；开票监督人可以监督开票的情况。

（二）委托竞选事务的政党和党代表竞选候选人按照各投票场所选定两名以内的投票以及开票监督人，在党代表竞选日的两日前，依照附录第十四号之七表格，向党代表竞选投票与开票委员会申报。

（三）投票监督人兼任开票监督人。（2008.2.29 新设）

第二十四条之十三【开票的管理】

通过与委托竞选事务的政党协商，可以将开票场所与投票场所设置于相同的地点，应当在党代表竞选日的七日前，告知相应政党。（2008.2.29 新设）

第二十四条之十四【投票录、开票录以及计票录等的制作】

（一）在同一日、同一场所实施投票和开票的，合并制作投票录和开票录；投票场所和开票场所不相同的，分别制作投票录和开票录。

（二）党代表竞选投票与开票管理委员会随即公布开票结果，就开票录的送达，对应第二十四条之七第二款第一项以及第二项的情况，党代表竞选投票与开票管理委员会应当及时向中央选举管理委员会送达；对应同条同款第三项的情况，党代表竞选投票与开票管理委员会（包含依照第二十四条之七第二款，指定辖区内的区、市、郡选举管理委员会负责投票以及开票相关事务的情形）应当经由市、道选举管理委员会及时向中央选举管理委员会送达。

（三）收到第二款开票录的中央选举管理委员会应当及时计算、公布各党代表竞选候选人的得票数，并制作党代表竞选计票录。

（四）可以通过电子系统制作或者送达投票录、开票录以及计票录。（2008.2.29 新设）

第二十四条之十五【依电子系统进行的投票与开票】

欲使用电子系统进行党代表竞选投票以及开票的，准用《依电子系统

进行投票以及开票的相关规则》。(2008.2.29 新设)

第二十四条之十六【党代表竞选的管理费用】

(一)由委托竞选事务的政党负担的党代表竞选管理费用,如下:

1. 中央选举管理委员会以及党代表竞选投票与开票管理委员会委员的补贴和实际费用;

2. 投票事务员以及开票事务员的补贴和实际费用;

3. 分别装订党代表竞选选民名册或者制作复印件所发生的费用;

4. 制作或者发送投票公告所发生的费用;

5. 制作或者管理选票所发生的费用;

6. 投票以及开票场所租赁费和设备维护费用;

7. 其他有关投票以及开票事务的附带费用。

(二)中央选举管理委员会估算第一款的党代表竞选管理费用,依照附录第十四号之八表格,向委托竞选事务的政党提出支付要求,委托竞选事务的政党在党代表竞选期间开始日的五日前,向中央选举管理委员会委员长支付相应费用。

(三)收到第二款党代表竞选管理费用的中央选举管理委员会,参照国库资金会计处理程序进行支出,在党代表竞选日后的二十日前,通过核算,向委托竞选事务的政党返还剩余资金,并依照附录第十四号之九表格通知相应政党。(2008.2.29 新设)

第七章 罚则

第二十五条【党代表竞选等的禁止收买之例外】

(一)法律第五十条(党代表竞选等的收买及利害诱导罪)第一款第一项但书中的"依照惯例提供的食品"是指由参与竞选政党代表人或者党职者的候选人(以下在本条中称"候选人")提供的符合下列各项之一的食品。

1. 向访问候选人选举活动机构的人,提供的茶果类食品(不包括酒类。下列第二项,亦同)。

2. 向出席候选人选举活动机构挂牌仪式的人,提供的茶果类食品。

3. 合计候选人的随同人员和在选举活动机构从事选举事务的人员,向不超过下列各分项名额[《公职选举法》第十条(社会团体等的公正选举推进活动）第一款第三项中规定的家庭成员不予计算在名额之内〕的人员，提供的餐饮类食品：

（1）选出中央党代表人的选举，三十人；

（2）选出市、道党代表人的选举，十五人；

（3）选出以国会议员选区或者自治区、市、郡为单位的党员协议会长官的选举，十人；

（4）选出上述各分项之外党职者的选举，五人。

4. 类似符合上述各项的行为，并由中央选举管理委员会规定的其他食品。

（二）第一款规定食品的价格范围，茶果类食品为三千韩元以下；餐饮类食品为七千韩元以下。

第二十六条【罚款】

（一）依照法律第六十二条（罚款）第二款的规定，当辖区选举管理委员会（不包括邑、面、洞选举管理委员会。以下在本条中称"决定权人"）决定罚款时，在调查、确认相应违规行为后，应当明示违规事实、提出异议的方法、提出异议的期限以及罚款等，通知处罚对象缴纳罚款。

（二）违反法律第六十二条第一款第一项至第三项行为的罚款标准如下：

1. 在规定期限内，未履行申请、申报、报告的，三十万韩元；

2. 超过履行期限的每一日加算金额为十万韩元。

（三）决定权人做出罚款的处罚时，综合考虑相应违规行为的动机、结果、违反期间以及违反程度等，可以在第二款各项罚款标准金额的二分之一范围内，减轻或者加重罚款金额。在这一情形下，每次罚款金额不得超过法律第六十二条第一款规定的罚款上限。

（四）依照法律第六十二条第二款的规定，违反者接到罚款处罚的告知单时，应当在接到告知单之日起至二十日以内完成缴纳；当在《违反秩序行为的规制法》第二十条第一款规定的提出异议期限内仍未完成缴纳时，由决定权人签发给予十日缴纳期限的督促单。

（五）当被罚款人仍未在第四款后文规定的督促期限内缴纳罚款时，决定权人应当及时委托辖区税务署长进行征收。

（六）依照附录第十五号表格，提出法律第六十二条第三款规定的异议。

（七）决定权人或者辖区税务署长征收的罚款上缴国家的相关程序，准用《国库资金管理法施行规则》。（2012. 3. 2 修改标题）

第八章 补则

第二十七条【各种公告的方法】

根据法律以及本规则实施各种公告时，可以采用在辖区选举管理委员会或者上级选举管理委员会的网站主页上公布的方法。

附则 （第 441 号，2016. 1. 15）

本规则自公布三个月后起施行。

政治资金法

[2017.6.30 施行；法律第 14838 号 2017.6.30 部分修改]

第一章　总则

第一条【目的】

为了保障政治资金的适当提供、确保公开收入与支出明细的透明性、防止有关政治资金的不正之风，以求推进民主政治的健康发展，制定本法。

第二条【基本原则】

（一）任何人捐献或接受政治资金，都应遵守本法。

（二）政治资金应光明正大地运用，避免使国民产生疑惑，公开其会计。

（三）政治资金仅限于政治活动所需经费的支出，不得用于因私经费或不正当用途。在此情形下，"因私经费"是指用于下列各项用途的经费：

1. 家庭生计的支援、补助；

2. 偿还个人债务或出借；

3. 同乡会、同窗会、宗亲会、登山协会等相同爱好的协会和互助会等因私聚会的会费及其支援经费；

4. 用于个人休闲娱乐或趣味活动的经费。

（四）根据本法一次性捐献政治资金的金额超过一百二十万韩元的人员和超过下列各项之一金额的人员，应通过支票、信用卡、存折转账及其他能够确认实名的方法捐献或支出。但以现金方式支出的政治资金不得超过每年支出总额的百分之二十（选举费用不得超过选举费用限制额的百分之十）。

1. 选举费用之外的政治资金：五十万韩元。但公职选举的候选人、候选人预备人选的政治资金为二十万韩元；

2. 选举费用：二十万韩元。

（五）任何人不得以他人的名义或假名捐献政治资金。

第三条【定义】

本法使用的用语定义如下（2016.3.3 修改）。

1. 政治资金的种类如下：

（1）党费；

（2）后援金；

（3）寄托金；

（4）补助金；

（5）政党的党宪、党规等规定的附带收入；

（6）为了政治活动，提供给政党（包括中央党创党准备委员会），根据《公职选举法》欲成为候选人的人员、候选人或当选人、后援会和政党的干部、带薪事务职员以及其他进行政治活动的人员的金钱、有价证券及其他物品；

（7）第（6）目中列举的人员（包括政党、中央党创党准备委员会）进行政治活动所需费用。

2. "捐献"是指，为了政治活动，个人、后援会和其他人员提供政治资金的一切行为。第三人承担支出政治活动所需费用、无偿租赁金钱物品和设施、减免债务以及其他提供利益的行为等，视为捐献。

3. "党费"是指，不论以什么名目，根据政党的党宪、党规，由政党的党员承担的金钱、有价证券及其他物品。

4. "后援金"是指，根据本法规定，向后援会捐献的金钱、有价证券及其他物品。

5. "寄托金"是指，欲向政党捐献政治资金的个人，根据本法规定向选举管理委员会寄托的金钱、有价证券及其他物品。

6. "补助金"是指，为了保护、培育政党，由国家支付给政党的金钱或有价证券。

7. "后援会"是指，根据本法规定，以捐献政治资金为目的成立并运行的登记到管辖选举管理委员会的团体。

8. 关于公职选举的用语定义如下：

（1）"公职选举"是指，根据《公职选举法》第二条（适用范围）的规定进行的选举；

（2）"公职选举的候选人"是指，根据《公职选举法》第四十九条（候选人登记等）规定登记到管辖选区的选举管理委员会的人；

（3）"公职选举的候选人预备人选"是指，根据《公职选举法》第六十条之二（候选人预备人选登记）的规定，登记在管辖选区的选举管理委员会的人；

（4）"比例代表地方议会议员"是指，比例代表市、道议会议员和比例代表自治区、市、郡议会议员；

（5）"政党选举事务所"是指，《公职选举法》第六十一条之二（政党选举事务所的设置）规定的政党选举事务所；

（6）"选举事务所""选举联络所"各指《公职选举法》第六十三条（选举活动机构及选举事务关系人的申报）规定的选举事务所、选举联络所；

（7）"选举事务长""选举联络所所长"各指《公职选举法》第六十三条规定的选举事务长、选举联络所所长；

（8）"选举费用"是指，《公职选举法》第一百一十九条（选举费用等的定义）规定的选举费用；

（9）"选举费用限制额"是指，根据《公职选举法》第一百二十二条（选举费用限制额的公告）的规定，由管辖选区选举管理委员会公告的该年度选举（有选区的指该选区）的选举费用限制额。

第二章　党费

第四条 【党费】

（一）政党可以从所属党员接收党费。

（二）政党的会计负责人应将以他人名义或假名交纳的党费转归国库。

（三）根据第二款的规定应转归国库的党费，由管辖选举管理委员会收取并纳入国库，到交纳期限为止未进行交纳的，委托管辖税务署长依照国税滞纳处分之例进行征收。

（四）第三款规定的转归国库程序及其他必要事项，以中央选举管理委员会规则规定。

第五条 【党费发票】

（一）政党的会计负责人收到党费后，自收到党费之日起三十日内向该党员发放党费发票，并保管底账。交纳党费的党员不领党费发票的，将其打印并与底账一同进行保管。（2010.1.25，2012.2.29 修改）

（二）一次交纳一万韩元以下党费的，可以在该年度最后一天（政党被注销或解散的，指该注销日或解散日）按照该年交纳总额打印并发放党费发票。（2010.1.25 修改）

（三）第一款及第二款规定的党费发票，可以制作电子形态通过网络打印发放，但应采取防止伪造、变造的技术性措施。（2008.2.29 新设）

（四）第一款至第三款规定的党费发票的格式及其他必要事项，以中央选举管理委员会规则规定之。（2008.2.29 修改）

第三章 后援会

第六条【后援会指定权人】

属于下列各项之一者（以下称"后援会指定权人"）可以各自指定一个后援会（2008.2.29，2010.1.25，2016.1.15，2017.6.30 修改）：

1. 中央党（包括中央党创党准备委员会）；

2. 国会议员（包括国会议员选举的当选人）；

2之2. 总统选举的候选人及候选人预备人选（以下称"总统候选人等"）；

3. 政党为选出总统选举候选人的党内竞选候选人（以下称"总统选举竞选候选人"）；

4. 地方选区国会议员选举候选人及候选人预备人选（以下称"国会议员候选人等"），但设有后援会的国会议员除外；

5. 为选出中央党代表人及中央党最高执行机关（与组织形态无关，指党宪规定的中央党最高执行机关）组成人员的党内竞选候选人（以下称"党代表竞选候选人等"）；

6. 地方自治团体的长官选举候选人（以下"称地方自治团体长候选人"）。

（2017.6.30 通过法律 14838 号修改 2015.12.23 宪法裁判所判决宪法不一致的本条）

第七条【后援会的登记申请等】

（一）后援会的代表人自该后援会指定权人指定之日起十四日内，附上该指定书向管辖选举管理委员会进行登记申请。

（二）后援会登记申请事项如下：

1. 后援会的名称；

2. 后援会的所在地；

3. 章程或规约；

4. 代表人的姓名、居民登录证号、地址；

5. 会印及其代表人职印的印影；

6. 中央选举管理委员会规则规定的事项。

（三）设有后援会的国会议员成为总统候选人等、总统选举竞选候选人或党代表竞选候选人等的，可以将已有的国会议员后援会指定为总统候选人等、总统选举竞选候选人或党代表竞选候选人等的后援会；设有后援会的总统候选人预备人选成为总统选举竞选候选人的，可以将已有的总统候选人预备人选后援会指定为总统选举竞选候选人后援会。此时，该总统候选人等、总统选举竞选候选人或党代表竞选候选人等的后援会代表人，自后援会指定权人指定之日起十四日内，附上该指定书、会印及其代表人职印的印影，向管辖选举管理委员会进行申报。（2008.2.29，2016.1.15 修改）

（四）第二款规定的登记申请事项中，第一项至第五项规定的事项及第三项规定的会印及其代表人职印的印影发生变更时，后援会代表人在十四日内向管辖选举管理委员会进行变更登记申请或申报。

（五）管辖选举管理委员会接受第一款或第四款规定的登记申请后，应在七日内受理该登记并发放登记证。

第八条【后援会的会员】

（一）任何人可以基于自由意思成为一个或两个以上后援会的会员。但根据第三十一条（捐献的限制）第一款规定不得进行捐献的人员和《政党法》第二十二条（发起人及党员的资格）规定的不得成为政党党员的人员除外。

（二）后援会应备有会员名册。

（三）第二款规定的会员名册，除法院提出裁判要求和第五十二条（政治资金犯罪调查等）规定的管辖选举管理委员会确认会员资格和后援金明细等必要事项的情形之外，不被强行要求阅览。

（四）因犯罪侦查所需对会员名册进行调查，应出具法官发放的命令书。

（五）任何人不得泄露职务上知晓的会员名册相关事实。

第九条 【后援会事务所等】

（一）后援会为了处理其业务，根据下列各项规定设置事务所和联络所（2008.2.29，2017.6.30 修改）：

1. 中央党后援会：一个事务所和特别市、广域市、特别自治市、道、特别自治道各一个联络所；

2. 地方选区国会议员后援会、地方选区国会议员候选人后援会：首尔特别市和其地方选区各一个事务所或联络所，设有事务所的地方选区内不得设有联络所；

3. 第一款和第二款之外的后援会事务所一个。

（二）后援会事务所和联络所不得设有两名以上带薪事务职员。但中央党后援会、总统候选人等的后援会、总统选举竞选候选人后援会除外。（2008.2.29，2017.6.30 修改）

（三）国会议员设在地区的事务所的带薪事务职员不得超过五人。但一个国会议员地方选区由两个以上区（包括非自治区的区）、市（指不设区的市）、郡组成的，每个超过两个的区、市、郡可以各增加两名。

第十条 【后援金的募集、捐献】

（一）后援会根据第七条（后援会的登记申请等）规定登记之后，从后援人（指会员和非会员，以下同）募集后援金，将其捐献给该后援会指定权人。后援会募集的后援金之外的借款等金钱和物品不得捐献。

（二）后援会募集后援金的，扣除募集直接所用经费之后，应及时将其捐献给后援会指定权人。

（三）后援人直接向后援会指定权人捐献后援金的（以承担支出后援会指定权人的政治活动所需费用、无偿租赁金钱物品和设施，减免债务的方法捐献的除外），该后援会指定权人自接受捐献之日起三十日（自收到捐献之日起满三十日之前丧失设置后援会资格的，指丧失资格之日）内将收到的后援金和捐献者的个人信息转交给自己指定的后援会会计负责人的，视为该后援会收到捐献。（2017.7.23 新设）

第十一条 【后援人捐献限度等】

（一）后援人向后援会捐献后援金，每年不得超过两千万韩元。

（二）后援人向一个后援会每年（总统候选人等、总统选举竞选候选人、党代表竞选候选人等、国会议员候选人等以及地方自治团体长候选人的后援会，是指可以设置该后援会的期间，以下同）可以捐献的限度额如下（2008.2.29，2010.1.25，2016.1.15，2017.6.30 修改）：

1. 总统候选人等、总统选举竞选候选人的后援会，各一千万韩元（后援会指定权人为同一人的总统候选人等的后援会，合计为一千万韩元）；

2. 第一项之外的后援会，各五百万韩元（中央党创党准备委员会后援会存续为中央党后援会的情形和后援会指定权人为同一人的国会议员候选人等的后援会、国会议员后援会，各自合计为五百万韩元）。

（三）后援人可以以匿名的方式捐献每次十万韩元以下、一年一百二十万韩元以下的后援金。

（四）后援会的会计负责人应将超过第三款规定的匿名捐献限度额的后援金和以他人名义或假名捐献的后援金转归国库。关于转归国库程序准用第四条（党费）第三款及第四款的规定。

（五）后援会会员应每年捐献超过一万韩元或相当于该价值的后援金。

（六）后援人的捐献方法及其必要事项，以中央选举管理委员会规则规定之。

第十二条【后援会的募集、捐献限度】

（一）后援会每年募集的限度额（以下称"一年募集限度额"，包括前一年度超出一年募集限度额募集的金额）如下，但因通过信用卡、存款账号、电话或网络电子结算系统进行募集，不得已超过一年募集限度额的，限于一年募集限度额的百分之二十以内可以允许，但之后不得募集后援金（2006.3.2，2008.2.29，2010.1.25，2016.1.15，2017.6.30 修改）：

1. 中央党后援会的情形，包括中央党创党准备委员会后援会募集的后援金共 50 亿韩元；

2. 删除（2008.2.29）；

3. 总统候选人等的后援会和总统选举竞选候选人后援会的情形，各自相当于选举费用限制额的百分之五的金额（后援会指定权人为同一人的总统候选人等的后援会，合计为相当于选举费用限制额的百分之五的金额）；

4. 国会议员、国会议员候选人等、党代表竞选候选人等的后援会的情形，各一亿五千万韩元（后援会指定权人为同一人的国会议员候选人等的后援会，合计为一亿五千万韩元）；

5. 地方自治团体长候选人后援会的情形，相当于选举费用限制额的百分之五十的金额。

（二）后援会每年捐献给该后援会指定权人的限度额（以下称"一年捐献限度额"）是相当于第一款规定的一年募集限度额的金额。因不得已情形，未能在该年度（总统候选人等、总统选举竞选候选人、党代表竞选候选人等、国会议员候选人等、地方自治团体长候选人等的后援会，是指设有该后援会的期间）向后援会指定权人进行捐献的，可以至第四十条（会计报告）第一款规定的会计报告〔国会议员后援会是指 12 月 31 日当天的会计报告；后援会解散的，是指第四十条（会计报告）第二款规定的会计报告〕提交时为止进行捐献。（2010. 1. 25，2016. 1. 15 修改）

（三）后援会募集的后援金超过一年捐献限度额的，可以结转至下一个年度进行捐献。

（四）根据第十九条（后援会的解散等）的规定后援会解散后，后援会指定权人设有同种类新后援会的，该新后援会能够募集、捐献的后援金金额为在该后援会一年募集、捐献限度额中减去之前后援会募集、捐献后援金的金额。

第十三条【关于一年募集、捐献限度额的特例】

（一）属于下列情形的，后援会在举行公职选举的年度可以募集、捐献一年募集、捐献限度额的两倍。同一年度有两次以上公职选举的情形亦同（2008. 2. 29，2012. 2. 29，2017. 6. 30 修改）：

1. 总统选举：选出候选人的政党的中央党后援会及地方选区国会议员后援会；

2. 任期结束而进行的国会议员选举：推荐候选人的政党的中央党后援会及在地方选区登记为候选人国会议员后援会；

3. 任期结束而进行的同时地方选举：推荐候选人的政党的中央党后援会及在该选区推荐候选人的政党的地方选区国会议员后援会。

（二）第一款规定的"举行公职选举的年度"是指该选举的选举日所属年度。

第十四条【后援金的募集方法】

（一）后援会可以通过邮寄、通信（电话、网络电子结算系统等）、交付中央选举管理委员会制作的政治资金发票（以下称"政治资金发票"）、信用卡、存款账号以及不违反本法、《政党法》和《公职选举法》的方法进行募集。

但不得以集会的方法募集后援金。

（二）删除（2010.1.25）

第十五条【后援金募集等的告知、广告】

（一）为了召集会员或募集后援金，后援会可以利用印刷品等告知后援会名称，后援会募集目的，捐献处，捐献方法，该后援会指定权人的相片、学历（限于正规学历和相当的外国教育过程）经历、业绩、公约以及其他宣传所必要的事项。但不包括有关其他政党、候选人（指公职选举候选人，包括欲成为候选人者）总统选举竞选候选人及党代表竞选候选人等的事项。（2010.1.25，2016.1.15 修改）

（二）后援会可以利用《关于振兴报纸等的法律》第二条（定义）规定的报纸以及《关于振兴杂志等定期刊物的法律》第二条（定义）规定的定期刊物，为募集后援金和召集会员等，每个季度对第一款规定内容进行四次以内广告。设置后援会期间不超过三个月的，限于四次。（2009.7.31 修改）

（三）第二款规定的每次广告的规格遵守下列标准：

1. 新闻广告长 17 厘米、宽 18.5 厘米以内；

2. 第一项以外的广告限于该定期刊物的两面以内。

（四）关于第二款规定的广告次数的计算，利用同一天发行的同一个定期刊物，视为一次。同一天发行的定期刊物因发送地区不同而发行日期不同的，亦视为一次。

（五）第一款规定的关于利用印刷品、设施等的告知方法以及其他必要事项，以中央选举管理委员会规则规定。

第十六条【交付政治资金发票的募集】

（一）后援会或者后援会委任人员可以通过交付政治资金发票的方法募集后援金。

（二）依据第一款规定，后援会委任人员募集后援金的，应在三十日以内向该后援会会计负责人移交政治资金发票底账和后援人的姓名、出生年月日、地址、电话号码及后援金。

（三）关于通过交付政治资金发票的方法募集的委任程序、方法以及其他必要事项，以中央选举管理委员会规则规定之。

第十七条 【政治资金发票】

（一）后援会自收到捐献的后援金之日起三十日内，应向后援人发放政治资金发票（2012.2.29 修改）：

（二）第一款规定的政治资金发票仅指由中央选举管理委员会制作的定额发票和无定额发票。无定额发票可以制作成电子形态通过网络打印发放，但应采取防止伪造、变造的技术性措施。（2008.2.29 修改）

（三）无定额发票每次发放应低于十万韩元，即使捐献金额超过十万韩元，也限于针对低于十万韩元的后援金发放。但根据第二款后段规定，通过网络发放电子形态的无定额发票的除外。（2008.2.29 修改）

（四）一次捐献一万韩元以下后援金的，可以在该年度最后一天（后援会被解散的，指该解散日）一并打印并发放政治资金发票。（2010.1.25 修改）

（五）虽有第一款的规定，但属于下列情形之一的，政治基金发票可以不发送给后援人，由后援会与底账一同保管（2010.1.25 修改）：

1. 后援人不愿意接收政治资金发票的情形；

2. 匿名捐献或通过信用卡、存款账号、电话、网络电子结算系统等方法进行的募集，无法确认后援人住所等联系方式的情形；

3. 后援人一年捐献一万韩元以下后援金的情形。

（六）需要政治资金发票的后援会，应向选举管理委员会提交、交纳记载政治资金发票种类、发行数量等申请书和制作政治资金发票的费用。

（七）每个后援会每年能够申领到的定额发票的总额不得超过该后援会一年募集限度额。后援会可以一次性申领一年募集限度额范围内的定额发票。

（八）政治资金发票应标明后援金的金额，针对该金额享有税金优惠的明文以及序列号、规格和样式以及其他必要事项，以中央选举管理委员会规则规定之。

（九）定额发票中可以标示的金额为一万韩元、五万韩元、十万韩元、五十万韩元、一百万韩元和五百万韩元六种，发放给捐献者的政治资金发票中不得记载后援会名称。

（十）后援会应根据第四十条（会计报告）第一款的规定，向管辖选举管理委员会汇报 12 月 31 日当天为止的会计报告时，汇报 12 月 31 日当天为止由管辖选举管理委员会申领到的政治资金发票的购买等的使用情况。后援会解散的，根据第四十条（会计报告）进行汇报时应将未使用的政治资金发票交还至管辖选举管理委员会。（2010.1.25 修改）

（十一）后援会不得接收、使用与无定额发票记载金额和定额发票面额不同额度的后援金，未使用的政治资金发票，应根据第十款的规定在期限内报告购买情况，未返还的视为接收到该面额总数的捐献。

（十二）选举管理委员会、后援会和其他与政治资金发票的申领、打印、发放等有关的人员，未经法定程序，不得公开发放给该后援会的政治资金发票的序列号或将其告知其他国家机关。

（十三）后援会为了打印根据第三十四条（会计负责人的选任申报等）第四款规定申报的政治资金收入中存折转账的政治资金发票，可以向该金融机关书面申请告知转账委托人（包括通过信用卡、电话或网络电子结算系统等方法进行的转账）的姓名和联系方式，虽有《关于金融实名交易及秘密保障的法律》的规定，但收到该申请的金融机关应及时告知相关内容。（2010.1.25 新设）

（十四）规定第十三款规定的转账委托人姓名和联系方式的申请格式和其他必要事项，以中央选举管理委员会规则规定之。（2010.1.25 新设）

第十八条【非法后援金的返还】

后援会会计负责人知道后援人捐献的后援金属于违反本法或其他法律的请托或非法后援金的，自知道之日起三十日以内返还后援人，发放政治资金发票的应予以收回。因不知道后援人的地址等联系方式而无法返还或后援人拒绝接收的，可以通过选举管理会转归国库。

第十九条【后援会的解散等】

（一）后援会在该后援会指定权人解散、因其他事由消灭、丧失设置后援会的资格、撤回对后援会的指定或章程等规定的解散事由发生时解散。但设有后援会的中央党创党准备委员会注册为政党、设有后援会的国会议员候选人当选为国会议员的，该后援会可以根据代议机关或受委托机关的存续决议，继续存续为注册的中央党或当选的国会议员的后援会，国会议员当选人后援会视为国会议员后援会，设有后援会的总统候选人预备人选、国会议员候选人预备人选登记为总统候选人、国会议员候选人的，该总统候选人预备人选后援会、国会议员候选人预备人选后援会视为总统候选人后援会、国会议员候选人后援会。（2008.2.29，2017.6.30 修改）

（二）属于第一款但书规定的，中央党后援会及国会议员候选人后援会的代表人应自该存续决议做出之日起十四日内根据第七条（后援会的登记申请等）第四款的规定申请变更登记，该后援会继承之前后援会的权利和义务（2008.2.29，2017.6.30 修改）

（三）后援会解散的，该代表人应在十四日内向管辖选举管理委员会申报该事实。但属于下列情形之一的，除外（2008.2.29，2010.1.25，2012.2.29，2016.1.15 修改）：

1. 总统选举竞选候选人和党代表竞选候选人等因竞选结束而丧失该身份而解散的情形；

2. 因国会议员任期结束、总统候选人等、国会议员候选人等或地方自治团体长官候选人丧失身份而解散的情形。

（四）后援会自解散之日起十四日内，未根据第三款规定进行解散申报的，管辖选举管理委员会可以删除该后援会的注册。

第二十条【后援会的合并等】

（一）根据《政党法》第十九条规定，政党新设合党或吸收合党的，可以通过各后援会的代议机关或受委托机关的联合会议的联合决议，或通过代议机关或授权机关的存续决议，存续为新设或吸收政党的后援会。这种情形，各后援会应根据第七条第四款规定进行变更登记申请。

（二）根据第一款规定的合并，新设或存续的后援会继承合并前后援会的权力和义务。

（三）根据第一款规定存续的后援会的募集捐献限度额以及其他必要事项，以中央选举管理委员会规则规定之。

（2017.6.30 本条新设）

第二十一条【后援会解散时的剩余财产的处分等】

（一）根据第十九条（后援会的解散等）第一款的规定后援会进行解散的，其剩余财产应根据下列各项规定，在第四十条（会计报告）规定的会计报告之前进行处分。（2008.2.29，2016.1.15，2017.6.30 修改）

1. 后援会指定权人是中央党（包括中央党创党准备委员会）或党员的，移交至解散当时的所属政党。但设有后援会的国会议员同时设有总统候选人等的后援会、总统选举竞选候选人后援会或党代表竞选候选人等的后援会的，设有后援会的总统候选人预备人选同时设有总统选举竞选候选人后援会的，其中一个后援会解散时可以将其剩余财产以后援金的名义在该后援会一年募集、捐献限度额的范围内捐献给未解散的后援会。

2. 后援会指定权人不是党员的情形、政党解散或以其他事由消灭的，将其移交至根据《关于公益法人设立、运行的法律》注册的公益法人（包括学校法人，以下称"公益法人"）或社会福祉设施。

（二）后援会指定权人（中央党除外）丧失设置后援会资格的，从后援会捐献所得使用后剩下的财产［包括违反第三十六条（通过会计负责人的收入、支出）第五款规定支出的费用］应准用第一款各项规定，在第四十条规定的会计报告之前进行处分。设有后援会的中央党创党准备委员会未能存续为中央党而解散的，从后援会捐献所得使用后剩下的财产应准用第一款第二项规定进行处分。（2008.2.29，2010.1.25，2017.6.30 修改）

（三）虽有第一款和第二款规定，但总统选举竞选候选人、党代表竞选候选人等、总统候选人预备人选以及国会议员候选人预备人选丧失设置后援会资格的（为了选出政党的公职选举候选人而进行的党内竞选，或参加党代表竞选当选或落选的除外），后援会和后援会指定权人应在第四十条规定的会计报告之前，将剩余财产充入国库。（2010.7.23，2016.1.15 修改）

（四）未根据第一款或第二款的规定，移交剩余财产或从后援会捐献所得的后援金的，将其转归国库。

（五）后援会解散以后捐献的后援金应及时返还给后援人，在第四十条规定的会计报告之前未返还的，将其转归国库。

（六）第三款至第五款规定的转归国库程序，准用第四条（党费）第三款及第四款的规定。

（七）后援会解散后的剩余财产处分程序以及其他必要事项，以中央选举管理委员会规则规定之。（2010.7.23 法律第 10395 号修改了 2009.12.29 宪法裁判所判定违宪的本条第三款）

第四章　寄托金

第二十二条【寄托金的寄托】

（一）寄托寄托金的个人（包括不能成为党员的公务员和私立学校的教员）应在各级选举管理委员会（邑、面、洞选举管理委员会除外）进行寄托。

（二）一人能够寄托的寄托金应一次一万韩元或相当金额以上，一年可以寄托的金额为一亿韩元和前年度收入的百分之五中的多数以下。

（三）任何人不得以他人名义、假名或不表明姓名等身份信息寄托寄托金。但寄托可以以不公开寄托者姓名等身份信息为条件。

（四）寄托程序以及其他必要事项，以中央选举管理委员会规则规定之。

第二十三条 【寄托金的分配和支付】

（一）中央选举管理委员会在除去募集寄托金所需经费之后，根据支付当时的第二十七条（补助金的分配）规定的国库补助金分配率，分配、支付寄托金。

（二）中央选举管理委员会分配、支付寄托金时应公开单次寄托三百万韩元以上人员的姓名等身份信息。但根据第二十二条（寄托金的寄托）第三款后段规定，以不公开为条件寄托的除外。（2008.2.29 修改）

（三）寄托金的支付时期以及其他必要事项，以中央选举管理委员会规则规定之。

第二十四条 【寄托金的转归国库等】

（一）违反第二十二条（寄托金的寄托）第二款和第三款的规定寄托寄托金的，转归国库。

（二）应接收寄托金的政党拒绝接收的，中央选举管理委员会将该政党排除之后，对其他政党根据第二十三条（寄托金的分配和支付）第一款的规定分配、支付寄托金。

（三）第一款规定的转归国库程序，准用第四条（党费）第三款及第四款的规定。

第五章　国库补助金

第二十五条 【补助金的计算】

（一）国家应将最近实施的任期结束而进行的国会议员选举的选举权人总数乘以补助金计算单价的金额，作为政党补助金算入每年的预算。因实施任期结束而进行的国会议员选举，选举权者总数发生变更的，该选举结束之后支付的补助金应以变更后的选举权人总数为基准计算。（2008.2.29 修改）

（二）举行总统选举、任期结束而进行的国会议员选举或《公职选举法》第二百零三条（同时选举的范围和选举日）第一款规定的同时地方选举的年度，各选举（同时地方选举视为一个选举）应以追加后的补助金计算单价和第一款规定的基准计算预算。（2008.2.29 修改）

（三）第一款和第二款规定的补助金计算单价是在前一年度的补助金基础上计算单价的，增减的金额是根据《统计法》第三条规定统计厅长每年告示前一年度对比再前一年度得到的全国消费者物价变动率算出的。（2008.2.29 新设）

（四）中央选举管理委员会每年按季度均分第一款规定的补助金（以下称"日常补助金"）支付给政党，第二款规定的补助金（以下称"选举补助金"）应在该选举候选人登记截止日后两日内支付给政党。（2008.2.29 修改）

第二十六条【公职候选人女性推荐补助金】

（一）国家为向任期结束而进行的地方选区国会议员选举，地方选区市、道议会议员选举以及地方选区自治区、市、郡议会议员选举中推荐女性候选人的政党支付补助金（以下称"女性推荐补助金"），将在最近实施的任期结束而进行的国会议员选举的选举权人总数乘以一百韩元的金额，算入进行任期结束而进行的国会议员选举，市、道议会议员选举以及自治区、市、郡议会议员选举的年度预算。（2006.4.28 修改）

（二）在第一款规定的选举中，向推荐女性候选人的政党分配、支付下列各项标准的女性推荐补助金。根据第一款规定算入该年度预算的女性推荐补助金的百分之五十，作为地方选区市、道议会议员选举和地方选区自治区、市、郡议会议员选举的女性推荐补助金的总额。（2006.4.28，2016.1.15 修改）

1. 存在推荐女性候选人超过全国地方选区总数的百分之三十以上的政党的情形

女性推荐补助金总额的百分之四十以支付当时各政党占有国会议席数的比率，总额的百分之四十以最近实施的任期结束而进行的国会议员选举的得票率（指比例代表全国选区或地方选区中各政党得到的得票率的平均，以下称"国会议员选举得票率"），剩下的以各政党推荐的地方选区女性候选人数总数中各政党的地方选区女性候选人所占有的比率分配、支付。

2. 不存在推荐女性候选人超过全国地方选区总数的百分之三十以上的政党的情形

（1）推荐女性候选人超过全国地方选区总数的百分之十五以上、低于百分之三十的政党。

按照第一款规定的标准分配、支付女性推荐补助金总额的百分之五十。

（2）推荐女性候选人超过全国地方选区总数的百分之五以上、低于百分之十五的政党。

按照第一款规定的标准分配、支付女性推荐补助金总额的百分之三十。这时分配给每一个政党的女性推荐补助金，不得超过根据第一目规定分配给各政党的女性推荐补助金的最小额。

（三）女性推荐补助金应在任期结束而进行的地方选区国会议员选举，地方选区市、道议会议员选举以及地方选区自治区、市、郡议会议员选举的候选人登记截止日后两日内支付给政党。（2006.4.28 修改）

第二十六条之二【公职候选人残疾人推荐补助金】

（一）国家为向任期结束而进行的地方选区国会议员选举，地方选区市、道议会议员选举以及地方选区自治区、市、郡议会议员选举中推荐残疾人候选人（是指候选人中根据《残疾人福祉法》第三十二条规定进行登记的人，以下同）的政党支付补助金（以下称"残疾人推荐补助金"），将在最近实施的任期结束而进行的国会议员选举的选举权人总数乘以二十韩元的金额，算入进行任期结束而进行的国会议员选举，市、道议会议员选举以及自治区、市、郡议会议员选举的年度预算。

（二）在第一款规定的选举中，向推荐残疾人候选人的政党分配、支付下列各项标准的残疾人推荐补助金。根据第一款规定算入该年度预算的女残疾人推荐补助金的百分之五十，作为地方选区市、道议会议员选举和地方选区自治区、市、郡议会议员选举的残疾人推荐补助金的总额。（2016.1.15 修改）

1. 存在推荐残疾人候选人超过全国地方选区总数的百分之五以上的政党的情形。

残疾人推荐补助金总额的百分之四十以支付当时各政党占有国会议席数的比率，总额的百分之四十以最近实施的国会议员选举的得票率，剩下的以各政党推荐的地方选区残疾人候选人数总数中各政党的地方选区残疾人候选人所占有的比率分配、支付。

2. 不存在推荐残疾人候选人超过全国地方选区总数的百分之五以上的

政党的情形。

（1）推荐残疾人候选人超过全国地方选区总数的百分之三以上、低于百分之五的政党。

按照第一款规定的标准分配、支付残疾人推荐补助金总额的百分之五十。

（2）推荐残疾人候选人超过全国地方选区总数的百分之一以上、低于百分之三的政党。

按照第一款规定的标准分配、支付残疾人推荐补助金总额的百分之三十。这时分配给每一个政党的残疾人推荐补助金，不得超过根据第一目规定分配给各政党的残疾人推荐补助金的最小额。

（三）残疾人推荐补助金应在任期结束而进行的地方选区国会议员选举，地方选区市、道议会议员选举以及地方选区自治区、市、郡议会议员选举的候选人登记截止日后两日内支付给政党。（2010. 1. 25 修改）

第二十七条【补助金的分配】

（一）日常补助金和选举补助金的百分之五十，按照政党均分分配，并根据《国会法》第三十三条（交涉团体）第一款的规定，支付给当时以同一政党的所属议员组成交涉团体的政党。

（二）补助金支付当时，不属于第一款规定的分配、支付对象的政党中，对具有五个以上议席的政党，各分配、支付百分之五；对没有议席或未满五个议席的政党中属于下列各项规定的政党，各分配、支付百分之二。

1. 参加最近实施的任期结束而进行的选区国会议员选举的政党中国会议员选举的得票率超高百分之二的政党。

2. 参加最近实施的任期结束而进行的国会议员选举的政党中不属于第一款情形并没有议席，且在最近实施的全国性的允许推荐候选人的比例代表市、道议会议员选举，地方选区市、道议会议员选举，市、道知事选举或自治区、市、郡的长官选举中该政党的得票率超过百分之零点五的政党。

3. 没有参加最近实施的任期结束而进行的国会议员选举的政党中，在最近实施的全国性的允许推荐候选人的比例代表市、道议会议员选举，地方选区市、道议会议员选举，市、道知事选举或自治区、市、郡的长官选举中该政党的得票率超过百分之二的政党。

（三）在减去根据第一款及第二款规定进行分配、支付金额后的剩余金额中，百分之五十按照支付当时各政党具有的国会议席比例进行分配、支付，剩余部分按照国会议员选举得票率进行分配、支付。

（四）选举补助金不予分配、支付给至选举候选人登记截止日还未推荐候选人的政党。

（五）补助金的支付时期、程序以及其他必要事项，以中央选举管理委员会规则规定之。

第二十七之二【获得补助金的权利保障】

本法规定的政党获得补助金的权利不得转让、扣押或作为担保。

（2010.1.25 本条新设）

第二十八条【补助金的使用用途限制等】

（一）补助金作为运行政党所需经费，除下列所属经费以外不得他用：

1. 劳务费；

2. 业务用备品及消耗品费；

3. 设置、运行事务所费；

4. 公共事业费；

5. 政策开发费；

6. 党员教育训练费；

7. 组织活动费；

8. 宣传费；

9. 选举相关费用。

（二）申领到日常补助金的政党，应将其日常补助金总额的百分之三十以上分配、支付给政策研究所［《政党法》第三十八条（政策研究所的设置、运行）规定的政策研究所，以下同］，百分之十以上分配、支付给市、道，百分之十以上使用于女性政治发展。

（三）政党可以向所属党员中的公职选举候选人、候选人预备人选支付补助金。虽有第一款规定，但女性推荐补助金应使用于女性候选人的选举经费上，残疾人推荐补助金应使用于残疾人候选人的选举经费上。（2010.1.25 修改）

（四）为了监督或者确认申领到补助金的政党、异议支出对象以及其他相关人员违反本法与否，各级选举管理委员会（邑、面、洞选举管理委员会除外）委员、职员认为必要时，可以对补助金的支出进行调查。

第二十九条 【补助金的缩减】

中央选举管理委员会依照下列规定收回相关金额，难以收回的，可以缩减以后应支付给该政党的补助金。(2006.4.28，2010.1.25 修改)

1. 申领到补助金的政党（包括政策研究所及政党选举事务所）关于补助金做出虚假、遗漏会计报告的情形，相当于该金额的两倍金额；

2. 第二十八条第一款规定以外的用途使用的情形，相当于使用的补助金的两倍金额；

3. 第二十八条第二款规定以外的用途使用的情形，相当于违反使用用途的补助金的两倍金额；

4. 第二十八条第三款规定的女性推荐补助金或残疾人推荐补助金以外用途使用的情形，相当于违反使用用途的补助金的两倍金额；

5. 违反第四十条（会计报告）的规定，未做出会计报告的情形，中央党处以补助金的百分之二十五的金额，市、道党处以从中央党得到支援的补助金的两倍金额。

第三十条 【补助金的返还】

（一）申领到补助金的政党被解散或撤销注册的，或政策研究所被解散或消灭的，应将申领到的补助金及时依照下列规定进行处理（2010.1.25 修改）：

1. 政党

向中央选举管理委员会报告政党补助金的支出明细，有余额的，将其返还；

2. 政策研究所

剩余的政策研究所补助金余额移交给所属政党。政党应将该余额移交给新成立的政策研究所，政党被解散或撤销注册的，依照第一项规定返还。

（二）政党未依照第一款的规定返还补助金的，中央选举管理委员会可以依照国税滞纳处分之例强制征收。

（三）第二款规定的补助金征收优先于其他国家税收。

（四）关于补助金余额的返还以及其他必要事项，以中央选举管理委员会规则规定。

第六章　捐献的限制

第三十一条【捐献的限制】

（一）外国人、国内外法人或团体不得捐献政治资金。

（二）任何人都不得捐献与国内外法人或团体有关联的资金。

第三十二条【与特定行为相关联的捐献的限制】

任何人不得与下列各项之一相关联捐献或接受政治资金：

1. 在公职选举中推荐特定人为候选人；

2. 选出地方议会议长、副议长选举和教育委员会议长、副议长，教育鉴、教育委员；

3. 请托或斡旋公务员负责、处理的事务；

4. 属于下列各项之一的通过与法人的合同或其处分取得或斡旋财产上的权利、利益或职位：

（1）国家、共同团体或根据特别法的规定设立的法人；

（2）国家或地方自治团体持有过半数的股份或份额的法人；

（3）从国家或共同团体直接或间接接受补助金的法人；

（4）政府保证支付或投资的法人。

第三十三条【关于斡旋捐献的限制】

任何人不得利用业务、雇佣以及其他关系，不正当地以逼迫他人意志的方法斡旋捐献。

第七章　政治资金的会计及报告、公开

第三十四条【会计负责人的选任申报等】

（一）属于下列各项规定者（以下称"选任权人"）在能够进行公职选举活动的人员中选任负责政治资金的收入和支出的会计负责人一名，并及时以书面形式向管辖选举管理委员会申报。（2008.2.29，2016.1.15，2017.6.30修改）

1. 政党（包括设有后援会的中央党创党准备委员会、政策研究所以及政党选举事务所，以下本章同）的代表人。

2. 后援会的代表人。

3. 设有后援会的国会议员。

4. 总统选举竞选候选人、党代表竞选候选人等。

5. 公职选举的候选人、候选人预备人选（指选任选举事务所以及选举联络所的会计负责人的情形）。总统选举的政党推荐候选人、比例代表国会议员选举以及比例代表地方议会议员选举中，该推荐政党成为选任权人，该选举事务所以及选举联络所的会计负责人由各政党的会计负责人兼任。

6. 选举联络所所长（限于选举联络所的会计负责人）。

（二）任何人不得成为两个以上的会计负责人。但以中央选举管理委员会规则规定的设有后援会的国会议员同时设有总统候选人等后援会、总统选举竞选候选人后援会或党代表竞选候选人等后援会的情形除外。（2008.2.29，2016.1.15 修改）

（三）公职选举的候选人、候选人预备人选或该选举事务所所长或选举联络所所长不得兼任会计负责人。若有此情形，应及时将其意志以书面形式向管辖选举管理委员会申报。根据第一款第五项后段以及第二款但书规定兼任会计负责人的情形相同。

（四）根据第一款以及第三款规定申报会计负责人的，应附上下列各项事项：

1. 用于政治资金的收入以及支出的存款账户；

2. 在选举费用限制额的范围内确定会计负责人能够支出金额的上限，并由会计负责人和选任权人共同签字、盖章的约定书（限于选举事务所的会计负责人）。

（五）关于会计负责人的选任申报、存款账户的开设以及其他必要事项，以中央选举管理委员会规则规定。

第三十五条【会计负责人变更申报等】

（一）会计负责人发生变更时，选任权人应在十四日内〔第三十四条（会计负责人的选任申报等）第一款第五项以及第六项规定的选任权人应及时〕以书面形式向管辖选举管理委员会进行变更申报。

（二）会计负责人发生变更时，移交人与接管人应及时制作移交、接管书，并签字盖章后，移交、接管财产、政治资金的余额和会计账簿、存折、信用卡、后援会印及该代表人职印等印章，以及其他相关文书。

（三）进行会计负责人变更申报时，应同时提交第二款规定的移交、接管书。

（四）会计负责人的变更申报、移交、接管以及其他必要事项，以中央选举管理委员会规则规定。

第三十六条【通过会计负责人的收入、支出】

（一）政党，后援会，设有后援会的国会议员、总统选举竞选候选人、党代表竞选候选人等或公职选举的候选人、候选人预备人选的政治资金的收入、支出只能通过该会计负责人（公职选举的候选人、候选人预备人选时指该选举事务所、选举联络所的会计负责人，以下同）进行。但属于下列各项之一的除外。（2008.2.29，2010.1.25，2016.1.15，2017.6.30 修改）

1. 在知道支出大概明细程度的支出目的和金额范围内由会计负责人书面委任的会计事务辅助者（限于能够进行公职选举活动的人员）支出的情形。

2. 在会计负责人的管理、控制下，为了根据第三十四条（会计负责人的选任申报等）规定申报的政治资金的支出，通过将存款账户作为结算账户的信用卡、储存卡以及其他此类的支出情形。

（二）会计负责人收入、支出政治资金的，应根据第三十四条（会计负责人的选任申报等）第四款的规定向管辖选举管理委员会申报存款账户。支出政治资金的存款账户限使用一个。

（三）总统选举竞选候选人、党代表竞选候选人等或公职选举的候选人、候选人预备人选以自己的财产支出政治资金的，也应通过会计负责人进行支出。设有后援会的国会议员未申报当年国会议员选举候选人预备人选的，自选举日前一百二十日开始以自己的财产支出政治资金的亦同。（2016.1.15 修改）

（四）《公职选举法》第一百三十五条（选举事务相关人的津贴和实际经费补偿）规定的选举事务长等的津贴、实际费用以向该选举事务长等指定的金融机构存款账户汇款的方法进行支付。

（五）设有后援会的公职选举候选人、候选人预备人选的会计负责人在后援会登记之前不得以发生支出事由的理由支出后援会捐献的后援金。但是为了《公职选举法》第七章允许的选举活动（同法第五十九条第三项规定的利用网络主页的宣传活动和同法第六十条之四规定的候选人预备人选公约集除外）的情形除外。（2010.1.25 修改）

（六）总统选举中候选人预备人选成为政党推荐候选人的，该候选人预备人选的选举事务所会计负责人应及时将候选人预备人选的选举费用的支出明细通知候选人选举事务所的会计负责人，以避免选举费用支出出现障碍。

（七）政治资金的支出方法以及其他必要事项，以中央选举管理委员会规则规定。

第三十七条【会计账簿的设置以及记录】

（一）会计负责人应备有会计账簿，根据下列各项规定记录所有政治资金的收入和支出事项。补助金和补助金之外的政治资金、选举费用和选举费用之外的政治资金应各自制作账目区分经营管理。（2008.2.29，2016.1.15，2017.6.30 修改）

1. 政党的会计负责人（包括总统选举的政党推荐候选人和比例代表国会议员选举以及比例代表地方议会议员选举的选举事务所和选举联络所的会计负责人）

（1）收入

党费、后援会捐献的后援金、寄托金、补助金、借款、支援金、机关报的发行以及其他附带收入等收入的明细。

（2）支出

支出（包括总统选举、比例代表国会议员选举以及比例代表地方议会议员选举中推荐候选人的政治资助金的支出）的明细。

2. 后援会的会计负责人

（1）收入

后援金等收入的明细。第十一条（后援人捐献限度等）第三款规定的匿名捐献的，包括日期、金额以及捐献方法。

（2）支出

对后援会指定权人的捐献日期、金额和募集后援金所需经费等支出的明细。

3. 设有国会议员的会计负责人

（1）收入

所属政党的支援金和后援会捐献的后援金捐献日期、金额以及从后援金中拟要扣除的选任权人的财产（包括借款）等收入的明细。

（2）支出

支出的明细。

4. 总统选举竞选候选人、党代表竞选候选人等的会计负责人和公职选举的候选人、候选人预备人选的会计负责人（总统选举的政党推荐候选人和比例代表国会议员选举以及比例代表地方议会议员选举的选举事务所和选举联络所的会计负责人除外）

（1）收入

所属政党的支援金和后援会捐献的后援金捐献日期、金额、选任权人的财产（包括借款）以及选举事务所会计负责人的支援金（限于选举联络所的会计负责人）等收入的明细。

（2）支出

支出的明细。

（二）第一款规定的用语定义如下。

1. "收入的明细"是指收入的日期、金额和资助人的姓名、出生年月日、住所、职业、电话号码以及其他明细。

2. "支出的明细"是指支出的日期、金额、目的和收到支出者的姓名、出生年月日、住所、职业以及电话号码。以明显低于市场一般价格购买或无偿使用选举活动所需的印刷品、设施以及其他物品、装备等，会计负责人应以中央选举管理委员会规则规定的市场一般价格或租赁价格相当的价格处理该支出金额。

（三）第一款规定的会计账簿的种类、格式、记录方法以及其他必要事项，以中央选举管理委员会规则规定。

第三十八条【政党的会计处理】

（一）为公开、民主处理政治资金的支出，中央党应以党宪、党规规定有关会计处理的程序等。

（二）第一款规定的党宪、党规中应包括以下各项事项。

1. 预算结算委员会的组成及运行相关事项。

2. 下列各项明示的支出决议书相关事项：

（1）支出科目、支出目的、日期和金额；

（2）领取或具有领取资格人的姓名、出生年月日、住所、职业及电话号码；

3. 中央党（包括政策研究所）及市、道党拟购买、协定物品、劳务时，关于购买、支付相关事项。

（三）中央党的预算结算委员会（市、道党指代表人，以下同）每季度应确认检查下列各项事项，并及时将其结果向党员公开。

1. 党宪、党规规定的会计处理程序遵守与否；

2. 存款账户的余额；

3. 政治资金的收入金额及其明细；

4. 政治资金的支出金额及其明细。

（四）关于政党的会计处理等必要事项，以中央选举管理委员会规则规定之。

第三十九条【发票以及其他证明资料】

会计负责人收入、支出政治资金时应备齐发票以及其他证明资料。但中央选举管理委员会规则规定的情形除外。

第四十条【会计报告】

（一）会计负责人应在下列规定期限内向管辖选举管理委员会提交关于政治资金的收入和支出的会计报告（以下称"会计报告"）。（2008.2.29，2016.1.15，2017.6.30修改）

1. 政党的会计负责人

（1）没有参与公职选举的年度

每年1月1日至12月31日当日为准，到下一年度的2月15日为止（市、道党到1月31日为止）。

（2）参与全国性公职选举的年度

每年1月1日（政党选举事务所指该设立日）至选举日后20日（20日后关闭政党选举事务所的，指该关闭日）当日为准，该选举日后30日（总统选举以及比例代表国会议员选举是40日）为止；选举日后21日至12月31日当日为准，到下一年度2月15日（市、道党是1月31日）为止。

（3）参与全国部分地区实施的公职选举补选等的年度

中央党和政策研究所依照第一目规定，该市、道党和政党选举事务所依照第二目规定。

2. 设有后援会的国会议员的会计负责人

（1）没有参与公职选举的年度

每年 1 月 1 日至 12 月 31 日当日为准，到下一年度的 1 月 31 日为止。

（2）参与公职选举的年度

每年 1 月 1 日至选举日后 20 日当日为准，选举日后 30 日为止；选举日后 21 日至 12 月 31 日当日为准，到下一年度 1 月 31 日为止。

3. 中央党后援会（包括中央党创党准备委员会后援会）及国会议员后援会的会计负责人

（1）能够募集一年募集限度额的年度

每年 1 月 1 日至 6 月 30 日当日为准，到 7 月 31 日为止；7 月 1 日至 12 月 31 日当日为准，到下一年度 1 月 31 日为止。

（2）能够募集一年募集限度额的两倍的年度

每年 1 月 1 日至选举日后 20 日当日为准，选举日后 30 日为止；选举日后 21 日至 12 月 31 日当日为准，到下一年度 1 月 31 日为止。但选举日在 12 月份的情形，依照第一目的规定。

4. 总统选举竞选候选人、党代表竞选候选人等以及该后援会的会计负责人

政党竞选日后 20 日当日为准，竞选日后 30 日为止。虽有第二项的规定，但设有后援会的国会议员的会计负责人是指每年 1 月 1 日至竞选日后 20 日当日为准，选举日后 30 日为止；竞选日后 21 日至 12 月 31 日当日为准，到下一年度 1 月 31 日为止。

5. 公职选举的候选人、候选人预备人选以及该后援会的会计负责人

选举日后 20 日（总统选举的政党推荐候选人的情形时该候选人预备人选的会计负责人应在候选人登记日的前一日）当日为准，选举日后 30 日（总统选举的无所属候选人是 40 日）为止。此时，总统选举的政党推荐候选人和比例代表国会议员选举、比例代表地方议会议员选举的选举事务所、选举联络所的会计负责人依照第一项第二目或第三目规定。

（二）虽有第一款的规定，但有下列各项规定事由的，该会计负责人应自该日至 14 日以内向管辖选举管理委员会进行会计报告：（2008. 2. 29，2010. 1. 25，2016. 1. 15，2017. 6. 30 修改）

1. 政党被注销或解散的情形；

2. 设有后援会的中央党创党准备委员会消灭的情形；

3. 后援会根据第十九条（后援会的解散等）第一款的规定解散的情

形（因选举或竞选结束，后援会指定权人丧失设立后援会资格而解散的情形除外）；

4. 设有后援会的国会议员、总统选举竞选候选人、党代表竞选候选人等撤回对后援会指定或丧失设立后援会资格的情形（因竞选结束而丧失资格的情形除外）；

5. 公职选举的候选人预备人选或该后援会在选举期间开始日 30 日前丧失资格或解散的情形。

（三）根据第一款以及第二款规定进行会计报告的事项如下。（2008.2.29，2016.1.15，2017.6.30 修改）

1. 政党以及后援会的会计负责人

（1）财产情况

政党限于 12 月 31 日当日的会计报告。

（2）政治资金的收入明细

一次提供超过三十万韩元或一年超过三百万韩元（总统候选人等后援会、总统选举竞选候选人后援会的情形为五百万韩元）的人员，应记录姓名、出生年月日、住所、职业、电话号码、收入日期以及该金额；提供金额少于前数的人员，应根据日期记录件数月总金额。但，党费的情形除外。

（3）根据第三十七条（会计账簿的设置以及记录）第一款规定，记录在会计账簿的支出明细

2. 后援会指定权人（政党除外）、总统选举竞选候选人、党代表竞选候选人等、公职选举的候选人、候选人预备人选的会计负责人（总统选举的政党推荐候选人、比例代表国会议员选举以及比例代表地方议会议员选举依照第一项规定）

（1）后援金以及所属政党的支援金的购入、取得的财产情况。

（2）根据第三十七条第一款规定，记录在会计账簿的收入、支出明细。

（四）根据第一款乃至第三款规定进行会计报告的，应附上下列各项文书：（2008.2.29，2012.2.29，2017.6.30 修改）

1. 政治资金的收入和支出明细；

2. 第三十九条（发票以及其他证明资料）本文规定的发票以及其他证明资料复印件；

3. 收入、支出政治资金的存折复印件；

4. 第四十一条第一款本文规定的自我监察机关的监察意见书和代议机关（包括该受委托机关）、预算决算委员会的审查议决书〔包括第三十八条（政党的会计处理）第三款规定的公开资料〕复印件〔限于政党（政党选举事务所除外）和后援会的会计负责人〕；

5. 第四十一条第一款但书规定的公认会计师的监察意见书（限于中央党与其后援会）但没有政治资金的收入与支出的情形除外；

6. 剩余财产的移交、接管书（限于移交义务者），第五十八条（候选人返还的寄托金以及保全费用的处理）第一款规定的返还、保全费用的移交、接管书应自返还、保全之日起三十日内提交；

7. 第三一六条（通过会计负责人的收入、支出）第六款规定的候选人预备人选的选举费用的支出明细复印件（限于总统选举中政党推荐候选人的选举事务所会计负责人和其候选人预备人选）。

（五）选举事务所、选举联络所的会计负责人做出会计报告的，应得到政党代表人或公职选举候选人和选举事务长的共同签名、盖章。但选举联络所的情形，应得到选举联络所所长的签名、盖章。

（六）会计报告以及其他必要事项，以中央选举管理委员会规则规定。

第四十一条【会计报告的自我监察等】

（一）政党（政党选举事务所除外）和后援会的会计负责人做出会计报告，应经过代议机关（包括其受委托机关）或预算决算委员会的审查、议决，并附上该议决书的复印件和自我监察机关的监察意见书。政党的中央党与其后援会应附上非本党人员的公认会计书的监察意见书。（2008.2.29，2017.6.30 修改）

（二）第一款规定的公认会计师应诚实履行监察工作。

第四十二条【会计报告书等的阅览及复印件的发放】

（一）根据第四十条（会计报告）的规定，收到会计报告的管辖选举管理委员会应自会计报告截止日起七日以内对该事实、阅览、复印件发放期间以及发放复印件所需费用等予以公告。

（二）管辖选举管理委员会应在其事务所备有根据第四十条第三款及第四款规定报告的财产状况，政治资金的收入、支出明细以及附件，自第一款规定的公告日起三个月内（以下称"阅览期间"）使任何人都能够得以阅览。限于选举费用，对阅览对象文书中的第四十条（会计报告）第四款第一项规定的收入和支出明细书，可以在选举管理委员会网站主页上予以公开，但阅览期间以外时间不得公开。（2010.1.25 修改）

（三）任何人都可以向管辖选举管理委员会以书面形式申请会计报告书、政治资金的收入、支出明细和第四十条第四款规定的附件（第二项及第三项文书除外）复印件。发放复印件所需费用由申请人承担。

（四）虽有第三项及第四项规定，但向后援会一年捐献三百万韩元（总统候选人等、总统选举竞选候选人的后援会为五百万韩元）以下人员的个人信息和金额不予公开。（2008.2.29 修改）

（五）任何人不得将根据第二项以及第三项规定公开的政治资金捐献明细上传网络用于政治目的。

（六）对根据第四十条规定向管辖选举管理委员会报告的财产状况、政治资金的收入、支出明细以及附件有异议的，附上有异议的证明资料，在阅览期间向管辖选举管理委员会以书面形式提出异议申请。

（七）收到第六款规定的异议申请的管辖选举管理委员会应自收到异议申请之日起六十日内调查、确认［第三十九条（发票以及其他证明资料）但书规定的事项除外］异议申请事项，并将其结果通报给申请人。

（八）收到关于选举费用的第六款规定的异议申请时，管辖选举管理委员会应通知会计负责人以及其他相关人员提交关于异议事实的辩解资料，会计负责人以及其他相关人员应自接到通知之日起七日以内提交辩解资料。管辖选举管理委员会收到辩解资料时应将其异议申请内容与辩解资料及时通知该异议申请人，没有收到辩解资料时应及时将异议申请内容与没有辩解之事实通知异议申请人。

（九）第一款规定的公告、会计报告书等的阅览、异议申请、复印件的发放以及其他必要事项，以中央选举管理委员会规则规定。

第四十三条【资料提出要求等】

（一）各级选举管理委员会（邑、面、洞选举管理委员会除外，以下本条同）委员、职员认为有必要确认选举费用的收入和支出的，可以查阅会计账簿以及其他出纳资料，或可以调查政党、公职选举候选人、候选人预备人选、会计负责人、有权申领选举费用中支出费用的人员以及其他相关人员，要求提交相关报告或资料。

（二）收到选举管理委员会关于第一款规定要求的，应及时遵从。

（三）选举管理委员会在第四十二条（会计报告书等的阅览及复印件的发放）第六款规定的异议申请和本条第一款规定的阅览、报告、提交的资料中，认为会计账簿以及其他出纳资料或会计报告书的内容存在各种虚假事实的记载、非法支出或超额支出以及其他违反本法事实的，应向侦查机关告发、委托侦查以及采取其他必要措施。

第四十四条【会计账簿等的移交、保存】

（一）会计负责人根据第四十条（会计报告）的规定完成会计报告以后，应及时向选任权人移交本法规定的党费发票底账、政治资金发票底账、会计账簿、政治资金收入、支出明细书、发票以及其他证明资料、存折、支出决议书以及购买支付审批申请单（以下称"会计账簿等"，以下第二款同），选任权人应自会计负责人完成会计报告之日起将其保存三年。

（二）虽有第一款规定，但会计负责人经选任权人同意，可以委托管辖选举管理委员会保存会计账簿等。

第八章　罚则

第四十五条【不正当收受政治资金罪】

（一）以本法没有规定的方法捐献或接受捐献政治资金的人员（在政党、后援会、法人以及其他团队中是指该组成人员中实施违规行为的人员，以下同）处以五年以下徒刑或一千万韩元以下罚金。但捐献或接受捐献政治资金人员的关系为《民法》第七百七十七条（亲族的范围）规定的亲族的情形除外。

（二）属于下列各项之一的，处以五年以下徒刑或一千万韩元以下罚金：

1. 不属于第六条（后援会指定权人）规定的后援会指定权人的人员以捐献政治资金为目的设立、运行后援会或类似机构的人员；

2. 违反第十一条（后援人捐献限度等）第一款规定捐献的和违反第十一条第二款、第十二条（后援会的募集、捐献限度）第一款、第二款或第十三条（关于一年募集、捐献限度额的特例）第一款的规定接受后援金或募集、捐献的人员；

3. 违反第十四条（后援金的募集方法）至第十六条（交付政治资金发票的募集）第一款规定，进行告知、广告或募集后援金的人员；

4. 违反第二十二条（寄托金的寄托）第一款的规定，没有在选举管理委员会寄托或捐献、接受政治资金的人员；

5. 违反第三十一条（捐献的限制）或第三十二条（与特定行为相关联的捐献的限制）规定，捐献、接受政治资金的人员；

6. 违反第三十三条（关于斡旋捐献的限制）规定，接受捐献的政治资金或斡旋该事的人员。

（三）第一款以及第二款的情形，没收提供的金钱、物品以及其他财产上的利益，无法没收的追缴该价值的金额。

［宪法不一致，2013 헌바 168，2015.12.23，政治资金法（2008.2.29 法律第 8880 号修改）第四十五条第一款本文规定的"本法没有规定的方法"中关于第六条的部分与宪法不一致。上述部分以 2017.6.30 为限，立法者修改位置继续适用。］

第四十六条【违反各种限制规定罪】

属于下列各项之一的，处以三年以下徒刑或六百万韩元以下罚金：

1. 违反第五条（党费发票）第一款、第二款或第十七条（政治资金发票）第十一款规定，捐献或接受与党费发票、政治资金发票的记载金额、面额不同金额的人员，虚假制作交付或伪造、变造并使用党费发票、政治资金发票的人员；

2. 违反第八条（后援会的会员）第三款的规定，强行阅览会员名册的人员或违反同一条第五款规定，泄露职务上知晓的会员名册相关事实的人员；

3. 违反第十条（后援金的募集、捐献）第一款后段规定捐献政治资金的人员；

4. 违反第十七条第十二款规定，未经法定程序，公开发放给后援会政治资金发票的序列号或将其告知其他国家机关的人员；

5. 违反第三十七条（会计账簿的设置以及记录）第一款或第四十条（会计报告）第一款至第四款规定，未备有会计账簿或虚假记载的人员；或未进行会计报告和未提交、虚假提交财产状况，政治资金的收入、支出金额及其明细，关于收入、支出的清单，发票及其他证明资料，存折复印件的人员；或虚假记载、伪造、变造关于收入、支出的发票以及其他证明资料的人员；

6. 违反第四十四条（会计账簿等的移交、保存）第一款的规定，未移交、保存党费发票底账、政治资金发票底账、会计账簿、政治资金收入、支出明细书和证明资料、存折、支出决议书或购买支付审批申请单的人员；

7. 违反第六十三条（严守秘密的义务）的规定，泄露职务秘密的人员。

第四十七条【违反各种义务规定罪】

（一）属于下列各项之一的，处以两年以下徒刑或四百万韩元以下罚金：（2006.4.28，2010.1.25，2012.2.29 修改）

1. 违反第二条（基本原则）第三款规定，将政治资金用于政治活动所需经费以外用途的人员；

2. 违反第五条（党费发票）第一款或第十七条（政治资金发票）第一款、第三款的规定，自交纳党费或收到捐献的后援金之日起三十日内，未打印或发放党费发票或政治资金发票的人员和违反无定额发票的使用范围交付的人员；

3. 违反第十六条（交付政治资金发票的募集）第二款的规定，无正当事由，未移交政治资金发票底账、捐献者的个人信息或后援金的人员；

4. 违反第二十八条（补助金的使用用途限制等）第一款至第三款规定，使用补助金的人员；

5. 违反第三十条（补助金的返还）第一款的规定，未返还补助金余额的人员；

6. 违反第三十四条（会计负责人的选任申报等）第四款第一项的规定，未申报用于政治资金的收入以及支出的存款账户的人员；

7. 违反第三十五条（会计负责人变更申报等）第二款的规定，未移交、接管财产以及政治资金的余额或会计账簿等的人员；

8. 违反第三十六条（通过会计负责人的收入、支出）第一款或第三款的规定，未通过会计负责人收入、支出政治资金的人员；

9. 违反第三十六条第二款的规定，未使用申报的存款账户收入、支出政治资金的人员；

10. 违反第三十九条（发票以及其他证明资料）本文的规定，未备齐或虚假记载、伪造、变造发票以及其他证明资料的人员；

11. 违反第四十一条（会计报告的自我监察等）第二款的规定，做出虚假监察报告的人员；

12. 违反第四十二条（会计报告书等的阅览及复印件的发放）第五款的

规定，将公开的政治资金捐献明细上传网络用于政治目的的人员；

13. 违反第五十三条（政治资金犯罪举报者的保护等）第二款规定的人员。

（二）违反第二十八条第四款、第四十二条第七款或第五十二条（政治资金犯罪调查等）第一款、第四款的规定，无正当事由，未遵从选举管理委员会的调查、资料确认或提交要求的人员和提交虚假资料或妨碍场所的出入的人员，处以一年以下徒刑或二百万韩元以下罚金。

第四十八条【监督义务懈怠罪等】

属于下列各项之一的，处以二百万韩元以下罚金刑：

1. 会计负责人触犯第四十六条（违反各种限制规定罪）第五款规定的罪行的，懈怠该会计负责人的选任或监督上相当注意的会计负责人的选任权人；

2. 违反第二条（基本原则）第四款的规定，以不能确认实名的方法捐献、支出政治资金的人员或超过以现金能够支出的一年限度额支出的人员；

3. 违反第二条第五款规定，以他人名义或假名捐献政治资金的人员；

4. 违反第四条（党费）第二款、第十一条（后援人捐献限度等）第四款、第二十一条（后援会解散时的剩余财产的处分等）第三款至第五款、第五十八条（候选人返还的寄托金以及保全费用的处理）第四款的规定，无正当事由，未把党费等转归国库的人员；

5. 违反第八条（后援会的会员）第二款的规定，未备有或虚假制作会员名册的人员；

6. 违反第十一条第三款规定的匿名捐献限度额捐献的人员。

第四十九条【关于违反选举费用相关行为的罚则】

（一）关于选举费用，会计负责人无正当事由未做出第四十条（会计报告）第一款、第二款规定的会计报告或虚假记载、伪造、变造或遗漏的人员，处以五年以下徒刑或两千万韩元以下罚金。

（二）关于选举费用，属于下列各项之一的，处以两年以下徒刑或四百万韩元以下罚金：（2012.2.29 修改）

1. 违反第二条（基本原则）第四款规定的人员；

2. 违反第三十四条（会计负责人的选任申报等）第一款、第四款第一项或第三十五条（会计负责人变更申报等）第一款的规定，未申报会计负责人、存款账户的人员；

3. 违反第三十六条（通过会计负责人的收入、支出）第一款、第三款、第五款规定的人员；违反同条第二款的规定未使用申报的存款账户收入、支出的人员和违反同条第四款的规定，未以向存款账户汇款的方法进行支付的人员；

4. 违反第三十六条第六款的规定，未通知选举费用支出明细的人员；

5. 违反第三十七条（会计账簿的设置以及记录）第一款的规定，未备有、记载或虚假记载、伪造、变造会计账簿的人员；

6. 虚假记载、伪造、变造第三十九条（发票以及其他证明资料）本文规定的发票以及其他证明资料的人员；

7. 违反第四十条第三款第三项规定，未提交存折复印件的人员；

8. 违反第四十三条第二款的规定，无正当事由未遵从选举管理委员会的提交报告、资料的要求，或虚假提交报告、资料的人员；

9. 违反第四十四条（会计账簿等的移交、保存）第一款规定的人员。

（三）关于选举费用，属于下列各项之一的，处以二百万韩元以下罚款：

1. 违反第三十四条第一款、第三款或第三十五条第一款的规定，懈怠会计负责人的选任、变更、兼任申报的人员；

2. 违反第三十四条第四款第二项的规定未提交约定书的人员；

3. 违反第三十五条第二款规定，未制作移交、接管书的人员；

4. 违反第四十条第五款规定的人员。

第五十条【量刑规定】

政党、后援会的会计负责人和该会计事务补助者或法人、团体的负责人或组成人员，在履行业务时违反第四十五条（不正当收受政治资金罪）至第四十八条（监督义务懈怠罪等）规定的任一行为的，除了处罚该行为者以外，将其视为该政党、后援会或法人、团体做出的行为，对该政党、后援会或法人、团体处以相关条款规定的罚金刑。但该政党、后援会或法人、团体为了防止该违反行为做出相当的注意或未懈怠监督的除外。（2010.1.25 修改）

第五十一条【罚款】

（一）做出下列各项之一行为的，处以三百万韩元以下的罚款：（2010.1.25 修改）

1. 违反第五条（党费发票）第一款或第十七条（政治资金发票）第一款的规定，打印、发放党费发票或政治资金发票的人员；

2. 违反第九条（后援会事务所等）第二款、第三款的规定，超过规定人数设有带薪事务职员的；

3. 作为《刑事诉讼法》第二百一十一条（现行犯与准现行犯）规定的现行犯或准现行犯，未遵从第五十二条（政治资金犯罪调查等）第五款规定的同行要求的人员。

（二）做出下列各项之一行为的，处以二百万韩元以下的罚款：

1. 违反第三十五条（会计负责人变更申报等）第二款的规定，拖延移交、接管的人员；

2. 违反第三十八条（政党的会计处理）第二款的规定，未根据支出决议书或购买支付审批申请单支出政治资金的人员。

（三）做出下列各项之一行为的，处以一百万韩元以下的罚款：（2008. 2.29，2017.6.30 修改）

1. 违反第七条第一款、第四款，第十九条第二款、第三款本文，第二十条第一款后段，第三十四条第一款、第三款，第三十五条第一款或第四十条第一款、第二款的规定，懈怠申报、报告或申请的人员；

2. 违反第七条的规定，虚假做出后援会的登记申请或变更登记申请的人员；

3. 违反第八条（后援会的会员）第一款的规定，使不得成为后援会会员的人员成为会员和加入会员的人员；

4. 违反第十七条第十款的规定，未报告政治资金发票使用情况或未向选举管理委员会返还政治资金发票的人员；

5. 违反第二十一条（后援会解散时的剩余财产的处分等）第一款、第二款或第五十八条（候选人返还的寄托金以及保全费用的处理）第一款的规定，懈怠剩余财产、返还的寄托金、保全费用的移交义务的人员；

6. 违反第三十四条第二款本文的规定，成为会计负责人的人员；

7. 违反第三十七条（会计账簿的设置以及记录）第一款后段的规定，未将补助金和补助金之外的政治资金、选举费用和选举费用之外的政治资金区分经营管理的人员；

8. 违反第四十条第四款第四项至第六项的规定，未附上预算决算委员

会确认、检查的事实已明示的公开资料复印件、议决书的复印件或监察意见书和移交、接管书的人员;

9. 违反第五十二条（政治资金犯罪调查等）第五款的规定，未遵从出席要求的人员。

（四）本法规定的罚款根据中央选举管理委员会规则规定的内容，管辖选举管理委员会（邑、面、洞选举管理委员会除外，以下本条称"裁决权人"）向违反者征收，未按时交纳的，可以委托所属税务署长依照国税滞纳处分之例进行征收。但，罚款处分对象为政党的情形，可以从应分配、支付给该政党的补助金中扣除；罚款对象为候选人〔包括根据第四十九条（关于违反选举费用相关行为的罚则）第三款规定被处以罚款处分的选举联络所所长和会计负责人〕的情形，可以根据《公职选举法》第五十七条（寄托金的返还等）以及第一百二十二条之二（选举费用的保全等）的规定，从应返还、支付给该候选人（指总统选举中的政党推荐候选人、比例代表国会议员选举以及比例代表地方议会议员选举中的该政党）的寄托金或选举费用保全金中扣除。（2010.1.25修改）

（五）删除。（2012.2.29）

（六）删除。（2012.2.29）

（七）删除。（2012.2.29）

（2012.2.29修改标题）

第九章 补则

第五十二条【政治资金犯罪调查等】

（一）各级选举管理委员会（邑、面、洞选举管理委员会除外，以下本条同）委员、职员认为存在违反本法的犯罪嫌疑或收到现行犯罪的举报时，可以出入该场所，对政党、后援会、设有后援会的国会议员、总统选举竞选候选人、党代表竞选候选人等、公职选举候选人和候选人预备人选、会计负责人、捐献政治资金或接受政治资金的人员、有权申领政治资金或已申领到政治资金的人员以及其他相关人员进行询问、调查或要求提交相关资料以及其他调查所需的必要资料。（2016.1.15修改）

（二）虽有其他法律规定，但为调查政治资金的收入和支出所不可避免的情形时，各级选举管理委员会可以向金融机关的负责人要求提交认为有违反本法捐献政治资金或接收政治资金嫌疑的相当事由者的下列金融交易资料。对此，金融机关的负责人不得拒绝：

1. 开设账户的明细；

2. 存折底账的复印件；

3. 进行转账的交易对象的个人信息；

4. 通过支票进行交易的，该支票最初发行机关以及发行委托人的个人信息。

（三）各级选举管理委员会委员、职员认为适用于本法规定的犯罪中使用的证据物品有毁灭之顾虑的，可以在调查所必要的范围内，在现场将其收存。该选举管理委员会委员、职员对收存证据物品相关犯罪进行告发或委托侦查的，应将其移交相关侦查机关，否则应及时将其返还所有者、占有者、管理者。

（四）任何人都不得妨碍第一款规定的场所的出入，收到询问、调查或资料提交要求的，应及时遵从。

（五）各级选举管理委员会委员、职员认为调查政治资金犯罪询问、调查相关人员所必要的，可以要求其出席选举管理委员会，有明显的犯罪嫌疑证据的，可以要求同行。但公职选举（包括总统选举竞选候选人、党代表竞选候选人等党内选举）的选举期间不得对候选人（包括总统选举竞选候选人、党代表竞选候选人等）要求同行或出席。（2016.1.15 修改）

（六）各级选举管理委员会委员、职员进行第一款规定的询问、调查、要求资料提交、出入场所或第五款规定的要求同行或出席时，应向相关人员出示表明其身份的证件，表明所属与姓名，并说明目的与事由。

（七）根据第二款的规定，知晓金融交易内容信息或资料（以下称"交易信息等"）的人员，不得向他人提供、泄露知晓的交易信息等或利用于该目的以外用途。

（八）第一款至第六款规定的资料提交要求书、证据资料的收存、证件的规格以及其他必要事项，以中央选举管理委员会规则规定。

第五十三条【政治资金犯罪举报者的保护等】

（一）对政治资金犯罪（指第八章规定之罪，本章同）的申告、陈情、告诉、告发等的调查或侦查提供线索、陈述或证言以及其他的提交资料行为或为检举犯人进行举报或拘留行为的人员（以下本条称"政治资金犯罪申告者等"）认为因上述原因会受害或有受害忧虑的相当事由的，就该政治资金犯罪的刑事程序以及选举管理委员会的调查过程准用《特定犯罪申告者等的保护法》第五条（不利待遇的禁止）、第七条（个人信息的省略记载）、第九条（身份管理卡的阅览）、第十二条（进行诉讼的协议等）以及第十六条（对犯罪申告者等的减免刑罚）的规定。

（二）任何人知道根据第一款规定受到保护的政治资金犯罪申告者等的事实后，不得告知他人、公开或报道该个人信息或能够推知政治资金犯罪申告者等的事实。

第五十四条【对政治资金犯罪申告者的奖金支付】

（一）各级选举管理委员会（邑、面、洞选举管理委员会除外，以下本条同）或侦查机关可以根据中央选举管理委员会规则的规定，向在选举管理委员会或侦查机关确认之前申告政治资金犯罪行为的人员支付奖金。

（二）各级选举管理委员会或侦查机关根据第一款规定支付奖金以后，发现通过私下约定等虚假的方法进行申告事实的，应告知该申告者应予以返还的金额，该申告者自接到通知之日起三十日内应向该选举管理委员会或侦查机关返还。（2008.2.29 新设）

（三）相关申告者在第二款规定的返还期限内未返还应返还金额的，各级选举管理委员会或侦查机关可以委托管辖该申告者住所地的税务署长征收，管辖税务署长依照国税滞纳处分之例进行征收。（2008.2.29 新设）

（四）根据第二款或第三款规定返还或征收的金额归国家所有。（2008.2.29 新设）

第五十五条【被告人的出庭】

（一）在政治资金犯罪的裁判中，被告人收到非公告送达的合法传唤，在公审日未出席的，应重新确定日期。

（二）被告人无正当事由在重新确定的日期或之后的公审日未出席的，可以在被告人缺席的情况下进行公审程序。

（三）根据第二款规定进行公审程序的情形，应听取出席的检察官或律师的意见。

（四）法院根据第二款规定宣告判决的，应以电话以及其他迅速的方法将该事实通知被告人或律师（限于有律师的情形）。

第五十六条【关于起诉、判决的通知】

（一）以政治资金犯罪起诉政党的代表人、国会议员、地方自治团体的长官、地方议会议员、公职选举的候选人和候选人预备人选、总统选举竞选候选人、党代表竞选候选人等、后援会的代表人或会计负责人的检察官应向管辖选举管理委员会通知该事实。（2016.1.15 修改）

（二）行使第四十五条至第四十八条、第四十九条第一款和第二款规定犯罪的确定判决的裁判长，应将该判决书的副本发送至管辖选举管理委员会。（2012.2.29 修改）

第五十七条【因政治资金犯罪的公务担任等的限制】

因第四十五条（不正当收受政治资金罪）规定的犯罪，被宣告徒刑的人员，自确定不受该执行和该刑执行终了或免除之后十年间；被宣告缓刑的人员，自该刑确定之后十年间；被宣告为一百万韩元以上罚金刑的人员，自该刑确定之后五年间，不得就任或任用于《公职选举法》第二百六十六条（因选举犯罪的公务担任等的限制）第一款各项规定的职位，已经就任或任用的人员从该职辞退。

第五十八条【候选人返还的寄托金以及保全费用的处理】

（一）公职选举的候选人以后援会的后援金或政党的支援金交纳、支出《公职选举法》第五十六条（寄托金）规定的寄托金或选举费用，并根据同法第五十七条（寄托金的返还等）或第一百二十二条之二（选举费用的保全等）的规定得到返还、保全的，该返还、保全费用〔指扣除以自己的财产（包括借款）支出的费用之后的余额〕自得到选举费用保全之日起二十日内（以下本条称"移交期限"），政党推荐候选人应向所属政党移交，无所属候选人应向公益法人或社会福祉设施移交。（2012.2.29 修改）

（二）虽有第一款规定，但国会议员选举的当选人可以将其返还、保全费用用于自己的政治资金，此时应存入第三十四条（会计负责人的选任申报等）第四款第一项规定的存款账户（未设有后援会的，指以自己名义开设的存款账户），并用于政治资金。

（三）未设有后援会的国会议员，将存入以自己名义开设的存款账户的第二款规定的资金全部支出的，应依照中央选举管理员会规则的规定，向管辖选举管理委员会进行汇报。

（四）公职选举的候选人，未依照第一款的规定在移交期限内向所属政党等移交应予以移交的返还、保全费用的，应将其转归国库。转归国库程序，准用第四条（党费）第三款及第四款的规定。（2012.2.29 修改）

第五十九条【税收的减免】

（一）针对根据本法捐献政治资金的人员或接受捐献的人员，依照《税收特例限制法》的规定，免除相当于该政治资金金额的所得税或赠予税。对个人捐献的政治资金，从综合所得产出税额中扣除相当于该征税年度所得金额中十万韩元为止为该捐献金额的一百一十分之一百，超出十万韩元的金额为该金额的百分之十五（该金额超出三千万韩元的，超出部分为百分之二十五）的金额；根据《地方税特例限制法》，从该征税年度的个人地方所得税产出税额中追加扣除相当于上述扣除金额的百分之十的金额。但是第十一条（后援人捐献限度等）第三款规定的匿名捐献、将从后援会或所属政党等收到捐献或支援的政治资金交纳为党费或捐献至后援会的除外。（2016.1.15 修改）

（二）以存入后援会名义开设的政治资金存款账户的方法，一次捐献十万韩元以下、一年捐献一百二十万韩元以下政治资金的人员，可以将记载有该后援会的名义和捐献者的姓名、出生年月日等个人信息、交易日期、交易金额等捐献明细的金融交易存入证或设有防止伪造、复制、变造等装置的电子结算发票原件用于第一款规定的扣除税额用发票。（2016.1.15 修改）

（2016.1.15 标题修改）

第六十条【政治资金的捐献等的促进】

各级选举管理委员会（邑、面、洞选举管理委员会除外，以下本条同）为了促进政治资金的捐献、寄托，可以利用印刷物、设施、广告等宣传捐献、寄托政治资金的方法、程序以及必要性等。

第六十一条【为募集政治资金的广播电视广告】

（一）《放送法》规定的广播电视台为营造干净的政治资金捐献文化，应做公益广告，费用由该广播电视台承担。

（二）为实现第一款规定的公益广告，《韩国放送广告公社法》规定的韩国放送广告公社（以下本条称"韩国放送广告公社"），应自己承担经费一年制作放送广告一次以上，提供给广播电视台。

（三）韩国放送广告公社制作第二款规定的放送广告时，应与中央选举管理委员会协商广告主题。

第六十二条【《关于捐献金钱物品的募集以及使用的法律》的适用排除】

根据本法规定捐献或接受政治资金的，不适用《关于捐献金钱物品的募集以及使用的法律》。（2006.3.24 标题修改）

第六十三条【严守秘密的义务】

各级选举管理委员会委员和职员，不论是在职亦是退职之后，都不得泄露与本法的实施相关的职务秘密。

第六十四条【公告】

管辖选举管理委员会收到第七条（后援会的登记申请等）、第十九条（后援会的解散等）第三款本文规定的申报或登录申请时，收到第四十条（会计报告）第一款、第二款规定的会计报告时，根据第十九条第四款规定删除后援会登录时，根据第二十三条（寄托金的分配和支付）、第二十七条（补助金的分配）规定向政党支付政党资金时，根据第三十条（补助金的返还）规定收到报告或接收返还的补助金时，应依照中央选举管理员会规则的规定，将其进行公告。

第六十五条【施行细则】

本法施行所必要的事项，以中央选举管理员会规则规定。

附则（法律第 14838 号，2017.6.30）

本法自公布之日起施行。

关于中断支付以及削减政党辅助金的规定

[施行 2001.11.14；总统令第 17409 号，2001.11.14 部分修正]

第一条【目的】

为了规范关于政治资金法（以下称"法律"）第二十条规定的中断支付或者部分削减政党辅助金的范围和标准的必要事项，制定本规定。

第二条【辅助金的削减】

（一）获得辅助金的政党，存在法律第二十条第一项的事实时，中央选举管理委员会在今后向该政党支付削减了下列各项金额的辅助金：（1997.12.31 修改）

1. 用于法律第十九条第一款规定以外用途的两倍金额；

2. 违反法律第十九条第二款的规定，使用于法律第十九条第一款第五项用途的金额未达到辅助金总额的百分之二十时，该差额的两倍金额。

（二）获得辅助金的政党，存在法律第二十条第二项的事实时，中央选举管理委员会在今后向该政党支付削减了下列各项金额的辅助金：（2001.11.14 修改）

1. 无正当事由，未进行法律第二十四条规定的报告时，相当于下列各分项的金额：

（1）中央党未进行报告的：当年该政党应当获得辅助金的百分之二十五；

（2）市、道的支部或者地区党未进行报告的：当年该市、道的支部或者地区党获得辅助金（不包括中央党以及其他市、道的支部或者地区党再次提供的辅助金）的两倍。

2. 依照法律第二十四条规定进行的报告为虚假内容时，报告的明细和实际明细之间差额的两倍金额。

第三条 【辅助金的中断支付】

获得辅助金的政党，在三年内受到两次以上依照第二条规定的削减措施后，又在一年内出现法律第二十条中任一项的事实时，中央选举管理委员会中断支付下一年度的辅助金。

附则 （第 17409 号，2001.11.14）

第一条 【施行日】

本法令自公布之日起施行。

第二条 【关于辅助金削减处分的过渡措施】

针对本法令施行前的违法行为，在本法令施行当时，还未确定辅助金削减处分时，比照本法令的标准与先前规定的标准，适用有利于该政党的标准。

共同民主党

共同民主党党宪

[2014. 3. 26 制定；2014. 4. 13 修正；2014. 4. 23 修正；2014. 5. 9 修正；2014. 12. 10 修正；2014. 12. 19 修正；2015. 2. 8 修正；2015. 7. 20 修正；2015. 9. 16 修正；2015. 12. 14 修正；2015. 12. 28 修正；2016. 1. 27 修正；2016. 7. 18 修正；2016. 8. 27 修正；2016. 10. 19 修正；2017. 5. 15 修正；2018. 3. 9 修正]

第一章 总则

第一条【名称】

"共同民主党"，简称"民主党、共同民主"。

第二条【目的】

共同民主党的目的是建立民主的市场经济，追求建立保障民生的富有正义的福祉国家，准备基于坚实安保的和平统一，提高文化国家的品格，建设幸福正义的大韩民国。

第三条【组织和运行】

（一）中央党设在首都，各市、道党设在首尔特别市与广域市、道以及特别自治市、道。

（二）共同民主党以党员为中心，并以国民的广泛支持为基础。

（三）共同民主党立志于成为包括党员和支持者的国民的联网政党。

（四）共同民主党通过政党三权分立和中央党与市、道党的分权等，实现政党民主主义。

第二章　党员

第四条【资格】

（一）根据法令具有政党党员资格、认同党的纲领与基本政策的人，依照党规程序，都可以成为党员。

（二）中央党与市、道党负责管理党员，以党规的形式，规定有关入党、退党、复党以及转籍等的必要事项。

第五条【区分】

（一）根据所属，党员区分为地区党员和政策党员，根据是否缴纳党费区分为一般党员和权利党员。权利党员中没有滞纳党费并党籍时间长久的党员称为百年党员。（2015.9.16，2018.3.9 修改）

（二）为了增加青少年的政治权利和保障其政治活动，以政党法限制成为党员的青少年为对象，运行预备党员制。（2018.3.9 新设）

（三）以党规的形式，规定其他必要事项。

第六条【权利和义务】

（一）党员具有下列各项权利：

1. 党职选举以及选出公职选举候选人的选举权与被选举权，其中，被选举权仅赋予权利党员，以党规的形式，规定例外情形；

2. 参与制定党的政策与议事决定的权利；

3. 参与党的组织活动的权利；

4. 接收党活动的资料与宣传物，并提出意见的权利；

5. 党员权利受到侵害时，获得救济的权利；

6. 要求罢免选出职党职者的权利；①

7. 对党的重要政策以及决定要求投票的权利（2018.3.9 新设）；

8. 对党的政策的立案以及党宪、党规的修改事项提出议案的权利（2018. 3.9 新设）；

9. 对党的重要政策、决定以及特定事项申请讨论的权利（2018.3.9

---

① 【译者注】党职者是指在政党内担任职责的党员。选出职党职者是指通过党内选举选出的党职者。

新设）。

（二）党员应履行下列各项义务：

1. 遵循党的纲领与基本政策的义务；

2. 遵守党宪、党规，遵循党论①与党的命令的义务；

3. 支持党所推荐的公职候选人的义务；

4. 遵守伦理规范的义务；

5. 接受党的教育、培训的义务；

6. 删除；（2015.2.8）

7. 交付党规规定的党费的义务。本规定仅适用于权利党员。

（三）除非依照党宪、党规，不得违背党员的意志，限制其权利或承担义务。

（四）党员行使权利的要件、程序、方法等以党规规定。（2018.3.9新设）

（五）应保障权利党员在政党合并与解散事项的讨论与投票。（2018.3.9新设）

第七条【党费】

权利党员应当交付党规所规定的党费。以党规的形式，规定党费的种类、数额、交付程序以及方法、已交付党费的分配等必要事项。

第八条【两性平等的实现】

（一）党通过保障女性的政治参与，实现实质性的两性平等，同时对女性党员的地位和权利予以特别的关照。

（二）为了实现第一款的规定，党在组织中央党以及市、道党的主要党职与各级委员会，推荐公职选举的地方选区选举候选人时，依照党宪、党规的规定，应当有百分之三十以上的女性。但，在农、渔村等落后地区，可以由最高委员会议决确定。

（三）根据第二款规定，女性占据百分之三十以上的情形，应当尽可能地均匀安排老年人、青年、大学生、残疾人、多文化等社会各阶层女性。

（四）为了本条的实践以及发掘、培养女性政治人，并管理女性人才，设置"扩大女性政治参与委员会"为常设特别机构。

---

① 【译者注】党论是指政党的意见或者意图。

（五）以党规的形式，规定其他必要事项。

第九条【青年党员的地位和权利】

（一）党对扩大青年的政治参与机会、青年党员的地位和权利予以特别的关照。

（二）为了实现第一款的规定，党在组织中央党以及市、道党的主要党职与各级委员会时，依照党宪、党规的规定，应当尽可能使青年党员占据百分之十以上；在推荐公职选举的候选人时，应当尽可能使得青年党员占据百分之三十以上。

（三）以党规的形式，规定其他必要事项。

第十条【老年党员的地位和权利】

（一）为了应对高龄化社会，党对扩大老年人的政治参与机会、老年党员的地位和权利予以特别的关照。

（二）为了实现第一款的规定，党在推荐党职和公职选举的候选人时，依照党宪、党规的规定，尽可能使老年党员占据一定比例。

（三）以党规的形式，规定其他必要事项。

第十一条【劳动部门党员的地位和权利】

（一）为了尊重劳动价值、实现为了保障所有劳动人民过上体面生活的政策，党对劳动部门党员的地位和权利予以特别的关照。

（二）为了实现第一款的规定，党在组织全国代议员大会和中央委员会等代议机关时，吸纳一定比例以上的劳动部门党员。

（三）以党规的形式，规定其他必要事项。

第十一条之二【在外国民党员的地位和权利】

（一）党对扩大在外国民的政治参与机会、在外国民党员的地位和权利予以特别的照顾。

（二）为了实现第一款的规定，在推荐党职和公职选举的候选人时，依照党宪、党规的规定，应当尽可能地引进在外国民党员。

（三）以党规的形式，规定其他必要事项。

第十二条【党员资格审查委员会】

（一）为了审查入党、复党、转籍等有关党员资格的事项，在中央党与市、道党内，设置党员资格审查委员会。

（二）以党规的形式，规定党员资格审查委员会的组成和运行等必要事项。

第十三条【奖励和惩戒】

（一）依照党规的规定，奖励为党的发展做出贡献的党员。

（二）依照党规的规定，惩戒未能尽到党员义务或者损害党名誉的党员。

第十三条之二【党员的罢免要求】

（一）当选出职党职者实施了符合党宪、党规上惩戒事由的违反行为，或者因玩忽职守对党造成相当的危害时，党员可以要求罢免该选出职党职者。

（二）党务监察院审查要求罢免的党员是否适格，由中央党选举管理委员会管理罢免投票的选举管理事务。

（三）以党规的形式，规定党员要求罢免的要件、罢免对象的范围、罢免投票的程序和效力等其他必要事项。

第三章　代议机关

第一节　全国代议员大会

第十四条【地位和组成】

（一）全国代议员大会是代表全体党员的党的最高代议机关。

（二）全国代议员大会由以下人员组成：

1. 党代表；

2. 最高委员；

3. 常任顾问和顾问；

4. 党务委员；

5. 中央委员；

6. 所属于党的国会议员；

7. 政策研究所的所长与副所长；

8. 中央党各委员会（级别）的委员长（级别）与副委员长（级别）的政务职党职者；

9. 市、道党委员长；

10. 地区委员长；

11. 所属于党的地方自治团体长官；

12. 所属于党的地方议会议员；

13. 中央党事务职党职者；

14. 前任国会议员，前任长官、次官，前任市、道知事，在这一情形下，仅限于本党的党员；

15. 党务委员会选任的七百名以下的代议员；

16. 各市、道党的运行委员；

17. 由各市、道党的常务委员会推荐的五人；

18. 由中央党的事务职党职者人事委员会确定的市、道党法定有薪事务员；

19. 由各地区委员会选举推荐的代议员，在这一情形下，通过党务委员会的议决，确定选举产生的代议员总数，并以以下方式分配：

（1）按照地方选区国会议员地方选区数，均等分配总数的百分之八十；

（2）按照各地方选区国会议员选区的党员人数以及近期实施全国性选举的政党得票率，根据党务委员会确定的比例，分配总数的百分之二十；

（3）以各地方选区国会议员选区的人口十万人为基准，每超过一万人追加一个总数之外的名额；

20. 由党国会议员推荐的两名辅助团队人员；

21. 由世界韩人民主会议推荐的三百名以下的在外国民代议员；

22. 由全国职能代表者会议推荐的三百名以下的代议员；

23. 由全国大学生委员会推荐的两百名以下的大学生党员代议员；

24. 由政策党员所属的机关或者团体推荐的政策代议员，在这一情形下，政策代议员的人数不能超过全国代议员大会代议员总数的百分之三十，劳动等单一部门的代议员人数不能超过全国代议员大会代议员总数的百分之十五；

25. 党员自治会推荐的代议员；（2018.3.9 新设）

26. 党员资格审查委员会根据党规选定的百年党员。（2018.3.9 新设）

（三）第二款第十九项的代议员任期为确定下一次定期代议员大会的代议员名单之时为止。但当党宪、党规中另有规定时，从其规定。

（四）第二款第十九项的代议员中，应当包含百分之五十以上的女性党员，并尽可能吸纳百分之三十以上的青年党员。

（五）在党规第二号第四条第三款规定的权利党员中选举推荐第二款第十九项以及第二十五项的代议员。（2016.7.18，2018.3.9 修改）

（六）对于第二款第二十二项至第二十四项的代议员，在召开全国代议员大会的三个月前加入党的权利党员中，每十名以上的权利党员安排一个名额，按照各个地区、职能、部门或者学校，均衡分配代议员名额。

（七）第二款第二十五项的代议员由登记在党员自治会统合管理系统的党员自治会推荐，并遵从下列规定：（2018.3.9 新设）

1. 党员自治会推荐的代议员占选出职代议员总规模的百分之十以内；

2. 所属并活动于党员自治会的每十名以上权利党员推荐一名代议员，但超过第一项规定的分配数时按照多数推荐的顺序分配；

3. 推荐代议员的权利党员不得在各自所属、活动中的党员自治会重复推荐权利党员，不得重复推荐第二款第十九项、第二款第二十一项至第二十三项的权利党员；

4. 做出推荐的权利党员不能推荐非所属于其党员自治会的权利党员。

（八）全国代议员大会设一名议长与两名副议长。

（九）由全国代议员大会选出全国代议员大会的议长，其他必要事项，以党规规定。

第十五条【权限】

（一）全国代议员大会具有以下各项权限：

1. 制定以及修改党宪；

2. 采纳以及变更纲领与基本政策；

3. 选出党代表和最高委员；

4. 议决有关党的合并和解散的事项；

5. 以党宪特别规定制定与改废权限的党宪特定条款（以下称"特别党宪"）（2018.3.9 新设）；

6. 以党宪特别规定制定与改废党规权限的党规（以下称"特别党规"）的制定与改废（2018.3.9 新设）；

7. 议决其他重要议案。

（二）在政党法允许的范围内，全国代议员大会可以将其部分权限委任于中央委员会。

（三）进行第一款第四项议决时，之前应进行以党规第二号第四条第三款规定的权利党员全员为对象的事先讨论以及投票。（2018.3.9 新设）

（四）可以以规定全文或党规的特定条款指定第一款第六项的特别党规。（2018.3.9 新设）

（五）对全国代议员大会的召集有困难的，可以将第一款第五项以及第六项的权限委任于中央委员会。（2018.3.9 新设）

第十六条【召集】

（一）每两年召集一次定期全国代议员大会。

（二）当有党务委员会的议决或者有全国代议员大会三分之一以上的在籍代议员要求时，由议长在两个月内召集临时全国代议员大会。但，通过明示召集期限，要求召集临时全国代议员大会的情形下，应当在该期限内召集。

（三）当议长违反第一款或者第二款的规定，不予召集全国代议员大会时，由副议长中按年长者顺序召集；当所有副议长都不予召集时，由党代表召集。

第十七条【全国代议员大会准备委员会】

（一）为了有效率地召开全国代议员大会，党务委员会可以设置全国代议员大会准备委员会。

（二）全国代议员大会准备委员会掌管大会的准备和进行的事项。但，就选举管理事务而言，应当接受中央党选举管理委员会的指示。

（三）以党规的形式，规定其他必要事项。

第二节　中央委员会

第十八条【地位和组成】

（一）中央委员会是全国代议员大会的受委托机关。

（二）根据以下各项规定，中央委员会由八百名以下的委员组成：

1. 党代表；

2. 最高委员；

3. 院内委员；

4. 国会副议长；

5. 全国代议员大会的议长以及副议长；

6. 常任顾问以及顾问；

7. 党务委员；

8. 全国委员会委员长；

9. 事务总长；

10. 政策委员会议长、政策研究所所长；

11. 中央党常设委员会以及常设特别委员会的委员长、事务处下设委员会的委员长、发言人、秘书室长、事务副总长、政策研究所副所长（副所长中的一名）；

12. 市、道党委员长；

13. 所属于党的国会议员；

14. 地区委员长；

15. 所属于党的市、道知事以及市、道议会的议长；

16. 所属于党的区长、市长、郡守；

17. 由各市、道党推荐的基础议会议长团中的一名；

18. 中央党局长级事务职党职者（十五名以下）；

19. 市、道党的事务处处长；

20. 由全国职能代表者会议推荐的二十名以下的中央委员；

21. 由全国女性委员会推荐的二十名以下的中央委员；

22. 由全国老年委员会（全国银发委员会）、全国青年委员会（全国青年党）、全国大学生委员会、全国残疾人委员会、全国农渔民委员会、保护"乙"民生实践委员会各推荐的五名以下的中央委员；

23. 由全国劳动委员会推荐的四十名以下的中央委员；

24. 由国家经济咨询会议、外交安保统一咨询会议、世界韩人民主会议各推荐的四名中央委员；

25. 由真好的地方政府委员会①、人权委员会、多文化委员会、社会的经济委员会各推荐的一名中央委员；

26. 由共同民主党辅助团队协议会推荐的四名中央委员；

27. 通过最高委员会的议决，选任的二十名以下中央委员。

（三）中央委员会设一名议长与两名副议长。

（四）依照党规的规定，推荐第二款第二十一项的中央委员，并应当考虑地区和部门按照适当的比例推荐中央委员。

（五）对于第二款第二十二项规定的中央委员而言，所属于相应各委员会的每二百名权利党员享有一个中央委员推荐权。

（六）应当在权利党员中推荐第二款第二十项至第二十七项的中央委员。

---

① 【译者注】参见本党章第三十三条。

（七）在由第二款第二十项至第二十三项、第二十七项推荐以及选任的中央委员中，应当包含百分之三十以上的女性党员，还应当包含百分之十以上的青年党员。

（施行日：2016 年第二十届国会议员选举之后首次召开全国代议员大会的召开日）

第十九条【权限】

（一）中央委员会具有以下各项权限：

1. 在难以召集全国代议员大会的情形下，行使全国代议员大会的权限；

2. 处理全国代议员大会委任或者送交的事项；

3. 审议、议决将要提请全国代议员大会的议案；

4. 审议、议决预算与决算；（2015.2.8 新设）

5. 处理党务委员会提请的议案；

6. 选出议长与副议长；

7. 为了推荐比例代表国会议员选举候选人，进行排序投票；

8. 处理其他重要的党务，以及行使党宪、党规赋予的权限。

（二）第一款第一项权限中的特别党宪以及特别党规的制定与改废权限不得委任于党务委员会和最高委员会。（2018.3.9 新设）

第二十条【召集】

（一）原则上每季度召集一次中央委员会，当有党务委员会的议决或者有三分之一以上的在籍委员要求时，在二十日以内，由议长召集临时中央委员会。但，通过明示召集期限，要求召集临时中央委员会的情形下，应当在该期限内召集。

（二）议长违反第一款的规定不予召集中央委员会时，由副议长中按年长者顺序召集；当所有副议长都不予召集时，由党代表召集。

第四章 执行机关

第一节 党务委员会

第二十一条【地位和组成】

（一）党务委员会是执行党务的最高议决机关。

（二）根据以下各项规定，党务委员会由一百名以下的委员组成：

1. 党代表；

2. 最高委员；

3. 院内代表；

4. 国会副议长；

5. 全国代议员大会议长；

6. 中央委员会议长；

7. 全国委员会委员长；

8. 事务总长，政策委员会议长；

9. 国会常任委员会委员长；

10. 删除（2015. 7. 20）；

11. 删除（2015. 7. 20）；

12. 中央党的伦理审判院院长、党务监察院院长、财政委员长、预算决算委员长、国家经济咨询会议议长、外交安保统一咨询会议议长、世界韩人民主会议首席副议长、全国职能代表者会议议长、真好的地方政府委员长、人权委员长、多文化委员长、社会性经济委员长、教育研修院院长、政策研究所所长；

13. 市、道党委员长；

14. 所属于党的市、道知事；

15. 基础自治团体长官协议会的代表，广域议会议员协议会代表，基础议会议员协议会代表各一人；

16. 院外地区委员长协议机构的代表一人；

17. 经过最高委员会的议决，由党代表选任的五名以内的女性、青年等党务委员。

（三）由党代表担任党务委员会的议长。

第二十二条【权限】

（一）党务委员会具有以下各项权限：

1. 提出纲领以及基本政策的修正案；

2. 审议、议决党政策等的重要党务；

3. 提出党宪修正案；

4. 审议和提出特别党宪以及特别党规修正案；（2018. 3. 9 新设）

5. 制定和改废党规；

6. 对党宪、党规进行有权解释；

7. 处理全国代议员大会以及中央委员会委任的议案；

8. 针对伦理审判院议决的赏罚案，要求进行再审查；（2015.2.8 修改）

9. 组织预算决算委员会，审议、议决预算与决算；（2015.2.8 修改）

10. 批准市、道党委员长，承认市、道党代议员大会；

11. 批准地区委员长，承认地区代议员大会；

12. 组建组织强化特别委员会；

13. 采纳以及审议、议决将要在全国代议员大会以及中央委员会中提请的议案；

14. 要求召集临时全国代议员大会，临时市、道党代议员大会，中央委员会；

15. 批准公职选举候选人；

16. 要求向本委员会汇报党务活动；

17. 处理由最高委员会附议的事项；

18. 其他由党宪、党规赋予的权限。

（二）党务委员会可以在明示具体权限后，可以将其部分权限委任于党代表或者最高委员会。

第二十三条 【召集等】

（一）原则上每月召集一次党务委员会，当议长或者最高委员会认为有必要，或者有三分之一以上的在籍委员要求时，由议长召集。

（二）当议长违反第一款的规定，不予召集党务委员会时，由区域最高委员中按年长者顺序召集。

（三）常任顾问以及顾问可以出席党务委员会进行发言。

（2015.9.16 修改）

（施行日：2016 年第二十届国会议员选举之后首次召开全国代议员大会的召开日）

（2016.7.18 修改）

第二节 党代表和最高委员会等

第二十四条 【党代表的地位和权限】

（一）党代表统辖党务，并代表党。

（二）党代表具有以下各项的主要权限：

1. 召集以及主持党的主要会议；

2. 推荐以及任命主要党职；

3. 执行、调整、监督整体党务；

4. 编制党的预算；

5. 处理由党务委员会或者最高委员会委任的事项；

6. 其他党宪、党规赋予的权限。

（三）党代表推荐依照党宪、党规所确定的公职选举候选人。

第二十五条【党代表和最高委员的选出以及任期】

（一）全国代议员大会分别选出党代表和最高委员。

（二）根据以下各项规定，选出党代表：

1. 由全国代议员大会代议员、权利党员、国民以及一般党员组成选举人团；（2018.3.9 修改）

2. 全国代议员大会代议员和权利党员有效投票占结果的百分之八十五以上，一般党员和国民有效投票占结果的百分之十五以下；（2018.3.9 修改）

3. 全国代议员大会代议员和权利党员的有效投票结果的各自反映比例，由全国代议员大会准备委员会制定具体方案，应尽可能保存之前实施的定期全国代议员大会的全国代议员大会代议员和权利党员的选票的等价性。（2018.3.9 新设）

（三）最高委员分为区域最高委员和年龄段、阶层、部门最高委员（简称"部门最高委员"），分别选出最高委员。

1. 区域最高委员的分布：首尔、济州区域，江源、忠清（大田、世宗、忠北、忠南）区域，湖南（光州、全北、全南）区域，岭南（釜山、大邱、蔚山、庆北、庆南）区域等五个区域，各区域选出一名最高委员；

2. 在女性、老年人、青年、劳动、民生等五个年龄段、阶层、部门中，各选出一名年龄段、阶层、部门最高委员。

（四）区域最高委员由该区域的市、道党委员长互选产生。

（五）年龄段、阶层、部门最高委员则依照以下各项规定产生。但，在依照党规被赋予选举权的权利党员中，所属于相应委员会的权利党员人数应当在三千名以上，当不足三千名时，依照党规另行选出。

1. 选出女性最高委员的选民是定期全国代议员大会的女性代议员和全体女性权利党员。

2. 选出老年最高委员的选民是定期全国代议员大会的老年代议员和全体老年权利党员。

3. 选出青年最高委员的选民是定期全国代议员大会的青年代议员和大学生代议员、所属全国青年委员会以及全国大学生委员会的全体权利党员。

4. 选出劳动最高委员的选民是定期全国代议员大会的劳动部门代议员（包括推荐职代议员）、全体劳动部门的权利党员。

5. 民生最高委员的选民是所属全国农渔民委员会、保护"乙"民生实践委员会、社会的经济委员会、全国职能代表者会议、全国残疾人委员会、多文化委员会的全体权利党员。

（六）第五款第四项规定中的劳动部门代议员是指所属劳动部门的政策代议员和所属全国劳动委员会的全体代议员；劳动部门权利党员是指劳动部门的政策党员和所属全国劳动委员会的全体权利党员。（2016.7.18 新设）

（七）党代表以及最高委员的任期为下一次全国代议员大会选出党代表之时为止。但，当党代表以及最高委员欲参加总统选举时，应当在总统选举日的一年前辞去相应职务；最高委员欲参加市、道知事选举时，应在市、道知事选举日的六个月前辞去相应职务。（2018.3.9 修改）

（八）当党代表以及最高委员缺位时，遵循以下各项规定：

1. 当党代表缺位时，自缺位之日起至两个月以内，通过召开临时全国代议员大会，选出党代表，但当缺位党代表的剩余任期不足八个月时，由中央委员会选出党代表；

2. 当最高委员缺位时，自缺位之日起至两个月以内，通过对应区域的互选以及相应年龄段、阶层、部门的选民选举，重新选出相应最高委员；

3. 在选出党代表之前，由最高委员会互选产生的最高委员代行党代表职务，但不得由院内代表代行党代表职务。

（九）第八款第一项以及第二项规定中党代表以及最高委员的任期是前任的剩余任期。

（十）以党规的形式，规定党代表和最高委员的选出方式和程序、最高委员选举人团的组成方法等必要事项，并应当在候选人注册申请开始日的九十日前确定相应事项。

（2015.9.16 修改）

（施行日：2016 年第二十届国会议员选举之后首次召开全国代议员大会

的召开日）

（2016. 7. 18 修改）

第二十六条【预备竞选】

（一）当参加党代表以及部门最高委员竞选的候选人为四人以上时，可以实施预备竞选。

（二）以党规的形式，规定有关预备竞选的具体事项。

（2015. 9. 16 修改）

（施行日：2016 年第二十届国会议员选举之后首次召开全国代议员大会的召开日）

（2016. 7. 18 修改）

第二十七条【最高委员会的地位和组成】

（一）最高委员会是执行党务的最高责任机关。

（二）最高委员会由以下各项人员组成：

1. 党代表；

2. 区域最高委员；

3. 年龄段、阶层、部门最高委员；

4. 院内代表。

（三）依照以下各项内容，年龄段、阶层、部门最高委员兼任全国委员长或者相应常设委员长：（2016. 7. 18 新设）

1. 女性最高委员兼任全国女性委员长；

2. 青年最高委员兼任全国青年委员长、全国大学生委员长，以及全国青年委员会和全国大学生委员会下设的委员会委员长；

3. 老年最高委员兼任全国老年委员长；

4. 劳动最高委员兼任全国劳动委员长；

5. 民生最高委员兼任下设于全国农渔民委员会、保护"乙"民生实践委员会、社会的经济委员会、全国职能代表者会议、全国残疾人委员会、多文化委员会的委员会委员长。

（2015. 9. 16 修改）

（施行日：2016 年第二十届国会议员选举之后首次召开全国代议员大会的召开日）

（2016. 7. 18 修改）

第二十八条【最高委员会的权限】

最高委员会具有以下各项权限：

1. 审议、议决包括法律草案在内的党的主要政策；

2. 审议、议决主要党务；

3. 调整、监督整体党务；

4. 审议党的预算与决算；

5. 要求召集党务委员会以及议员总会；

6. 处理党务委员会委任的事项；

7. 批准召开临时市、道党代议员大会的要求；

8. 将市、道党或者地区委员会，判定为事故党或者事故委员会；

9. 审议推荐国会推荐（选出）任命职公职者；（2016.7.18 新设）

10. 其他党宪、党规赋予的权限。

第二十九条【最高委员会的召集等】

（一）原则上每周召集一次最高委员会，当党代表认为有必要时，或者有三分之一以上的在籍委员要求时，由党代表召集、主持最高委员会。

（二）常任顾问、国会副议长、政策研究所所长可以出席最高委员会并进行发言。（2015.2.8 修改）

（三）以党规的形式，规定最高委员会的运行等必要事项。

第三十条【常任顾问和顾问】

（一）党代表经与最高委员会协商，可以将前任党代表以及相当于此的若干名元老，委任为常任顾问。

（二）党代表经与最高委员会协商，可以将若干名党的元老以及社会领导级人士，委任为顾问。

（三）常任顾问和顾问为党代表和最高委员会等提供咨询，常任顾问可以向最高委员会等提出有关主要党务的意见。

第三十一条【国家经济咨询会议】

（一）为了能动地应对国政和主要党务中有关国家经济的咨询与经济结构、环境的变化，党代表可以设置国家经济咨询会议。

（二）以党规的形式，规定国家经济咨询会议的组成和运行等其他必要事项。

第三十一条之二 【外交安保统一咨询会议】

（一）为了国政、主要党务中有关外交、安保、统一的咨询、政策的制定，党代表可以设置外交安保统一咨询会议。

（二）以党规的形式，规定外交安保统一咨询会议的组成和运行等其他必要事项。

第三十二条 【世界韩人民主会议】

（一）为了韩半岛的和平统一与民主化，伸张在外同胞的权益以及发展同胞社会、韩民族文化的国际化等，设置世界韩人民主会议。

（二）以党规的形式，规定世界韩人民主会议的组成和运行等其他必要事项。

第三十二条之二 【全国职能代表者会议】

（一）为了扩大职能组织、制定职能政策、与职能团体相互协助等，设置全国职能代表者会议。（2015.2.8 修改）

（二）以党规的形式，规定全国职能代表者会议的组成和运行等其他必要事项。

第三十二条之三 【民生联席会议】

（一）为了成为实现公正社会、保障社会弱者的民生福祉政党，设置民生联席会议。

（二）以党规的形式，规定民生联席会议的组成和运行等其他必要事项。

（2015.9.16 修改）

（施行日：2016 年第二十届国会议员选举之后首次召开全国代议员大会的召开日）

第三十三条 【真好的地方政府委员会】

（一）为了强化与地方政府以及地方议会之间的协作、扩大支持、管理等，在最高委员会下设真好的地方政府委员会。

（二）以党规的形式，规定真好的地方政府委员会的组成和运行等其他必要事项。

第三节　全国委员会

第三十四条 【全国委员会】

（一）为了促进两性、年龄段等社会阶层和部门的活动，执行相关事务，在最高委员会下组织全国委员会。

（二）有以下各项全国委员会：

1. 全国女性委员会；

2. 全国老年委员会（全国银发委员会）；

3. 全国青年委员会（全国青年党）；

4. 全国大学生委员会；

5. 全国残疾人委员会；

6. 全国劳动委员会；

7. 全国农渔民委员会；

8. 保护"乙"民生实践委员会。

（三）全国委员会的组成和运行等，遵循党宪、党规的规定。

（2015. 9. 16 修改）

（施行日：2016 年第二十届国会议员选举之后首次召开全国代议员大会的召开日）

第三十五条【全国女性委员会】

（一）为了扩大女性组织和政治参与、提高女性地位、开发女性政策等，在最高委员会下设全国女性委员会。

（二）经最高委员会的议决，党代表在全国女性委员会下设管理女性人才和发掘、培养女性政治人物的机构。

（三）以党规的形式，规定全国女性委员会的组成和运行等必要事项。

第三十六条【全国老年委员会（全国银发委员会）】

（一）为了扩大老年人组织、制定老年人政策、执行其他有关老年人的事务，在最高委员会下设全国老年委员会（全国银发委员会）。（2015. 2. 8 修改）

（二）以党规的形式，规定全国老年委员会（全国银发委员会）的组成和运行等必要事项。

第三十七条【全国青年委员会（全国青年党）】

（一）为了扩大青年组织、制定青年政策、执行其他有关青年的事务，在最高委员会下设全国青年委员会。

（二）以党规的形式，规定全国青年委员会的组成和运行等必要事项。

第三十八条【全国大学生委员会】

（一）为了支持和促进大学生的自治活动和交流、执行有关制定大学生政策的事务，在最高委员会下设全国大学生委员会。

（二）以党规的形式，规定全国大学生委员会的组成和运行等必要事项。

第三十九条【全国残疾人委员会】

（一）为了扩大残疾人组织、制定残疾人政策、执行其他有关残疾人的事务，在最高委员会下设全国残疾人委员会。

（二）以党规的形式，规定全国残疾人委员会的组成和运行等必要事项。

第四十条【全国劳动委员会】

（一）为了扩大劳动组织、制定劳动政策、密切联系劳动界、执行与劳动界的协作事务，在最高委员会下设全国劳动委员会。

（二）全国劳动委员会审议主要劳动政策，向党提出政策提案。

（三）党代表将全国劳动委员会的劳动政策提案，反映至国政以及主要党务。

（四）以党规的形式，规定全国劳动委员会的组成和运行等必要事项。

第四十条之二【全国农渔民委员会】

（一）为了扩大农渔民组织、制定农渔民政策、执行有关农渔民的事务等，在最高委员会下设全国农渔民委员会。

（二）以党规的形式，规定全国农渔民委员会的组成和运行等必要事项。

第四十条之三【保护"乙"① 民生实践委员会】

（一）为了解决社会不公正的雇佣上主从关系等民生问题、中小自营业者以及非正规职的组织事务，在最高委员会下设保护"乙"民生实践委员会（简称"保护'乙'委员会"）。

（二）以党规的形式，规定保护"乙"民生实践委员会的组成和运行等必要事项。

（2015.9.16 新设）

（施行日：2016 年第二十届国会议员选举之后首次召开全国代议员大会的召开日）

---

① "乙"在韩国代表受雇佣方等处于相对弱势的一方。

第四十一条 【人权委员会】

（一） 为了拥护和伸张人权、制定人权政策、唤起对人权问题的社会关注等，在最高委员会下设人权委员会。

（二） 以党规的形式，规定人权委员会的组成和运行等必要事项。

第四十二条 【多文化委员会】

（一） 为了制定有关支持多文化家族与子女的政策等，在最高委员会下设多文化委员会。

（二） 以党规的形式，规定多文化委员会的组成和运行等必要事项。

第四十三条　删除 （2016.8.19）

（2015.9.16 先前的第四十三条移动至第四十条之三）

（施行日：2016 年第二十届国会议员选举之后首次召开全国代议员大会的召开日）

第四十四条 【社会的经济委员会】

（一） 为了促进社会的经济、制定政策、与合同组合①或者福利企业等社会的经济团体保持密切联系、执行与社会的经济团体的协作事务，在最高委员会下设社会的经济委员会。

（二） 以党规的形式，规定社会的经济委员会的组成和运行等必要事项。

第四十五条 【教育研修院】

（一） 为了教育、培训党的公职者、党职者以及党员，在最高委员会下设教育研修院。事务职党职者的职务能力教育的相关业务由事务总长指挥、总管。（2018.3.9 修改）

（二） 党的公职者、党职者以及党员，必须完成由教育研修院实施的教育研修。

（三） 在审查公职候选人、考核党职者时，反映教育研修等相关资料。

（四） 以党规的形式，规定教育研修院的组成和运行等必要事项。

第四十六条 【特别辅佐人和辅佐人】

（一） 为了咨询主要政策，党代表可以设置若干特别辅佐人和辅佐人。

---

① 【译者注】合同组合是指在一定区域范围内，由就职于中小企业的工人组建的跨企业工会组织。

（二）由党代表任命特别辅佐人和辅佐人。

第四十七条 【党代表秘书室】

（一）为了辅佐党代表，设置秘书室。

（二）由党代表任命党代表秘书室长。

（三）以党规的形式，规定党代表秘书室的组成和运行等必要事项。

第四十八条 【党务革新室】删除（2016.8.27）

第四十九条 【发言人】

（一）为了发布党的政策和见解、做好媒体宣传，在最高委员会下设置发言人与若干名副发言人；为了支持相应实务可以设置必要的机构。

（二）以党规的形式，规定其他必要事项。

第五十条 【财政委员会】

（一）为了制定健全的党财政政策，并有效促进这一政策，在最高委员会下设财政委员会。

（二）以党规的形式，规定财政委员会的组成和运行等必要事项。

第五十一条 【特别委员会】

（一）为了应对特定的周期性课题，设置常设特别委员会。

（二）为了应对特定的棘手课题或者扩张党的势力等，经最高委员会的议决，党代表可以设置非常设特别委员会等特别机构。

（三）以党规的形式，规定常设特别委员会的种类和事务、组成和运行以及特别机构的组成和运行等必要事项。

第五十一条之二 【选出职公职者评价委员会】

（一）为了对选出职公职者进行周期性评价，设置选出职公职者评价委员会。

（二）中央党选出职公职者评价委员会对国会议员以及市、道知事的活动进行周期性评价，市、道党选出职公职者评价委员会对自治区、市、郡的长官以及地方议会议员的活动进行周期性评价。

（三）以党规的形式，规定选出职公职者评价委员会的组成和运行等必要事项。

第五十一条之三 【党务监察院】

（一）为了对选出职以及任命职等的政务职党职者和事务职党职者进行职务监察，设置党务监察院。

（二）党务监察院具有职务上独立地位，并与执行机关保持分离的状态。

（三）党务监察院由包含党务监察院院长在内的九名以内委员组成，其中监察院的三分之二以上人员，应当是外部人士。必要时，可以将一名监察员确定为干事。

（四）经党务委员会的议决，由党代表任命党务监察院院长；经党务监察院院长的推荐，由党代表任命监察委员。

（五）以党规的形式，规定党务监察院的组成和运行等的必要事项。

第五十二条【事务职党职者人事委员会】

（一）为了审议有关事务职党职者的人事问题，设置事务职党职者人事委员会。

（二）事务职党职者人事委员会由以下各项人员组成：（2016.8.27 修改）

1. 事务总长；

2. 事务副总长（人事负责人）；

3. 战略企划委员长；

4. 政策委员会首席副议长；

5. 院内首席副代表；

6. 政策研究所副所长中的一人；

7. 事务处党职者工会推荐的一人；

8. 全国女性委员会推荐的一名女性；

9. 党代表推荐的一人。

（三）事务总长担任事务职党职者人事委员会。（2016.8.27 修改）

（四）以党规的形式，规定事务职党职者人事委员会的运行等必要事项。

第四节　事务处

第五十三条【组成】

（一）为了执行党务，设置事务处。

（二）事务处设事务总长，在其下设置党规所规定的委员会和为了支持事务所必要的事务机构。（2016.8.27 修改）

（三）至（七）删除（2016.8.27）

（八）可以在事务处设置辅佐事务总长的三名以下的事务副总长。（2016.8.27 修改）

（九）以党规的形式，规定事务处的组成和运行等必要事项。（2015.7. 20 修改）

第五十四条【事务总长等】

（一）事务总长统辖事务处的执行事务，管理有关党务执行方面事务职党职者的任职状况。

（二）经与最高委员会协商，由党代表任命事务总长；通过事务总长的推荐，由党代表经与最高委员会协商，任命事务处下属各委员会的委员长与事务副总长。

（三）当事务总长无法履行职务时，依照党规的规定代行其职务。

（四）为了提出以及协商日常党务、执行党务，可以设置党务执行会议。

（五）以党规的形式，规定第四款中党务执行会议的组成和运行等必要事项。

第五十五条【中央党党职者的类别和任免】

（一）中央党党职者区分为政务职和事务职。

（二）政务职党职者是指中央党各级委员会（级别）委员（级别）以上的党职者。

（三）事务职党职者是指中央党、相关法人以及国会任职人员等的室长、局长级以下的党职者。

（四）经人事委员会的提请与最高委员会的协商，由党代表任命事务职党职者。但，当党规另有规定时，则另当别论。

（五）以党规的形式，规定中央党党职者的类别、人事、事务分工、职级、任免、补任以及报酬等必要事项。

第五节 政策委员会

第五十六条【地位和组成】

（一）为了提出和审议党的政策，设置政策委员会。

（二）政策委员会由党国会议员和院外政策委员组成。在这一情形下，党代表通过与政策委员会议长协商，任命院外政策委员。

第五十七条【权限】

政策委员会具有以下各项权限：

1. 调查、研究、审议、提出实现党纲领与基本政策的必要事项；

2. 开发党政策以及各级选举承诺；

3. 审议法律草案等欲提交至国会的议案；

4. 针对党和政府的政策，进行党、政之间协商；分析政府政策并提出应对方案；

5. 宣传政策等与政策委员会的相关事项；

6. 党员提案审查和党员讨论业务等的相关事项。（2018.3.9 新设）

第五十八条【政策委员会议长等】

（一）政策委员会议长统辖政策委员会的事务。

（二）党代表经与最高委员会协商，任命政策委员会议长。（2016.8.27 修改）

（三）通过政策委员会议长的推荐，由党代表经与最高委员会协商，任命政策委员会首席副议长与副议长。但副议长中的一人应当由全国劳动委员会推荐，由党代表经与最高委员会协商而任命。

（四）当政策委员会议长无法履行职务时，依照党规的规定代行其职务。

第五十九条【政策调整委员会】

（一）为了顺利进行政策开发等事务，按照党规规定的领域，在政策委员会下设置各类政策调整委员会。

（二）政策调整委员会由委员长与若干名副委员长以及委员组成；经政策委员会议长的推荐，由党代表经与最高委员会协商，任命委员长、副委员长、委员。

第六十条【常任专门委员会等】

（一）在政策委员会内，设置与国会常任委员会相对应的常任专门委员会。

（二）常任专门委员会由所属于相应国会常任委员会的国会议员和党代表任命的院外政策委员组成。

（三）对应国会常任委员会的委员长担任常任专门委员会的委员长。但，当没有党国会常任委员长时，由干事担任常任专门委员会的委员长。

（四）常任专门委员会委员长的任期，与国会常任委员长的任期相同。但，当常任专门委员长缺位时，由继任者履行其剩余任期。

（五）在政策委员会内，可以设置特殊政策企划团、政策咨询机构、政策评价机构、预算决算审议委员会、特别专门委员会等必要机构；以党规的形式，规定其他必要事项。

第六十一条 【法案审查委员会】

（一）为了审查法律草案，在政策委员会议长下设置法案审查委员会。

（二）政策委员会议长在政策委员中指定法案审查委员会的委员，由政策委员会议长担任委员长；以党规的形式，规定其他必要事项。

第六十二条 【政策调整会议】

（一）为了调整专门委员会之间的政策，设置政策调整会议。

（二）政策调整会议由政策委员会议长、政策调整委员会委员长、相应常任专门委员会委员长、政策研究所副所长中的一人以及由党代表经与最高委员会协商而任命的若干政策委员组成。

（三）政策委员会议长担任政策调整会议的议长。

（四）相应部门专门委员会应当尊重政策调整会议的决定。

第六十三条 【实务机构】

（一）为了支持政策的开发、资料的收集、党政之间的协商以及其他政策相关事务，设置实务机构。

（二）以党规的形式，规定实务机构的组成和运行、事务职党职者的人事等必要事项。

第五章 院内机构

第一节 议员总会

第六十四条 【地位和组成】

议员总会作为院内最高议事决定机构，由党国会议员组成。

第六十五条 【权限】

议员总会具有以下各项权限：

1. 审议、议决党日常院内活动对策；

2. 审议、议决党进行立法活动所必要的主要政策以及欲提交至国会的法案和议案；

3. 选出院内代表；

4. 推荐国会议长与副议长的候选人；

5. 组建以及废止与国会活动相关的组织；

6. 议员总会的运行及对预算、决算的审议；

7. 对政党法第三十三条规定的国会议员进行除名；

8. 其他与院内对策以及运行相关的主要事项。

第六十六条 【召集等】

（一）在国会会期内，原则上每周召集一次以上议员总会；当最高委员会或者院内代表认为必要时，或者当有三分之一以上的在籍议员要求时，由院内代表召集。

（二）院内代表违反第一款的规定，不予召集议员总会时，由院内首席副代表召集；当院内首席副代表不予召集时，由党代表指定召集权人。

（三）常任顾问可以列席议员总会进行发言。

（四）议员总会需要有在籍议员三分之一以上的出席才得以开议，以在籍议员过半数的出席与出席议员过半数的同意才得以议决。但，依照第六十五条第七项的规定，对国会议员除名时，需要有在籍议员二分之一以上的赞成才得以议决。

第六十七条 【院内对策会议】

（一）为了协商、调整有关院内活动的党的对策，设置院内对策会议。

（二）院内对策会议由院内代表、政策委员会议长、国会常任委员会委员长、党代表指定的二十名以下的国会议员组成。

（三）院内代表担任院内对策会议的议长。

第二节　院内代表

第六十八条 【院内代表】

（一）院内代表在国会内代表本党，并对国会运行负有责任，统辖院内事务。

（二）在每年五月举行的议员总会选出院内代表。

（三）院内代表担任议员总会的议长，主持院内主要会议。

（四）经院内代表推荐后，由议员总会批准院内首席副代表。

（五）由院内代表指定若干名院内副代表。

（六）院内代表分配党国会议员至国会各常任委员会。在这一情形下，由所属于相应常任委员会的国会议员互选产生国会常任委员会干事。

（七）院内代表的任期为选出下一任院内代表之时为止。

（八）当认为院内代表实施了违反党论的行为或者认为其在履行职务过程中存在显著的过错，并有党务委员会或最高委员会的要求或者有议员总会三分之一以上的在籍议员要求时，针对院内代表实施不信任投票。在这一情形下，通过议员总会实施秘密投票，在籍议员三分之二以上的出席，以及出席议员三分之二以上赞成时，解任院内代表。

（九）院内代表缺位时，应当在一个月以内通过议员总会实施再选；再选后的院内代表任期是前任的剩余任期。

（十）院内代表无法履行职务时，或者结束再选院内代表之前，由院内首席副代表代行该职务。

（十一）以党规的形式，规定院内代表的选出和不信任投票的程序等必要事项。

第六十九条 【实务机构】

（一）为了企划院内对策、立法和政策活动以及辅助行政，在院内代表下设置实务机构。

（二）为了有效辅助中央党的政党活动以及院内代表、国会议员的政策活动，设置共同民主党辅佐团协议会。（2015.12.28 修改）

（三）以党规的形式，规定实务机构的组成和运行等必要事项。

第六章 地方组织

第七十条 【强化独立性】

共同民主党立志成为强化市、道党的独立性和权限的地区分权型联网政党。

第一节 市、道党代议员大会

第七十一条 【地位和组成】

（一）市、道党代议员大会是市、道党的代议机关。

（二）市、道党代议员大会的代议员是依照第十四条第二款规定的全国代议员大会代议员中，所属相应市、道的党员。党员自治会推荐的代议员除外。（2018.3.9 修改）

（三）市、道党代议员大会的代议员任期为确定下一次定期市、道党代议员大会代议员名册时为止。但党宪、党规另有规定的除外。

（四）市、道党代议员大会设一名议长与一名副议长。

第七十二条【权限】

（一）市、道党代议员大会具有以下权限：

1. 选出市、道党委员长；

2. 处理市、道党常务委员会附议的议案；

3. 处理中央党要求的议案；

4. 议决市、道党的其他主要议案。

（二）市、道党代议员大会可以将其部分权限委任于常务委员会。

第七十三条【召集】

（一）在召开定期全国代议员大会前，召开定期市、道党代议员大会。

（二）当满足以下各项中的任一项时，召集临时市、道党代议员大会。但，在第一项至第三项的情形下，应当先行征得最高委员会的召开许可。

1. 当市、道党委员长认为必要时。

2. 当有市、道党常务委员会的议决时。

3. 当有市、道党代议员大会三分之一以上的在籍代议员要求时。

4. 当有党务委员会要求时。

第二节　市、道党常务委员会

第七十四条【组成】

（一）设置市、道党常务委员会，作为市、道党的议决机关。

（二）市、道党常务委员会由下列各项人员组成，市、道党委员长担任议长：

1. 市、道党委员长；

2. 地方选区国会议员；

3. 市、道党的女性委员长、青年委员长、老年委员长（银发委员长）、残疾人委员长、劳动委员长、农渔民委员长、保护"乙"民生实践委员长、大学生委员长、职能委员长、地方自治委员长、教育研修委员长、多文化委员长、数码沟通委员长、事务处处长以及政策室室长；（2016.8.27修改）

4. 地区委员长；

5. 所属于党的地方自治团体长官；

6. 所属于党的市、道议员以及自治区、市、郡议会议长团；

7. 市、道党委员长指定的五名以下的委员。（2015.2.8 修改）

（三）第二款第七项的市、道党常务委员的任期与市、道党委员长的任期相同。

第七十五条【权限】

市、道党常务委员会具有下列各项权限：

1. 党宪、党规赋予市、道党常务委员会的有关推荐公职候选人的权限；

2. 批准市、道党伦理审判院院长与审判委员的任命，以及确认由委员会审查、议决的赏罚案；

3. 推荐党宪第十四条第二款第十七项规定中的全国代议员大会代议员；

4. 市、道党代议员大会委任的事项；

5. 中央党委任或者下达的事项；

6. 参与组建预算决算委员会的组成以及审议、议决预算与决算；（2015.2.8 新设）

7. 其他有关市、道党运行的重要事项。

第七十六条【召集】

当议长或者市、道党运行委员会认为必要，或者有三分之一以上的在籍常务委员要求，再或者有中央党的指示时，由议长召集市、道党常务委员会。但，当议长不予召集时，遵循党规的规定。

第三节　市、道党的组成和执行机构

第七十七条【委员长】

（一）市、道党委员长代表市、道党，统辖市、道党。

（二）当通过市、道党代议员大会选出市、道党委员长时，应当反映市、道党代议员大会代议员有效投票的百分之五十以下和权利党员有效投票结果的百分之五十以上。但，当党规另有规定时，则另当别论。

（三）当市、道党委员长一时难以履行职务时，由委员长指定的运行委员代行其职务；当委员长不予指定代行其职务的运行委员时，由运行委员中年长者顺序代行其职务。

（四）以党规的形式，规定市、道党委员长的选出方式和程序等必要事项，并应当在候选人注册申请开始日的九十日前确定相应事项。

第七十八条 【运行委员会的组成】

（一）市、道党运行委员会的组成如下：

1. 市、道党委员长；

2. 市、道党的劳动委员长、女性委员长、青年委员长、老年委员长（银发委员长）、残疾人委员长、大学生委员长、农渔民委员长、保护"乙"民生实践委员长、职能委员长、地方自治委员长、教育研修委员长、多文化委员长、数码沟通委员长；（2016.7.18 修改）

3. 由市、道党常务委员会互选的三名以上九名以下的运行委员；

（二）市、道党委员长担任市、道党运行委员会的议长。

第七十九条 【运行委员会的权限】

（一）市、道党运行委员会具有下列各项权限：

1. 审议市、道党的日常党务和政策；

2. 审议市、道党的党职人事问题；

3. 审议市、道党的预算与决算；

4. 审议、采纳欲提交至市、道党常务委员会的议案；

5. 审议、决定市、道党常务委员会委任的议案；

6. 其他有关市、道党运行的事项。

（二）虽有第一款第二项的规定，关于市、道党事务处党职者的正规化事项的推进，遵从事务职党职者人事委员会的议决。（2018.3.9 新设）

第八十条 【事务处等】

（一）在市、道党设置事务处和政策室，事务处设处长，政策室设室长。

（二）市、道党设置常任顾问和顾问、女性委员会、青年委员会、老年委员会（银发委员会）、残疾人委员会、劳动委员会、农渔民委员会、保护"乙"民生实践委员会、职能委员会、地方自治委员会、教育研修委员会、大学生委员会、多文化委员会、数码沟通委员会，可以设置社会的经济委员会以及其他必要的机构。（2016.8.27 修改）

（三）以党规的形式，规定市、道党的组成和运行等必要事项。

第四节　地区委员会

第八十一条 【地区委员会】

（一）地区委员会是相应地区党员的协议体。

（二）按照各地方选区国会议员选区设置地区委员会。在这一情形下，当国会议员选区由两个以上的自治区、市、郡组成时，可以在各自治区、市、郡设置地区委员会的联络所。

（三）地区委员会设置地区委员长、地区代议员大会和常务委员会等机构。

（四）地区委员长代表地区委员会，统辖地区委员会的党务，由党员选出。但，当党规中另有关于选举的规定时，则另当别论。

（五）地区代议员大会是地区委员会的最高议决机关。

（六）地区代议员大会由一百名以上的代议员组成，当认为存在相当的事由时，经最高委员会的议决可以另做规定。

（七）地区常务委员会由九十名以下的委员组成，行使处理地区委员会重要党务等的权限。但，当一个地区委员会由两个以上的自治区、市、郡组成时，可以由一百二十名以下的委员组成地区常务委员会。

（八）以党规的形式，规定地区委员长的选出、地区代议员大会以及地区常务委员会的组成和运行等必要事项。

第七章　政策研究所

第八十二条【政策研究所】

（一）为了实现党的理念与政策、制定中长期政策以及战略、教育和培养民主市民以及下一代政治领导者、构筑政策联网体系等，以独立财团法人的形式设置、运行政策研究所（以下在条文中称"研究所"）。在这一情形下，研究所原则上具有以研究为目的的人事和组织上的独立性。（2016.8.27 修改）

（二）党代表担任研究所的董事长；通过党代表指定研究所所长，经研究所董事会的承认，任免研究所所长。

（三）研究所所长的任期为两年。

（四）为了让党和一般国民利用研究所的研究结果，可以公开研究结果。

（五）以研究所的章程，规定研究所的组成和运行上的必要事项。

第七章之二　中央党后援会

第八十二条之二【指定】

（一）党代表可以指定以捐献后援金为目的的中央党后援会。

（二）中央党后援会的组成和运行的必要事项以党规以及后援会的章程规定。

（2018.3.9 本条新设）

第八章　伦理审判院

第八十三条【设置和职务的独立性】

（一）为了管理奖励和惩戒等事务，在中央党与市、道党设置伦理审判院。（2015.2.8 修改）

（二）伦理审判院独立于代议机关以及执行机关，独立履行其职务。

第八十四条【中央党伦理审判院的组成】

（一）中央党伦理审判院直辖于中央委员会，由包含审判院院长与两名以上副审判院院长的九名审判委员组成，其中外部人士应当占据审判院名额的百分之五十以上。在必要的情形下，可以将审判委员中的一名确定为干事。（2015.2.8 修改）

（二）通过党代表的推荐，经党务委员会的议决，任命中央党伦理审判院院长，该院长应当是外部人士。（2015.2.8 修改）

（三）通过党代表的推荐，经党务委员会的议决，任命伦理审判委员；然而，对于第一款的外部人士而言，应当由中央党伦理审判院院长推荐。（2015.2.8 修改）

（四）以党规的形式，规定中央党伦理审判院的组成和运行等必要事项。

第八十五条【中央党伦理审判院的权限和事务】

（一）中央党伦理审判院具有下列各项权限：（2015.2.8 修改）

1. 制定、修改"共同民主党伦理规范"以及有关施行的事项；（2015.12.28 修改）

2. 审议、议决以及确定赏罚案；（2015.2.8 修改）

3. 提供关于伦理规范的咨询或者处理针对违反行为的举报等有关党员

惩戒的事项；（2015.2.8 修改）

4. 提供关于伦理规范的教育；（2015.2.8 新设）

5. 审查、决定由党选举管理委员会做出的丧失候选人资格决定的异议申请；

6. 调查组织监察之外的党纪纲；

7. 监督市、道党伦理审判院；

8. 针对市、道党惩戒处分的再审权限；

9. 当选出职公职者由于不正腐败事件等重大错误而丧失职位时，审查、决定该事件的情节轻重程度；（2015.7.20 新设）

10. 其他党规明示的权限。

（二）通过伦理审判院的审议、议决，确定第一款第二项以及第三项规定的奖励和惩戒。（2015.2.8 新设）

（三）伦理审判院院长向最高委员会汇报相应结果。（2015.2.8 新设）

（四）以伦理审判院规则，规定有关第一款第九项的审查标准和方法。（2015.7.20 新设）

第八十六条 【市、道党伦理审判院的组成】

（一）市、道党伦理审判院由包含审判院院长与副审判院院长的九名审判委员组成，其中外部人士应当占据审判院名额的百分之五十以上。

（二）市、道党委员长经市、道党常务委员会的议决，任命市、道党伦理审判委员。

（三）通过市、道党伦理审判委员的互选产生市、道党伦理审判院院长，该院长应当是外部人士。

（四）以党规的形式，规定市、道党伦理审判院的组成和运行等必要事项。

第八十七条 【市、道党伦理审判院的权限】

（一）市、道党伦理审判院具有下列各项权限：

1. 关于奖励党员和党外人士的事项；

2. 关于惩戒相应市、道党党员的事项；

3. 监察相应市、道党的会计；

4. 调查相应市、道党的纪纲。

（二）通过伦理审判院的审议、议决，依照常务委员会的议决，由市、道党委员长施行第一款第一项以及第二项的奖励和惩戒。

（三）不服市、道党决定的人，可以自该决定之日起至七日以内，向中央党伦理审判院提出再审请求。

（四）当市、道党伦理审判院决定奖励、惩戒所属党员时，市、道党伦理审判院应当及时向市、道党委员长以及中央党伦理审判院院长汇报该事实。

第九章　预算和会计

第八十八条【预算与决算】

（一）党在每会计年度都要编制预算，在结束会计年度后，进行决算。

（二）在开始次年会计年度六十日之前，事务总长应当制定包含预算编制案在内的党的财政运用计划，并提交至预算决算委员会。（2016.8.27 修改）网络平台的建设、数码、媒体、宣传等未来业务（人事、事业等）预算编制不得超过中央党预算的百分之三十。（2015.2.8，2015.7.20，2016.8.27，2018.3.9 修改）

（三）在次年五月三十一日之前，事务总长应当将会计年度决算报告书提交至预算决算委员会。（2016.8.27 修改）

（四）党的财政运用计划中，应当包含下列各项内容：（2015.2.8 新设）

1. 运用财政的基本方向和目标；

2. 各部门财政分配计划以及主要事业方向；

3. 针对审查决算时指出的事项，提出改善方向。

（五）通过最高委员会与党务委员会的审议、议决，由中央委员会审议、议决党的财政运用计划和决算报告书。（2015.2.8 新设）

（六）公布党的财政运用计划。（2015.2.8 新设）

第八十九条【会计年度】

党的会计年度开始于每年一月一日，结束于十二月三十一日。

第九十条【预算决算委员会】

（一）为了审议党的收入与支出的预算、决算，设置预算决算委员会。

（二）预算决算委员会由七名以下的委员组成。但，执行部门的长官不得成为委员，并且在委员中应当安排一名以上的会计专家，可以安排外部人士。

（三）通过党代表的推荐，经党务委员会的决议，任命预算决算委员长

以及委员。（2015.2.8 修改）

（四）预算决算委员会制作预算以及决算审查报告书，经最高委员会与党务委员会的议决，提交至中央委员会。（2015.2.8 新设）

（五）公布预算决算委员会的预算以及决算审查报告书。（2015.2.8 新设）

第九十一条【审计】

（一）为了监督所属各机关的预算执行状况，预算决算委员会每年实施一次以上的审计。

（二）为了对预算、决算进行透明而客观的监察，应当邀请一名外部会计专家的参与。

第九十二条【具体规定】

以党规的形式，规定预算、决算、审计以及其他必要事项。

第十章　选举管理

第九十三条【选举管理委员会】

（一）为了公正地管理产生党代表、最高委员、院内代表等党职的选举和推荐总统、国会议长以及副议长、国会议员、地方自治团体长官、地方议会议员等公职候选人的选举，以党务委员会的议决，在实施对应选举的中央党或者市、道党内设置相应选举管理委员会。

（二）通过党务委员会的议决，设置、组建各级选举管理委员会，必要时可以委任于市、道党实施。

（三）选举管理委员会设委员长与三名以下的副委员长以及通过党规规定的包含若干名外部委员的委员，还可以设置专门委员会。

（四）通过党务委员会的议决，可以将选举管理事务委托于政府选举管理委员会。

（五）以党规的形式，规定选举管理委员会的名额、权限以及运行等必要事项。

第九十四条【对不正当选举以及不服竞选的制裁】

（一）选举管理委员会发现候选人、选举活动人员以及代议员、各级选举人团、其他关联者的不正当选举行为时，应当依照党规予以制裁。

（二）在选举管理委员会确认违规公荐和不正当竞选后，应当剥夺该行为人的候选人资格以及党员资格，同时必须进行刑事告发。

（三）针对所有参与党职选举和公职候选人选举的候选人，如果做出不服该结果的行为时，该候选人将在此后五年内不得成为任一选举的候选人。

（四）以党规的形式，规定不正当选举的种类和制裁方法、不服竞选的种类以及调查和审议等必要事项。

第十一章　公职选举

第一节　选举机构

第九十五条【选举企划团】

（一）为了准备各级公职选举，在设置选举对策机构之前，可以设置选举企划团。

（二）以党规的形式，规定选举企划团的组成和运行等必要事项。

第九十六条【选举对策机构】

（一）为了有效实施各级公职选举，以党务委员会的议决，设置以下各项选举对策机构：

1. 中央选举对策委员会以及选举对策本部；

2. 各区域选举对策委员会；

3. 市、道选举对策委员会以及选举对策本部；

4. 各级选区选举对策委员会以及选举对策本部。

（二）各级选举对策机构的权限和职能，优先于该党部其他机关的权限和职能。

（三）以党规的形式，规定选举对策机构的设置时期、组成以及运行等必要事项。

第二节　公职选举候选人检查委员会

第九十七条【公职选举候选人检查委员会】

（一）为了审查公职选举候选人预备人选以及候选人的资格和道德性，由党代表经最高委员会议的议决，在中央党与市、道党内，设置公职选举候选人检查委员会。（2015.2.8 修改）

（二）公职选举候选人检查委员会由包含委员长在内的十五名以下的委员组成，其中外部人士应当占据委员会名额的百分之五十以上。（2015.2.8 新设）

（三）以党规的形式，规定公职选举候选人检查委员会的组成、事务以及运行的必要事项。

第三节 推荐候选人的相关机构

第九十八条【公职选举候选人推荐管理委员会】

（一）为了审查公职选举候选人的推荐，在中央党与市、道党内，以最高委员会的议决，设置公职选举候选人推荐管理委员会（以下在本章中称"公荐管理委员会"）。

（二）公荐管理委员会由包含委员长在内的二十名左右的委员组成，必要时可以委托外部人士为委员。在这一情形下，当委员会的名额为偶数时，女性委员应当占据委员会名额的百分之五十以上；当委员会的名额为奇数时，女性委员应当占据排除委员长之外的委员会名额的百分之五十以上。（2015.9.16修改）

（三）经最高委员会的审议，由党代表任命中央党公荐管理委员会的委员长与委员。

（四）通过市、道党常务委员会的议决，由市、道党委员长向党代表推荐，经最高委员会的审议，由党代表任命市、道党公荐管理委员会的委员长与委员。

（五）以党规的形式，规定公荐管理委员会的组成以及运行等必要事项。

第九十九条【人才引进机构】

（一）为了推荐公职选举候选人，党代表经最高委员会的议决，可以设置、组织为了引进人才的特别机构。

（二）以党规的形式，规定为了引进人才的特别机构名称、组成、运行、被引进人才的公职选举候选人推荐程序等必要事项。

（三）删除。（2015.12.14）

第四节 候选人的推荐

第一百条【总统候选人的推荐】

（一）原则上以国民竞选或者国民参与竞选的方式，选出总统候选人。

（二）应当在总统选举日前的一百八十日内选出总统候选人。但，当有相当的事由时，可以通过党务委员会的议决，做出另行规定。

（三）以党规的形式，规定竞选的方法、总统候选人的注册、选举活动以及投票、开票等必要事项。

第一百零一条【市、道知事选举候选人以及地方选区国会议员选举候选人的推荐】

（一）中央党公荐管理委员会通过审查市、道知事选举候选人以及地方选区国会议员选举候选人（以下在本条文中称"候选人"），选定两名以上候选人并制定竞选方法；当有党规规定的事由时，可以明示该事由后，选定单一候选人。

（二）当选定单一候选人时，以最高委员会的议决以及党务委员会的批准，确定推荐。

（三）当选定两名以上候选人时，由最高委员会议决候选人以及竞选方法，通过竞选，最终由最高委员会的议决以及党务委员会的批准，确定推荐。

（四）为了选定选举战略上需要特别关照的选区（包含候选人），通过最高委员会的议决，可以设置中央党战略公荐管理委员会（以下在本条中称"战略公荐委员会"）。（2015.2.8 新设）

（五）战略公荐委员会审查战略选区（包含候选人），并向党代表汇报审查结果。（2015.2.8 新设）

（六）虽有第一款至第三款的规定，但是党代表可以基于战略公荐委员会的审查结果，在全体选区总数百分之二十的范围内，选定选举战略上需要特别关照的选区（包含候选人），通过最高委员会的议决和党务委员会的批准，确定推荐。（2015.2.8 修改）

（七）以党规的形式，规定战略公荐委员会的组成和运行以及其他必要事项。（2015.2.8 修改）

第一百零二条【比例代表国会议员选举候选人的推荐】

（一）党代表经最高委员会的审议，组织中央党比例代表国会议员选举候选人推荐管理委员会（以下在本条中称"委员会"）。委员会审查比例代表国会议员选举候选人（以下在本条中称"候选人"），并向党代表汇报审查结果。但，在审查该候选人时，应当按比例考虑职能、年龄层、性别、地区等多种社会阶层，并尽可能地优先推荐政治新人。（2015.9.16 修改）

（二）党代表经由党务委员会，向中央委员会推荐上述委员会推荐的候选人名单，由中央委员会确定候选人。在这一情形下，应当推荐百分之六

十以上的女性候选人。（2015.9.16 修改）

（三）虽有第一款和第二款的规定，但是在当选稳定圈的百分之二十范围内，由党代表从候选人中选定选举战略上需要特别关照的候选人（包括排序）；通过中央委员会的排序投票，确定其他候选人的顺序。（2015.2.8 新设）

（四）在确定比例代表的优先顺序时，应当有比例地选择安排女性、老年人、残疾人、劳动、职能、农渔民、安保、在外同胞、国家有功者、科学技术、多文化等的专家。（2015.2.8，2018.3.9 修改）

（五）判断经济、外交、安保等委员会难以选出而确定为审查领域和除战略公荐的所有领域，都由公民公荐审查团选出。必要的选出方法以党规规定之。（2015.2.8，2018.3.9 修改）

（六）应当在当选稳定圈的百分之十五以上范围内，选定在党薄弱地方选区为克服地区隔阂而活动的候选人，由党规规定该产生方式。（2015.2.8，2018.3.9 修改）

（七）以党规的形式，规定其他必要事项。

第一百零二条之二【自治区厅长、市长、郡守候选人的推荐】

（一）自治区厅长、市长、郡守候选人（以下在本条中称"候选人"），由市、道党公荐审查委员会审查，选定两名以上候选人并制定竞选方法；当有党规规定的事由时，可以明示该事由而选定单一候选人。这一情形下，该地区委员长列席公荐审查委员会陈述意见。

（二）当选定单一候选人时，以市、道党常务委员会以及最高委员会的议决，通过党务委员会的批准，确定推荐。

（三）当选定两名以上候选人时，由市、道党常务委员会议决候选人以及竞选方法，通过竞选，最终由最高委员会的议决以及党务委员会的批准，确定推荐。

（四）就最高委员会不得修改第二款和第三款规定中市、道党常务委员会的议决事项。

（五）虽有第一款至第四款规定，党代表可以基于战略公荐委员会的审查结果，经与该市、道党的协议，选定在选举战略上需要特别考虑的选区（包括候选人），以最高委员会议决和党务委员会的批准，确定推荐。战略选区数，以市、道党各自治区、市、郡的长官数为标准，十名以下为一个、

十一名以上二十名以下为两个，二十一名以上为三个。（2018.3.9 新设）

（六）以党规的形式，规定其他必要事项。

（2015.12.14 本条新设）

第一百零三条【地方选区市、道议员选举候选人的推荐】

（一）原则上由该市、道党推荐地方选区市、道议员选举候选人。（2015.2.8 新设）

（二）地方选区市、道议员选举候选人（以下在本条文中称"候选人"），由市、道党公荐管理委员会审查，选定两名以上候选人并制定竞选方法；当有党规规定的事由时，可以明示该事由而选定单一候选人。在这一情形下，该地区委员长列席公荐管理委员会陈述意见。

（三）当选定单一候选人时，以市、道党常务委员会以及最高委员会的议决，通过党务委员会的批准，确定推荐。

（四）当选定两名以上候选人时，由市、道党常务委员会议决候选人以及竞选方法，通过竞选，最终由最高委员会的议决以及党务委员会的批准，确定推荐。

（五）删除。（2015.9.16）

（六）以党规的形式，规定其他必要事项。

（七）最高委员会不得修改第三款和第四款规定中市、道党常务委员会的议决事项。（2015.9.16 新设）

第一百零三条之二【地方选区自治区、市、郡议员选举候选人的推荐】

（一）原则上由该市、道党推荐地方选区自治区、市、郡议员选举候选人。

（二）推荐相应地方选区自治区、市、郡议员名额过半数的地方选区自治区、市、郡议员选举候选人（以下在本条文中称"候选人"）。

（三）市、道党公荐审查委员会通过审查候选人，选定超出第一款规定候选人名额的候选人，并制定竞选方法；当有党规规定的事由时，可以明示该事由等额选定候选人。在这一情形下，该地区委员长列席公荐审查委员会陈述意见。

（四）当等额选定候选人时，以市、道党常务委员会以及最高委员会的议决，通过党务委员会的批准，确定推荐。

（五）当选定超出候选人名额的候选人时，由市、道党常务委员会议决候选人以及竞选方法，通过竞选，最终由最高委员会的议决以及党务委员会的批准，确定推荐。

（六）最高委员会不得修改第三款和第四款规定中市、道党常务委员会的议决事项。

（七）以党规的形式，规定其他必要事项。

（2015.12.14 新设）

第一百零四条【比例代表市、道议员选举候选人的推荐】

（一）组织市、道党比例代表候选人推荐管理委员会审查比例代表市、道议员选举候选人，经市、道党常务委员会排列选定顺序，由最高委员会的议决以及党务委员会的批准，确定推荐。

（二）以党规的形式，规定其他必要事项。

（三）最高委员会不得修改第一款规定中市、道党常务委员会的议决事项。（2015.9.16 新设）

第一百零五条【比例代表自治区、市、郡议员选举候选人的推荐】

（一）通过组织市、道党比例代表候选人推荐管理委员会审查比例代表自治区、市、郡议员选举候选人，经地区常务委员会排列选定顺序，通过市、道党常务委员会的议决，由最高委员会的议决以及党务委员会的批准，确定推荐。

（二）以党规的形式，规定其他必要事项。

（三）最高委员会不得修改第一款规定中市、道党常务委员会的议决事项。（2015.9.16 新设）

第五节 审查候选人的推荐

第一百零六条【审查标准和方法】

（一）以正体性、贡献度、议政活动能力、道德性、当选可能性等为审查各级公职选举候选人的标准。（2015.2.8 修改）

（二）在审查各级公职选举候选人时，排除具有反人类性质犯罪行为事实的人和具有类似重大行为履历的人等，或具有明显不适合推荐为公职选举候选人事由的人。

（三）中央党公荐管理委员会应当提前起草反映第一款以及第二款规定的公职选举候选人推荐审查标准和审查方法，经最高委员会的审议，获得党务委员会的承认。在这一情形下，应当对女性、青年、老年人、残疾人、多文化移民、事务职党职者、辅佐团以及对党具有特别贡献的人给予特别的关照。（2015.2.8 修改）

（四）应当公正而迅速地审查公职选举候选人的推荐，可以实施材料审查、实地核查、面试、集体讨论、听取相关人的意见等行为。

（五）以党规的形式，规定其他必要事项。

（六）应当在相应选举日的一年前，确定、公布针对公职选举候选人的审查标准和方法等，以及推荐候选人所必要的规定和程序。（2015.2.8 新设）

（2015.2.8 修改）

第一百零七条【审查方法】（删除 2015.2.8）

第六节　竞选

第一百零八条【推荐选举】

（一）原则上通过竞选，推荐公职选举候选人。

（二）为了推荐地方选区国会议员选举候选人以及地方自治团体长官选举候选人的竞选，应当适用国民参与竞选（包含舆论调查竞选），并依照下列各项规定进行：（2015.2.8 修改）

1. 以权利党员和非权利党员的有权者为对象进行投票、反映调查结果或组成选举人团，进行国民参与竞选；（2015.2.8 新设）

2. 反映百分之五十以下权利党员的投票结果和调查结果，并反映百分之五十以上非权利党员有权者的投票结果和调查结果。另行规定选举人团的组成比例和方法。（2015.2.8 新设）

（三）为了推荐地方选区地方议会议员选举候选人的竞选，原则上适用国民参与竞选（包含舆论调查竞选）或者党员竞选（包含地区代议员大会竞选）。

（四）当最高委员会通过协商认为必要时，可以实施市民公荐陪审员竞选。

（五）针对参与竞选的女性候选人、残疾人候选人（仅限于重症残疾人，下同）、青年候选人（仅限于以当年选举日为准，四十五周岁以下的青年，下同），给予本人得票数（包含得票率，下同）百分之二十五的加分。但当满足以下各项之一时，适用相应规定：（2015.2.8，2018.3.9 修改）

1. 在相应选区，由本人申请的公职与其担任的公职为同一职务的女性候选人、残疾人候选人、青年候选人，不给予加分；（2015.2.8 修改）

2. 前任或现任国会议员、作为地方自治团体长官或者地区委员长的女性候选人、残疾人候选人、青年候选人，给予本人得票数百分之十的加分；（2015.2.8 修改）

3. 以当年选举日为准，给予二十九周岁以下的青年候选人百分之二十五的加分，给予三十周岁以上三十五周岁以下的青年候选人百分之二十的加分，给予三十六周岁以上四十二周岁以下的青年候选人百分之十五的加分，给予四十三周岁以上四十五周岁以下的青年候选人百分之十的加分。在这一情形下，满足本款第一项至第二项的候选人，适用其各项规定。（2015.9.16，2018.3.9 修改）

（六）对于参与竞选的政治新人，给予本人得票数（包含得票率，下同）百分之十的加分。但对于满足下列各项中任何一项的人和由党规规定的人而言，不给予加分：（2015.9.16 新设）

1. 根据公职选举法第四十九条，在之前各级选举中登记为候选人的人员（不分党籍），虽登记为比例代表国会议员选举以及比例代表地方议会议员选举候选人但并未当选的人员除外；（2015.9.16，2018.3.9 修改）

2. 曾被推荐为同一或者其他选区国会议员选举候选人的人；

党规第十三号第三十五条、第三十六条规定的参加选出公职候选人的党内竞选的人员；（2015.9.16，2018.3.9 修改）

3. 地区委员长（2015.9.16，2018.3.9 修改）。

（七）当选出职公职者未完成本人任期的四分之三以上而参与各级公职选举的候选人竞选时，由公荐管理委员会减去本人得票数（包含得票率）的百分之十。但对于总统选举候选人和由党规规定的情形下，则另当别论。（2015.9.16 新设）

（八）各级选出职公职者评价委员会的评价结果中属于后百分之二十（有小数点的取整数）的评价对象参加该公职选举候选人竞选的，根据下列规定，扣除本人得票数的百分之十。（2018.3.9 新设）

1. 地方选区国会议员和比例代表国会议员参加地方选区国会议员选举候选人竞选的情形。

2. 市、道知事，自治区厅长、市长、郡守，广域议员、基础议员参加各级地方选举候选人竞选的情形。市、道党以及地区常务委员会为比例代表广域议员、基础议员的排序而进行投票时，亦同样适用。

（九）不服竞选经历者、退党经历者、惩戒经历者不适用第五款至第七款，扣除本人获得的票数（包括得票率，以下同）的百分之二十。相关对象遵从下列规定：（2018.3.9 新设）

1. 不服竞选经历者：获得党规第十三号第三十五条规定的竞选候选人资格以后退党，以无所属或其他政党候选人参加竞选的经历者；

2. 退党经历者：以该选举日前一百五十日为基准，近四年内退党的人员；

3. 惩戒经历者：受到除名以及停止党员资格以上惩戒的人员；

4. 第一款的不服竞选经历者的扣分继续适用于各级选举；

5. 虽属于第二款规定，但以法令禁止加入党员的职业上的理由退党的情形除外。

（十）第五款至第九款规定的加分、扣分不予重复，关于竞选加分、扣分对象的具体适用由中央党公职选举候选人推荐管理委员会规定，并与该选区竞选候选人以及竞选方法确定之后一同公布。（2015.9.16，2018.3.9 修改）

（十一）以党规的形式，规定竞选的具体方法和时间等必要事项，并应当在该选举日一年前确定竞选方法。（2015.9.16 修改）

（十二）虽有第九款规定，但退党经历者因党的要求恢复党籍等有相当事由的，明示该候选人和其事由，由最高委员会议决可以另行处理扣分。（2018.3.9 新设）

第七节　再审等

第一百零九条【再审】

（一）当申请候选人的当事人对审查结果（包含竞选结果，下同）有异议时，可以自公布审查结果起至四十八小时之内（在竞选的情形下，也是自公布竞选结果起至四十八小时之内），在国会议员选举和地方自治团体长官选举的情形下，向中央党公职选举候选人推荐再审委员会（以下在本条中称"中央党再审委员会"）；在地方议会议员选举的情形下，向市、道党公职选举候选人推荐再审委员会（以下在本条中称"市、道党再审委员会"），申请再审。在这一情形下，公布审查结果或者竞选结果的时间是相应委员会通过党主页等公布的时间。（2015.2.8 修改）

（二）准用第九十八条的规定，设置、组织第一款的中央党再审委员会以及市、道党再审委员会。

（三）当发生第一款的再审申请时，中央党再审委员会以及市、道党再审委员会通过议决，决定是否进行再审查，并向最高委员会汇报该结果。

（四）对于中央党再审委员会以及市、道党再审委员会的决定而言，当最高委员会认为妥当时，应当采取替换候选人、再次实施竞选等适当措施。当替换候选人时，需要获得党务委员会的批准，确定推荐。

（五）以党规的形式，规定其他必要事项。

第一百一十条【公职候选人的批准】

（一）当党务委员会认为被提请批准的人存在不适合成为公职选举候选人的事由时，可以不予批准。

（二）在党规规定的期间内，如果没有针对公职候选人的批准提请或者存在相当的事由时，可以由党务委员会选定候选人后，议决推荐。

（三）以党规的形式，规定其他必要事项。

第一百一十一条【再推荐】

（一）当被确定的公职候选人无法进行候选注册时，或者发生党规规定的事由时，可以依照党规规定的程序宣布推荐为无效后，进行再推荐。

（二）当发生候选注册期间较短等相当事由时，可以通过党务委员会确定推荐为无效后，直接选定候选人后，进行再推荐。

（三）以党规的形式，规定其他必要事项。

第一百一十二条【对再、补缺选举的特例】

（一）虽有第九十七条、第九十八条、第一百零一条、第一百零二条之二、第一百零三条、第一百零三条之二、第一百零六条至第一百零八条的规定，但是当发生再、补缺选举时，最高委员会可以与相应市、道党协商，另行规定公职选举候选人推荐方式，也可以直接决定候选人。（2015.12.14 修改）

（二）当党的选出职公职者，因为不正腐败事件等重大错误丧失其职位而导致再、补缺选举时，不再向该选区推荐候选人。（2015.7.20 修改）

第十二章　党和总统的关系

第一百一十三条【党和总统的关系】

（一）当选总统的党员，在其任期间，不得兼任名誉职以外的党职。

（二）当选总统的党员，在其任期间，具有参与决定党论的权限和履行党论的义务。

（三）当选总统的党员，在其任期间，应当将党的政纲、政策充实地反映到国政，而党应当积极支持总统的国政运行。

（四）为了实现第二款和第三款规定，党提供在国政运行中实现党政纲政策的诸环境，通过考虑运行国政能力、道德性等素养，推荐运行国政所必要的人才；而当选总统的党员，应当为了国政的顺利运行，召开定期的党政协商会议。（2017.5.15 修改）

第十三章　地方自治

第一百一十四条【地方自治政策协议会】

（一）为了协商以及收集有关地方自治的党政之间政策和舆论，就中央党而言，在其党代表下，就各市、道党而言，在其市、道党委员长下设置地方自治政策协议会。

（二）为了促进地方自治以及地方分权、强化政策协商，设置市、道知事协议会、基础自治团体长官协议会、广域议会议员协议会、基础议会议员协议会。（2015.2.8 新设）

（三）以党规的形式，规定地方自治政策协议会以及各级协议会的组成、权限以及运行等的必要事项。（2015.2.8 修改）

第十四章　党宪的修改等

第一百一十五条【党宪修正案的提案】

通过党务委员会的议决或者全国代议员大会三分之一以上的在籍代议员书面要求，提出党宪修正案。

第一百一十六条【提出党宪修正案的公告和议决】

（一）当有修改党宪的提案时，全国代议员大会议长或者中央委员会议长应当及时公布该修正案，并召集全国代议员大会或者中央委员会。

（二）经全国代议员大会过半数的在籍代议员的同意而议决修改党宪的提案，或者经中央委员会过半数的在籍中央委员的同意而议决修改党宪的提案。

第一百一十六条之二【特别党宪】

（一）党宪第十五条第一款第五项的特别党宪的制定以及改废的议决程序如下：

1. 合算全国代议员大会有效投票结果百分之五十和权利党员有效投票结果百分之五十，以过半数（投票率）赞成议决；

2. 全国代议员会议的召集有困难的，合算中央委员会有效投票结果百分之五十和权利党员有效投票结果百分之五十，以过半数（投票率）赞成议决；

3. 第一项的代议员投票以在籍代议员过半数的赞成议决，第二项中央委员投票以在籍中央委员过半数的赞成议决；

4. 第一项和第二项的权利党员投票由党规第二号第四条第三款的权利党员进行，应满足该在籍权利党员的百分之二十以上；未达到要求的，该投票结果无效，只认定全国代议员大会或中央委员会的有效投票结果。

（二）特别党宪优于其他党宪的规定。

（2018.3.9 本条新设）

第一百一十六条之三【特别党规】

（一）党宪第十五条第一款第六项特别党规的制定、修改案的提出，以党务委员会议决，以中央委员会三分之一以上的在籍中央委员的书面要求或百分之十以上的权利党员的书面要求得以提起。

（二）特别党规的制定以及改废的议决程序如下：

1. 合算全国代议员大会有效投票结果百分之五十和权利党员有效投票结果百分之五十，以过半数（投票率）赞成议决；

2. 全国代议员会议的召集有困难的，合算中央委员会有效投票结果百分之五十和权利党员有效投票结果百分之五十，以过半数（投票率）赞成议决。

3. 第一项的代议员投票以在籍代议员过半数的赞成议决，第二项中央委员投票以在籍中央委员过半数的赞成议决。

4. 第一项和第二项的权利党员投票由党规第二号第四条第三款的权利

党员进行，应满足该在籍权利党员的百分之二十以上。未达到要求的，该投票结果无效，只认定全国代议员大会或中央委员会的有效投票结果。

（三）特别党规优于其他党规的规定。

（2018.3.9 本条新设）

第一百一十七条　【党规的制定等】

（一）以党规的形式，规定党的各级代议机关以及执行机关的会议召集、议事、其他必要事项。

（二）以党规的形式，规定党的各级执行机关、部门以及咨询机关的组织、机构、分管事务、运行、人员配置、其他必要事项。

（三）就党规的制定和改废而言，当满足下列各项中的任一项情形时，党代表经最高委员会的议决，通过党务委员会议决确定：

1. 由党代表提案的情形；

2. 经由最高委员会的议决而提案的情形；

3. 由三分之一以上的在籍党务委员书面提案的情形。

（四）由党规规定实施党宪所必要的事项，当党规没有相关规定情形下，依照一般惯例。

（五）虽有第二十二条第一款第四项以及本条第三款的规定，但是通过最高委员会的议决，可以修改党规第二号党员规定（附录表格）。（2015.7.20 新设）

第一百一十八条　【党宪、党规的解释】

当对党宪、党规的解释有异议时，遵循党务委员会的有权解释。

第十五章　合并和解散以及清算

第一百一十九条　【合并和解散以及清算】

（一）当党与其他政党合并时，应当由全国代议员大会或者全国代议员大会指定的受委托机关进行决议。但当发生难以召开全国代议员大会等相当事由时，由中央委员会充当受委托机关。

（二）当党由于解散等其他事由而归于消灭时，由消灭之时的党务委员会或者党务委员会设置的受任机关担任清算委员会，对党的财产和负债进行清算。但，当市、道党归于消灭时，可以由市、道党委员长指定清算人，进行清算。

（三）以党规的形式，规定党的解散事由和解散程序、清算程序、其他必要事项。

（四）决定第一款以及党的解散时，在此之前应进行以党规第二号第四条第三款规定的权利党员全员为对象的事先讨论以及投票。（2018.3.9 新设）

第十六章　补则

第一百二十条【任命职、党职的限制】

为了尽可能使得国会议员专心于议政活动，除了党内、院内的选出职以外，最小化其他任命职以及党职的兼职。

第一百二十一条【党宪党规纲领政策委员会的常设化】

（一）为了持续地将新政治蓝图和志向反映到纲领、政策和党宪、党规中，并促进与此相关的党内教育和讨论，设置作为常设机构的党宪党规纲领政策委员会。

（二）在委员会下设置党宪党规部门、纲领政策部门。

（三）以党规的形式，规定党宪党规纲领政策委员会的组成和运行等必要事项。

第一百二十二条【会议的召集和议事】

（一）在党宪、党规没有另行规定的情形下，当议长或者委员长认为必要时，或者有三分之一以上的在籍代议员、议员或者委员要求时，由议长或者委员长召集各级会议。

（二）在党宪、党规没有另行规定的情形下，当有三分之一以上的在籍成员出席时开议；当有过半数的在籍成员出席和出席成员过半数的同意时，议决各级会议的议案。

（三）考虑到代议员、议员或者委员出席的便利，各级会议的议长或者委员长应当事先通知召开会议的时间、场所以及议题。

（四）对于妨害议事且不服从议长或者委员长制止的代议员、议员或者委员而言，各级会议的议长或者委员长可以命令其退场。

（五）就会议的运行而言，以党规的形式，规定党宪中没有明示的事项；对党规中没有明示的事项，则遵循一般惯例。

第一百二十三条【表决】

（一）不得通过书面决议的方式，处理代议机关的决议、除名党国会议员。

（二）对于除了第一款中的议案以外的所有议案，当党宪、党规中不存在另行规定时，不能以书面的形式进行决议。但当存在紧急情况时，为了应对当前课题而组建的特别委员会、特别机构、小委员会等，可以通过书面形式做出决议。

（三）就有关人事方面的表决而言，当党宪、党规中不存在另行规定时，进行秘密投票。但当出席者中无人提出异议时，可以变更表决方式。

第一百二十四条【政务职党职者的任期】

党宪、党规中不存在另行规定的，由党代表任命或以最高委员会议决而选任的政务职党职者的任期对应党代表和最高委员的在任期间。

第一百二十五条【变更代表者和政党合并时的法定簿册和印章的移交】

（一）当中央党或市、道党的代表者发生变更或者因政党合并而伴随组织改编时，中央党由事务总长，市、道党则由事务处处长，在十四日以内，移交法定簿册和有关政党运行的印章等。（2016.8.27 修改）

（二）以党规的形式，规定法定簿册和政党运行所必要的印章种类和移交程序以及其他必要事项。

第一百二十六条【市、道党的创立、改编、解散】

市、道党的创立、改编、解散，应当有党务委员会的承认，以党规的形式，规定承认的取消事由和程序等必要事项。

第一百二十七条【对腐败人员的制裁】

（一）对于因收受贿赂和不法政治资金等有关不正腐败的违法嫌疑而被起诉的地区委员长和各级党职者而言，事务总长应当在其被起诉的同时，中止其职务，并及时向中央党伦理审判院汇报该情况。（2016.8.27 修改）

（二）对于受到第一款处分的人而言，当其在终审判决中被确定为禁锢以上的刑罚时，对其处以中止党员资格以上的惩戒处分。（2015.7.20 新设）

（三）受到第一款处分的人中认定为存在政治打压等的不当事由的，经中央党伦理审判院议决可以停止或者取消该惩戒处分。在这一情形下，伦理审判院应当在三十日以内进行审议、议决。（2018.3.9 修改）

（四）在依照第三款取消惩戒处分的情况下，第一款规定的职务中止将丧失效力。（2015.7.20 新设）

（五）以党规的形式，规定其他必要事项。（2015.7.20 新设）

<h1 align="center">附 则 （2017.5.15，第十九号）</h1>

第一条 【施行日】

本党宪自中央委员会议决之日起施行。

附则 （2018.3.9 第二十号）

本党宪自议决之日起施行。但修改的党宪中施行前已公布或者尚未到达施行日的党宪修改事项，自各该党宪施行日起施行。

<h1 align="center">党员规定</h1>

〔2014.3.27 制定；2014.12.1 修改；2015.2.3 修改；2015.3.17 修改；2015.7.13 修改；2015.8.20 修改；2015.9.23 修改；2015.12.9 修改；2016.8.19 修改；2017.1.25 修改〕

<h2 align="center">第一章 总则</h2>

第一条 【目的】

为了规范党宪第二章规定的党员的入党、复党、转籍、退党、党员名册以及党员资格审查委员会等有关事项，制定本规定。

第二条 【党员意见的提出】

党员根据党宪第六条第一款第二项和第四项的规定向中央党以及市、道党所管部门以文件形式（包括通过邮件、网络等电子设备的文书，以下同）提出意见。

第三条 【党员的类别】

（一）地区党员是指隶属该市、道党，受所属市、道党管理的党员。

（二）政策党员是指隶属于劳动、在线、职能、在外国民等部门，受中央党管理的党员。

（三）权利党员是指第一款或第二款的党员中交纳党规规定的党费的党员。

（2015.7.13 修改）

（四）青年党员是指四十五周岁以下的党员，老年党员是指六十五周岁

以上的党员。（2015.2.3 修改）

（五）大学生党员是指二十九周岁以下的党员中的本科生或研究生党员。（2015.9.23 新设）

［施行日：2016 年第 20 届国会议员选举后首次召开的全国代议员大会之日］第三条第五款

第四条 【党员的权利等】

（一）党员权利受到国家、地方自治团体或在其他第三方违法或不当侵害时，可以向中央党或市、道党的所管部门请求支援。

（二）党员的权利受到其他党员或党的机构的不当侵害时，可以向党的各级伦理审判院以书面形式陈情。

（三）权利行使施行日六个月前入党的权利党员，行使权利前十二个月内，交纳六次以上党费的，赋予其公职和党职选举的选民资格以及被推荐的权利。（2014.12.1 新设；2015.7.13 修改）

（四）权利行使的施行日是指竞选日和选举日，具体的权力施行时间由最高委员会或受最高委员会委任的中央党选举管理委员会决定。（2014.12.1 新设）

第二章　入党、复党、转籍、退党

第五条 【入党程序】

（一）入党志愿者需向居住地管辖的市、道党提交（附录第一号表格）或党务委员会规定格式的入党志愿书。属于第十四条第六款但书规定情形的，可以提交到中央党或依照中央党规定的方法提交。

（二）入党志愿者可以将签名或盖章的入党志愿书以下列方式提交：

1. 访问、邮寄、传真等方法；

2. 通过中央党，市、道党的官网，电子邮件等，提交电子文书的方法。

（三）依照电子签名法提交的公认电子签名的入党志愿书电子文书与本人亲笔签名盖章的，具有相同效力。

第六条 【入党志愿书的处理】

（一）受理的入党志愿书，在第十一条第二款规定的期限内，由市、道党的党员资格审查委员会审查决定。

（二）中央党受理的入党志愿书，应立即邮寄到相应市、道党办理。属于第十四条第六款第一项至第三项以及第五项至第九项的，可以由中央党党员资格审查委员会审查决定是否批准入党。

（三）虽有第二款但书的规定，但中央党党员资格审查委员会就入党与否没有做出决定的，可以经党务委员会的议决决定。

（四）入党效力自申请人被登记到党员名册之日起发生效力。

（五）虽有第四款规定，但符合下列情形之一的，自中央党受理入党志愿书之时起发生入党效力：

1. 市、道党无正当事由拒绝受理入党志愿书，由中央党受理并批准的情形；

2. 对市、道党不批准入党的决定有异议，向中央党提出异议申请后准许入党的情形；

3. 因地区委员长或公职选举候选人申请及聘请外部人士等原因向中央党申请入党并准许的情形；

4. 经党务委员会议决，赋予党员资格的情形；

5. 依照党宪、党规的其他规定，赋予党员资格的情形。

第七条 【特殊入党】

（一）党务委员会的议决或党代表认为有必要时，可以由党代表对下列各项人士的入党申请，向市、道党做出指示：

1. 著名的社会民主人士；

2. 认为对党的发展和政策的体现，有特别必要的人士。

（二）收到党代表指示的市、道党必须按照规定办理入党手续。

第八条 【复党】

（一）欲恢复党籍者，需向退党时所属市、道党或中央党，提交（附录第二号表格）复党志愿书。属于第十四条第六款但书的情形，提交至中央党。

（二）根据下列各项情况，决定是否恢复党籍：

1. 市、道党的情形：经市、道党党员资格审查委员会审查，由市、道党常务委员会决定，向最高委员会报告结果；

2. 中央党的情形：经中央党党员资格审查委员会审查，最高委员会议决，由党代表决定；

3. 欲恢复党籍者，对第一项决定有异议时可以向中央党提出异议申请。

异议申请必须依照第二项的程序处理。

（三）退党者自退党之日起一年内不得恢复党籍。但经中央党党员资格审查委员会的审查后党务委员会另行议决的除外。

（四）虽有第三款规定，但根据国家公务员法、地方公务员法、选举管理委员会法、政党法、行政关系法、言论关系法、教育关系法以及公司章程等，因无法获得党籍而退党的人，向中央党或市、道党提交事实证明，申请恢复党籍的，立即允许恢复党籍。此时，为证明相关事实而提交的文件为法律条文，公司章程及在职、任命机关的在职、履历证明。

（五）被除名或在惩戒期间（是指下达"惩戒"调查命令起）退党的人，自除名或退党之日起五年内，不得恢复党籍。但党务委员会另行议决的除外。（2015.2.3 修改）

第九条 【转籍】

（一）欲转籍的党员，向所属市、道党或中央党提交（附录第三号表格）转籍申请书，提交方法准用第五条规定。

（二）受理第一款规定的转籍申请书的所属市、道党或中央党应及时将转籍申请书和相关资料移交至拟转籍的市、道党或中央党。

（三）政策党员申请变更为地区党员的，申请人列入市、道党党员名册后六个月内不得行使地区党员的权利。

（四）地区党员申请变更为政策党员的，申请人列入中央党党员名册后六个月内不得行使政策党员的权利。

（五）市、道党及中央党无正当事由，不得拒绝党员的转籍。但市、道党委员长有异议时，从受理转籍申请书之日起七日内向中央党提出异议申请，经中央党党员资格审查委员会的审查和最高委员会的议决，由党代表决定是否批准异议申请。

第十条 【退党】

（一）党员退党，根据政党法第二十五条第一款规定，地区党员要向所属市、道党，政策党员向中央党提交（附录第四号表格）退党申报书。但地区党员无居住地管辖市、道党或事故党部，可以向中央党提交退党申报书。

（二）受理退党申报书的市、道党或中央党在受理之日起两日内删除党员名册上的记载。退党者有要求时，交付（附录第五号表格）退党证明书。

（三）退党申报书被受理的同时，退党者丧失党员资格。

（四）丧失党员资格者的原所属市、道党应及时向中央党汇报。

第十一条【入党、复党、转籍决定】

（一）市、道党及中央党无正当事由不得拒绝党员的入党、复党。

（二）入党及转籍的审查决定，应在收到申请之日起十四日内，复党申请在三十日内办理，二十日内将结果通知该申请人。属于第三款情形的，不必通知。

（三）市、道党或中央党在第二款规定的期限内没有决定是否给予批准的，入党申请视为批准，复党申请则视为不批准。

（四）市、道党应将入党或复党结果在确定之日起三日内，汇报至中央党。

（五）虽然有本条第二款规定，但中央党党员资格审查委员会判定不准复党的，自判定之日起六个月内，不得再次申请复党。但党务委员会另行议决的除外。

（2017.1.25 新设）

第十二条【入党、复党的限制】

（一）地区党员被除名或退党的，不得向其他市、道党或中央党申请入党或复党。

（二）被除名或退党的政策党员不得以地区党员身份向市、道党申请入党或复党。

第十三条【党员证的发放】

（一）被确定入党或复党的，根据政党法第二十三条第二款规定，在党员名册上登载，并发放党员证。

（二）党籍证明书可以代替第一款规定发放的党员证。

（三）党员证须登记姓名、住址、出生年月日、发放日期，并盖有党印。

第三章　党员资格审查

第十四条【党员资格审查委员会】

（一）中央党及市、道党设置党员资格审查委员会，并执行下列各项工作：

1. 审查判定入党、复党、转籍等有关党员资格；

2. 审查取得党员资格后的权利党员的党费交纳等义务履行情况以及其他必要事项，并判定其选举权与被选举权等党员权利行使资格。

3. 其他有关党员资格的审查及判定。

（二）中央党党员资格审查委员会由事务总长和中央党伦理审判院院长指定的一名伦理审判员在内的七名以下委员组成，委员长和委员由党代表与最高委员会协商后任命。

（2015.8.20，2016.8.19 修改）

（三）市、道党党员资格审查委员会由市、道党委员长，市、道党委员长在市、道党运行委员中指定的两名人员，市、道党伦理审判长，市、道党常务委员会推荐的两名人员以及市、道党事务处处长组成。此时，市、道党委员长任市、道党党员资格审查委员会委员长，委员长因故不能履行职务时由委员长指定的委员代行其职务。

（四）党员资格审查委员会会议以在籍委员过半数的出席，出席委员过半数的赞成议决。

（五）审查可以以书面形式进行。

（六）市、道党党员资格审查委员会对入党、复党、转籍等申请进行审查。但下列情形之一的，可以由中央党党员资格审查委员会进行审查：

1. 市、道党尚未创党或是事故党部的情形；

2. 市、道党无正当事由，拒绝受理的情形；

3. 市、道党还尚未组成党员资格审查委员会的情形；

4. 因市、道党党员资格审查委员会或市、道党常务委员会逾期，无法恢复党籍自动成为不可能的情形；

5. 对市、道党的决定存在异议的情形；

6. 地区委员长或公职选举候选人申请或外部人士的引入等，具有相当事由的情形；

7. 党代表或党务委员会决定由中央党处理的情形；

8. 入党、复党、转籍的申请人担任国会议员或市、道党知事的情形；

9. 以政策党员身份申请入党、复党的情形。

（七）第六条第二款及第四款规定的情形，市、道党党员资格审查委员会委员长应当向中央党提交拒绝受理复党申请和超过审查期限的事由书及关于复党申请人复党的意见书。

第十五条【党员资格的审查标准】

（一）党员资格审查委员会根据党宪第四条第一款规定和下列各项标准，审查入党、复党、转籍申请人的党员资格。转籍只在第九条第五款规定的情形及有特殊事由时进行审查：

1. 根据法令规定，审查是否具有党员资格；

2. 是否符合党的理念和政纲、政策；

3. 有无明显违反党宪、党规或党的命令、党论的行为；

4. 有无相应行为的先例；

5. 有无腐败、权力介入等先例；

6. 党宪、党规或党务委员会规定的其他事项。

（二）第十六条第一款第二项至第四项规定的情形，党员资格审查委员会根据下列各项标准审查党员资格：

1. 入党日期；

2. 党员的类别；

3. 权利党员是否未交纳或滞纳党费；

4. 权利党员的党费交纳期间；

5. 影响党员党籍、党职资格的任命、免职、转籍、惩戒、双重党籍、退党等事实；

6. 其他党宪、党规或党务委员会指定的标准。

（三）中央党党员资格审查委员会应制定反映第一款及第二款的复党审查标准，并得到最高委员会的批准。

第十六条【党员资格的审查、判定时期等】

（一）符合下列各项之一的，党员资格审查委员会应审查、判定党员资格：

1. 申请入党、复党、转籍的情形；

2. 召开各级代议员大会的情形；

3. 召开各级选举人团大会的情形；

4. 党代表或党务委员会有要求的情形。

（二）党员资格审查委员会审查党员资格后根据下列各项规定进行判定：

1. 符合第一款第一项规定的，判定许可或不许可；

2．符合各级代议员职资格的，判定代议员资格；

3．不具有党员资格时，判定为非党员；

4．根据党宪、党规或党务委员会规定的其他标准进行审查判定。

（三）召开各级代议员大会或选举人团大会等出现需要对已经取得资格的党员进行审查判定党员资格的情形，按照下列各项规定进行处理：

1．由党员资格审查委员会审查判定党员资格；

2．第一项中的审查判定后，中央党由党代表经最高委员会议决后批准；市、道党由市、道党常务委员会批准。

第十七条【对党员资格审查结果的异议申请】

（一）对市、道党党员资格审查委员会的审查结果有异议的，可以在公告日或收到通知之日起十日内向中央党提出异议申请。

（二）中央党自受理第一款规定的异议申请之日起三十日内应听取该市、道党委员长的意见，并在审查决定后将结果通报给申请人以及该市、道党。

（三）中央党审查异议申请时，入党和转籍由党员资格审查委员会决定；复党经党员资格审查委员会和最高委员会议决，由党代表决定。

（四）在公职和党职选举中，对党员或代议员资格的审查、判定、认定结果有异议的，可以在中央党党员资格审查委员会规定的期限内提出异议申请。此时，异议申请处理程序等必要事项由中央党党员资格审查委员会规定。

（五）市、道党应当服从中央党的决定。

第四章　党员管理

第十八条【党员名册的制作等】

（一）中央党具有制作政策党员名册及管理、监督党员名册的权限。设立并运行专门的党员名册统一管理部门。

（二）市、道党具有制作地区党员名册的权限，并制作为电子材料，其将复印件送达中央党。名册若有变更时，自变更之日起十五日内，将其变更内容送达中央党，送达的复印件上没有的，不承认其资格。

（三）党员有权向中央党或市、党道要求发放党员身份证明。

第十九条【党员名册等的备置】

中央党及市、道党应制作、备置党员名册和退党党员名册。

第十九条之二 【党员组织的强化】

（一）党代表及市、道党委员长为强化党员组织，应制定党员管理、强化党员活动以及党员教育等计划。

（二）为推进第一款规定的计划，党代表可以设置中央党党员组织强化特别委员会，市、道党委员长可以设置市、道党党员组织强化特别委员会。

（三）该党员组织强化特别委员会应将党员组织强化的工作计划及总结向党务委员会汇报。

（四）第一款规定的计划中，应包含中央党教育研修院院长和市、道党委员长对新入党的权利党员在其入党一年内实施一次以上的教育、研修的计划。（2015.7.13 新设）

（2015.2.3 本条新设）

第二十条 【中央党的党员管理】

（一）事务总长统一管理全国党员名册。

（2015.8.20、2016.8.19 修改）

（二）为了管理党员，中央党以全体党员为对象每年实施一次调查。

（三）党员名册上登记手机号的党员，在交纳党费后中央党应向党员发送确认党费交纳的短信。（2015.7.13 新设）

（四）连续三个月以上未交纳党费的权利党员，在党员名册上登记手机号的，应告知未交纳党费的事实，并督促鼓励交纳党费。（2015.7.13 新设）

（五）有关党员管理的具体事项，另行规定。

第二十一条 【市、道党的党员管理】

（一）市、道党委员长统一管理该市、道党所属地区委员会党员名册。

（二）市、道党委员长每年一次以上确认党员参加党活动的意向，对有意向参与活动的党员另行管理。

（三）地区委员会向市、道党委员长要求提供该党地区委员会的党员名册或所属权利党员的交纳党费的明细时，应提供相关内容。此时，地区委员会不能将内容用于盈利或个人目的。

第二十二条 【个人信息保护等】

（一）党员资格审查委员会委员及相关工作人员不得透露入党、复党、转籍、退党及其他党员资格的资料和审查过程。

（二）中央党及市、道党应谋求党员个人信息保护对策。

（三）未经正当程序，不得将党员的姓名、居民登录证号码、联系方式、交纳党费现状等党员个人信息泄露或提供给他人阅览。

（四）违背第三款规定的，将其移送伦理审判院予以惩戒。

（五）有关党员个人信息保护的具体事项，另行规定。

第五章　党员罢免投票

第二十三条【党员罢免投票的请求等】

（一）党员罢免投票的对象是所有选出职党职者。

（二）党员罢免投票的请求人应为权利党员。

（三）请求人可以以向党务监察院提交附有权利党员签名的书面罢免事由的方式，请求党员罢免投票的实施。其中签名人数应满足第二十四条第一款中明示的发起党员罢免提议签名人数的十分之一。

（2016.8.19 修改）

（四）实施党员罢免投票，首先进行是否具有充分罢免事由的适格审查后，进行具有充分罢免发起条件的适格审查。

（五）具体的请求程序和方法、适格审查的标准和程序、选举管理及有关投票事项，以规则制定。

（2015.8.20 本条新设）

第二十四条【党员罢免提议】

（一）发起党员罢免投票的签名人数规定如下：

1. 全国范围内的选出职党职者：全国权利党员的百分之二十以上，同时各市、道也应达到百分之二十；

2. 选出职市、道党委员长：该选区权利党员的百分之二十五以上，同时国会议员各选区也应达到百分之二十五；

3. 选出职地区委员长：该选区权利党员的百分之三十以上，同时广域议员各选区也应达到百分之三十。

（二）签名人名册上应记载包括权利党员本人签名盖章在内的党务监察院指定的必须由本人确认的事项。

（三）邀请签名活动，自请求申请人向党务监察院申请活动之日起三十日内受理。未通过申请的活动收到的签名视为无效。

（四）属于下列各项之一的，不能成为罢免请求人，且不能参与、企划并主导邀请签名活动：

1. 无党员罢免投票权；

2. 党务监察委员，选举管理委员会委员；

3. 事务处政务职党职者、全国委员会及常设委员会委员长级别的政务职党职者；

4. 中央党及市、道党的事务职党职者；

5. 欲成为该党职选举及该选区候选人的（以下称"预备候选者"）、预备候选人的家属（配偶、预备候选人或其配偶的直系亲属及兄弟姐妹和预备候选人的晚辈直系亲属及兄弟姐妹的配偶）及由他们设立运行的机关、团体、设施的工作人员。

（五）第二款中的权利党员，是以党员罢免投票日为基准。

（六）虽然有第一款的规定，但罢免对象所属的选区不视为满足条件的选区。

（2015.8.20 本条新设）

第二十五条【请求限制】

（一）党员罢免投票的请求限制期限如下：

1. 选出职党职者的任期之日起六个月内；

2. 选出职党职者的任期结束之日前六个月内。

（二）在相应选区举行公职及党职选举时，自选举日（包括竞选日）的前六十日起至选举日（包括竞选日）期间，不得进行邀请签名活动。

（三）因罢免请求条件不充分而却下、因罢免请求理由不充分而弃却、罢免提议及理由不充分而却下、适格审查中的弃却、未达到过半数投票和未达到过半数赞成票等原因罢免请求终了的，对同一事件和案件，不能再次提起罢免请求。（2016.8.19 修改）

（2015.8.20 本条新设）

第二十六条【党员罢免投票】

（一）党员罢免投票以赞成或反对的形式进行现场投票。全国范围内进行罢免投票时，在各市、道党设置投票所。

（二）党员罢免投票活动期间为发起之日至选举日之间，由选举管理委员会在二十日以上至三十日范围内决定。

（三）党员罢免投票以具有党员罢免投票权人的过半数投票和有效投票

总数的过半数赞成确定。

（四）经党员罢免投票确定罢免的人，从公布投票结果之时起丧失该职务。

（五）党员罢免投票事务的管理费用由选举管理委员会承担，其他的签名邀请活动、党员罢免投票活动等支出的费用由申请人承担。

（2015.8.20 本条新设）

第二十七条【请求人的限制】

党员罢免投票请求人本人，家人（配偶、本人或其配偶的直系亲属及兄弟姐妹和本人的晚辈直系亲属及兄弟姐妹的配偶）以及他们设立、运行的机关、团体、设施的工作人员，当年不得成为该党职及该选区公职选举的候选人。

（2015.8.20 本条新设）

附则（2017.1.26，第十号）

本规定自党务委员会根据党宪第一百一十七条（党规的制定等）议决之日起施行。

党费规定

[2014.3.27 制定；2014.12.1 修正；2014.12.10 修正；2015.7.13 修正；2015.8.20 修正；2016.7.13 修正；2016.8.19 修正；2018.1.17 修正；2018.3.5 修正]

第一章 总则

第一条【目的】

为了规范权利党员交纳党费的金额、程序、方法以及其他必要事项，根据党宪第七条规定，制定本规定。

第二条【保密】

履行本规定职务的人员，不得泄露与职务相关的秘密。

第二章　党费

第三条【义务】

权利党员、党职者及党所属公职者应交纳本规定中的党费。

第四条【分类】

党费分为一般党费、职务党费和特殊党费。

第五条【一般党费】

（一）一般党费是指权利党员每月定期交纳的党费。

（二）权利党员应当每月交纳一千韩元以上的党费。高龄、残疾人、国家有功者或有相当事由的权利党员，经党务委员会议决，可以免交一般党费。

（三）交纳到中央党或市、道党的第二款规定的党费，每月由中央党进行核算。

（四）其他必要事项，由党代表经最高委员会议决决定。

第六条【职务党费】

（一）职务党费是指党职者和党所属公职者根据其职务每月定期交纳的党费。

（二）党职者和党所属公职者应根据其职务交纳《附表》规定的的职务党费。但高龄、残疾人、国家有功者或有相当事由的党员，经党务委员会议决，可以免交职务党费。

（三）具有两个以上职务的党职者可以只交纳其中较高额的职务党费。

（四）《附表》中没有明示的职务或新设职务的职务党费参照类似职级交纳职务党费。无法明确确定的，由事务总长决定。（2016. 8. 19 修改）

（五）其他必要事项，由党代表经最高委员会的议决决定。

第七条【特殊党费】

（一）特殊党费是指党员为党的发展特别交纳的党费。

（二）所有党员均可根据本人意愿交纳一般党费和职务党费以外的特殊党费。

（三）在全国代议员大会等党内活动或总统选举、国会议员选举、地方选举等公职选举及其他必要的情形，最高委员会可以要求党员或相关人员交纳特殊党费。

（四）第三款特殊党费的交纳对象、金额标准及其他必要事项，由党代表经最高委员会的议决决定。

第八条【交纳方法】

（一）一般党费和特殊党费交纳到中央党或市、道党。

（二）职务党费按照下列各项方法交纳：

1. 中央党党职者和党所属公职者的职务党费交纳到中央党，但属于第二项的党所属公职者除外；

2. 市、道党党职者，地方自治团体长官以及地方议会议员的职务党费交纳到所属市、道党；

3. 不属于第一项和第二项的职务党费的交纳，由事务总长决定。（2016.08.19 修改）。

（三）党费原则上按月交纳，但考虑到交纳者的便利，可按季度、半年、一年为周期交纳，也可预先交纳。

（四）党费交纳方法由交纳者在下列各项中选择：

1. 访问交纳；

2. （2015.07.13 删除）；

3. CMS（银行转账）结算；

4. 手机结算；

5. 有线电话结算；

6 其他事务总长规定的结算方式。（2016.8.19 修改）

（五）滞纳的党费应由党员本人亲自交纳，通过访问市、道党或电话等方式认证后，可办理滞纳党费。但行使权利前三个月内禁止办理滞纳党费交纳。（2015.7.13 修改）

第九条【分配】

党费的分配每月由事务总长按照下列各项规定制定方案，党代表经最高委员会议决确定：（2016.8.19 修改）

1. 权利党员交纳的一般党费分配到该权利党员所属的市、道党，但权利党员要求分配到自己所属的常设委员会及全国委员会的，可以向该机关分配；（2015.8.20 修改）

2. 属于第八条第二款第一项的职务党费根据中央党或市、道党的财政情况进行分配；

3. 市、道党将第一项规定的所有一般党费及地方议会议员的职务党费，以市、道党百分之五十以下，地区委员会为百分之五十以上的比率分配，并使用于该地区委员会的组织与政策活动等经费，各地区委员会的经费根据每个季度交纳的党费进行比例分配；（2014.12.1 修改）

4. 常设委员会及全国委员会应将第一项规定的所有一般党费使用于该机关的组织、教育以及政策活动。（2015.8.20 新设）

第十条【发票】

（一）交纳党费的时候，相关部门到年底为止，应当发放记载交纳日期、金额以及交纳者姓名的党费发票，并保存原本。但不能确认交纳者个人信息的，可以自党费发票发放期限的第二天到当年年底为止发放。

（二）无法向交纳党费的党员发放发票的，应当由中央党或市、道党打印并保管。

第十一条【禁止代交】

（一）让他人代交自己的党费或代替他人交纳党费的党员，根据政党法第三十一条第二款规定停止其党员资格，并移送到伦理审判院，处以解除党职职务以上的惩戒以及在公职选举候选人推荐审查中排除等措施。（2015.7.13 修改）

（二）通过 CMS、手机、有线电话、信用卡等手段交纳党费的，即使实际用户与入党者不一致，但实际用户属于入党者的配偶、直系亲属或兄弟姐妹的，虽有第一款的规定，但不视为代交党费。中央党或市、道党提出要求时，应提交证明文件。

（三）为禁止党费代交行为，中央党下设非法代交党费申告中心。（2015.7.13 新设）

第十二条【管理与报告】

（一）所有党费均由事务总长管理、监督。但交纳到市、道党的职务党费和特殊党费由市、道党委员长负责管理。

（二）事务总长应当每月向最高委员会及党务委员会报告党费交纳情况。但有党代表认定事由的除外。

（三）市、道党每月应当向中央党事务处报告一次以上的党费入账实绩。但由事务总长认定的事由除外。

（2016.8.19 专门修改）

第三章 补则

第十三条【权利限制】

（一）对五个月以上不交纳职务党费的党职者和党所属公职者，停止党职资格。事务总长以及市、道党委员长应在停止党职资格两个月前开始告知未交纳者有关限制权利的事实，并督促其交纳。（2016.8.19 修改）

（二）因未交纳党费而被停止党职资格的人，若交纳完成将恢复党职资格。

（三）对一年以上未交纳职务党费的党职者和党所属公职者，将剥夺党职资格。

（四）对一年以上未交纳职务党费的党职者和党所属工作人员，将剥夺公职选举候选人申请资格。

（五）虽有第一款、第三款以及第四款的规定，但有相当事由，可以经党务委员会议决认可例外情形。

第十四条【对交纳党费党员的优待】

对诚实交纳党费或在党财政方面做出巨大贡献的党员，可以在党职和公职选举候选人推荐上予以倾斜。

第十五条【委任规定】

本规定没有规定的有关党费的事项，党代表可以经党务委员会议决决定。但此规定不得违背党宪、党规。

附则（2018.3.5，第九号）

本规定根据党宪第一百一十七条（党规的制定等）规定，自党务委员会议决之日起施行。

中央组织规定

第一章 总则

第一条【目的】

为了规范党宪第三章（代议机关）、第四章（执行机关）、第五章（院内机构）、第七章（政策研究所）、第八章（伦理审判院）、第九章（预算和会计）中关于中央党的机构和分管事务以及其他运行上的必要事项，制定本党规。

第二条 【中央党的构成】

（一）中央党由下列各项的机关以及机构构成：

1. 代议机关：全国代议员大会、中央委员会；

2. 执行机关：党务委员会、最高委员会、党代表；

3. 执行机构：执行机构区分为下列各项：（1）常设委员会：伦理审判院、党务监察院、世界韩人民主会议、全国职能代表者会议、中央党地方自治政策协议会、国家经济咨询会议、外交安保统一咨询会议、真好的地方政府委员会、人权委员会、多文化委员会、社会的经济委员会、教育研修院、财政委员会、预算决算委员会、党宪党规纲领政策委员会，（2）全国委员会：全国女性委员会、全国老年委员会（全国银发委员会）、全国青年委员会（全国青年党）、全国大学生委员会、全国残疾人委员会、全国劳动委员会、全国农渔民委员会、保护"乙"民生实践委员会，（3）事务处：战略企划委员会、宣传委员会、数码沟通委员会、对外协力委员会、法律委员会，（4）政策委员会、议员总会以及其他党宪、党规规定的机构；

4. 附设机关：政策研究所。

（二）为了实践党宪第一百二十条的规定，三分之一以上的第一款第三项第一目的常设委员会委员长，由院外人士担任。

第二章　代议机关

第一节　全国代议员大会

第三条 【议长、副议长的任期】

（一）全国代议员大会议长与副议长的任期为在下一次定期全国代议员大会中选出新一任议长与副议长之时为止。

（二）通过补缺选举，选出的议长或副议长的任期为前任者的剩余任期。

第四条 【副议长代行议长的职务】

当议长有故时，由议长指定的副议长代行议长职务。

第五条 【临时议长】

（一）为了在最初召集的定期全国代议员大会中选出议长、副议长，先行选出临时议长，代行议长的职务。

（二）以口头互相推荐的方式，选出临时议长。

第六条【议长与副议长的选出】

（一）通过定期全国代议员大会，以口头互相推荐的方式，选出议长与副议长。

（二）虽有第一款的规定，但是当议长或副议长缺位时，或者议长与副议长一并缺位时，通过临时全国代议员大会，实施补缺选举，以口头互相推荐的方式选出议长或者副议长。

第七条【召集等】

（一）在大会召开日的七日前，全国代议员大会的议长公告议题和大会的时间以及场所，在大会召开日的两日前，向代议员通知该事宜。

（二）全国代议员大会准备委员会总揽全国代议员大会的准备和进行的事务。

（三）另行规定关于全国代议员大会准备委员会的事项。

第八条【代议员名册】

（一）全国代议员大会准备委员会（以下称"准备委员会"）制作全国代议员大会的代议员名册。

（二）中央党党员资格审查委员会通过审查党员资格，确定为了制作第一款代议员名册的党员名册后，通报准备委员会。准备委员会根据被确定的党员名册制作代议员名册。

（三）通过中央党党员资格审查委员会审查代议员资格，经党务委员会承认后，确定准备委员会制作的代议员名册。

（四）应当在大会召开日的五日前，确定代议员名册。但当有相当的事由时，可以根据准备委员会的议决，做出另行规定。

第九条【代议员证的发放】

（一）根据被确定的代议员名册，由党代表向代议员发放代议员证。

（二）在代议员证内，记载相应代议员的所属和姓名，并加盖党代表的职印。但当有相当的事由时，可以根据准备委员会的议决，做出另行规定。

（三）当有代议员的要求时，可以由事务总长分发代议员证，由事务总长确定发放方法和发放日期。

第十条【代理出席等的禁止】

全国代议员大会的代议员不得委派他人代理出席或者向他人委任其权限。

第十一条【限制委任的事项】

全国代议员大会不得将选出全国代议员大会议长以及副议长的权限和党宪第十五条第一款权限中有关党解散的权限委任于中央委员会。

第十二条【申请异议】

（一）当存在召集程序上的瑕疵或者因没有资格的代议员参与投票而对议决产生影响时，在大会结束后的七日以内，全国代议员大会的代议员以在籍代议员三分之一以上的联名，可以向中央党申请异议。

（二）当事务总长受理第一款的异议申请时，应当随即向党务委员会汇报，并由党务委员会进行审议、议决。在这一情形下，事务总长可以对异议申请的处理方法提出意见。

（三）党务委员会判断第一款的异议申请是否具有妥当性；同时，为了确认事实，可以组织调查委员会进行调查。

（四）事务总长应当向异议申请人的代表通报有关异议申请的党务委员会决定。

第十三条【女性、青年代议员】

在党宪第十四条第二款第十九项的代议员中，当女性党员未满四十五周岁时，可以重复计算为青年党员的比例。

第二节　中央委员会

第十四条【召集等】

（一）在中央委员会会议召开日的五日前，中央委员会议长明示公告议题和时间以及场所，在会议召开日的两日前，向中央委员通知该事宜。但紧急时，可以根据党务委员会的议决，做出另行规定。

（二）事务总长总揽有关中央委员会的会议准备和进行的事务。

第十五条【中央委员名册】

（一）事务总长制作中央委员会的中央委员名册，并以党务委员会的承认，确定中央委员名册。

（二）应当在会议召开日的五日前确定中央委员名册。但当有相当的事由时，可以根据党务委员会的议决，做出另行规定。

第十六条【中央委员证的发放】

（一）事务总长向已经确定的中央委员发放中央委员证。

（二）在中央委员证上，记载相应中央委员的所属和姓名，并加盖党代表的职印。

第十七条【准用规定】

中央委员会准用第十条（代理出席等的禁止）以及第十二条（申请异议）的规定。

第三章 执行机关

第一节 党务委员会

第十八条【权限等】

（一）党务委员会审议、议决党宪、党规上规定的事项以及其他有关主要党务执行的事项。

（二）当党务委员会议长无法将欲提交至党务委员会的议案相关资料提前送达委员时，应当在会议开始前通报该议案的要旨。但对于紧急或者需要保密的议案而言，则另当别论。

（三）对于因不得已的事情无法出席会议的委员而言，可以经最高委员会的议决，书面提出针对议案的意见；在这一情形下，该委员视为出席了委员会的会议。

（四）事务总长总揽准备党务委员会的必要事项。

第十九条【议案的种类】

提交至党务委员会的议案，区分为议决事项、审议事项、报告事项。

第二十条【议案的提出】

（一）党务委员向事务处提出有关党务的议案。但对于法律草案而言，应当向法案审查委员会提出。

（二）事务总长一并整理已提出的议案，向议长汇报该议案。

第二十一条【议案的提交】

（一）党务委员会议长将已提出的议案提交至党务委员会。

（二）当有相当的事由时，经最高委员会的议决，党务委员会议长可以延期或者不予提交已提出的议案。

第二十二条 【议案的审议】

（一）出于审议议案的必要，党务委员会可以要求相关人员出席会议，并说明或者汇报与议案相关的内容。

（二）原则上公开审议议案。但当有党务委员会的议决或者党务委员会议长认为必要时，可以不予公开。

第二十三条 【议案的处理】

以举手或者起立作为表决方式；以秘密投票的方式，处理人事相关事项。但在没有异议的情形下，党务委员会议长可以变更表决方式。

第二节 最高委员会等

第二十四条 【最高委员会】

（一）为了听取关于党务的报告以及意见，党代表或者最高委员会可以要求必要的党职者陪同出席。

（二）最高委员会准用第十九条（议案的种类）、第二十二条（议案的审议）、第二十三条（议案的处理）的规定，但不应当违背最高委员会的宗旨和本质。

第二十五条 【干部扩大会议和干部会议】

（一）党代表认为必要时，可以召集干部扩大会议或者干部会议。

（二）党代表考虑相应党务的特性，决定干部扩大会议和干部会议的出席者以及陪同者的范围。

（三）事务总长总揽准备干部扩大会议和干部会议的必要事项。

第二十六条 【国家经济咨询会议】

（一）国家经济咨询会议由议长、首席副议长、副议长、委员构成。

（二）党代表在前任长官、次官，前任市、道知事，前任国会议员等具有社会威望的人物当中，与最高委员会协商，委任第一款的议长、首席副议长、副议长、委员。

（三）国家经济咨询会议具有下列各项职能：

1. 为党的国家经济方向以及经济结构变化，提供咨询；

2. 为政策委员会以及议员总会等编制党的经济政策，提供咨询；

3. 为研究、发展党经济相关纲领、政策，提供咨询；

4. 与经济领域的各界协力、收集民意。

（四）国家经济咨询会议可以设置委员会。经国家经济咨询会议议长的推荐，由党代表委任委员会的委员长。

（五）国家经济咨询会议设置由议长、首席副议长、副议长以及委员会委员长构成的运行委员会。

（六）运行委员会的设置、运行、其他必要事项，可以以内部规定规定之。

第二十六条之二【外交安保统一咨询会议】

（一）外交安保统一咨询会议由议长、首席副议长、副议长、委员构成。

（二）党代表在前任长官、次官，前任市、道知事，前任国会议员等具有社会威望的人物中，与最高委员会协商，委任第一款的议长、首席副议长、副议长、委员。

（三）外交安保统一咨询会议具有下列各项职能：

1. 为党外交、安保、统一政策提供咨询；

2. 对政策委员会以及议员总会等编制党外交安保统一政策提供咨询；

3. 为研究、发展党外交安保统一相关纲领、政策提供咨询；

4. 与相关领域的各界协力、收集民意。

（四）外交安保统一咨询会议可以设置委员会。经外交安保统一咨询会议议长的推荐，由党代表委任委员会的委员长。

（五）外交安保统一咨询会议设置由议长、首席副议长、副议长以及委员会委员长构成的运行委员会。

（六）运行委员会的设置、运行、其他必要事项，可以由内规规定。

（2016.10.19 新设）

第二十七条【中央党地方自治政策协议会】

（一）依照党宪第一百一十四条的规定，设置于中央党的中央党地方自治政策协议会（以下称"协议会"），由下列各项的委员构成。

1. 党代表；

2. 最高委员；

3. 院内代表；

4. 真好的地方政府委员长；

5. 事务总长；

6. 政策委员会议长；

7. 市、道党委员长；

8. 所属于党的市、道知事；

9. 所属于党的市、道议会议长或者市、道议会议员代表；

10. 经最高委员会的协商，由党代表委任的若干名委员。

（二）党代表担任协议会的议长；真好的地方政府委员长担任干事委员。

（三）当有最高委员会的议决，或者议长认为必要时，再或者有三分之一以上的在籍委员要求时，由议长召集协议会。

（四）为了处理事务，协议会可以在其下设置专门委员会等必要的机构。

第二十八条【国际委员会】

（一）国际委员长指挥、总揽有关强化国际交流、协力，政党外交，召开、支援国际会议以及协助海外媒体等的事务。

（二）当国际委员长缺位或者因其他事由无法履行职务时，由党代表指定的副委员长代行其职务。

第二十九条【世界韩人民主会议】

（一）世界韩人民主会议由议长、首席副议长（将首席副议长称之为在外同胞委员长）、副议长、监事以及委员构成。

（二）党代表担任世界韩人民主会议的议长；经最高委员会协商，由党代表任命世界韩人民主会议的首席副议长。

（三）世界韩人民主会议的组织构成和运行等必要事项，由其章程规定，并应当获得最高委员会的承认。

第三十条【全国职能代表者会议】

（一）全国职能代表者会议由议长、副议长、专门委员长以及委员构成。

（二）经最高委员会协商，由党代表任命全国职能代表者会议的议长。

（三）通过议长的推荐，由党代表任命全国职能代表者会议的副议长、专门委员长以及委员。

（四）全国职能代表者会议可以按照各职能领域设置专门委员会以及部门委员会。

（五）在全国职能代表者会议下，设置市、道党职能委员会。

（六）全国职能代表者会议设置由议长、副议长以及委员会委员长组成的运行委员会。

（七）全国职能代表者会议运行委员会和专门委员会的设置、运行、其他必要事项，由内规规定。

第三十一条【民生联席会议】

（一）民生联席会议由包含共同议长在内的十四名左右委员构成；其中，外部人士占据百分之五十。

（二）党代表和外部人士中的一人共同担任民生联席会议的议长。

（三）通过党代表的指定，经最高委员会的议决，以党务委员会的批准，确定外部共同议长；通过外部共同议长的推荐和最高委员会的议决，由党代表任命外部委员。

（四）民生联席会议的党内委员，由党代表、民生部门的最高委员、保护"乙"民生实践委员长、全国职能代表者会议的议长、全国劳动委员长、全国农渔民委员长、事务总长构成。

（五）民生联席会议可以设置运行委员会或者专门委员会。

（六）为了推进以及检验民生议题，原则上每月召集一次民生联席会议，在每年年末选定次年的民生议题。

（七）依照第七款的规定，经由最高委员会以及党务委员会，以党论的形式，确定民生议题；由最高委员会制定履行计划并负责履行。

（八）对于被选定的民生议题而言，可以按照各议题与社会上的相关团体一起组织、运行联席会议，或者可以签署、执行施行民生政策议题的社会协议。

（九）民生联席会议的构成和运行、民生议题的选定程序和方法等其他必要事项，由内规规定。

第三十二条【真好的地方政府委员会】

（一）真好的地方政府委员会由委员长，所属于党的市、道知事，自治区、市、郡的首长，市、道议员，自治区、市、郡议员，市、道党地方自治委员长，常任委员以及政策咨询委员构成。（2017.1.25 修改）

（二）党代表与最高委员会协商，任命真好的地方政府委员会的委员长；通过委员长的推荐，由党代表任命常任委员以及政策咨询委员。（2017.1.25 修改）

（三）真好的地方政府委员会由常任委员会与政策咨询委员会组成。常任委员会审议、议决委员会的主要事务，政策咨询委员会负责有关地方自治的政策咨询事务。（2017.1.25 修改）

（四）真好的地方政府委员会可以定期召开高层次地方自治党政协议会、广域地方自治党政协议会、基础地方自治党政协议会。

第三十三条【人权委员会】

（一）人权委员会由委员长、副委员长、委员构成。

（二）党代表与最高委员会协商，任命人权委员会的委员长；通过委员长的推荐，由党代表任命副委员长以及委员。

第三十四条【多文化委员会】

（一）多文化委员会由委员长、副委员长、委员构成。

（二）党代表与最高委员会协商，任命多文化委员会的委员长；通过委员长的推荐，由党代表任命副委员长以及委员。

第三十五条【社会的经济委员会】

（一）社会的经济委员会由委员长、副委员长、委员构成。

（二）党代表与最高委员会协商，任命社会的经济委员会的委员长；通过委员长的推荐，由党代表任命副委员长以及委员。

第三十六条【教育研修院】

（一）教育研修院院长指挥、总揽关于党员和党职者的教育、研修事务。

（二）为了制定针对权利党员每年实施一次以上的培训计划以及提高党员、党选出职公职者、党职者、一般国民的政治修养，教育研修院院长应当制定教育、研修计划，并向最高委员会汇报该制定情况；在结束教育、研修后，应当向最高委员会和党务委员会汇报该结果的评价、分析内容。

（三）教育研修院由院长、副院长以及委员构成。

（四）党代表与最高委员会协商，任命教育研修院的院长；通过院长的推荐，由党代表任命副院长与委员。

（五）当教育研修院院长缺位或者因其他事由无法履行职务时，由党代表指定的副院长代行该职务。

（六）为了有效地实施党员教育、研修，可以在教育研修院设置教授委员会、咨询委员会等必要的机构。这一情形下，通过院长的推荐，由党代表委任教授委员以及咨询委员等。

（七）机构的设置、运行、其他必要事项，可以由内规规定。

第三十七条【党宪党规纲领政策委员会】

（一）党宪党规纲领政策委员会由委员长、副委员长、专门委员长以及委员构成。

（二）党代表与最高委员会协商，任命党宪党规纲领政策委员会的委员长；通过委员长的推荐，由党代表任命副委员长以及委员。

（三）在委员会下，设置党宪党规专门委员会、纲领政策专门委员会。

第三十八条【特别辅佐人和辅佐人】

（一）为了咨询主要政策，党代表可以按照各领域设立若干特别辅佐人和辅佐人，必要时设团长。

（二）特别辅佐人和辅佐人可以直接向党代表汇报党务相关事项。

第三十九条【党代表秘书室】

（一）党代表秘书室执行党代表的秘书事务。

（二）党代表秘书室室长根据党代表的指示，总揽秘书室的事务。

（三）党代表秘书室设置两名以下的政务职副室长与事务职党职者。

（四）党代表秘书室分管下列事项：

1. 关于党代表的事务企划事项；

2. 关于制作党代表信息的事项；

3. 关于国际协力的事项；

4. 关于准备统一的事项。

第四十条【发言人】

（一）党代表与最高委员协商，任命发言人与副发言人。

（二）发言人受党代表或者最高委员会的指示，以声明、评论的形式等，对外发表党立场。

（三）发言人陪同出席党的各种会议，必要时可以使得副发言人陪同。

（四）为了宣传政策，可以在发言人下设置政策副发言人。

（五）必要时，可以在发言人下设置全职副发言人。

第四十一条【公报局】

公报局分管下列事项：

1. 准备声明、评论等的发表资料，整理发表文，评议言论以及分析言论报道的倾向等相关事项；

2. 收集、整理、保管、分发国内外通讯社等的资料；

3. 辅助针对党主要会议的采访活动；

4. 辅助主要党职者以及发言人团的对外活动；

5. 关于辅助广播讨论以及制定对策的事项；

6. 管理公报局的财政和一般事务，并且管理记者室等的设施。

第四十二条 【财政委员会的构成】

（一）财政委员会由委员长、副委员长、委员构成。

（二）当财政委员长认为必要时或者有三分之一以上的在籍委员要求时，再或者有党代表或最高委员会的指示时，由财政委员长召集财政委员会的会议。

（三）财政委员会的委员以及相关党职者，不得泄露在任期间获知的与其职务相关的秘密。

第四十三条 【财政委员长等】

（一）党代表与最高委员会协商，任命财政委员长；通过委员长的推荐，由党代表任命副委员长与委员。

（二）财政委员长代表委员会，总揽会务。

（三）副委员长辅佐委员长，当委员长缺位或者因其他事由无法履行职务时，由党代表指定的副委员长代行该职务。

第四十四条 【预算决算委员会】

（一）预算决算委员长代表委员会，总揽会务。

（二）通过党代表的推荐，经党务委员会的议决，任命预算决算委员长以及委员；通过委员的互选，选出副委员长。

（三）副委员长辅佐委员长，当委员长缺位或者因其他事由无法履行职务时，由党代表指定的副委员长代行该职务。

第四十五条 【事务职党职者人事委员会】

（一）当有党代表的指示或者委员长认为必要时，由委员长召集党宪第五十二条规定的事务职党职者人事委员会（以下在本条中称"委员会"）。

（二）委员会审议、草拟对事务职党职者的人事议案，并提请党代表批示。

（三）可以另行规定有关事务职党职者人事的具体事项。

第三节　全国委员会

第四十六条【全国委员会的构成】

全国委员会的类型如下：

1. 全国女性委员会；

2. 全国老年委员会（全国银发委员会）；

3. 全国青年委员会（全国青年党）；

4. 全国大学生委员会；

5. 全国残疾人委员会；

6. 全国劳动委员会；

7. 全国农渔民委员会；

8. 保护"乙"民生实践委员会。

第四十七条【全国女性委员会】

（一）全国女性委员会设置委员长与若干名副委员长。

（二）为了处理主要会务，在全国女性委员会下设运行委员会，其构成如下：

1. 全国女性委员长与副委员长；

2. 市、道党女性委员长；

3. 女性国会议员；

4. 女性最高委员；

5. 女性领导力中心的所长；

6. 两名女性地方议员协议会的代表；

7. 以全国女性委员长的推荐，并由党代表任命的运行委员。

（三）全国女性委员会的组织构成和运行等的其他必要事项，由内规规定。

第四十八条【女性领导力中心】

（一）为了发掘、培养女性政治人物，构筑女性人才管理系统，在全国女性委员会下设女性领导力中心。

（二）女性领导力中心设所长以及若干名副所长，还可以设置必要的委员。

（三）通过女性委员长的推荐，由党代表任命女性领导力中心的所长、副所长以及委员。

第四十九条 【女性地方议员协议会】

（一）为了女性地方议员之间的联网，研究、开发针对女性地方议员的培训和相关政策，经最高委员会的议决，党代表可以在全国女性委员会下设置女性地方议员协议会。

（二）女性地方议员协议会设两名常任代表以及若干名副代表，还可以设置必要的主要人员。

（三）通过女性地方议员协议会的总会，选出女性地方议员协议会的常任代表、副代表、主要人员。

第五十条 【全国老年委员会（全国银发委员会）】

（一）全国老年委员会设置委员长与若干名副委员长。

（二）为了处理主要会务，在全国老年委员会下设运行委员会，其构成如下：

1. 全国老年委员长与副委员长；

2. 市、道党老年委员长；

3. 六十五周岁以上的国会议员；

4. 以全国老年委员长的推荐，并由党代表任命的运行委员。

（三）全国老年委员会的组织构成和运行等的其他必要事项，由内规规定。

第五十一条 【全国青年委员会（全国青年党）】

（一）全国青年委员会设置委员长与副委员长若干名。

（二）为了处理主要会务，在全国青年委员会下设运行委员会，其构成如下：

1. 全国青年委员长与副委员长；

2. 市、道党青年委员长；

3. 四十五周岁以下的国会议员；

4. 以全国青年委员长的推荐，并由党代表任命的运行委员。

（三）全国青年委员会的组织构成和运行等的其他必要事项，由内规规定。

第五十二条 【青年政策协议会】

（一）为了研讨青年政策的合理性和妥当性，提高政策的完成度，经最

高委员会的议决，党代表可以在全国青年委员会下设青年政策协议会。（2017.1.25 修改）

（二）青年政策协议会由下列各项的委员构成：

1. 党代表；

2. 青年最高委员；

3. 全国青年委员长；

4. 全国大学生委员长；

5. 政策委员会的议长；

6. 民主研究院长；

7. 青年政策研究所所长；

8. 以青年最高委员的推荐，由党代表任命四名以内的委员。

（三）在青年政策协议会委员中，外部人士应当占据全部名额的百分之三十以上。

（四）原则上青年政策协议会每季度召开一次。

第五十二条之二【青年政策研究所】

（一）为了发掘、培养青年政治人物，构筑青年人才管理系统，在全国青年委员会下设青年政策研究所。

（二）青年政策研究所设所长以及若干名副所长，还可以设置必要的委员。

（三）通过青年委员长的推荐，由党代表任命青年政策研究所的所长、副所长以及委员。

（2017.1.25 新设）

第五十二条之三【青年地方议员协议会】

（一）为了青年地方议员之间的联网，针对青年地方议员实施的培训，相关政策的研究、开发，经最高委员会的议决，党代表可以在全国青年委员会下设置青年地方议员协议会。

（二）青年地方议员协议会可以设会长以及若干名副会长、必要的主要人员。

（三）通过青年地方议员协议会的总会，选出青年地方议员协议会的会长、副会长、主要人员。

第五十三条【全国大学生委员会】

（一）全国大学生委员会设置委员长与若干名副委员长。

（二）为了处理主要会务，在全国大学生委员会下设运行委员会，其构成如下：

1. 全国大学生委员长与副委员长；

2. 市、道党大学生委员长；

3. 以全国大学生委员长的推荐，并由党代表任命的运行委员。

（三）全国大学生委员会可以组织大学生支会。全国大学生委员会的组织构成和运行等的其他必要事项，由内规规定。

第五十四条【全国残疾人委员会】

（一）全国残疾人委员会设置委员长与若干名副委员长。

（二）为了处理主要会务，在全国残疾人委员会下设运行委员会，其构成如下：

1. 全国残疾人委员长与副委员长；

2. 市、道党残疾人委员长；

3. 残疾人国会议员；

4. 两名残疾人地方议员协议会的代表；

5. 以全国残疾人委员长的推荐，并由党代表任命的运行委员。

（三）全国残疾人委员会的组织构成和运行等的其他必要事项，由内规规定。

第五十五条【残疾人地方议员协议会】

（一）为了残疾人地方议员之间的联网，研究、开发针对残疾人地方议员的培训和相关政策，经最高委员会的议决，党代表可以在全国残疾人委员会下设置残疾人地方议员协议会。

（二）残疾人地方议员协议会设常任代表两人以及副代表若干人，还可以设置必要的主要人员。

（三）通过残疾人地方议员协议会的总会，选出残疾人地方议员协议会的常任代表、副代表、主要人员。

第五十六条【全国劳动委员会】

（一）全国劳动委员会设置委员长与若干名副委员长。

（二）为了处理主要会务，在全国劳动委员会下设运行委员会，其构成如下：

1. 全国劳动委员长与副委员长；

2. 市、道党劳动委员长；

3. 以全国劳动委员长的推荐，并由党代表任命的运行委员。

（三）全国劳动委员会的组织构成和运行等的其他必要事项，由内规规定。

第五十七条【全国农渔民委员会】

（一）全国农渔民委员会设置委员长与若干名副委员长。

（二）为了处理主要会务，在全国农渔民委员会下设运行委员会，其构成如下：

1. 全国农渔民委员长与副委员长；

2. 市、道党农渔民委员长；

3. 以全国农渔民委员长的推荐，并由党代表任命的运行委员。

（三）全国农渔民委员会的组织构成和运行等的其他必要事项，由内规规定。

第五十八条【保护"乙"民生实践委员会】

（一）保护"乙"民生实践委员会（简称"保护'乙'委员会"）设置委员长与若干名副委员长。

（二）为了处理主要会务，在保护"乙"委员会下设运行委员会，其构成如下：

1. 保护"乙"委员长与副委员长；

2. 市、道党保护"乙"委员长；

3. 以保护"乙"委员长的推荐，并由党代表任命的运行委员。

（三）保护"乙"委员会组织构成和运行等的其他必要事项，由内规规定。

第五十九条【全国委员长、副委员长】

（一）应当选出全国委员长。

（二）应当在定期全国代议员大会召开日后的三个月以内，选出全国委员会的委员长，当没有相应委员会的委员长候选人或者未能满足选举人数等相当事由时，可以根据最高委员会的议决，做出另行规定。

（三）全国委员长的任期为选出下一届委员长之时为止。但，对于任命或者选任的全国委员长而言，其任期为该党代表和最高委员的在任期间。

（四）以不记名投票的方式，选举全国委员长，得票最多者为当选者。

当全国委员长的候选人为一人时，实施赞成与否的投票，以有效投票过半数的赞成而当选。

（五）当依照第四款规定选出的全国委员长缺位时，遵循下列各项规定。这一情形下，继任者的任期为前任者的剩余任期。

1. 当全国委员长缺位时，自缺位之时起至两个月以内，通过实施全国委员长补缺选举，选出相应全国委员长。但对于任命职委员长而言，应当在其剩余任期内，由党代表与最高委员会协商，任命相应委员长。

2. 在选出全国委员长之前，由相应全国委员会的运行委员会互选的委员代行该职务。

（六）全国委员长代表委员会，总揽会务。

（七）以全国委员长的推荐，并与最高委员会协商，由党代表任命副委员长。

（八）当全国委员长无法履行职务时，由委员长指定的副委员长代行其职务。

（九）虽有第一款的规定，但是为了选出全国委员会委员长而实施对候选人的公开招募时，仍无人申请候选人的情形下，可以由党代表与最高委员会的协商，任命全国委员长。

（十）另行规定有关选出全国委员长的具体事项。

第四节　特别委员会

第六十条【构成】

（一）特别委员会由委员长、副委员长、三十名以下的委员构成。

（二）党代表与最高委员会协商，任命特别委员长；通过委员长的推荐，由党代表任命副委员长与委员。

（三）通过明确活动时限，可以组织非常设特别委员会。但，以最高委员会的议决可以延长一次活动时限。

第六十一条【委员长】

（一）常设和非常设特别委员会的各委员长代表委员会，指挥、总揽会务。

（二）副委员长辅佐委员长，当委员长缺位或者因其他事由无法履行职务时，由党代表指定的副委员长代行其职务。

第六十二条 【常设特别委员会】

常设特别委员会的种类和主要事务如下：

1. 中小企业特别委员会：关于支持、培育中小企业以及制定政策的事项；

2. 社会福祉特别委员会：关于制定提高国民生活与社会保障等政策的事项；

3. 保育特别委员会：调查、研究保育问题以及制定与宣传相关政策的事项；

4. 教育特别委员会：与教育界协力、研究教育问题以及制定相关政策的事项；

5. 保健医疗特别委员会：调查、研究保健医疗的问题以及制定相关政策的事项；

6. 居住福祉特别委员会：调查、研究居住福祉问题以及制定相关政策的事项；

7. 韩半岛经济统一特别委员会：关于支持韩半岛经济以及制定相关政策的事项；

8. 国防安保特别委员会：调查、研究相关国家的安保问题以及制定相关政策的事项；（2017.1.25 修改）

9. 东北亚和平协力特别委员会：关于增进东北亚地区和平和国家之间协力的事项；

10. 文化艺术特别委员会：与文化艺术界进行交流、协力，调查、研究文化艺术问题以及制定相关政策的事项；

11. 环境特别委员会：调查、研究环境问题以及制定相关政策的事项；

12. 体育特别委员会：与体育界进行交流、协力，调查、研究体育问题以及制定相关政策的事项；

13. 科学技术特别委员会：调查、研究科学技术问题以及制定相关政策的事项；

14. 信息通信特别委员会：调查、研究信息通信问题以及制定相关政策的事项；

15. 海洋水产特别委员会：调查、研究海洋水产问题以及制定相关政策的事项；

16. 脱离朝鲜住民特别委员会：调查、研究有关协助脱离朝鲜住民安居等，制定相关政策的事项；

17. 小商工人特别委员会：调查、研究有关小商工人的问题以及制定相关政策的事项；

18. 国民统合委员会：解决各年龄层、地区、理念、阶层等的多种社会矛盾结构，制定相关政策的事项；

19. 灾害对策特别委员会：预防灾害以及应对其他各种灾害以及制定相关对策的事项；

20. 线上、线下网络政党推进特别委员会：设置以及运行为了构筑线上、线下网络政党系统的平台，制定相关政策的事项；（2016.9.30 修改）

21. 宗教特别委员会：调查、研究宗教团体以及组织，制定相关政策的事项。

第六十三条【事务的辅助】

（一）由劳动对外协力局辅助各级常设特别委员会的事务。但，下列常设特别委员会则另当别论：（2017.1.25 修改）

1. 由数码媒体局辅助线上、线下网络政党推进特别委员会的事务。（2017.1.25 新设）

（二）各级常设特别委员会设置事务局，可以将事务职党职者或者党国会议员的辅佐团任命为事务局局长。

（三）以常设特别委员会委员长的推荐，由党代表任命第二款规定的事务局局长。

第五节　事务处

第六十四条【事务总长】

（一）事务总长指挥、总揽事务处的事务，统辖党职者的服务管理以及党务的执行。

（二）当事务总长缺位或者无法履行职务时，按照第一事务副总长、第二事务副总长、第三事务副总长、战略企划委员长、宣传委员长、数码沟通委员长、对外协力委员长、法律委员长的顺序代行该职务。

第六十四条之二【事务总长室】

（一）事务总长室辅佐事务总长的事务以及执行其他事务总长的指示。

（二）事务总长室设置若干名事务职党职者。

第六十五条 【事务处的构成和事务】

（一）在事务总长下，设置事务副总长、战略企划委员会、宣传委员会、数码沟通委员会、对外协力委员会、法律委员会。

（二）事务处下设的各委员会设置委员长，可以设置若干名副委员长与委员。以各委员会的推荐与事务总长的提请，由党代表任命副委员长与委员。

（三）事务处设置由本规定所明确的局，在局下设置小组，各局设置局长与必要的事务职党职者。

（四）出于执行党务的必要，事务总长可以与相关委员长协商调整辅助实务的部门。

（五）局长掌管所管事务，指挥、监督所属事务职党职者。当局长无法履行职务时，由所属机构的首长指定党职者代行该职务。

（六）事务处掌管本规定所明确的事务，对于没有规定的事项而言，由事务总长与相关机构首长协商处理。

第六十六条 【总务调整局】

总务调整局分管下列事项：

1. 调整以及下达与主要党务运行相关的事务，执行以及辅助党主要会议的相关事项；

2. 辅助事务职党职者人事委员会会议等人事相关事务，管理党各种人事资料的相关事项；

3. 有关制定、修改党宪、党规以及有权解释相关实务的事项；

4. 接收、发送、管理文书，党职工作以及保安，党印以及职印等有关印章的事项；

5. 与中央选举管理委员会相关的事务；

6. 召集中央委员会、党务委员会、最高委员会以及其他重要会议，制作和保管会议记录，以及辅助会议的相关事项；

7. 收集与党历史相关的主要资料，管理保留下来的记录物以及保管、管理各类博物的事务；

8. 数码化党记录物、保管文书，构筑管理系统等运行、管理记录馆的事务；

9. 关于协助新聘任党职者教育培训的事项；

10. 关于辅助党宪、党规纲领政策委员会事务的事项；

11. 修缮党内设施，设置以及管理电力、电话、通信、电信等，其他必要事项；

12. 其他不属于其他委员会以及局的事务。

第六十七条 【财政局】

财政局分管下列事项：

1. 党的会计、党费交付的管理以及中长期财政对策的制定、金钱出纳与决算、其他经理事务等党的财政相关事项；

2. 选定印刷、制作物等物品供给单位，调整价格，购买、供给物品的相关事项；

3. 取得、处分加减相抵建筑物、机动车等固定资产的事项；

4. 关于选举管理委员会的会计相关事项；

5. 辅助财政委员会事务的相关事项；

6. 辅助预算决算委员会事务的相关事项。

第六十八条 【组织局】

组织局分管下列事项：

1. 制定与全体公职者相关的中长期计划，扩大组织以及管理组织的相关事项；

2. 管理党员的入党、退党、复党以及发放党籍证明书的相关事项；

3. 关于管理党员数据库等电子资料的事项；

4. 关于辅助党费交付事务的事项；

5. 关于推荐公职候选人等各种选举事务的执行与辅助事项；

6. 收集、保管各种选举资料和统计，收集、保管、分析选举信息的相关事项；

7. 辅助、管理市、道党公职者以及地区委员会的事项。

第六十九条 【自治分权局】

自治分权局分管下列事项：

1. 关于辅助中央党地方自治政策协议会与各级地方自治党政协议会的事项；

2. 制定有关地方自治的活动基本计划以及辅助的相关事项；

3. 辅助地方自治团体首长以及地方议员，协助党政之间事务的事项；

4. 关于辅助真好的地方政府委员会的事项；

5. 其他有关地方自治的事项；

6. 开发老年人、残疾人、农渔民以及社会的经济相关政策等有关企划以及宣传的事项；

7. 扩大和管理有关老年人、残疾人、农渔民以及社会的经济组织事项；

8. 关于辅助全国老年委员会（全国银发委员会）、全国残疾人委员会、社会的经济委员会事务的事项。（2017.1.25 修改）

第七十条 【劳动对外协力局】

劳动对外协力局分管下列事项：

1. 关于辅助劳动部门政策党员的活动以及事务的相关事项；

2. 与各种劳动团体进行交流和协力的事项；

3. 关于辅助全国劳动委员会事务的事项；

4. 与各种市民社会团体进行交流和协力的事项；

5. 与各种政党进行交流和协力的事项；

6. 关于辅助对外协力委员会事务的事项；

7. 根据第六十三条的规定，关于辅助常设特别委员会、全国农渔民委员会、多文化委员会、人权委员会事务的事项。

第七十一条 【职能局】

职能局分管下列事项：

1. 关于开发职能相关政策等企划相关事项；

2. 关于扩大和管理职能组织的事项；

3. 关于宣传职能政策的事项；

4. 关于宣传和管理职能部门政策党员、扩大组织的事项；

5. 关于辅助全国职能代表者事务的事项。

第七十二条 【女性局】

女性局分管下列事项：

1. 开发为了提高女性地位的政策以及扩大组织等企划相关事项；

2. 扩大和管理党女性组织的事项；

3. 关于宣传党女性政策的事项；

4. 与各种女性团体进行交流和协力的事项；

5. 为了改善性别歧视的活动相关事项；

6. 关于辅助全国女性委员会、女性领导力中心、女性地方议员协议会事务的事项。

第七十三条【青年局】

青年局分管下列事项：

1. 开发为了提高青年、大学生地位的政策等企划相关事项；

2. 扩大和管理党青年、大学生组织的事项；

3. 关于宣传党青年、大学生政策的事项；

4. 与各种青年、大学生团体进行交流和协力的事项；

5. 关于辅助全国青年委员会、全国大学生委员会、青年政策协议会事务的事项。

第七十四条【民生辅助局】

民生辅助局分管下列事项：

1. 关于辅助党人权保护以及伸张人权的活动事项；

2. 对与党相关的各种民、刑事诉讼等法律问题进行辅助和应对的事项；

3. 调查与法律相关的信访，与相关机关进行协力以及应对的事项；

4. 关于接收、咨询、处理信访的事项；

5. 关于分类已接收的信访和向相关机关移送、处理的事项；

6. 关于调查信访、与相关机关协力以及讨论是否进行政策性应对的事项；

7. 关于辅助法律委员会事务的事项；（2017.1.25 修改）

8. 与非正式职务以及不公正的雇佣上主从关系相关的信访事项；

9. 针对中小自营业者、非正式职员的党组织事业；

10. 关于辅助民生联席会议和保护"乙"民生实践委员会事务事项。

第七十五条【教育研修局】

教育研修局分管下列事项：

1. 制定党员教育、研修基本计划以及其他企划相关事项；

2. 关于实施党员教育、研修的事项；

3. 关于研究以及开发党教育、研修课程的事项；

4. 关于党宪、党规、纲领政策的党内教育；

5. 制作、普及党员教育、研修资料，管理教育研修人员的相关事项；

6. 评价以及分析党员教育、研修结果相关事项；

7. 对党职者进行教育培训等教育、研修相关事项；

8. 关于统一管理中央党下设各委员会主管党员教育相关事务的事项；

9. 关于辅助教育研修院事务的事项。

第七十六条 【国际局】

国际局分管下列事项：

1. 关于伸张在外同胞权益以及促进交流的事项；

2. 宣传与在外国民选举相关的党在外国民政策和在外国民选举政策的事项；

3. 与外国主要政党、研究所以及各种机构进行交流、协力的事项；

4. 关于增进政党外交等国际协力的事项；

5. 与驻大韩民国的外交公馆进行交流、协力的事项；

6. 关于辅助世界韩人民主会议和国际委员会事务的事项。

第七十七条 【战略企划委员会】

（一）战略企划委员长根据事务总长的指示，制定各级公职选举的基本计划，企划党务，指挥、总揽调查分析以及调查舆论的相关事务。

（二）战略企划委员会可以设置若干名委员。

（三）战略企划委员长兼任政策研究所的战略部所长。

（四）当战略企划委员长缺位或者因其他事由无法履行职务时，由党代表指定的副委员长代行该职务。

（五）战略企划委员会设置战略企划局和调查分析局。

第七十八条 【战略企划局】

（一）战略企划局根据战略企划委员长的指示，制定各级公职选举的基本计划，负责企划、调整党务等的相关事务。

（二）战略企划局分管下列事项：

1. 制定总统选举、国会议员选举、地方自治团体首长选举、地方议会议员选举的基本计划，企划党中长期事业，企划各种会议的相关事项；

2. 企划党务以及制定党运行计划；

3. 调查党事业妥当性的相关事项；

4. 与主要机关以及其他部门进行事务上的协力以及研判信息的相关事项；

5. 分析政局悬案以及制定对策相关事项。

第七十九条 【调查分析局】

（一）调查分析局根据战略企划委员长的指示，负责调查分析为制定各级公职选举的战略以及调查舆论等的相关事务。

（二）调查分析局分管下列事项：

1. 关于调查舆论的计划、实施计划、分析结果的相关事项；

2. 收集以及分析与政治、选举权人分布相关的资料；

3. 关于构筑选举相关各种统计的体系化管理系统事项；

4. 为了推荐公职选举候选人以及制定选举战略，实施舆论调查的相关事项；

5. 为了预测选举结果而进行调查的相关事项；

6. 制定其他我党战略相关事项。

第八十条 【宣传委员会】

（一）宣传委员会根据事务总长的指示，指挥、总揽关于宣传党理念、政纲、政策以及活动等的事务。

（二）当宣传委员长缺位或者因其他事由无法履行职务时，由党代表指定的副委员长代行该职务。

（三）宣传委员会设宣传局。

第八十一条 【宣传局】

（一）宣传局根据宣传委员长的指示，负责宣传党理念、政纲、政策以及活动，并负责发行党机关报等有关宣传的事务。

（二）宣传局分管下列事项：

1. 制定党长期、短期宣传战略，以及有关企划宣传等的事项；

2. 关于对党机关报以及其他刊物进行编辑、制作、分发、保管等的事项；

3. 关于对影像宣传物进行企划和制作的相关事项；

4. 关于党广告的事项；

5. 关于对党照片、影像资料的拍摄、整理、运行的事项；

6. 关于辅助广播演说以及制定对策的相关事项；

7. 关于其他宣传事务的事项。

第八十二条 【数码沟通委员会】

（一）数码沟通委员长根据事务总长的指示，负责党数码沟通相关事务。

（二）当数码沟通委员长缺位或者因其他事由无法履行职务时，由党代表指定的副委员长代行该职务。

（三）数码沟通委员长统辖市、道党与地区委员会的数码沟通委员会。

（四）为了强化数码沟通委员会的专业性，可以委任相关领域的外部专家为委员，可以组织由外部专家构成的咨询团。这一情形下，由数码沟通委员长与事务总长协商推荐，并由党代表委任咨询委员。

（五）数码沟通委员会设数码媒体局。

第八十三条【数码媒体局】

（一）数码媒体局根据数码沟通委员长的指示，负责党数码相关事务以及媒体相关事务。

（二）数码媒体局分管下列事项：

1. 制定数码战略以及有关企划事业的事项；

2. 关于管理、运行党官方主页以及数码媒体的事项；

3. 关于管理、运行网络平台的事项；

4. 关于沟通、组织线上支持者的事项；

5. 其他有关数码媒体事务的事项。

第八十四条【对外协力委员会】

（一）对外协力委员长根据事务总长的指示，负责与各类市民社会团体以及党外人士的交流和协力相关事务。

（二）当对外协力委员长缺位或者因其他事由无法履行职务时，由党代表指定的副委员长代行该职务。

第八十五条【法律委员会】

（一）法律委员长根据事务总长的指示，负责有关党的各类民、刑事诉讼等法律相关事务。

（二）当法律委员长缺位或者因其他事由无法履行职务时，由党代表指定的副委员长代行该职务。

（三）为了咨询相关法律问题，可以在法律委员会设置若干名咨询委员。在这一情形下，以法律委员长的推荐，并由党代表任命咨询委员。

第八十六条【评价监察局】

评价监察局分管下列事项：

1. 关于党务监察和评价的事项；

2. 关于奖励党员和党外人士的事项；

3. 关于惩戒党员的事项；

4. 调查除了组织监察之外的党纪纲；

5. 关于辅助党务监察院事务的事项；

6. 关于辅助伦理审判院事务的事项；

7. 关于辅助选出职评价委员会事务的事项。

第八十七条 【事务职党职者】

（一）为了执行中央党党务，设置事务职党职者。

（二）院内代表向国会议长推荐根据党宪第五十五条（中央党党职者的类型和任免）第四款的程序任命的国会政策研究委员等国会法令上的党国会职人员。

（三）第二款规定的国会政策研究委员，应当是党宪第五十五条（中央党党职者的类型和任免）第三款规定的事务职党职者中局长级别以及副局长级别的人物。

（四）新聘任的事务职党职者，应当经历三个月的实习期间。

（五）另行规定事务职党职者的职级、任免、补任、升职、报酬等必要事项。

第八十八条 【党务执行会议】

（一）党务执行会议协商，处理由事务处管理的党务相关事项。

（二）原则上每周召开一次以上党务执行会议；事务总长认为必要时，可以随时召开。

（三）党务执行会议由事务总长与事务总长下设的委员会委员长构成，且可以仅由必要的委员会委员长出席党务执行会议。在这一情形下，由事务总长主持会议。

（四）原则上由各室长、局长陪同出席党务执行会议。

（五）其他必要事项，由党务执行会议规定。

第六节　政策委员会

第八十九条 【政策调整会议】

（一）为了调整党专门委员会之间的政策，由政策委员会议长召集政策调整会议。

（二）政策调整会议由政策委员会议长、首席副议长、政策调整委员长、专门委员长以及由党代表在政策委员中与最高委员会协商而任命的若干名委员构成。

（三）相应领域的专门委员会应当遵循政策委员会议的决定。

第九十条 【政策委员会的副议长】

（一）为了辅佐政策委员会议长的事务，可以在政策委员会设置若干名副议长。

（二）当政策委员会议长缺位或者因其他事由无法履行职务时，以首席副议长、政策调整委员长的顺序代行该职务。

第九十一条 【政策调整委员会】

（一）政策调整委员长根据政策委员会议长的指示，总揽、指挥党与政府之间的政策协商、政策调整以及政策开发相关事务。

（二）就政策调整委员会的数量和各政策调整委员会负责的领域而言，以政策委员会议长提案，经最高委员会议决，由党代表确定。但，该数量应当在六个以下。

（三）政策调整室负责辅助政策调整委员会的事务。

第九十二条 【常任专门委员会和特别专门委员会】

（一）常任专门委员长根据政策委员会议长的指示，总揽、指挥国会法规定的常任委员会所管事项的相关事务。

（二）常任专门委员会的数量和名称以及所管事项，遵循国会法规定的常任委员会（排除国会运行委员会）相关规定。

（三）政策委员会议长为了调查、研究、审议党务上的特定案件，当其认为必要时，可以设置常任专门委员会和个别特别专门委员会。

第九十三条 【法案审查委员会】

（一）当党国会议员提案欲通过党论推荐的法律草案时，应当向法案审查委员会提出该法律草案。

（二）法案审查委员长审查已提出的法律草案是否符合党的纲领和基本政策，同时应当根据审查结果采取必要的措施。

第九十四条 【政策室】

（一）政策室根据政策委员会议长的指示，负责制定以及综合调整党的政策活动计划和议题，宣传党的政策以及政策活动，企划政策委员会所管行政事务以及调整事务等有关党政策的活动，辅助政策调整委员会所管事务，研究开发党政策，讨论悬案以及制定对策，审议法律草案，开发选举承诺等辅助党政策活动的相关事务。

（二）政策室设室长与事务职党职者。

（三）政策室可以下设负责企划、宣传、行政事务的小组以及辅助各政策调整委员会负责领域的政策研究小组。

（四）政策室分管下列事项：

1. 对实践党的纲领和基本政策进行必要的调查、研究、审议、立项，制定政策以及法律草案的相关事项；

2. 制定党政策方向，企划、综合调整政策议题的相关事项；

3. 关于制定、执行各级选举政策议题以及开发承诺计划的事项；

4. 对政策委员会以及下设各级机构进行事务调整和辅助的事项；

5. 与政府以及其他政党、各级团体进行政策协商以及调整，缔结协议等对外协力相关事项；

6. 企划以及执行与党政策活动相关的听证会、讨论会等各级活动事项；

7. 为了宣传党政策以及政策活动，支持媒体企划、制作、管理、言论报道相关事项；

8. 检验党的承诺履行状况，管理与市、道党以及相关机关进行事务上合作等的政策联网相关事项；

9. 制定中、长期地方自治政策开发计划相关事项；

10. 制定、整理、分析各地区政策事项，收集舆论，研究其他政策相关事项；

11. 审议为了实现党的政策欲向国会提交的法律草案以及议案的相关事项；

12. 针对政策调整委员会所管领域的主要悬案，进行讨论、汇报以及提出对策的相关事项；

13. 针对政府主要政策以及法律草案，进行讨论、汇报以及提出对策的相关事项；

14. 关于辅助政策调整委员会事务的事项；

15. 关于辅助常任专门委员会以及特别专门委员会事务的事项；

16. 关于辅助法案审查委员会事务的事项；

17. 关于提供党政策活动所必要的资料等其他辅助相关事项；

18. 政策委员会以及下设各级机构的人事、财政、会计、办公用品管理、行政事务等运行的相关事项；

19. 辅助国家经济咨询会议和外教安保统一咨询会议的事务。

第九十五条 【听证会】

（一）当政策委员会议长认为有助于党政策的决定，或者有党代表、最高委员会的指示时，可以召开听证会、政策讨论会、研究发表会、其他聚会。

（二）可以邀请党外人士参与第一款规定的听证会等聚会。

第九十六条 【政策的确定】

（一）除了在党宪、党规中存在不同规定之外，原则上经相应专门委员会（当其他专门委员会提出异议时，应当经政策调整会议的审议）的审议，通过党务委员会的议决，确定党的政策。

（二）虽有第一款的规定，但是对于欲提交至国会的议案而言，由议员总会的议决确定。但，当最高委员会认为必要时，应当经党务委员会的议决。

（三）对于变更已经确定的政策而言，适用第一款的规定。

第九十七条 【法律草案的确定】

（一）除了在党规中存在不同规定之外，原则上经相应专门委员会（当其他专门委员会提出异议时，应当经政策调整会议审议）以及法案审查委员会的审议，通过议员总会的议决，确定党的法律草案。但当最高委员会认为必要时，应当经党务委员会的议决。

（二）院内代表应当确保已确定法律草案能够及时提交至国会。

第四章　院内机构（议员总会）

第九十八条 【院内代表的选出】

（一）在议员总会，以秘密投票的方式，通过在籍议员过半数的赞成，选出院内代表。

（二）虽有第一款的规定，但是当院内代表的选举候选人为一人时，可以经议员总会的议决，另行规定选出方式。

（三）选举管理委员会应当在结束开票的同时，公布该结果，并毫无迟疑地宣布当选人。

第九十九条【国会议长、副议长候选人的推荐】

（一）在议员总会，以不记名投票的方式，选出国会议长与副议长的候选人，将获得票数最多的人视为当选人。

（二）虽有第一项的规定，但是当国会议长与副议长的候选人为一人时，可以经议员总会的议决，另行规定选出方式。

（三）当根据第一款的规定投票后，发生得票相同的结果时，将参加选举次数多的人视为当选人；当参加选举次数相同时，将年长者视为当选人。

（四）对于国会议长与副议长候选人的候选人注册、选举活动、投票与开票等相关事项，准用党规第七号院内代表选出规定，具体事项则由选举管理委员会规定。

第一百条【国会图书馆馆长推荐特别委员会】

（一）为了推荐由国会任命的国会图书馆馆长，设置国会图书馆馆长推荐特别委员会。

（二）国会图书馆馆长推荐特别委员会的构成如下。

1. 委员会由院内代表与党代表协商的委员长一人和包含相关学界、相关业界、相关国会常任委员会委员等的七名以内委员构成。这一情形下，外部人士应当占据百分之五十以上，互选产生的委员长由外部人士担任。

2. 委员长代表委员会，指挥、总揽委员会的会务。

3. 当委员长因事故等无法履行职务时，由委员长指定的委员代行该职务。但，当委员长无法指定代行委员时，由院内代表指定的委员代行该职务。

4. 国会图书馆馆长推荐特别委员会的委员长与委员的任期为自委员会组成之时至结束推荐国会图书馆馆长候选人之时。

第一百零一条【议员总会的召集等】

（一）当存在下列各项事由时，由院内代表召集议员总会：

1. 审议、议决党的院内活动以及院内对策；

2. 审议、议决实施党立法活动所必要的主要政策；

3. 审议、议决欲提交至国会的法案和议案；

4. 选出院内代表；

5. 推荐国会议长与副议长的候选人；

6. 组织以及废除院内活动所必要的组织；

7. 对议员总会的运行以及预算、决算，进行审议；

8. 根据政党法第三十三条（政党所属国会议员的除名）的规定，除名党国会议员；

9. 其他与院内活动以及院内对策相关的主要事项。

（二）对于议员总会，准用第十九条（议案的种类）、第二十二条（议案的审议）、第二十三条（议案的处理）规定。

第一百零二条【秘书室】

秘书室执行院内代表的秘书事务以及企划日程的事务。

第一百零三条【院内行政企划室】

（一）院内行政企划室根据院内代表的指示，负责处理党院内活动等院内行政事务，企划院内战略等院内对策以及宣传议政等相关事项。

（二）院内行政企划室设室长与事务职党职者。

（三）院内行政企划室的事务如下：

1. 提出、管理院内一切行政事务以及议案，其他有关进行议事的事项；

2. 各种会议的准备、联络，对议员亲善协会以及议员研究团体的辅助事务，管理办公用品等其他有关行政事务的事项；

3. 关于辅助国会全体会议以及国会常任委员会等国会活动的事项；

4. 关于制定院内战略、收集资料等的企划相关事项；

5. 关于制作院内对策资料、议政报告书等制作议政宣传物的事项；

6. 关于制作院内代表信息的事项；

7. 辅助物色由国会推荐（选出）的任命职公职者的事务。

第五章 党务监察院

第一百零四条【党务监察院的构成等】

（一）在定期全国代议员大会召开日后的三个月以内，通过党务委员会的议决，组织党务监察院（以下称"监察院"）。（2017.1.25 修改）

（二）监察院由包含党代表指定的事务副总长一人在内的九名以内委员构成。（2017.1.25 修改）

（三）监察院可以设若干名副监察院长，为了处理主要会务，可以设置专门委员会。

（四）当党务监察院长因事故等无法履行职务时，由监察院长指定的副监察院长代行该职务。

（五）党务监察院长的任期为党务监察院组成后的两年，监察委员的任期与党务监察院长的任期相同。当然职委员则另当别论。（2017.1.25 修改）

（六）虽有本条第五款的规定，但是当党务监察委员在其任期内欲申请推荐为各级公职选举候选人时，应当在相应选举日的六个月前，辞去党务监察委员职务。当然职党务监察委员则另当别论。

第一百零五条【召集和运行】

（一）当有党务委员会或者最高委员会的要求，或者党务监察委员长认为必要时，再或者有三分之一以上的在籍委员要求时，由党务监察院长召集。

（二）以在籍委员过半数的出席，召开监察院会议；以出席委员过半数的赞成议决会议内容。

（三）虽有第二款的规定，但是有关监察处分的案件，应当以在籍委员过半数的赞成议决议案。

（四）当监察委员无正当理由三次以上不出席会议时，党务监察院长可以劝告该监察委员辞职。

（五）当监察委员欲在其任期内申请推荐为各级公职选举候选人时，党务监察院长可以要求该监察委员回避或者劝告该监察委员辞职。

第一百零六条【权限和任务】

（一）监察院随时检查、监督执行机构以及事务处是否遵守党宪、党规，玩忽职守等的适法性与执行职务的适实性等，以图执行机构以及事务处能够健康运行；通过监察执行机构与党职者的职务，以图党务运行能够得以改善、提高。

（二）监察院监察有关中央组织与地方组织等的整体党务。

（三）通过监察院的议决，实施党务监察，并由事务总长负责监察。

（四）当有罢免党员的要求时，监察院负责审查罢免理由、罢免要件等有关罢免党员的适格与否问题。

（五）当有中央组织改编时，监察院以实施职务分析的方式，针对事务职党职者进行职务评价。

（六）在处理各室、局的人员配置问题以及赏罚事务职党职者等的人事考察问题上，将应用第五款规定上的职务评价结果。

第一百零七条 【监察的种类等】

（一）党务监察区分为一般监察和特别监察。每年实施一次以上的一般监察，监察结果反映到次年的预算编制。对特定部门的党务或者特定对象实施必要的特别监察。

（二）党务监察依照监察的范围，区分如下：

1. 职务监察：对中央党执行机构进行党务监察；

2. 删除。（2017. 1. 25）

（三）当有政务职以及事务职党职者违反党宪、党规，或者有关违规行为的申告、举报、陈情，或者通过党务监察发现检举内容时，由党务监察院进行职务监察。

（四）通过党务监察院的议决，实施第三款规定的监察，该线索不应当是违反法令的线索，该线索与内容应当被认定为具有相当的可信度等。

第一百零八条 【监察方法】

（一）监察院以公正而客观的方式实施监察。

（二）监察委员与辅助监察院事务的人，不得泄露或者盗用因其职务而获知的秘密。

（三）监察院为了监察或者监察，除了进行书面监察外，必要时还可以要求相关人员出席说明或者汇报相关情况，再或者可以要求实务人员进行实地监察等。

（四）接受监察或者监察的执行机构或者党职者，应当诚实地配合监察院工作，配合提交书面材料、出席、答辩等的要求。

（五）监察院在实施监察时，不得阻碍受监察执行机构或者事务处的正常活动和事务。

（六）当发生拒绝监察或监察的情况时，或者明显懈怠于资料的提交等时，再或者有拒绝出席、拒绝答辩、记载虚假信息、提供虚假材料的情况时，通过监察院的议决，可以提请惩戒或者要求启动问责机制。

第一百零九条 【监察结果的处理】

（一）监察院应当向最高委员会汇报监察以及监察的结果。

（二）依照监察结果，经监察院的议决，可以做出如下各项处置。

1. 要求进行刑事告发或者判定负担追偿责任：当有犯罪行为的情形或者使党蒙受财政上损失的情形。

2. 要求惩戒、问责：被认定为违反党宪、党规或者存在违规行为的情形。

3. 要求纠正：违反党宪、党规的程度轻微，被认定为未履行相应义务的情形。

4. 要求改善：被认定为存在制度上的矛盾或者有必要改善党务执行上的缺陷和事务上缺陷的情形。

5. 劝告：党代表以及执行机构的首长能够自行处理的问题。

6. 要求奖励：为改善、提高党务，做出贡献的情形。

（三）虽有第二款的规定，但是为了改善不合理的制度等公共的利益，接受监察院监察的人积极处理党务以及实务的情形下，当其行为中不存在故意和重大过失时，应当予以免责。

第一百一十条 【再审请求和程序】

（一）受到监察处分的人或者相应机关的首长，可以自收到监察处分通报之日起至七日以内，向监察院提出再审要求。

（二）监察院认为没有满足再审请求的要件时，做出却下决定；认为再审请求没有理由时，做出弃却决定；认为再审请求有理由时，可以做出取消或者变更监察处分的决定。

（三）监察院在受理再审请求时，应当自受理之日起至三十日以内做出处理。

（四）对于已经依照再审的请求进行再审的案件而言，不得再次请求再审。但，对于以监察院的职权进行的再审而言，可以请求进行再审。

附则（2017.1.25，第十三号）

依照党宪第一百一十七条【党规的制定等】，本规定自党务委员会议决之日起施行。

地方组织规定

第一章　总则

第一条【目的】

为了规范党宪第六章（地方组织）中地方组织的构成、运行以及其他必要事项，制定本规定。

第二条【地方组织的定义】

在本规定中，地方组织是指在首尔特别市和广域市、道以及特别自治市、道设置的市、道党（以下称"市、道党"）和按照各国会议员选区设置的地区委员会（以下称"地区委员会"）。

第二章　市、道党

第一节　市、道党的代议员大会

第三条【区分】

（一）市、道党代议员大会分类如下：

1. 以召开定期全国代议员大会为目的，在召开定期全国代议员大会之前召开的市、道党代议员大会，称为"定期市、道党代议员大会"；

2. 不以第一项目的而召开的市、道党代议员大会称为"临时市、道党代议员大会"；

3. 将"定期市、道党代议员大会"以及"临时市、道党代议员大会"统称为"市、道党代议员大会"。

（二）通过市、道党代议员大会，创立或者改编市、道党。

第四条【准备机构】

（一）为了召开市、道党代议员大会的市、道党代议员大会准备委员会（以下在本节称"准备委员会"，准备委员会的委员长则称为"准备委员长"）构成如下：

1. 对于没有创立市、道党或者被判定为事故党部的市、道党而言，由党代表经最高委员会协商而任命的准备委员长，在其任命之日起至十日以内，与最高委员会协商，以居住于相应地区的十人以上党员组织准备委员会；

2. 对于已经创立市、道党，并且不属于事故党部的市、道党而言，由市、道党常务委员会组织准备委员会。（2015.2.3 修改）

（二）第一款的准备委员会掌管市、道党代议员大会的准备和进行的相关事务。但，对于选举管理事务而言，则遵循选举管理委员会的指示。

（三）第一款第一项的准备委员长，应当自被任命之日起至四十五日以内，结束市、道党代议员大会。

第五条【议长、副议长的任期】

（一）市、道党代议员大会议长与副议长的任期，以在下一次召开的定期市、道党代议员大会产生新一任议长与副议长之时为止。

（二）以补缺选举产生的议长或者副议长的任期为前任者的剩余任期。

第六条【副议长代行议长职务】

当议长有故时，由副议长代行其职务。

第七条【临时议长】

（一）为了在最初召集的定期市、道党代议员大会中选出议长与副议长，先行选出临时议长。

（二）以口头互相推荐的方式，选出临时议长。

第八条【议长、副议长的产生】

（一）通过定期市、道党代议员大会，以口头互相推荐的方式，选出议长与副议长。

（二）虽然有第一款的规定，但是当议长或者副议长缺位或者议长与副议长一并缺位时，由下一次市、道党代议员大会实施补缺选举，以口头互相推荐的方式选出。

第九条【召集等】

（一）由市、道党代议员大会的议长召集市、道党代议员大会。当议长缺位或者不予召集时，由副议长召集；当副议长缺位或者不予召集时，由市、道党委员长召集；当市、道党委员长缺位或者不予召集时，由准备委员长召集。

（二）当第一款的全部召集权人一并缺位或者回避召集时，由党代表经最高委员会的议决，指定召集权人。

（三）准备委员长应当在大会召开日的七日前，向中央党汇报市、道党代议员大会的时间、场所、议题、代议员名册。但，当有相当的事由时，经上级党部的许可，可以变更汇报的期限。

（四）准备委员长在市、道党代议员大会召开日的五日前，应当明示大会的时间、场所、议题，公告于市、道党所在处的公告栏以及中央党主页，并在大会召开日的两日前，通知代议员。

第十条 【代议员名册】

市、道党代议员大会的代议员名册是全国代议员大会准备委员会制作的代议员名册。

第十一条 【代议员证的发放】

（一）准备委员长依照已确定的代议员名册，向被登记的代议员发放代议员证。

（二）在第一款的代议员证内，记载该代议员的所属和姓名，并加盖相应市、道党代议员大会议长的职印。

（三）在大会召开日之前，发放第一款的代议员证；当有相当的事由时，可以在大会当日分发。

第十二条 【代理出席等的禁止】

市、道党代议员大会的代议员不得使他人代理其出席或者将其权限委任于他人。

第十三条 【权限的委任】

市、道党代议员大会可以在中央党规定的范围内，将其部分权限委任于市、道党常务委员会。

第十四条 【监督委员】

（一）为了检查、监督市、道党代议员大会是否适法以及其他必要事项，事务总长可以派遣监督委员。（2016.8.19 修改）

（二）当第一款的监督委员认为因骚乱行为等不能进行市、道党代议员大会时，可以直接指挥大会相关人员中止或者重新召开大会。这一情形下，监督委员应当及时向事务总长汇报，并获得承认。

第十五条 【承认以及批准】

通过市、道党代议员大会选出的市、道党委员长，应当自大会结束日起至五日以内，准备下列各项材料，向党务委员会提出承认市、道党代议员大会的申请以及批准市、道党委员长的申请：

1. 承认市、道党代议员大会的申请书；

2. 提请批准市、道党委员长的申请书；

3. 大会的会议记录；

4. 市、道党代议员大会的代议员名册（应当能够区分出席的代议员）；

5. 法定党员名册（限于创立大会）；

6. 其他中央党认为必要的材料。

第十六条【注册】

（一）就市、道党的注册而言，经党务委员会的承认以及批准，市、道党委员长在收到中央党事务处发放的市、道党代议员大会承认书以及市、道党委员长批准书后，根据政党法的规定，向相应地区选举管理委员会申请注册。

（二）依照政党法第十六条（注册、注册证的发放以及公告）的规定，完成注册的市、道党委员长将收到由相应地区选举管理委员会发放的注册证。

（三）市、道党委员长在收到注册证的同时，应当向中央党提交该注册证的复印件。

第十七条【承认以及批准申请的拒绝】

（一）当有下列各项情形时，党务委员会可以不予承认市、道党代议员大会，或者不予批准市、道党委员长：

1. 未满足一千人以上法定党员人数的情形；

2. 市、道党代议员大会的会议过程中，发生违反政党法等相关法律或者党宪、党规的重大瑕疵；

3. 市、道党代议员大会的会议过程中，违反中央党的指示、指南等的情形；

4. 准备委员长和市、道党委员长候选人的资格中，存在重大的不合格事由或者发生重大的导致不合格的行为；

5. 存在党务委员会认定的明显瑕疵。

（二）当有满足第一款各项的情形时，应当由中央党事务处进行真相调查。这一情形下，应当给予相应准备委员长和市、道党委员长辨明的机会。

（三）当党务委员会不予承认市、道党代议员大会或者不予批准市、道党委员长时，在该决定发生之日起至三十日以内，原则上由党代表经最高委员会协商，重新任命准备委员长；必要时，可以由最高委员会的议决做出另行规定。这一情形下，该市、道党视为事故党部。

（四）在承认市、道党代议员大会后，当党务委员会认为有本条第一款或者第十九条（申请异议）第一款中取消承认的事由时，可以根据党务委员会的议决，取消承认。（2015.2.3 修改）

第十八条【解散】

在党务委员会做出承认大会以及批准市、道党委员长的决定后十日以内，准备委员会在向新任市、道党委员长移交相关材料等的同时，自行解散。

第十九条【申请异议】

（一）当满足下列各项的情形时，自市、道党代议员大会结束后的七日以内，以在籍代议员三分之一以上的联名，可以向中央党事务处提出异议申请：

1. 市、道党代议员大会的召集程序上，存在重大瑕疵的情形；

2. 没有代议员资格的人参与表决，并对议决产生影响的情形；

3. 对市、道党代议员大会的议决事项，有异议的情形。

（二）当有第一款规定的异议申请时，事务总长应当及时向党务委员会汇报。这一情形下，事务总长应当就处理方法提出意见。（2016.8.19 修改）

（三）党务委员会应当对第一款规定的异议申请做出是否妥当的判定；同时，为了确认事实可以组织调查委员会进行调查。

（四）事务总长应当向相应市、道党委员长以及申请人的代表通报党务委员会的决定事项。

第二十条【延期申请】

（一）当发生无法在市、道党确定的期限内召开市、道党代议员大会的事由时，应当在大会召开日的七日前，通过明示该事由和召开大会的预定日期，向中央党事务处提出延期申请。

（二）在召开全国代议员大会的情形下，被延期的市、道党代议员大会最迟应当在全国代议员大会召开日前结束。

（三）当有第一款规定的延期申请时，事务总长应当向党务委员会汇报，并获得其承认。

第二十一条【全国代议员大会的代议员】

对于党宪第十四条第二款第十六项至第十八项中规定的全国代议员大

会代议员而言，由市、道党委员长在全国代议员大会召开日的七日前，向中央党事务处汇报该名单。但，当有相当的事由时，可以通过党务委员会的议决做出另行规定。

第二十二条 【排除】

（一）当被判定为事故党部时，曾任职于该地区的市、道党委员长不得确定为市、道党委员长的候选人。

（二）市、道党委员长候选人不得兼任准备委员长的职务。但，当市、道党委员长候选人为一人时，则另当别论。

第二节 市、道党的常务委员会

第二十三条 【召集】

（一）市、道党常务委员会每月召集一次，必要时可以随时召集。但当认为存在无法召集市、道党常务委员会等相当事由时，可以依市、道党运行委员会的议决，不予召集。（2015.9.23 修改）

（二）当市、道党常务委员会的议长不予召集常务委员会时，由市、道党运行委员中的年长者依次召集；当所有市、道党运行委员都不予召集时，可以由事务总长指定召集权人。（2016.8.19 修改）

（三）市、道党事务处处长总揽市、道党常务委员会的准备和进行过程中的必要事项。

第三节 市、道党的构成和执行机构

第二十四条 【市、道党委员长的产生和任期】

（一）依照党宪第七十二条第一款第一项以及第七十七条第二款的规定，通过市、道党代议员大会选出市、道党委员长。

（二）当市、道党委员长的候选人为两人以上时，通过市、道党代议员大会，以秘密投票的方式选出得票最多者为当选人；当得票相同时，将年长者视为当选人。

（三）对于市、道党委员长的任期而言，从市、道党代议员大会选出市、道党委员长开始，至为召开定期全国代议员大会而召开的下一次定期市、道党代议员大会，选出新的市、道党委员长为止。

（四）当市、道党委员长辞职时，应当经由事务总长，向党代表提交辞职书。（2016.8.19 修改）

（五）虽然有第三款的规定，但是当市、道党委员长欲申请该地方自治团体首长选举的候选人推荐时，应当在选举日的一百二十日前（对于再选、补选而言，在该选举的实施事由被确定之时）辞去市、道党委员长的职务。但，当有党务委员会的议决时，可以做出另行规定。

第二十五条【副委员长】

（一）可以在市、道党设置若干名副委员长。

（二）市、道党委员长经市、道党运行委员会的审议，任命市、道党副委员长。

第二十六条【常任顾问与顾问】

市、道党委员长经市、道党运行委员会的审议，可以委任若干名常任顾问和顾问。

第二十七条【运行委员会】

（一）市、道党运行委员会是市、道党的日常党务运行机构。

（二）当议长认为必要时，或者有三分之一以上的在籍委员要求时，再或者有中央党的指示时，由议长召集市、道党运行委员会。当议长不予召集时，由市、道党运行委员中的年长者依次召集；当所有市、道党运行委员都不予召集时，可以由上级党部指定召集权人。

（三）原则上每周召集一次市、道党运行委员会，必要时可以随时召集。

（四）市、道党事务处处长总揽市、道党运行委员会的准备和进行过程中的必要事项。

（五）当市、道党委员长为了申请市、道知事选举的候选人推荐而辞职时，在确定该选区欲推荐的公职选举候选人之前，由市、道党运行委员互选而产生的运行委员长负责市、道党必要的日常党务。这一情形下，运行委员长应当遵守选举中立和公正的义务。

第二十八条【各级委员会】

（一）市、道党设置女性委员会、老年委员会（银发委员会）、青年委员会、大学生委员会、残疾人委员会、劳动委员会、农渔民委员会、保护"乙"民生实践委员会、职能委员会、地方自治委员会、教育研修委员会、数码沟通委员会等，可以设置社会的经济委员会以及其他必要的机构。

（2016.8.19 修改）

（二）在各级委员会中，全国委员会级别的委员会委员长由相应年龄层、阶层、部门的权利党员选出。

（三）各级委员会设副委员长以及委员；市、道党委员长经相应委员长的推荐和市、道党运行委员会的审议，任命副委员长和委员。

（四）虽然有第二款的规定，但是通过市、道党常务委员会的议决，可以做出另行规定。（2016.9.30 修改）

（五）各级委员会应当随时向市、道党汇报委员会的会议结果、活动计划以及活动结果、其他必要事项。

（六）市、道党应当支持并管理各级委员会的活动。

（七）市、道党委员长经市、道党运行委员会的审议，可以设置第一款规定中的机构。

（2015.9.23 修改）

（施行日：2016 年第二十届国会议员选举之后首次召开全国代议员大会的召开日）

第二十九条【党员资格审查委员会】

（一）市、道党党员资格审查委员会（以下在本条称"委员会"）的构成，遵循相关规定。

（二）市、道党事务处处长担任委员会的干事委员。

（三）原则上每周召集一次委员会的会议，必要时可以随时召集。

（四）市、道党事务处处长总揽委员会的准备和进行过程中的必要事项。

第三十条【劳动委员会】

（一）为了扩大劳动组织以及开发劳动相关政策，在市、道党内设置市、道党劳动委员会，由委员长与若干名的副委员长以及委员构成。

（二）为了有效履行事务，市、道党劳动委员会可以设置运行委员会。

（三）市、道党劳动委员会的组织构成以及运行、其他必要事项，遵循全国劳动委员会的内部规定。

第三十条之二【农渔民委员会】

（一）为了扩大农渔民组织以及开发农渔民相关政策，在市、道党内设置市、道党农渔民委员会，由委员长与若干名的副委员长以及委员构成。

（二）为了有效履行事务，市、道党农渔民委员会可以设置运行委员会。

（三）市、道党农渔民委员会的组织构成以及运行、其他必要事项，遵循全国农渔民委员会的内部规定。

（2015.2.3 新设）

第三十一条【女性委员会】

（一）为了扩大女性组织以及开发女性相关政策，在市、道党内设置市、道党女性委员会，由委员长与若干名的副委员长以及委员构成。

（二）为了有效履行事务，市、道党女性委员会可以设置运行委员会。

（三）市、道党女性委员会的组织构成以及运行、其他必要事项，遵循全国女性委员会的内部规定。

第三十二条【青年委员会（青年党）】

（一）为了扩大青年组织以及开发青年相关政策，在市、道党内设置市、道党青年委员会，由委员长与若干名的副委员长以及委员构成。

（二）为了有效履行事务，市、道党青年委员会可以设置运行委员会。

（三）市、道党青年委员会的组织构成以及运行、其他必要事项，遵循全国青年委员会的内部规定。

第三十三条【老年委员会（银发委员会）】

（一）为了扩大老年人组织以及开发老年人相关政策，在市、道党内设置市、道党老年委员会，由委员长与若干名的副委员长以及委员构成。

（二）为了有效履行事务，市、道党老年委员会可以设置运行委员会。

（三）市、道党老年委员会的组织构成以及运行、其他必要事项，遵循全国老年委员会的内部规定。

第三十四条【残疾人委员会】

（一）为了扩大残疾人组织以及开发残疾人相关政策，在市、道党内设置市、道党残疾人委员会，由委员长与若干名的副委员长以及委员构成。

（二）为了有效履行事务，市、道党残疾人委员会可以设置运行委员会。

（三）市、道党残疾人委员会的组织构成以及运行、其他必要事项，遵循全国残疾人委员会的内部规定。

第三十五条【大学生委员会】

（一）为了扩大大学生组织以及开发大学生相关政策，在市、道党内设置市、道党大学生委员会，由委员长与若干名的副委员长以及委员构成。

（二）为了有效履行事务，市、道党大学生委员会可以设置运行委员会。

（三）市、道党大学生委员会的组织构成以及运行、其他必要事项，遵循全国大学生委员会的内部规定。

第三十五条之二【保护"乙"民生实践委员会】

为解决社会不公正的雇佣上主从关系等民生问题、中小自营业者以及非正式职工的组织事务，在市、道党内设置市、道党保护"乙"民生实践委员会（简称"保护'乙'委员会"）。

（2016.8.19 新设）

第三十六条【职能委员会】

为了扩大职能组织以及开发职能相关政策，在市、道党内设置市、道党职能委员会。

第三十七条【地方自治委员会】

为了地方自治相关政策的开发和党政协商，在市、道党内设置市、道党地方自治委员会。

第三十八条【教育研修委员会】

（一）为了实施教育研修，在市、道党内设置市、道党教育研修委员会。

（二）经中央党教育研修院的支援，市、道党教育研修委员会针对相应市、道的基础团体首长和地方议员，实施十六小时的教育、研修。

（三）市、道党教育研修委员会针对相应市、道党的新加入党员，实施四小时的教育、研修。

（四）市、道党教育研修委员会针对相应市、道党内的权利党员，实施每年四小时的教育、研修。

（2015.9.23 修改）

（施行日：2016 年第二十届国会议员选举之后首次召开全国代议员大会的召开日）

第三十九条【多文化委员会】

为了制定支持多文化家庭与子女的政策等，在市、道党内设置市、道党多文化委员会。

第四十条【数码沟通委员会】

为了处理数码沟通、网络等相关事务以及开发数码沟通相关政策，在市、道党内设置市、道党数码沟通委员会。

（2015.2.3 新设）

第四十一条 【党务机构】

（一）市、道党事务处设置市、道党事务处处长一人与总务、组织、宣传、公报等必要的室、局，室、局设置室长、局长。

（二）市、道党政策室设置政策企划、研修等必要的局与局长，按照研究领域设置专业政策委员。

（三）原则上由中央党循环人事，担任市、道党事务处处长；与相应市、道党委员长充分协商，经中央党事务职党职者人事委员会的审议，由事务总长任命。（2016.8.19 修改）

（四）市、道党的组织局局长接受相应市、道党委员长以及中央党事务总长的管理、监督。（2016.8.19 修改）

（五）经市、道党运行委员会的审议，由市、道党委员长任命市、道党的室长、局长和专业政策委员。

（六）市、道党事务处处长是该市、道党的会计负责人，接受市、道党委员长的指示，总揽党务，指挥、监督实务组织。当编制、执行市、道党的预算时，市、道党事务处处长应当向市、道党委员长进行汇报，并获得其承认。

（七）市、道党事务处处长欲申请相应地方选区议会议员以及自治区、市、郡首长选举的候选人推荐时，应当在选举日的一百二十日前（对于再选、补选而言，在该选举的实施事由被确定之时）辞去市、道党事务处处长的职务。但当有党务委员会的议决时，可以做出另行规定。

（八）为了强化市、道党事务处党职者的身份稳定性以及专业性，推进正式职员化进程。（2016.8.19 新设）

（2015.9.23 修改）

（施行日：2016 年第二十届国会议员选举之后首次召开全国代议员大会的召开日）

第四节 市、道党的伦理审判院

第四十二条 【伦理审判院】

（一）当有中央党的要求时，或者有市、道党委员长，市、道党运行委员会，市、道党常务委员会，市、道党伦理审判院院长认为必要时，再或者有三分之一以上的在籍委员要求时，由市、道党伦理审判院院长召集；当市、道党伦理审判院院长不予召集时，由审判院副院长召集；当审判副院长不予召集时，由市、道党委员长或者市、道党委员长指定的人召集。当由市、道党委员长或者市、道党委员长指定的人召集时，该市、道党伦理审判院院长与审判院副院长将被排除在该案件之外，由市、道党委员长或者市、道党委员长指定的人执行市、道党伦理审判院院长的职务，直至该案件结束。

（二）市、道党伦理审判院院长接受中央党伦理审判院院长的指挥。

（三）针对市、道党伦理审判院院长的奖励和惩戒标准、程序以及其他必要事项，遵循相关规定。

第五节　市、道党的预算和会计

第四十三条【预算决算委员会】

（一）为了审议市、道党的收入与支出相关事项，设置市、道党预算决算委员会（以下在本条称"委员会"）。（2015.2.3 修改）

（二）委员会由委员长、副委员长与七名以内的委员构成。但，执行部门的首长不得担任委员，委员中应当包含一名以上会计专家，且可以包含外部人士。（2015.2.3 修改）

（三）通过市、道党委员长的推荐，经市、道党常务委员会的议决，任命委员长以及委员。（2015.2.3 修改）

（四）委员长应当制作预算以及决算审查报告书，经市、道党运行委员会的议决，提交至市、道党常务委员会。（2015.2.3 新设）

（五）公布预算决算委员会的预算以及决算审查报告书。（2015.2.3 新设）

第四十三条之二【预算与决算】

（一）市、道党的会计年度是每年一月一日至十二月三十一日。

（二）事务处处长应当在开始次年会计年度的六十日前，制定包含预算编制案的党财政运用计划，并提交至预算决算委员会。

（三）事务处处长应当在下一年度的五月三十一日前，将会计年度决算报告书提交至预算决算委员会。

（四）市、道党财政运用计划中，应当包含下列各事项：

1. 财政运用的基本方向和目标；

2. 各领域财源分配计划以及主要事业方向；

3. 针对决算审查过程中指出的事项，进行改善的方向。

（五）经市、道党运行委员会的议决，由市、道党常务委员会审议、议决党财政运用计划和决算报告书。

（六）公布党财政运用计划。

（2015.2.3 新设）

第四十四条【审计】

（一）为了监督下属各机关的预算执行状况，预算决算委员会每年实施一次以上审计。（2015.2.3 修改）

（二）为了对预算、决算进行透明而客观的监察，可以聘请一名外部会计专家参与审计。（2015.2.3 修改）

（三）删除。（2015.2.3）

第四十五条【市、道党地方自治政策协议会】

（一）依照党宪第一百一十四条的规定，设置于市、道党的市、道党地方自治政策协议会（以下在本条称"协议会"）由下列各项的委员构成：

1. 市、道党委员长；

2. 所属于市、道党的国会议员；

3. 所属于党的地方自治团体首长；

4. 所属于党的市、道议员以及自治区、市、郡议会的议长团；

5. 市、道党地方自治委员长、事务处处长、政策室长；

6. 经市、道党常务委员会的议决，由市、道党委任的若干名委员。

（二）市、道党委员长担任协议会的议长，市、道党地方自治委员长担任干事委员。

（三）原则上每季度召集一次协议会；当有市、道党常务委员会的议决，或者议长认为必要时，再或者有三分之一以上的在籍委员要求时，由议长召集。（2015.9.23 修改）

（四）为了处理协议会的事务，可以在其下设专门委员会等必要的机构。

第三章　地区委员会

第一节　地区代议员大会

第四十六条【地位和构成】

（一）地区代议员大会是相应地区委员会的最高议决机关。

（二）地区代议员大会由下列各项的代议员构成：

1. 地区委员长；

2. 地方选区国会议员；

3. 地区委员会的常任顾问和顾问，该名额应当在地区代议员总数的百分之十以内；（2015.7.13 修改）

4. 所属于相应地区的地方自治团体首长以及地方议会议员；

5. 自治区、市、郡的联络所所长；

6. 事务局局长；

7. 地区委员会的常设委员会委员长；

8. 删除；（2015.7.13）

9. 删除；（2015.7.13）

10. 删除；（2015.7.13）

11. 全国代议员大会的代议员；

12. 删除；（2015.7.13）

13. 由权利党员选出的地区代议员。（2015.7.13 新设）

（三）删除；（2015.7.13）

（四）第二款第十三项的代议员，应当占据相应地区代议员大会代议员总数的百分之五十；通过权利党员总会或者权利党员多数的推荐，选出相应代议员，且应当遵循下列各项规定：（2016.7.13 修改）

1. 当通过权利党员总会选出代议员时，以获得最多有效投票的权利党员顺序选出代议员。这一情形下，应当有相应地区委员会权利党员总数百分之二十以上的权利党员出席，才得以认定投票的效力；（2016.7.13 修改）

2. 通过地区常务委员会，在相应地区委员会权利党员推荐的权利党员中，以获得最多推荐的顺序选出代议员，这一情形下，重复推荐将视为无效；（2016.7.13 修改）

3. 当依照第一项和第二项规定选出的代议员人数不足地区代议员大会

代议员总数的百分之五十时，由地区代议员大会选出不足的代议员。

（五）第四款第二项的代议员，至少应当获得五名以上权利党员的推荐。但，对于党势薄弱地区等存在特殊事由的地区而言，则另当别论。（2015.7.13 新设）

（六）另行规定权利党员总会的召集、程序等选出代议员所必要的事项。（2015.7.13 新设）

第四十七条 【权限】

（一）地区代议员大会的权限如下：

1. 选出全国代议员大会的代议员；

2. 处理上级党部指示或者委任的议案；

3. 处理地区常务委员会提交的议案；

4. 处理其他必要的议案以及党宪、党规上的事项。

（二）在根据第一款第一项规定选出的全国代议员大会代议员时，以下列各项规定，选出相应地区委员会应当选出的全国代议员大会代议员总数的百分之七十：

1. 在相应地区委员会权利党员推荐的权利党员中，以获得最多推荐的顺序选出代议员；（2015.7.13 修改）

2. 重复推荐将视为无效；

3. 当依照第一项规定选出的代议员人数不足该地区委员会应当选出的全国代议员大会代议员总数的百分之七十时，由地区代议员大会选出不足的代议员。（2015.7.13 修改）

（三）地区代议员大会可以在中央党确定的范围内，将其部分权限委任于地区常务委员会。

（四）在党规第二号第四条第三款规定的党员中，选出第一款第一项的全国代议员大会代议员。但，当满足有关条件的党员人数少于欲选出的代议员名额时，优先选出满足党规第二号第四条第三款规定的党员为代议员，而后，可以通过党务委员会的议决另行规定其他代议员的资格。（2016.6.29 新设）

第四十八条 【召集等】

（一）在召开定期全国代议员大会前，召开定期地区代议员大会。

（二）必要时，通过最高委员会的议决，决定召集临时地区代议员大会。

第四十九条 【准备机构】

（一）通过地区运行委员会，任命为召开地区代议员大会的地区代议员大会准备委员长（以下称"准备委员长"）。

（二）准备委员长掌管地区代议员大会的准备和进行过程中的相关事务。但对于选举管理事务而言，则遵循选举管理委员会的指示。

（三）准备委员长应当自被任命之日起至四十五日以内，结束地区代议员大会。

第五十条 【代议员名册】

（一）在定期地区代议员大会之前，经市、道党常务委员会以及最高委员会的承认，确定地区代议员大会的名册。

（二）虽然有第一款的规定，但是经市、道党常务委员会以及最高委员会的承认，可以追加选任地区代议员。

第五十一条 【异议申请】

（一）当满足下列各项情形时，自大会结束之日起至七日，以在籍三分之一以上的联名，可以向市、道党或者中央党申请异议：

1. 地区代议员大会的召集程序上，存在重大瑕疵的情形；

2. 没有代议员资格的人，参与表决，并对议决产生影响的情形；

3. 对地区代议员大会的议决事项，有异议的情形。

（二）当有第一款的异议申请时，市、道党或者事务总长汇报至党务委员会，并由党务委员会进行审议、议决。（2016.8.19 修改）

第五十二条 【准用规定】

当没有与地区代议员大会相关的其他规定时，准用市、道党代议员大会的相关规定。

第二节 地区常务委员会

第五十三条 【构成】

（一）地区常务委员会的构成如下：

1. 地区委员长；

2. 地方选区国会议员；

3. 所属于相应地区的自治团体首长；

4. 所属于相应地区的广域议会议员以及基础议会议员；

5. 自治区、市、郡的联络所所长；

6. 事务局局长；

7. 地区委员会劳动委员长、女性委员长、青年委员长、老年委员长、残疾人委员长、大学生委员长、农渔民委员长、保护"乙"民生实践委员长、职能委员长、地方自治委员长；（2016.8.19 修改）

8. 地区委员会的运行委员；

9. 邑、面、洞的党员协议会会长；

10. 地区代议员大会选出的常务委员。

（二）地区委员长担任地区常务委员会的议长，由议长指定的人担任副议长。

第五十四条 【权限】

地区常务委员会具有以下权限：

1. 处理地区委员会的主要党务；

2. 处理地区代议员大会委任的议案；

3. 选任地区代议员大会的代议员；

4. 对自治区、市、郡的比例代表议员候选人进行排序；

5. 处理其他党宪、党规上的事务。

第五十五条 【召集】

当议长认为必要时，或者有三分之一以上的在籍委员要求时，再或者有上级党部的指示时，由议长召集地区常务委员会的会议。当议长不予召集时，由副议长召集；当副议长不予召集时，可以由上级党部指定召集权人。

第三节　地区委员长等

第五十六条 【地区委员长的产生和任期】

（一）在召开定期全国代议员大会前，选出地区委员长；经党务委员会的批准，由党代表任命地区委员长。但，对于由事故委员会、党务委员会批准的地方选区国会议员候选人而言，则另当别论。

（二）当有党务委员会的批准时，第一款但书中的地方选区国会议员候选人无须其他程序便视为是地区委员长。

（三）结束国会议员选举后，组织强化特别委员会针对所有地区委员会实施监察，当认为存在相当事由时，应当将相应地区委员会判定为事故委员会。

（四）地区委员长的任期为召开下一次定期全国代议员大会前，至选出新委员长为止。

（五）当地区委员长辞职时，应当经由事务总长，向党代表提交辞职书。（2016.8.19 修改）

（六）虽然有第四款的规定，但是当地区委员长欲申请市、道知事选举，或者地方选区国会议员选举，再或者自治区、市、郡首长选举的候选人推荐时，应当在选举日的一百二十日前（对于再选、补选而言，在该选举的实施事由被确定之时）辞去地区委员长的职务。但，当有党务委员会的议决时，可以做出另行规定。（2015.7.13 修改）

第五十七条【运行委员会】

（一）为了执行地区委员会的日常党务，设置地区运行委员会。

（二）地区运行委员会的构成如下：

1. 地区委员长；

2. 地方选区国会议员；

3. 自治区、市、郡的联络所所长；

4. 事务局局长；

5. 地区委员会劳动委员长、女性委员长、老年委员长、青年委员长、残疾人委员长、大学生委员长、农渔民委员长、保护"乙"民生实践委员长、职能委员长、地方自治委员长；（2016.8.19 修改）

6. 地区委员长指定的五名以内委员。

（三）当地区委员长为了申请地方选区国会议员选举或者自治区、市、郡首长选举的候选人推荐而辞职时，在确定该选区欲推荐的公职选举候选人之前，由地区运行委员互选而产生的运行委员长负责地区委员会必要的日常党务。这一情形下，运行委员长应当遵守选举中立以及公正的义务。

第五十八条【常任顾问和顾问】

地区委员长经地区常务委员会的议决，委任若干名的常任顾问和顾问。

第五十九条【事务局】

（一）为了处理地区委员会的事务，可以设置事务局。

（二）可以在地区委员会事务局设置事务局局长和必要的部门。

第六十条【邑、面、洞党员协议会】

（一）为了强化地区委员会的组织和开发政策等，在各邑、面、洞，设置党员协议会。

（二）邑、面、洞党员协议会设置协议会会长，按照各邑、面、洞的投票区设置一名以上男女负责人级别的干部。地区委员长任命协议会会长与负责人级别的干部。

（三）协议会会长向地区委员长汇报邑、面、洞的组织活动、会议结果以及其他事项。

（四）对于复合选区而言，在各自治区、市、郡设置联络所。地区委员长任命联络所所长。

第六十一条【各级委员会】

（一）地区委员会设置女性委员会、老年委员会（银发委员会）、青年委员会、大学生委员会、残疾人委员会、劳动委员会、农渔民委员会、保护"乙"民生实践委员会、职能委员会、地方自治委员会、数码沟通委员会，可以设置社会的经济委员会以及其他必要的机构。（2016.8.19 修改）

（二）各级委员会设置委员长、副委员长以及委员。

（三）地区委员长经地区运行委员会的审议，任命各级委员会的委员长、副委员长以及委员。

（四）各级委员会的委员长应当随时向地区委员长汇报委员会的会议结果、活动计划以及活动结果、其他必要事项。

（五）地区委员会应当支持并管理各级委员会的活动。

（六）地区委员长经地区运行委员会的审议，可以设置第一款上的机构。

第四章　针对地方组织的党务监察

第六十二条【组织监察】

（一）事务总长对市、道党以及地区委员会的整体党务，每年实施一次以上的监察，并向最高委员会汇报该结果。（2016.8.19 修改）

（二）市、道党与地区委员会应当积极协助第一款的监察。

（三）根据监察结果，当最高委员会议决认为存在需要纠正的事项时，事务总长应当以文书的形式要求相应市、道党委员长以及地区委员长予以

纠正。（2016.8.19 修改）

（四）因未履行第三款的纠正要求，导致履行党务上的重大问题或者认为相应市、道党以及地区委员会的功能已经瘫痪时，事务总长应当向最高委员会进行汇报，并根据最高委员会的决定实施相应措施。（2016.8.19 修改）

（五）审查、判定市、道党是否为事故党部，或者审查公职选举候选人等的党务时，将灵活运用监察资料。

第五章　补则

第六十三条【委任规定】

（一）党宪、党规中没有规定的地方组织相关事项，遵循由中央党规定的指南。

（二）市、道党常务委员会以及地区常务委员会通过与中央党事务处协商，可以制定实施本党规所必要的施行规则。

附则（2016.9.30，第十号）

依照党宪第一百一十七条（党规的制定等），本规定自党务委员会议决之日起施行。

选举管理委员会规定

［2014.3.27 制定；2015.8.20 修改；2016.8.19 修改］

第一条【目的】

为了规范选举委员会的组成、业务、运行、对不正当选举的制裁及其他必要事项，根据党宪第十章（选举管理）第十三条第二款规定，制定本规定。（2015.5.20 修改）

第二条【组成】

（一）为公正管理党职（党代表、最高委员、院内代表等）选举、推荐公职候选人（总统候选人、国会议长及副议长候选人、国会议员候选人、地方自治团体长官候选人、地方议会议员候选人等）选举以及党员罢免投票的业务，在中央党组成中央党选举管理委员会（以下称"委员会"，委员会的委员长称"委员长")。

（2015.8.20 修改）

（二）委员会由包括委员长一人、副委员长三人的十五人以内的委员组成，由党务委员会选出。但同时进行两次以上选举时，经党务委员会议决可以增加委员人数。

（三）第二款规定的委员中应至少有五分之一以上的女性，可以委托外部人士担任委员。

第三条 【体系】

（一）委员长接受下列各项指定人员的领导，代表委员会总揽会务：

1. 为选出党代表和最高委员，进行全国代议员大会选举时，受全国代议员大会议长的领导；

2. 进行总统选举、国会议员选举、地方自治团体长官选举以及地方议会议员选举的候选人选举时，受党代表的领导。

（二）委员会副委员长辅佐委员长，委员长因故不能履行职务时，代行其职务。

（三）地方组织（市、道党，地区委员会）的选举管理委员长受中央选举管理委员长的领导。

第四条 【业务】

（一）委员会的业务如下：

1. 候选人登记申请公告、登记公告等登记相关业务；

2. 选民名册的制定、管理以及提交；

3. 候选人选举公告的发送；

4. 候选人演讲、访谈的管理，联合演讲会、联合讨论会的举办和管理；

5. 投票及开票管理；

6. 当选人的决定和宣布；

7. 不正当选举的检举和制裁；

8. 公荐腐败和不正当竞选的刑事告发；

9. 公正选举活动的推进；

10. 其他党务委员会委任的有关选举管理的业务；

11. 有关罢免党员投票管理和选举事务的业务。

（2015.8.20 新设）

（二）为顺利履行委员会的业务，可以设置分委员会。专门委员会的委员长由委员长指定。

（三）委员会可以将举办全国代议员大会所必要的选举管理相关部分业务，委任给全国代议员大会准备委员会。

（四）为党代表、最高委员选举以及总统候选人选举等全国性规模的选举管理，委员会可以将部分业务委任给市、道党选举管理委员会或地区委员会选举管理委员会。

第五条【任期】

委员长、副委员长及委员的任期遵循党务委员会规定，若无期限规定，根据第十一条（解散）规定，任职至委员会解散为止。

第六条【会议召集及议事】

（一）三分之一以上的在籍委员提议或委员长认为必要时，由委员长召集委员会。

（二）委员长召开会议时，要明示会议日期、地点及案件，以书面或口头形式通知委员。

（三）会议以在籍委员过半数的出席和出席委员过半数的赞成议决。

（四）委员长具有表决权，因不得已的事由，不能出席会议的委员可以在会议召开之前以书面形式将有关会议议案的意见提交至委员长。此时，该委员视为出席委员会。

第七条【会议结果的公开】

委员会讨论事项以公开为原则。但经委员会议决可以不予公开。

第八条【业务支援】

（一）事务总长应支援委员会处理业务所需的人力和预算。（2015.8.20，2016.8.19 修改）

（二）派往委员会的事务职党职者应在委员长的领导下支援选举管理业务。

第九条【对不正当选举的制裁】

（一）委员会在知道候选人、选举活动人员、代议员、选民及其他有关人员（以下称"选举相关人"）的不正当选举时，应及时进行审查，依其轻重，对其处以下列各项的制裁：

1. 注意及更正命令：向不正当选举行为者以书面或口头形式指出不正

当选举内容，并发出注意和更正命令，防止再次发生；

2. 警告：向不正当选举行为者以书面形式指出不正当选举内容及不正当选举行为者支持的候选人，并发出警告，将警告内容公告在主管选举的中央党或该市、道党的公告栏上等；

3. 丧失资格：剥夺不正当选举行为者的候选人资格、代议员资格、选民资格等，并指出不正当选举内容和该行为者支持的候选人，将其公告在中央党或市、道党的公告栏上等；

4. 除名起诉：向中央党伦理审判院除名起诉不正当选举行为者，并指出不正当选举内容和该行为者支持的候选人，将其公告在中央党或市、道党的公告栏上等；

5. 刑事告发：对公荐腐败和不正当竞选行为者必须予以刑事告发。

（二）第一款第三项中的剥夺候选人资格和第四项的伦理审判院除名起诉，以委员会在籍委员过半数的赞成议决。

（三）受到第一款第三项规定的剥夺资格制裁的选举相关人，自接到制裁通知之日起三日内，可以向中央党伦理审判院提出异议申请。此时，剥夺资格的决定通告在主管该选举的中央党或市、道党公告栏之日，视为收到该决定通告之日。

（四）中央党伦理审判院受理第三款异议申请时，应在三日内做出决定，通过该决定确定是否丧失资格。

（五）中央党伦理审判院受理第一款第四项的除名起诉时，应在三日内做出是否除名的决定。如果认定除名过重，可以减轻为停止党员资格。但候选人、代议员及选民等的资格被停止。

（六）党务委员会应在第五款惩戒决定之日起三日内召集，通过决议确定惩戒决定。但是，对国会议员党员的除名自第五款决定之日起三日内，通过议员总会和党务委员会议议决，确定惩戒决定。

第十条 【施行规则】

施行本规定所必要的施行细则，可以经委员会议决规定，不得违反党宪、党规。

第十一条 【解散】

委员会在业务结束后视为自动解散。但在一定期限内有存续理由时，可以经党务委员会议决，另行规定。

第十二条【地方组织选举管理委员会】

地方组织（市、道党，地区委员会）选举管理委员会的组成、运行及其他必要事项遵循中央党选举管理委员会规定的方针。

附则（2016.8.19，第三号）

本规定根据党宪第一百一十七条（党规的制定等），经党务委员会议决修改，自2016年8月27日全党大会以后开始施行。

党代表及最高委员选出规定

［2014.3.27制定；2014.12.19修改；2014.12.29修改；2015.2.3修改；2015.8.20修改；2015.12.9修改；2016.6.29全面修改；2016.7.13修改；2016.8.19修改；2017.1.25修改］

第一章　总则

第一条【目的】

为了规范有关党代表以及最高委员的选举事项，根据党宪第二十五条，制定本规定。

第二条【选举管理机构】

党代表以及最高委员的选举管理，由中央党选举管理委员会（以下称"选举管理委员会"）负责。

第三条【遵守义务】

（一）候选人和为候选人进行选举活动的人应根据公职选举法、党宪、党规以及经选举管理委员会议决制定的规则，进行选举活动。

（二）候选人和为候选人进行选举活动的人应遵守选举管理委员会的决定。

第四条【中立义务】

选举管理委员长，选举管理委员，中央党及市、道党事务职党职者和其他应保持中立的人，不得做出不正当影响竞选和其他影响竞选结果的行为。

第五条【保密义务】

本规定中执行职务的人员，不能泄露有关职务的秘密。

第六条 【竞选事务的委托】

现场投票事务中有关投票及开票事务的管理，可以委托政府选举管理委员会。

第七条 【选举事务的协助】

关于竞选事务，市、道党和地区委员会应优先配合相应选举管理委员会的协助要求。

第二章　选举权与被选举权

第八条 【选举权】

（一）在选民名册确定之日记载在选举人团名册中的党员，具有党代表选举权。

（二）在党宪第二十五条（党代表和最高委员的选出以及任期）第三款、第五款第一项至第五项规定的党员中，符合党规第二号第四条（党员的权利等）第三款规定条件，在选民名册确定之日记载在选举人团名册中的，具有最高委员选举权。

第九条 【被选举权】

（一）根据公职选举法具有被选举权的共同民主党权利党员，具有党代表被选举权。

（二）根据公职选举法具有被选举权的共同民主党的权利党员，符合党规第二号（党员）第四条（党员的权利等）第三款规定条件，并在相关区域及部门活动的党员，具有最高委员被选举权。（2016.7.13 修改）

第十条 【选举权的限制】

（一）选举日当日，属于党规第十号（伦理审判院）第十六条（惩戒处分的种类）第一项、第二项的人和其他党宪党规中限制选举权的人，其党代表选举权受到限制。

（二）选举日当日，属于下列各项之一的，不具有最高委员选举权：

1. 党规第十号（伦理审判院）第十六条（惩戒处分的种类）第一项、第二项规定的人；

2. 党规第二号（党员）第九条（转籍）第三项、第四项规定的人；

3. 其他党宪、党规限制选举权的人。

第十一条 【选举人团的组成】

（一）党代表选举人团由以下人员组成：

1. 全国代议员大会的代议员；

2. 党规第二号（党员规定）第四条第三款规定的党员（以下指权利党员）中不是全国代议员大会代议员的党员；

3. 不属于第一项、第二项规定的党员。

（二）选出部门最高委员的选举人团由以下人员组成：

1. 所属部门的全国代议员大会代议员；

2. 党规第二号（党员规定）第四条第三款规定的党员中不是所属部门全国代议员大会代议员的党员。

第十二条 【被选举权的限制】

选举日当日，属于下列各项规定之一的党代表和部门代表，不具有被选举权：

1. 党宪第一百二十七条（对腐败人员的制裁）规定的人；

2. 属于党规第十号（伦理审判院）第十六条（惩戒处分的种类）第一项、第二项、第三项中任何一项的人；

3. 其他党宪、党规中限制被选举权的人。

第三章　选举日的决定及公告

第十三条 【选举日等】

（一）选出党代表及部门最高委员的选举日定为全国代议员大会日。

（二）根据党宪第二十五条第五款规定，未能在全国代议员大会日选出的最高委员须在全国代议员大会召开日后三个月内选出。在此情形，经选举管理委员会的议决和最高委员会的批准确定选举日。

第十四条 【选举日的公告】

选举日由选举管理委员会委员长（以下称"选举管理委员长"）在选举日的二十日前公告。如有相当事由，可以经党务委员会的议决另行决定。

第四章　选民名册的制作及阅览

第十五条 【选民名册的制作】

（一）根据全国代议员大会准备委员会规定的程序，制作代议员名册，并将其提交至选举管理委员会，视为选出党代表及部门最高委员的全国代议员大会代议员选民名册的制作完成。

（二）权利党员的选民名册由选举管理委员会制作。

（三）选民名册按照（附录第一号）制作。

第十六条【选民名册阅览及异议申请】

（一）选出党代表及部门最高委员选举的选民名册的阅览、更正由选举管理委员长负责。

（二）选民名册制作完成后的两天内可以阅览选民名册。

（三）选举管理委员会委员长在选民名册阅览开始日前两日为止，依照《附录第二号》的规定，将阅览时间、地点公告于中央党部及市、道党部的公告栏和主页。

（四）选民在第二款规定的期限内可以阅览选民名册，选民名册中有遗漏、误记等情况的，可以根据《附录第三号》的规定在选民名册阅览期间向选举管理委员会提出异议申请。

（五）选举管理委员会应在阅览期间结束后的两日内处理异议申请。

第十七条【选民名册的更正】

选举管理委员会认定异议申请合理的，更正选民名册。

第十八条【选民名册的确定】

阅览期满，并结束异议申请的处理后，经党务委员会批准确定选民。

第十九条【选民名册复印件的发放】

完成登记的候选人，根据《附录第四号》提出选民名册复印件发放申请的，由选举管理委员长发放选民名册复印件。经选举管理委员会议决，可以不予发放。

第二十条【选民名册复印件的管理】

（一）各候选人应当在党员中选任管理选民名册的负责人，并根据《附录第五号》向选举管理委员会申报。

（二）第一款中的选民名册管理负责人负有选民名册的交付申请、对收到的选民名册管理和返还等相关选民名册的所有权限及责任。

（三）第一款中管理选民名册的负责人应当管理、监督选民名册仅使用于该选举，防止选民名册的外泄。

（四）第一款中管理选民名册的负责人，在选举期满之日，应将收到的选民名册（包括收到之后制作的复印件）立即返还至选举管理委员会。

第五章　候选人

第二十一条　【候选人登记期间】

（一）候选人登记申请开始日起两日内为党代表及最高委员的候选人登记申请期间。

（二）选举管理委员会在不影响全国代议员大会准备日程的前提下决定候选人登记开始日。

（三）候选人登记申请材料的受理时间为包括公休日在内的上午九点至下午六点。

（四）党代表及最高委员的候选人应在候选人登记截止日前辞去所有党职。（2017.1.25 新设）

第二十二条　【寄托金】

（一）进行党代表以及最高委员候选人登记申请的，在登记申请时，应根据选举管理委员会规定的要求交纳寄托金。

（二）第一款中的寄托金属于特殊党费，即使候选人退选也不予返还。

（三）寄托金的金额、交纳方法等必要的事项由选举管理委员会规定。

第二十三条　【登记申请】

（一）进行党代表以及最高委员候选人登记申请的，应向选举管理委员会提交下列文件：

1. 候选人登记申请书一份（附录第六号）；

2. 党籍证明书一份；

3. 寄托金汇款证明一份；

4. 简历一份（附录第七号）；

5. 誓约书一份（附录第八号）；

6. 居民登录证复印件一份；

7. 对于纲领和政策的见解及承诺资料一份；

8. 选举管理委员会认为有必要的其他文书。

（二）其他必要事项由党务委员会议决决定。

（三）选举管理委员会在受理第一款候选人登记申请文书时，应及时向申请人发放《附录第九号》规定的候选人登记接收证，根据《附录第十号》

在中央党公告栏公告上述内容。

（四）有关候选人登记申请的其他必要事项由选举管理委员会决定。

第二十四条 【选号抽签】

（一）党代表以及最高委员候选人的选号是在候选人登记结束后，由候选人或候选人的代理人抽签决定。抽签顺序等必要事项由选举管理委员会规定。

（二）候选人在选任第一款中的候选人的代理人时，根据《附录第十一号》的规定应将候选人的代理人委任状提交给选举管理委员会。

第二十五条 【候选人的退选申报】

党代表及部门最高委员候选人退选时，根据《附录第十三号》向选举管理委员会以书面形式申报。

第二十六条 【登记的无效】

（一）党代表以及最高委员候选人登记的无效由选举管理委员会决定。

（二）候选人属于下列各项之一的，候选人登记无效：

1. 申请两个以上最高委员选举的；

2. 拥有两个以上政党党籍的；

3. 没有交纳寄托金的；

4. 申请候选人登记后，退党或者加入其他政党的；

5. 因资料不齐全，要求其补充资料，未在指定期限内补充的；

6. 具有无耻的犯罪记录等认定为道德上存在严重问题的；

7. 有其他不适合推荐为公职候选人明显事由的。

（三）如果决定候选人登记无效，选举管理委员长应及时通知该候选人登记无效，并明示事由。

第二十七条 【登记无效等公告】

发生下列情形之一时，选举管理委员长应根据《附录第十二号》进行公告：

1. 候选人登记无效的情形；

2. 候选人退选或死亡的情形。

第六章　选举活动

第二十八条 【候选人的公正竞争义务】

（一）候选人和为候选人进行选举活动的人在进行选举活动时，应当遵守本规定，公正竞争，并在对候选人的政见进行支持、宣传或批评反对时，不能做出违背良俗或社会和政党秩序的行为。

（二）候选人就公正竞争和承认选举结果等，根据《附录第八号》进行誓约。

第二十九条【选举活动的定义】

（一）本规定中的"选举活动"是指使特定候选人当选或不被当选的行为。但有关选举的单纯改进意见及意思表示、关于确立候选人和选举活动的准备行为或普遍意义上的政治活动不视为选举活动。

（二）任何人都可以自由进行选举活动，党宪、党规限制的情形除外。

第三十条【选举活动期间】

选举活动可以自要求提出候选人预备人选及候选人登记申请之时起到选举日当日为止进行。

第三十一条【选举公营制】

（一）选举活动在选举管理委员会的管理下、本规定确定的范围内进行，保障所有候选人享有平等的机会。

（二）联合演讲会、联合讨论会、选举公报邮递以及其他选举管理所需的费用由中央党承担。

第三十二条【不得进行选举活动的人】

下列各项之一者不得进行选举活动。但候选人的配偶和直系亲属以及兄弟姐妹除外：

1. 选举管理委员会委员；

2. 中央党及市、道党的事务职党职者；

3. 事务处政务职党职者、全国委员会及常设委员会委员长级政务职党职者。

第三十三条【被禁止的选举活动行为】

进行选举活动，禁止下列各项行为：

1. 为选举活动，对选民及其家属、所属团体等提供斡旋、承诺金钱、款待和其他利益的行为；

2. 为选举活动，对选民及其家属进行逐户访问的行为；

3. 为选举活动，对候选人及其家属的身份、经历、人格、思想、行为或所属团体散布虚假事实的行为；

4. 使用暴力、胁迫以及其他威慑力妨碍自由投票的行为；

5. 诽谤候选人和助长地区情节的行为；

6. 散布第三十七条和第三十九条规定的选举宣传和选举管理委员会规定之外的宣传物的行为；

7. 举办除了党规规定的党员座谈会以及演讲、访谈之外的由多数选民参加的未经申报的聚会的行为；

8. 运行谎称为党或公共机关等类似呼叫中心或公布选民投票倾向分析结果、舆论调查结果等误导舆论的行为；

9. 其他违反公职选举法、政党法等非法选举活动行为；

10. 国会议员，市、道党委员长，地区委员长在候选人阵营挂有职衔进行选举活动的行为；

11. 国会议员，市、道党委员长，地区委员长以公开的方式集体支持或反对特定候选人的行为；

12. 候选人（包括候选人预备人选）、候选人的配偶、候选人的代理人私下访问地区委员会或集体接触代议员的行为；

13. 其他违反选举管理委员会规定的选举活动方法的行为。（2017.1.25 新设）

第三十四条【联合演讲会】

（一）候选人演讲会以联合演讲会的形式进行。

（二）联合演讲会由选举管理委员会主办，选举期间举行一次以上。

（三）选举管理委员长确定联合演讲会议的日程和地点，并予以公告。

（四）举行演讲会当日之前，通过抽签决定联合演讲会的演讲顺序，如果候选人到本人演讲时间为止未参加的，视为放弃演讲。

（五）联合演讲会的各候选人的演讲时间等必要事项由选举管理委员会决定。

第三十五条【市、道党等联合演讲会，座谈会】

（一）市、道党及地区委员会的演讲会与座谈会以联合、公开的方式进行。

（二）中央党选举管理委员会与市、道党选举管理委员会及地区委员会进行协商，调整地区委员会单位的演讲会和座谈会。

（三）为实施第二款规定，市、道党和地区委员会就有关选举事务应当优先遵从选举管理委员会的协助要求。

（四）其他演讲会和座谈会所需的具体事项由中央党选举管理委员会决定。

第三十六条【讨论会】

（一）选举管理委员会可以举行联合讨论会。联合讨论会的举行次数、会议方式等必要的事项，由选举管理委员会决定。

（二）选举管理委员会努力让舆论机关等主办候选人联合讨论会。

第三十七条【选举公报】

由选举管理委员会决定是否发放选举公报及有关选举公报的必要事项。

第三十八条【条幅等】

（一）候选人制作条幅、肩带、身体报、小物品、手持宣传板（以下称"条幅等"）后，接受选举管理委员会的检查确认，才可以在联合演讲会会场、选出大会会场的室内外进行公告或使用。

（二）制作条幅等可以包含姓名、选号、党名（包括象征党的徽章、标志）、选举的种类以及选举口号等。

（三）条幅等的规格、张数、使用材质、留言以及其他必要事项由选举管理委员会决定。

第三十九条【电话、电子宣传等】

（一）候选人可以以选举人团为对象进行电话宣传，通过发送文字、音频、视频信息及邮件等方法进行选举活动。

（二）选举管理委员会可以运营选举相关的电子宣传空间。

（三）发送文字、音频、视频信息及邮件次数的限制与否等必要事项由选举管理委员会决定。

第四十条【演说会场等的禁止及限制的事项】

（一）任何人都不能在选出大会会场、联合演讲会场及联合讨论会场（以下称"演讲会场等"）内做出诽谤特定候选人的口号或发言。发生上述情形，选举管理委员长或其代理人可以对做出该行为的人进行制裁或要求其退场。

（二）选举管理委员会在演讲会场等为了维持秩序和公正的选举管理，可以制定并施行禁止及限制性规定。

第七章　选出方法

第四十一条【预备竞选】

（一）根据党宪第二十六条规定，预备竞选由下列人员组成选举人团并实施：

1. 党代表；

2. 最高委员；

3. 院内代表；

4. 国会副议长；

5. 全国代议员大会议长及副议长；

6. 常任顾问和顾问；

7. 市、道党委员长；

8. 党所属国会议员；

9. 地区委员长；

10. 党所属的市、道知事及市、道议会议长；

11. 党所属区长、市长、郡首。

（二）党代表及部门最高委员候选人的选出投票，以一人一票的方式进行。

（三）预备竞选的实施与否、当选人人数以及其他具体事项由全国代议员大会准备委员会决定。

第四十二条【选出方法】

（一）选出党代表的投票按下列方式进行：

1. 全国代议员大会代议员进行投票所投票，党宪第十四条第二款第二十一项规定的在外国民代议员投票可以通过电子邮件进行；

2. 权利党员通过 ARS 投票；

3. 党员舆论调查（第一项、第二项选举人团中包括的人员除外）；

4. 国民舆论调查。

（二）选出最高委员的投票，全国代议员大会代议员通过投票所投票；权利党员通过 ARS 投票。

（三）各区域最高委员根据党宪第二十五条第三款第一项和第四款规定选出，互选方法及程序由选举管理委员会决定。

第四十三条【投票方法】

投票以直接投票、ARS 投票、电子邮件方式进行，实施一人一票制。

第四十四条【投票所投票】

（一）投票所投票以第四十三条规定的电子投票（触屏投票）方式进行。如不能进行电子投票（触摸屏投票）时，经选举管理委员会的议决使用投票纸投票，其具体投票程序和方式等必要事项由选举管理委员会决定。

（二）投票期间和投票时间由选举管理委员会决定。

（三）选举管理委员会应在选举日七日前向选民发送记载选举日期、投票方法等选举必要事项的通知。通知可以与第三十七条规定的选举公报一并发送。

第四十五条【ARS 投票】

（一）选举人团由权利党员组成。不对选举人团的性别、年龄段、地区比例进行调整。

（二）ARS 投票以 ARS 投票册中记载的所有选民为对象进行。

（三）投票期间和投票时间由选举管理委员会决定。

（四）具体的投票程序和方式等必要事项由实施细则规定。

第四十六条【电子投票】

第四十四条第一款规定的电子投票根据下列规定进行。

1. 选民在投票所在投票观察人的观察下，出示本人选民证和身份证明证件（包括居民登录证、驾驶证、护照及其他能够证明本人身份的证件），自己身份得到确认以后，在选举管理委员会委员（包括投票从业者）名册上盖章，领取投票权利卡。

2. 选民在获得投票权利卡后，进入写票间，在写票间设置的触屏电子投票器中选择候选人写票，在投票结束后，将投票权利卡返还到指定的回收箱。

3. 在获得投票权利卡后，因自身责任投票权利卡被损毁或污损的，不予再次发放。

4. 由于视觉或身体的障碍，本人无法写票的，选民可以在家人或本人指定的两名人员的陪同下进行投票。

5. 除第四项规定外，同一写票间不得同时进入两人以上。

第四十七条【舆论调查】

（一）舆论调查，委托两个以上具有公信力的机关，到选举日前一日为止进行。

（二）舆论调查结果与全国代议员大会日实施的选举开票一同发表。

（三）具体的舆论调查方法等必要事项则由实施细则规定。

第八章　投票、开票

第四十八条 【投票、开票管理】

（一）投票与开票事务由选举管理委员会负责。

（二）在进行投票和开票时，须选举管理委员会的过半数委员参观。但ARS 投票、巡回投票、开票或将相关事务委托给政府选举管理委员会的投票、开票，可以区别对待。

第四十九条 【投票、开票的参观】

（一）选举管理委员会应将相关候选人在选民中推荐的两名选民指定为投票、开票的参观人，候选人在选举管理委员会指定期间，根据《附录第十四号》向选举管理委员会书面申报推荐的参观人。

（二）选举管理委员会认为有必要时，可以增减第一款中的参观人人数。

第五十条 【投票和开票情况的公开】

选举管理委员会公开投票和开票情况。ARS 投票或电子邮件投票的情形，可另行规定。

第五十一条 【结束投票】

（一）投票结束后，由选举管理委员长宣布投票结束。

（二）宣布投票结束之后，不能进行投票。

（三）选举管理委员长在宣布投票结束后，应在投票参观人的参与下密封投票箱，并将其运送至开票场所。

第五十二条 【开票程序】

（一）选举管理委员长在开票前，应在委员中选定检查开票计票所需数额的验票委员。

（二）选举管理委员长在投票箱（包括 ARS 投票或电子邮件投票结果）全部到达后，确认开票准备结束之时，应及时宣布开票，并在检查投票箱封条后开票。

（三）选举管理委员长在开票结束后，应公布各候选人的得票数和无效票数，出席的验票委员应在公布前对其进行检阅。

（四）开票结束后，选举管理委员长和出席的全体委员在开票参观人的参与下，在电子记录储存设备上储存并封印投票、开票记录，将其保管在中央党事务处三十日。根据第五十五条规定，有异议的，将其保管至选举管理委员会做出决定为止。

第五十三条【开票时期】

（一）选举开票在全国代议员大会日全国代议员投票结束后进行。

（二）虽有第一款规定，但选出党代表及部门委员的投票根据区域或市、道党巡回进行的，选举管理委员会可另行规定。

第五十四条【无效投票】

投票无效与否依照公职选举法规定、选举管理委员会的有权解释以及一般选举惯例。

第五十五条【关于投票效力的异议申请】

（一）候选人对投票效力有异议的，自选举日起三十日内可以向选举管理委员会提出异议。

（二）受理的投票效力相关异议，由选举管理委员会经在籍委员过半数的出席和出席委员过半数的议决决定。

第五十六条【投票录、开票录的制作】

（一）开票结果宣布后，选举管理委员会应及时制作投票录、开票录、计票录和选举录，并须选举管理委员长和出席的全体委员在其上签名。

（二）开票结束后，投票录、开票录、计票录和选举录等，由选举管理委员长将其移交给事务总长，当选人任期内由事务处保管。（2016.8.19 修改）

第九章　当选人的决定及宣布

第五十七条【合计结果】

（一）党代表将第四十二条第一款的结果，根据下列规定进行合算：

1. 将代议员的有效投票结果换算成得票率，占结果的百分之四十五；

2. 合算各调查机关的权利党员的 ARS 投票的有效投票结果，以得票率换算，占结果的百分之三十；

3. 合算各调查机关的党员舆论调查的得票率，取平均值，占结果的百分之十；

4. 合算各调查机关的国民舆论调查的得票率，取平均值，占结果的百分之十五。

（二）部门最高委员将第四十二条第二款的结果，根据下列规定反映：

1. 将代议员投票有效投票结果换算成得票率，占结果的百分之五十；

2. 合算各调查机关的权利党员的 ARS 投票有效投票结果，以得票率换算，占结果的百分之五十。

第五十八条【当选人的决定及宣布】

（一）将各投票结果换算成得票率，确定最终得票率最高的候选人当选党代表。

（二）将各投票结果换算成得票率合算，确定最终得票率最高的候选人当选部门最高委员。

（三）根据第一款和第二款确定当选人的，选举管理委员会应及时宣布当选人。

（四）根据选举管理委员会规定的程序，各区域最高委员在全国代议员大会上公布选出的各区域最高委员。

第十章 处罚

第五十九条【对违规行为的制裁】

（一）候选人或选举活动人员违反规定及限制事项的，选举管理委员会应及时进行审查，依其轻重，根据党规第十一号选举管理委员会规定第九条，采取制裁措施。

（二）收到违反禁止、限制规定的申告或知道上述情况发生时，选举管理委员会应及时进行调查。

（三）选举管理委员会的调查结果确认违规内容的，应该采取注意、纠正命令或警告措施，认定该违规行为损害选举的公正性或不履行选举管理委员会措施的，将其移送伦理审判院。

（四）收到选举管理委员会移送的，伦理审判院应自移送之日起三日内，根据党规第十号伦理审判院规定第十五条（伦理审判院决定的种类和方法）做出决定。

（五）选举管理委员会可以对上报检举不当选举行为的申告人给予表彰。

第六十条【对违反中立义务的制裁】

（一）选举管理委员会就本规定第三十二条（不得进行选举活动的人）规定的选举活动，对其行为者采取解任及惩戒邀请等措施，具体遵从下列规定：

1. 委员：解任及党职资格停止以上的严惩；

2. 中央党及市、道党事务职党职者：业务排除及停职以上的严惩；

3. 事务处政务职党职者，全国委员会及常设委员会的委员长级政务职党职者：职务停止及党职资格停止以上的严惩。

（二）就第一款的问题，伦理审判院应在选举管理委员会移交伦理审判院之日起三日内，根据党规第十号（伦理审判院规定）第十五条（伦理审判院决定的种类和方法）的规定，做出决定。

（三）对于违反中立义务者，一律严惩，对教唆及指示者加重处罚。

第六十一条【不服申请】

（一）根据第五十九条（对违规行为的制裁）规定，对选举管理委员会做出的决定不服的，自收到该通知之时起二十四小时内以书面形式可以向委员会提出不服申请。

（二）收到第一款申请的，应根据党规第十一号（选举管理委员会规定）第九条规定，迅速执行程序。

（三）选举管理委员会对党规第十一号（选举管理委员会规定）第九条第一款第一项和第二项的复审，不能再次提出不服申请。

第十一章　补则

第六十二条【中央委员会的选出方法】

（一）根据党宪第二十五条第八款第一项规定在中央委员会选出时，选举人团以党代表缺位之日为基准，由全体中央委员组成。

（二）党代表的选出，采取直接、秘密投票的方式，实施一人一票制。

（三）确定获得较多有效投票的候选人当选。

（四）中央委员会选拔的选出方法、投票方法、选举活动等具体事项，由选举管理委员会规定。但经党务委员会议决，可另行规定。

第六十三条【委任规定】

党宪、党规规定事项以外的细则与其他必要事项，可以以实施细则补充规定，不得违反党宪、党规规定。

第六十四条【部门最高委员的补选特例】

有关最高委员补选的必要事项，可以准用党代表及最高委员选出规定，但经党务委员会议决可另行规定。此时，应该直接在相关部门中选出。

附则（2017.1.25，第十号）

本规定根据党宪第一百一十七条（党规的制定等）自党务委员会议决之日起施行。

第十九届总统选举候选人选出规定

[2017.1.25 制定；2017.3.3 修改；2017.3.8 修改；2017.3.10 修改；2017.3.13 修改；2017.3.24 修改]

第一章　总则

第一条【目的】

（一）为选出总统选举候选人，根据党宪第一百条（总统候选人的推荐），制定本规定。

（二）为选出总统选举候选人，本规定规范候选人登记、竞选方法、选举活动及其他必要事项。

第二条【选举管理机构】

中央党选举管理委员会（以下称"选举管理委员会"）负责总统选举候选人竞选的实施和管理相关事务。

第三条【适用范围】

（一）候选人和为候选人进行选举活动的人、完成选举人团登记的人和共同民主党的党员，在选出总统选举候选人的竞选中，应遵守公职选举法、党宪、党规以及经选举管理委员会议决的规定。

（二）关于公正竞争和竞选结果的承认，候选人和为候选人进行选举活动的人应当遵守相关法令、党宪、党规和其他选举管理委员会的规定。

第四条【中立义务】

选举管理委员长，选举管理委员，中央党及市、道党事务职党职者以及根据其他法令及党宪、党规规定无法进行选举活动的人，不得做出对竞选产生不正当影响和其他影响竞选结果的行为。

第五条 【保密义务】

（一）本规定中的职务执行者，不得泄露有关职务的秘密。

（二）违反本规定的，根据法令进行告诉、告发以及根据党规第十号伦理审判院规定第十四条（惩戒的事由及时效）进行惩戒。

第六条 【选举事务的协助】

关于竞选事务，市、道党和地区委员会应优先遵从相应选举管理委员会的协助要求。

第二章　选举权与被选举权

第七条 【选举权】

（一）总统选举日当日，十九岁以上记载在选举人团名册中的大韩民国国民，具有选举权。但属于公职选举法第十八条（不具有选举权的人）规定的，不具有选举权。（2017.3.10 修改）

（二）在外国民代议员和作为在外国民记载在选举人团名册中的在外同胞，具有选举权。

（三）虽有第一款和第二款规定，但预备竞选、竞选和决选投票的选举权根据选举方法确定。

第八条 【被选举权】

根据公职选举法第十六条（被选举权）规定具有总统被选举权的共同民主党权利党员，具有总统选举候选人的被选举权。

第九条 【选举权限制】

（一）符合下列各项之一的，限制选出总统选举候选人的选举权：

1. 党规第十号（伦理审判院）第十六条（惩戒处分的种类）第一项、第二项规定的人；

2. 由其他党宪、党规剥夺党籍或被停止党员资格的人。

（二）符合下列各项之一的，限制选出总统选举候选人的被选举权：

1. 根据公职选举法第十九条（不具有被选举权的人）规定，不具有被选举权的人；

2. 党规第十号（伦理审判院）第十六条（惩戒处分的种类）第一项、

第二项规定的人；

3. 由其他党宪、党规剥夺党籍或被停止党员资格的人。

（三）第一款的适用与适用时效等具体标准和方法由选举管理委员会规定。

（2017.3.8 新设）

第三章　预备竞选

第一节　候选人预备人选和竞选候选人预备人选

第十条【候选人预备人选的登记】

（一）虽有公职选举法第六十条之二（候选人预备人选登记）第一款第一项规定，欲成为共同民主党的竞选候选人的，应向选举管理委员会申请候选人预备人选登记。

（二）第一款规定中的登记始于 2017 年 1 月 26 日，截止日期经选举管理委员会议决决定。

（三）候选人预备人选登记时间为选举管理委员会规定的登记期间的每天上午九点至下午六点。

（四）候选人预备人选应本人或由其代理人访问中央党接收处进行登记。

（五）候选人预备人选在登记时，须提交下列各项文书。不完善的文书可以在选举管理委员会规定的时间内补充提交：

1. 候选人预备人选登记申请书（附录第一号表格）；

2. 党籍证明书；

3. 党费交纳证明书或发票；

4. 寄托金交付发票；

5. 居民登录证证明；

6. 其他选举管理委员会规定的材料。

（六）第五款规定的申请材料一律不予返还，经选举管理委员会决定可以公开。

（七）选举管理委员会受理第五款的登记申请文书时，应交付（附录第六号表格）候选人预备人选登记受理证后，予以公告。

第十一条【候选人预备人选寄托金】

（一）进行候选人预备人选登记的，应在选举管理委员会规定的期间内，交纳第十五条（寄托金）第一款规定的寄托金。

（二）交纳第一款寄托金的候选人预备人选，根据第十三条（竞选候选人预备人选的登记）规定申请竞选候选人登记的，视为已交纳第十五条（竞选候选人预备人选寄托金）规定的寄托金。

（三）候选人预备人选交纳的寄托金，作为党规第三号（党费规定）第七条（特殊党费）规定的特殊党费属于党，不予返还。

第十二条【联合讨论会】

（一）选举管理委员会应在竞选候选人预备人选登记之前，举行候选人预备人选之间的联合讨论会。

（二）联合讨论会的实施方法和次数等事项，经选举管理委员会议决决定。

第十三条【竞选候选人预备人选的登记】

（一）欲成为竞选候选人的，应向选举管理委员会申请竞选候选人预备人选登记。但不实施预备竞选的情形除外。（2017.3.3 修改）

（二）第一款规定的登记期间由选举管理委员议决决定。

（三）竞选候选人预备人选登记时间为选举管理委员会规定的登记期间的每天上午九点至下午六点。

（四）竞选候选人预备人选应本人或由代理人访问中央党接收处进行登记。

（五）竞选候选人预备人选在登记时，须提交下列各项文书。不完善的文书可以在选举管理委员会规定的时间内补充提交：

1. 公正竞争义务誓约书（附录第二号表格）；

2. 候选人登记申请书（附录第三号表格）；

3. 党籍证明书；

4. 候选人履历（附录第四号表格）；

5. 党费交纳证明书或发票；

6. 寄托金交付发票；

7. 居民登录证副本；

8. 公职选举法第四十九条（候选人登记等）第四款规定提交的总统候选人登记文书全部；

9. 包括下列文书在内的其他选举管理委员会规定的文书。

（1）设置选举事务所申报书；

（2）竞选候选人预备人选印影申报书；

（3）竞选候选人预备人选的代理人申报书（附录第五号表格）。

（六）第五款规定的申请材料一律不予返还，经选举管理委员会决定可以公开。

（七）选举管理委员会受理第五款的登记申请文书时，应交付（附录第六号表格）竞选候选人预备人选登记受理证后，予以公告。

（八）选举管理委员会在公布竞选候选人预备人选的当日进行选号抽签。

第十四条 【后援会的设置】

根据第十条（候选人预备人选的登记）和第十三条（竞选候选人预备人选的登记），登记为候选人预备人选和竞选候选人预备人选的，认定为政治资金法第六条（后援会指定权人）第三款规定的总统选举竞选候选人，并可以指定一个后援会。

第十五条 【竞选候选人预备人选的寄托金】

（一）竞选候选人预备人选在登记申请时应交纳寄托金五千万韩元。

（二）申请登记候选人预备人选或竞选候选人预备人选的，向选举管理委员会交纳第一款规定的寄托金。

（三）候选人预备人选交纳的寄托金，根据党规第三号（党费规定）第七条（特殊党费）规定属于党不予返还，候选人预备人选死亡的除外。

第二节　预备竞选

第十六条 【预备竞选的实施方法】

（一）候选人预备人选数为七名以上的，实施预备竞选。

（二）预备竞选结果应包括第十七条（国民舆论调查）[①] 国民舆论调查结果的百分之五十，第十八条（党员舆论调查)[②] 党员舆论调查结果的百分之五十。

（三）预备竞选当选人数为六名，有两名以上相同得票率的，按女性、年长者顺序决定排序。

[①] 【译者注】：现行法规应为第十八条。

[②] 【译者注】：现行法规应为第十九条。

（四）因总统缺位进行选举的，预备竞选日经选举管理委员会议决决定。

（五）竞选结束后，按选号顺序发表预备竞选结果，但不公开各候选人预备人选的排序和得票率。

（六）在预备竞选中未能当选的，将丧失竞选候选人资格。

第十七条 【选举活动】

（一）预备竞选的选举活动准用第四十一条（定义）和第四十三条（选举公营制）至第五十五条（对违反禁止及限制规定的措施)[①] 的规定。

（二）预备竞选的选举活动期间为一日。

第十八条 【国民舆论调查】

（一）国民舆论调查（以下称"调查"）是以表明支持共同民主党意向或回答没有支持政党的选民为对象通过电话调查的方式进行。

（二）调查以在预备竞选日前一年达到十九岁以上的人口构成比例为基准，根据下列各项规定，事前分配抽取进行：

1. 性别：男性、女性；

2. 年龄：十九岁至二十、三十、四十、五十岁年龄段及六十岁以上；

3. 地区：十七个广域市、道。

（三）调查由两个机关，以随机打电话（Random Digit Dialing：RDD）的方式实施。

（四）电话号码抽取是由选举管理委员会在两个调查机关中指定的一个机关，通过 RDD 方式随机抽取任意电话号码后，根据电话号码尾数的奇偶数，分为两份电话号码簿。

（五）根据第四款规定制作的电话簿中将一份移交给其他调查机关后，各调查机关调查至有效应答标本一千二百份为止。

（六）调查对象只能应答一名候选人，弃权或应答两名以上候选人的，视为无效回应。

（七）应当优先提问下列各项问题：

1. 为了防止与第十九条（党员舆论调查）的党员舆论调查对象的重复，确认是否为党员。对回答本人不是党员的调查对象，进行调查；

---

① 【译者注】：现行法规应为第五十四条。

2. 为了筛选第一款规定调查对象的应答者所支持的政党及遵守第二款规定中的性别、年龄段、各区域比例，确认应答者的年龄与区域。此时，用声音判断应答者的性别。

（八）该调查以"共同民主党总统选举候选人适合度"为题。

（九）示例以"○○○候选人"的方式，只称呼候选人名字，按照候选人选号顺序进行称呼。

（十）第十六条（预备竞选的实施方法）第四款中的舆论调查期间没有完成一千二百份标本的，在0.5至2.0的范围内，根据选举管理委员会的决定，给予加权值换算。

第十九条【党员舆论调查】

（一）党员舆论调查（以下称"调查"）是以党员名册上记载的党员为对象进行电话调查，不区分权利党员（仅限本条包括全国代议员）和一般党员。

（二）调查是根据党宪第十四条（地位和组成）第二款第十九项规定中的全国代议员构成比例为基准，事先对十七个广域市、道实施随机抽取并实施。此时，不按照性别和年龄分配。

（三）调查由两个机关实施，各调查机关调查至有效应答标本一千二百份为止。此时，为了防止电话名册的重复，抽取调查对象后，分为A、B两本，分别移交至各机关。

（四）调查对象只能应答一名候选人，弃权或应答两名以上候选人的，视为无效应答。

（五）应当优先提问下列各项问题：

1. 为了防止与第十八条（国民舆论调查）① 中的国民舆论调查对象的重复，确认是否为党员。对回答本人是党员的调查对象，进行调查。

（六）该调查以"共同民主党总统选举候选人适合度"为题。

（七）示例以"○○○候选人"的方式，只称呼候选人名字，按照候选人选号顺序进行称呼。

（八）第十六条（预备竞选的实施方法）第四款中的舆论调查期间没有完成一千二百份标本的，在0.5至2.0的范围内，根据选举管理委员会的决

---

① 【译者注】：现行法规应为第十八条。

定，给予加权值换算。

第四章　本选

第二十条【用语的定义】

本规定使用的用语定义如下。

1. 竞选是指根据党宪第一百条（总统候选人的推荐）规定，为选出总统选举候选人而实施的选举。

2. 选民是指作为总统选举的选举权者，记载在选民名册上的人。

3. 巡回投票是指居住地在广域市、道的全国代议员在联合演讲会现场进行的投票。

4. 投票所投票是指居住地在市、道的选民，在自治区、市、群（或选举管理委员会指定的场所）设置的投票所进行的投票。

5. "ARS（Automatic Response System 以下本条称'ARS'）投票"是指以具有选举权的全体选民为对象通过电话 ARS 应答方式进行向下式传授电话投票方法的"强制性（Out-bound）ARS 投票"和强制性 ARS 投票结束后因信号环境等原因无法进行投票的选民拨打电话到 ARS 系统进行投票的"自觉性（in-bound）ARS 投票"。

6. "网上投票"是指第二十五条（选举人团的组成）第四款规定的在外国民选举人团通过电子邮件实施的投票。

第二十一条【竞选实施方法】

（一）申请竞选候选人登记的，应遵循第十三条规定的方法。实施预备竞选时，根据预备竞选的结果，以完成候选人登记者为对象实施竞选。

（2017.3.3 修改）

（二）竞选以国民竞选方式，按区域巡回实施。

（三）竞选以巡回投票和投票所投票、ARS 投票、网上投票等方式实施，根据一人一票的单纯多数制合计算出结果。

（四）竞选巡回日程和投票日遵循附表。

（五）竞选当选人数为一人。第六十五条（当选人的决定）第一款但书规定的情形，应实施决选投票。

第二十二条【竞选事务的委托】

投票所投票和巡回投票事务中的有关投票及开票事务的管理可以委托

政府选举管理委员会。

第五章　选举日的决定及公告

第二十三条【选举日等】

选出总统选举候选人的选举日，根据党宪第一百条（总统候选人的推荐）第二款规定，经选举管理委员会审议，由党务委员会议决决定。但是，因弹劾总统实施的缺位选举等，具有相当事由的，可以经最高委员会议决另行规定。

第二十四条【选举日公告】

选举日应当在选举日的二十日前，由选举管理委员会委员长（以下称"选举管理委员长"）公告。但是，第二十三条（选举日等）后文的情形和具有相当事由时，可以经选举管理委员会议决另行规定。

第六章　选举人团

第二十五条【选举人团的组成】

（一）选举人团由全国代议员、权利党员选举人团、国民、一般党员选举人团、在外国民选举人团组成。

（二）根据下列各项组成权利党员选举人团和国民、一般党员选举人团：

1. 党宪第五条（区分）第一款规定的权利党员中，根据党规第二号（党员规定）第四条（党员的权利等）第三款规定，具有资格的权利党员。此时，行使权利的实施日为 2016 年 12 月 31 日。

2. 申请参与竞选选举人团的人员中，已经办理选民名册确认程序的人。

（三）根据下列各项组成在外国民选举人团。

1. 党宪第十四条（地位和组成）第二款第二十一项规定的在外国民代议员。

2. 作为在外国民申请参与竞选的人员中，已经办理选民名册确认程序的人。

（四）虽有第二款第一项规定，但行使权利的实施日根据总统选举日的确定，可以经选举管理委员会议决另行规定。

第二十六条【权利党员选举人团、国民、一般党员选举人团的申请】

（一）党规第二号（党员规定）第四条（党员的权利等）第三款规定

的权利党员无须另行申请，包括在权利党员选举人团。

（二）根据第二十五条（选举人团的组成）第二款第二项规定，欲要成为国民、一般党员选举人团选民的（以下称"选举人团申请人"），通过文件、电话、网络的方法提交至中央党，市、道党或选举管理委员会指定的场所。

（三）第二款规定的选举人团申请人应在投票所投票或 ARS 投票中选择一种方法申请。同时重复申请上述两种方法的，视为申请先登记到选民名册上的投票方式。

（四）全国代议员视为申请巡回投票。

（五）权利党员视为同时申请投票所投票和 ARS 投票，但是只能选择一种方式投票。

第二十七条【在外国民选举人团的申请】

（一）根据第二十五条（选举人团的组成）第四款规定，欲成为在外国民选举人团选民的，应提交至中央党（具体受理处由选举管理委员会规定）。但是，党宪第十四条（地位和组成）第二款第二十一项规定的在外国民代议员无须另行申请，只需提交选举管理委员会规定的文书，自动包括在外国民选举人团。

（二）第一款规定的选举人团申请人，视为申请网上投票。

（三）第一款规定的选举人团申请人应符合下列各项要求：

1. 根据公职选举法第二百一十八条之四（国外不在籍申报）或第二百一十八条之五（在外选民登记申请）规定，已完成国外不在籍申报或在外选民登记申请的人；

2. 已提交在外选举申报、申请书接收证或永久名册制登记确认材料、选举人团参与申请书、身份证件副本（仅限于居民登录证、驾驶证、护照）的人。（2017. 3. 8 修改）

（四）虽有第二十八条（文书受理）至第二十九条（网上受理）规定，但在外国民选举人团申请人，应根据选举管理委员会规定的方法申请参与竞选。

（五）第三款第二项的登记确认资料的证明程序和方法等具体事项由选举管理委员会规定。（2017. 3. 8 新设）

第二十八条【文书受理】

（一）选举人团申请人可以在中央党，市、道党或选举管理委员会指定的文书受理处，申请参加竞选。

（二）按照固定格式填写资料，并由本人亲自访问提交至中央党，市、道党或选举管理委员会指定场所的申请视为有效，通过邮件、传真或其他人代为提交的申请为视为无效。

（三）以文书受理方式申请参与竞选的人视为申请了投票所投票。

（四）申请书应记载姓名、居民登录证号、地址及电话号码。没有填写必要事项的，视为没有申请选举人团，并将其排除在选举人团。

（五）第四款规定的地址应与参与投票时出示的选民身份证件记载的自治区（包括行政区）市、郡地址一致。

（六）第四款规定的电话号码应优先记载手机号码，没有手机号码的，可以记载一般电话号码。

（七）选举管理委员会应在中央党，市、道党或选举管理委员会指定的文书受理处，预先指定负责受理申请书和登记选民名册的管理者（以下称"文书受理者"），并给予个人安全编号，在技术上采取相应措施，以确保选民名册登记记录的存储。

（八）文书受理者应将已经受理的申请书，在投票所投票选举人团申请截止日之前，录入选民名册上，同时为了异议申请等必要情形时便于确认，应保管申请书。

（九）文书受理者可以将本人直接受理的申请书录入选民名册。

（十）下列各项之一的，选举管理委员会可以根据党规第十一号（选举管理委员会规定）第九条（对不公正选举的制裁）规定，进行制裁。符合第一项或第二项情形的，将相关申请视为无效，并在选民名册中删除；符合第三项或第四项情形的，经选举管理委员会议决，可以包括在选民名册中：

1. 已确认文书受理者录入非本人直接受理的申请书的情形；

2. 受理或录入未由选举人团申请人亲自访问提交申请书的情形；

3. 选举人团申请人亲自访问提交，却没有录入的情形；

4. 选举人团申请人亲自访问提交，却无特殊理由拒绝受理的情形。

第二十九条【电话受理】

（一）选举人团申请人可以在中央党电话受理处申请参与竞选。

（二）电话受理应对通话内容进行录音，录音内容视为申请书。

（三）通过电话申请竞选参与的人，可以在 ARS 投票和投票所投票中选择一种方式进行申请。但 ARS 投票时仅限手机用户本人申请。

（四）ARS 投票的申请书中应记载姓名、居民登录证号、地址及本人电话号码。此时，通过发送验证码确认是否为手机用户本人。

（五）投票所投票的申请书中应记载姓名、居民登录证号、地址及电话号码。此时，准用第二十八条（文书受理）第五款和第六款规定。

（六）通过有线电话申请选举人团的，视为申请投票所投票。一个有线电话号码最多可以登记两名申请人。

（七）申请人完成申请后，不得变更本人申请的投票方式。但可以通过选举管理委员会规定的方法进行变更。

第三十条【网上受理】

（一）选举人团申请人可以通过互联网，在选举人团申请主页申请竞选参与。

（二）选举管理委员会应采取技术措施，保障选举人团申请人可以通过电脑、平板电脑、智能手机等多种方式进行申请。

（三）网上申请竞选参与的，应通过公认认证书的认证程序。

（四）网上申请竞选参与的，可以在 ARS 投票和投票所投票中选择一种方式进行申请。但 ARS 投票时仅限手机用户本人申请。

（五）ARS 投票的申请书中应记载姓名、居民登录证号、地址及本人电话号码。此时，通过发送验证码确认是否是手机用户本人。

（六）投票所投票的申请书中应记载姓名、居民登录证号、地址及电话号码。此时，准用第二十八条（文书受理）第五款和第六款规定。

（七）申请人完成申请后，不得变更本人申请的投票方式。但可以通过选举管理委员会规定的方法进行变更。

第三十一条【选举人团的召集】

（一）选举人团在选举管理委员会规定的期间（不分工作日或公休日）内进行召集，国民、一般党员选举人团分为第一次和第二次进行召集。

（二）申请 ARS 投票的人不分广域市、道，都可以申请第一次和第二次选举人团召集。但申请第二次选举人团召集的，虽有第二十九条（电话受理）第三款和第三十条（网上受理）第四款规定，但视为申请 ARS 投票。

（三）选举人团第一次召集开始日由选举管理委员会在 2017 年 2 月内

确定，第二次召集开始日为总统缺位选举事由确定的第二天，但具有相当事由时，选举委员会可以另行确定。（2017.3.10 修改）

（四）召集选举人团的截止日期由选举管理委员会议决决定。

（五）选举人团的召集时间如下，但经选举管理委员会议决可以另行规定：

1. 文书受理为召集期间的上午十点至下午六点；

2. 电话受理为召集期间的上午十点至下午九点；

3. 网上受理为召集期间的全天二十四小时。

第三十二条【确认程序】

（一）根据第二十八条（文书受理）至第三十条（网上受理）规定受理的选举人团申请人通过实名认证系统确认姓名和居民登录证号码是否一致。

（二）根据第二十九条（电话受理）或第三十条（网上受理）规定申请 ARS 投票的，以申请书上记载的地址为准，按照地区实施相关地区的 ARS 投票。若发现记载虚假地址的，可以根据党规第十一号（选举管理委员会规定）第九条（对不正当选举的制裁）规定对相关人员进行制裁。

第七章 选民名册的制作及阅览

第三十三条【选民名册的制作】

（一）选举管理委员会制作选民名册，应分别制作申请 ARS 投票的选民名册（以下称"ARS 名册"）和申请投票所投票的选民名册（以下称"投票所名册"）。

（二）虽有第一款规定，但属于下列情形的，无须通过申请程序，应事先登记在选民名册：

1. 全国代议员名册视为已经制作完成；

2. 权利党员登记在 ARS 名册和投票所名册，但是没有本人名义的手机的，只能登记在投票所名册；

3. 根据第二项规定，已登记在选民名册中的权利党员中，参与投票所投票的权利党员将从 ARS 名册中排除。

（三）选举管理委员会应在组成选举人团一星期前确定并公布组成选举人团的召集程序、方法和时间等事项。但是，有不得已的情形，可以经选举管理委员会议决另行规定期限。

（四）选举管理委员会应在选举人团召集截止日前，制作选民名册。有不得已的情形，可以经选举管理委员会议决另行规定期限。

（五）选民名册根据《附录第七号表格》制作，也可以由选举管理委员会另行规定或通过电算处理。（2017.3.8 修改）

第三十四条【选民名册阅览及异议申请】

（一）选出总统候选人的选民名册的阅览、更正由选举管理委员长负责。

（二）选举人团申请人在第三款规定的期限内，可以到中央党的电话受理处或网上受理处修改本人的申请事项或取消选民名册中的登记。此时，应通过确认姓名、居民登录证号、公认认证程序（仅限网上受理处）等本人确认程序。

（2017.3.3 修改）

（三）选举管理委员长在异议申请受理开始日前两日为止，根据《附录第八号表格》，在中央党部及市、道党部的公示栏和党的主页上公告异议申请的时间和场所。

（四）选民在第三款规定的期限内可以阅览选民名册，并在选民名册中发现遗漏、误报时，可以根据《附录第九号表格》或选举管理委员会规定的程序和方法，在选民名册阅览期限内向选举管理委员会提出异议申请。此时，应通过确认姓名、居民登录证号、公认认证程序（仅限于通过网络的修改、取消）等本人确认程序，取消后不得再次申请。（2017.3.3，2017.3.8 修改）

（五）除了第二十六条（权利党员选举人团、国民、一般党员选举人团的申请）第五款但书的情形，选民不得变更投票方法。

（六）除了投票方法之外，选举人团申请人可以根据第二款中的方法，修改或取消申请事项。但是只能按照申请人申请的受理方法（受理处）办理。（2017.3.3 修改）

（七）选举管理委员会应为权利党员选举人团的本人信息的确认和修改，另行规定期限。

（八）选举管理委员会应在阅览期限结束后两日内处理异议申请。（2017.3.3 修改）

第三十五条【选民名册的更正】

选举管理委员会认为异议申请合理的，可以对相关事项进行更正。

第三十六条【选民名册的确定】

阅览期限到期，对异议申请的决定结束后，由党务委员会批准确定选民名册。

第三十七条【选民名册副本的交付】

候选人登记结束后，候选人根据《附录第十号表格》申请选民名册副本交付时，由选举管理委员会议决进行交付。但是，不得交付有关 ARS 投票的选民名册副本。

第三十八条【选民名册副本的管理】

（一）每位候选人在党员中选任选民名册管理负责人，并根据《附录第十一号表格》向选举管理委员会申报。

（二）第一款中的选民名册管理负责人具有选民名册的交付申请、管理和返还接收到的选民名册等一切有关选民名册的权限和责任。

（三）第一款中的选民名册管理负责人应对接收到的名册的使用进行管理、监督，以免选民名册外泄。

（四）选举结束当天，第一款中的选民名册管理负责人应立即将选民名册（包括交付后制作的副本）返还至选举管理委员会。

第八章　候选人

第三十九条【候选人登记】

（一）选举管理委员会对第十六条（预备竞选的实施方法）第三款规定的预备竞选当选人（以下称"候选人"）进行两天的候选人登记。

（二）候选人登记时需要交纳的寄托金为三亿五千万韩元。在不得已的情形下，经选举管理委员会许可，可以在选举管理委员会规定的截止时间内交纳。

（三）根据党规第三号（党费规定）第七条（特殊党费），候选人交纳的寄托金应作为特殊党费归属于党不予返还。但是，候选人死亡的除外。

（四）选举管理委员会结束候选人登记后，应进行公告。

（五）选举管理委员会公告候选人名单后，进行选号抽签。

第四十条【登记无效、辞退】

（一）候选人登记结束后，具有下列各项之一的，经选举管理委员会议决，将该候选人登记视为无效：

1. 发现候选人不具有被选举权的；

2. 候选人脱离或变更党籍的。

（二）选举管理委员会对第一款中的登记无效进行议决时，应及时明示其事由并通知该候选人。

（三）候选人辞退时，应根据《附录第十二号表格》由本人向选举管理委员会申报。

（四）选举管理委员会应在候选人登记无效或候选人死亡时，根据《附录第十三号表格》进行公告。

（五）第十条（候选人预备人选登记）规定的候选人预备人选和第十三条（竞选候选人预备人选的登记）规定的竞选候选人预备人选的情形，准用第一款至第四款的规定。

第九章　选举活动

第四十一条【定义】

（一）本规定中的"选举活动"是指使特定候选人当选或不被当选的行为。但有关选举的单纯改进意见及意思表示、关于确立候选人和选举活动的准备行为或普遍意义上的政治活动不视为选举活动。

（二）除了被公职选举法、党宪及党规限制的情形之外，任何人都可以自由进行选举活动。

第四十二条【选举期间和总统候选人指名大会】

（一）自候选人登记截止日的第二天起至总统候选人指名大会日为止为选举期间。但是，宣布巡回投票开始至投票结束为止，投票所投票期间，除了选举管理委员会另行规定的方法外，不得进行其他选举活动。

（二）总统候选人指名大会将在最后一次巡回投票及全体开票结果发表之日举行。但实施决选投票时，在发布决选投票开票结果的当天举行。

第四十三条【选举公营制】

（一）选举活动是在选举管理委员会的管理下、本规定确定的范围内进行，保障所有候选人平等的机会。

（二）联合演讲会、联合讨论会、选举公报邮递以及其他选举活动管理所需的费用由中央党承担。

第四十四条 【选举事务所的设置】

（一）候选人可以在选举期间设置一个选举事务所，以便处理有关选举活动的事宜。但候选人为国会议员的，国会议员会馆事务所和地方选区事务所不视为选举事务所。

（二）设立及变更选举事务所时，应根据选举管理委员会的规定，以书面形式及时进行申报。

第四十五条 【不得进行选举活动的人】

下列各项之一者不得进行选举活动：

1. 选举管理委员会的委员长和委员；

2. 中央党及市、道党的事务职党职者；

3. 根据法令规定，不得进行选举活动的人。

第四十六条 【被禁止的选举活动】

任何人都不得为选举活动做出下列各项行为：

1. 为选举活动，对选民及其家属、所属团体等提供、周转、承诺金钱、款待和其他利益的行为；

2. 为选举活动，对选民及其家属进行逐户访问的行为；

3. 为选举活动，对候选人及其家属的身份、经历、人格、思想、行为或所属团体散布虚假事实的行为；

4. 使用暴力、胁迫以及其他威慑力妨碍自由投票的行为；

5. 诽谤候选人和助长地区情节的行为；

6. 散布第四十七条（选举公报）和第五十二条（电话、电子宣传等）规定的选举宣传和选举管理委员会规定之外的宣传物的行为；

7. 举办除了党规规定的党员座谈会及演讲、访谈之外的由多数选民参加的未经申报的聚会的行为；

8. 运行谎称为党或公共机关等的类似呼叫中心或公布选民投票倾向分析结果、舆论调查结果等糊弄舆论的行为；

9. 其他违反公职选举法、政党法等非法选举活动行为。

第四十七条 【选举公报】

由选举管理委员会决定是否发放选举公报及有关选举公报的必要事项。

第四十八条 【联合演讲会】

（一）候选人演讲会以联合演讲会的形式进行。

（二）联合演讲会由选举管理委员会主办。

（三）选举管理委员长确定联合演讲会议的日程和地点，并予以公告。

（四）通过抽签决定联合演讲会的演讲顺序，如果候选人到本人演讲时间为止未参加的，视为放弃演讲。

（五）联合演讲会的各候选人的演讲时间等必要事项由选举管理委员会决定。

第四十九条 【联合讨论会】

（一）选举管理委员会可以举行联合讨论会。举行联合讨论会的举行次数、会议方式等必要的事项，由选举管理委员会决定。

（二）选举管理委员会努力使舆论机关等主办候选人联合讨论会。

第五十条 【市、道党访问演讲及访谈】

（一）候选人在选举期间，可以访问市、道党或地区委员会，以选民为对象进行演讲及访谈。

（二）候选人访问市、道党或地区委员会进行演讲、访谈时，市、道党委员长或地区委员长应安排相关演讲、访谈的场所以及做好联系选民等必要的协助。

第五十一条 【条幅等】

（一）候选人制作条幅、肩带、身体报、小物品、手持宣传板（以下称"条幅等"）后，接受选举管理委员会的检查确认，才可以在联合演说会会场、选出大会场的室内外进行公告或使用。

（二）制作条幅等可以包含姓名、选号、党名（包括象征党的徽章、标志）、选举的种类、选举口号等。

（三）条幅等的规格、张数、使用材质、留言以及其他必要事项由选举管理委员会决定。

第五十二条 【电子宣传等】

（一）候选人可以以选举人团为对象通过发送文字、音频、视频信息及邮件等方法进行选举活动。（2017.3.3修改）

（二）选举管理委员会可以运营选举相关的电子宣传空间。

（三）发送文字、音频、视频信息及邮件次数的限制与否等必要事项由选举管理委员会决定。

（2017.3.3 修改标题）

第五十三条【演说会场等的禁止及限制的事项】

（一）任何人都不能在选出大会场、联合演讲会场及联合讨论会场（以下称"演讲会场等"）内做出诽谤特定候选人的口号或发言。发生上述情形，选举管理委员长或其代理人可以对做出该行为的人进行制裁或要求退场。

（二）选举管理委员会在演讲会场等为了维持秩序和公正的选举管理，可以制定并施行禁止及限制性规定。

第五十四条【对违反禁止及限制规定的措施】

（一）候选人或选举活动人员违反规定的禁止及限制事项的，依其轻重，选举管理委员会应根据党规第十一号（选举管理委员会规定）第九条（对不正当选举的制裁），采取制裁措施。

（二）收到违反禁止、限制规定的申告或知道上述情况发生时，选举管理委员会应及时进行调查。

（三）选举管理委员会可以上报对检举不当选举行为的申告人给予表彰。

第十章　选出

第五十五条【投票方法】

（一）竞选以权利党员选举人团、国民、一般党员选举人团的 ARS 投票或投票所投票，全国代议员的巡回投票，在外国民选举人团的网上投票方式实施。

（二）投票以所有选民一人一票单纯多数制进行，不得修改投票结果。

（三）投票以直接投票、秘密投票的方式进行。

（四）投票时间遵循下列各项规定，但可以经选举管理委员会议决另行规定：

1. 权利党员、国民、一般党员选举人团的 ARS 投票：投票期间的上午十点至下午十点；

2. 权利党员、国民、一般党员选举人团的投票所投票：投票日的上午七点至下午六点；

（2017.3.3 修改）

3. 全国代议员的巡回投票：选举管理委员会规定；

4. 在外国民选举人团的网上投票：投票期间的全天二十四小时（以大韩民国时间为准）。

第五十六条【巡回投票】

（一）以登记在全国代议员名册上的代议员中相应地区内的代议员为对象实施巡回投票。

（二）巡回投票以电子投票方式进行，但是可以由选举管理委员会议决另行规定。

第五十七条【投票所投票】

（一）以投票所名册中记载的所有选民为对象实施投票所投票。具体程序和方法由选举管理委员会规定。（2017.3.3 修改）

（二）投票所投票以电子投票方式进行，但是可以由选举管理委员会另行规定。

（三）投票所基本以自治区、市、郡办公楼为主，但选举管理委员会与政府选举管理委员会通过协商，可以另行决定。

（四）选举管理委员会应在投票所投票之日前一天为止，对投票程序和方法进行说明。此时，说明方法和内容由选举管理委员会规定。

（五）投票所前，选民应用证明本人的身份证件（住民登录证、驾驶证、其他由政府机关及公共机关发行的带有相片的本人身份证明书，此时应记载有住民登录证号）确认本人是记载在投票所名册中的本人。（2017.3.3 修改）

第五十八条【ARS 投票】

（一）ARS 投票分为强制性 ARS 投票和自觉性 ARS 投票。

（二）ARS 投票应选定两个调查机关为实施机关，通过抽签由选举管理委员长决定。此时，ARS 投票实施机关应自行完成所有担任的工作。

（三）为了防止电话名册的重复，应把 ARS 投票选民名册分为 A 和 B，分别移交给已选定的两个机关。

（四）选定的两个调查机关，依次实施强制性 ARS 投票和自觉性 ARS 投票。

（五）虽有第二款至第四款规定，但选举人团申请人规模较大时，通过

选举管理委员会议决可以增加调查机关。（2017.3.3 修改）

第五十九条 【强制性 ARS 投票】

（一）各地区巡回投票的两日前，实施强制性 ARS 投票，ARS 共计发送五次以上，总发送次数和每日发送次数由选举管理委员会规定。

（二）选举管理委员会在 ARS 投票的前一天向选民发送说明短信。此时，应明示投票日期和 ARS 投票的发信号码。

（三）ARS 投票的发送信号是从开始发送起四十秒内进行。

（四）ARS 投票对选择候选人的提问，应使选民能够确认本人选择候选人的结果。此时，为选民的意向变更、输入错误或无应答等原因给予两次再投票的机会，但三次输入未完成投票的，视为弃权。

（五）ARS 投票的提问是"适合度"。

（六）ARS 投票的示例按照候选人选号顺序排序，只称呼候选人的选号与姓名。

（七）参加 ARS 投票的选民需要输入本人居民登录证号的前六位数。输入错误时，限于两次可以再输入，三次以上输入错误的，视为弃权。

（八）根据选举管理委员会规定的 ARS 投票发送次数发送 ARS 投票，却仍未完成投票的，针对该选民实施自觉性 ARS 投票。

（九）ARS 投票的进展情况不予公开。

第六十条 【自觉性 ARS 投票】

（一）各地区巡回投票的一日前，实施自觉性 ARS 投票，ARS 投票说明文字在实施当天上午发送一次，并在电子公告栏进行公告。

（二）选举管理委员会向进行自觉性 ARS 投票的选民发送说明短信。此时，应明示投票日期和 ARS 投票号码。

（三）ARS 投票对选择候选人的提问，应使选民能够确认本人选择候选人的结果。此时，为选民的意向变更、输入错误或无应答等原因给予两次再投票的机会，但三次输入未完成投票的，视为弃权。

（四）ARS 投票的提问是"适合度"。

（五）ARS 投票的示例按照候选人选号顺序排序，只称呼候选人的选号与姓名。

（六）参加 ARS 投票的选民需要输入本人居民登录证号的前六位数。输入错误时，限于两次可以再输入，三次以上输入错误的，视为弃权。

（七）实施自觉性 ARS 投票，却仍未完成投票的，视为该选民弃权。

（八）ARS 投票的进展情况不予公开。

第六十一条【网上投票】

（一）网上投票以第二十五条（选举人团的组成）第四款规定的在外国民选举人团全部人员为对象实施。

（二）选举管理委员会向选民发送有关选举说明的邮件。

（三）网上投票的网页，只能通过已发送的邮件链接。

（四）选举管理委员会向选民赋予个人安保编号，选民只能在网上投票期间通过输入姓名和安保编号才能进行投票。

第六十二条【开票方法】

（一）巡回投票在相关地区的巡回投票结束后进行开票。

（二）投票所投票在第一个实施地区巡回投票开票时同时开票并公布。但有不得已情形的，经选举管理委员会议决，可以另行规定。

（三）ARS 投票在相应地区的巡回投票开票的同时开票并公布。但是，第二次召集选举人团的选民进行 ARS 投票的，将其包括在最终实施地区巡回投票的开票结果进行开票并公布。

（四）网上投票在最终实施的地区巡回投票开票时一同开票并公布。

（五）为了开票和综合统计所需的开票所基本以广域市、道巡回投票活动场所为主，由选举管理委员会决定具体场所。

第六十三条【投票、开票及参观等】

（一）选举管理委员会可以邀请政府选举管理委员会和警察协助，以保障投票、开票工作的顺利进行。

（二）进行投票和开票时，选举管理委员会委员应进行参观，参观人数由选举管理委员会规定。

（三）选举管理委员会应将候选人在选民中推荐的两名选民指定为投票、开票的参观人，候选人在选举管理委员会指定期间，根据《附录第十四号》向选举管理委员会书面申报推荐的参观人。没有在规定期间内申报投票、开票参观人的候选人，视为放弃参观。

（四）选举管理委员会认为必要时，可以增减第三款规定的投票、开票参观人数。

第六十四条 【候选人的退选】

（一）竞选过程中候选人退出竞选的，对该候选人的投票做无效处理。

（二）候选人在投票开始前退出的，应采取措施，在投票系统上对其不能进行投票，若因时间、技术问题等不能排除退出候选人的，选举管理委员会制定相应措施。

第六十五条 【当选人的决定】

（一）在竞选投票中将各地区巡回投票日公布的开票结果进行单纯合算，获得最高有效票的人，确定为当选人。最高得票者的有效得票数换算为有效得票率，未满百分之五十的，在第一位和第二位候选人之间进行决选投票，确定当选人。

（二）选举期间因退出等原因，候选人成为一人的，经选举管理委员会决定无须进行投票，将该候选人指定为总统候选人。

第十一章　决选投票

第六十六条 【决选投票方法】

（一）决选投票的投票期间和投票日由选举管理委员会决定。（2017.3.3 修改）

（二）决选投票以下列各项方法实施，具体事项由选举管理委员会决定。

1. 全国代议员选举人团在选举管理委员会决定的场所进行投票。

2. 在本次选举中以投票所投票为首选，已记载在投票所投票名册上的权利党员和选民，在本人住所地各广域区投票所进行投票。

3. 本次选举中以 ARS 投票为首选，已记载在 ARS 投票名册上的权利党员和选民，实施 ARS 投票。

4. ARS 投票分为强制性 ARS 投票和自觉性 ARS 投票的方法实施，强制性 ARS 投票和自觉性 ARS 投票依次进行。（2017.3.3 新设）

5. 在外国民选举人团实施网上投票。

（三）决选投票以所有选民一人一票单纯多数制进行。

（四）第二款第一项和第二项的决选投票以电子投票方式进行，但可以经选举管理委员会议决另行决定。

（五）第二款第一项的投票结束后，进行第二项至第五项的开票。

（2017.3.3 修改）

（六）第二款第二项规定的选民，在本次选举中进行投票所投票后，根据选举管理委员会规定的程序，在决选投票中选择 ARS 投票的，可以在决选投票中实施 ARS 投票。

第六十七条【选举活动】

决选投票的选举活动准用第四十八条（联合演讲会）至第五十四条（对违反禁止及限制规定的措施）规定，具体事项由选举管理委员会决定。

第六十八条【决选投票当选人的决定】

（一）将决选投票结果进行单纯合算，获得多数有效票的，确定为决选投票当选人。

（二）选举期间因退出等原因，候选人成为一人的，经选举管理委员会决定无须进行投票，将该候选人指定为总统候选人。

（三）候选人获得相同票数的，由下列各项人员组成的选举人团进行现场投票选出：

1. 党代表；

2. 最高委员；

3. 院内代表；

4. 国会副议长；

5. 全国代议员大会议长及副议长；

6. 常任顾问和顾问；

7. 市、道党委员长；

8. 党所属国会议员；

9. 地区委员长；

10. 党所属市、道知事及市、道议会议长；

11. 党所属区长、市长、郡首。

第十二章　对违规行为的制裁等

第六十九条【对违规行为的制裁】

（一）候选人或选举活动人员违反规定的禁止及限制事项的，选举管理委员会应及时进行审查，依其轻重，根据党规第十一号（选举管理委员会规定）第九条，采取制裁措施。

（二）收到违反禁止、限制规定的申告或知道上述情况发生时，选举管理委员会应及时进行调查。

（三）选举管理委员会的调查结果确认违规内容的，应该采取注意、纠正命令或警告措施，认定该违规行为损害选举的公正性或不履行选举管理委员会措施的，将其移送伦理审判院。

（四）收到选举管理委员会移送的，伦理审判院应自移送之日起三日内，根据党规第十号伦理审判院规定第十五条（伦理审判院决定的种类和方法）做出决定。

（五）选举管理委员会可以上报对检举不当选举行为的申告人给予表彰。

第七十条【对违反中立义务的制裁】

（一）选举管理委员会就本规定第四十五条（不得进行选举活动的人）规定的选举活动，对其行为者采取解任及惩戒邀请等措施，具体遵从下列规定：

1. 委员：解任及党职资格停止以上的严惩；

2. 中央党及市、道党事务职党职者：业务排除及停职以上的严惩；

3. 依据法令不得进行选举活动的人：依据相关法令的告诉及告发。

（二）就第一款的问题，伦理审判院应在选举管理委员会移交伦理审判院之日起三日内，根据党规第十号（伦理审判院规定）第十五条（伦理审判院决定的种类和方法）规定，做出决定。

第七十一条【不服申请】

（一）根据第六十九条（对违规行为的制裁）的规定，对选举管理委员会做出的决定不服的，自收到该通知之时起二十四小时内以书面形式可以向委员会提出不服申请。

（二）收到第一款申请的，应根据党规第十一号（选举管理委员会规定）第九条规定，迅速执行程序。

（三）选举管理委员会对党规第十一号（选举管理委员会规定）第九条第一款第一项和第二项的复审，不能再次提出不服申请。

第七十二条【对妨碍竞选以及不服的制裁】

（一）党代表认定因妨碍竞选以及不服存在重大显著的惩戒理由，并且不及时处理将损毁竞选的公正性，有可能使总统选举候选人的选出发生严重问题的，可以进行紧急惩戒。此时，准用党规第十号（伦理审判院规定）第二十三条（紧急惩戒）规定。

（二）虽有党规第十号（伦理审判院规定）第十六条（惩戒处分的种类）规定，但上述情形依照下列规定进行处分：

1. 党员：停止党员权利，出党、除名等；

2. 选举人团：剥夺选举权、今后禁止参与党内竞选选举人团；

3. 既不是党员也没有参加选举人团的人：妨碍业务及违反其他法令的告诉及告发。

（三）第一款规定的紧急惩戒事由被解除时，应根据惩戒嫌疑人的请求，经过党规第十号（伦理审判院规定）第十条及第二十条规定的程序。

第十三章　补则

第七十三条【ARS 投票审查团】

（一）选举管理委员会为了确保第五十八条（ARS 投票）规定的 ARS 投票的公正实施，下设 ARS 投票审查团。

（二）ARS 投票审查团由包括竞选候选人推荐的专家人员组成，委员的总人数由选举管理委员会议决决定。

（三）ARS 投票审查团可以参与 ARS 投票系统的设计、实施等全过程的审查。

第七十四条【委任规定】

未规定的事项，可以由选举管理委员会议决或根据施行细则规定，不得违反党宪、党规。

附则（2017. 3. 24，第六号）

第一条【施行日】

本规定根据第三十一届党务委员会（2017.3.3）的议决，自最高委员会议决之日起施行。

第二条【关于决选投票的特例】

（一）虽有第五十九条第二款规定，但进行决选投票时，ARS 投票的说明短信的发送时间由选举管理委员会决定。

（二）虽有第六十条第一款的规定，但进行决选投票时，自觉性 ARS 投票的说明短信发送及截止时间由选举管理委员会决定。

（三）决选投票时，虽有第五十五条至六十六条以及附则第一号的规定，但具有相当事由的，可以经选举管理委员会议决另行决定。

共同民主党伦理规范

共同民主党是主导大韩民国民主主义的负责任的政治主体，依据纲领建设正义的社会、统合的社会、更加繁荣与和平的大韩民国，这项任务要求通过遵守高度的道德标准，实现国家利益和党的价值，并为国民服务。党所属公职者、党职者以及党员承诺私人利益服从公共利益，以透彻的使命感和道德性为基础，公正、廉洁地履行职务，使其能够得到国民的信赖和支持，并将自觉履行本伦理规范。

第一条 【目的】

为实践共同民主党党员应当遵守的最高伦理标准，主导民主主义政治发展，建立健全的政治文化，制定本规范。

第二条 【适用范围】

本规范适用于党所属公职者（总统、国会议员、地方自治团体长官、地方议会议员、国务委员等）、党职者（中央党和市、道党的政务职和事务职党职者）等党员。

第三条 【纲领、政纲政策以及党宪、党规的遵守】

（一）党员应当遵守纲领、政纲政策和党宪、党规，诚实履行伦理规范，在日常生活中要做出榜样。

（二）党员应尽党宪、党规规定的党员义务，并对其负责。

（三）党所属公职者、党职者应当接受伦理规范宗旨和实践方法的相关规定教育，并提交伦理规范遵守承诺书。

第四条 【国民尊重和党员间的相互协作】

（一）党员时刻尊重国民，为得到国民的信任，应慎重并深思行动。

（二）党员应以党员之间的相互信任和尊重为基础，为党的发展活动而相互协助。

第五条 【维持品位】

（一）党员不得做出违背社会常规的行为而损毁党的名誉。

（二）党员不得做出暴行、恶言、散布虚假事实等违背国民情绪或损害他人名誉的言行。

（三）党员不得贬低女性、老人、残疾人等社会弱势群体或做出阻碍地区、世代等国民统合的言行。

（四）党员无合理理由不得以性别、人种、肤色、语言、宗教、民族、社会起源、财产或出生等为由进行歧视。

（五）不管何种原因，党员都不得做出使对方产生厌恶感和羞耻心的发言或行动。

（六）党所属公职者和党职者在履行职务时，不得做出高压性言行，应尊重对方，遵守礼仪和信义。

（七）党员在发生国家危机或国家灾难等需要社会自律的情形下，不得做出赌博、娱乐、海外旅行等有悖于国民情绪的行为。

第六条【清廉义务】

（一）党所属公职者和党职者应廉洁地执行职务，不得做出一切不正与腐败行为。

（二）党所属公职者和党职者不得收受与职务所相关的直接或间接的谢礼、赠予或款待（包括相关承诺）。

第七条【诚实义务】

（一）党所属公职者和党职者应基于先党后私和国家利益最优先精神，忠实履行职务，尽职尽责。

（二）党所属公职者应认真参与国会及地方议会相关公职活动。

（三）党职者不得引起业务上的障碍或纠纷，且不得因疏忽对党务履行的管理监督或没有预防可预见的事故而造成党的损失。

第八条【公正履行职务】

（一）党所属公职者和党职者履行职务时，不得以地缘、血缘、学缘、宗教等为由向特定人员提供特惠或歧视特定人员。

（二）竞选党职或公职候选人的党员应遵守《公职选举法》《政党法》，不得做出一切不正行为。

（三）事务职党职者在党内选举中，不得做出劝诱或强迫支持或不支持特定候选人等一切不公正的职务行为。

（四）党所属公职者和党职者不得做出劝诱或强迫站队、加入或参与私人组织等推动党的分裂的行为。

第九条【滥用职权与利权介入的禁止】

（一）党所属公职者和党职者不得利用地位和身份，为确保本人或亲属、特殊关系人等获得普通国民通常得不到的实惠、特别照顾或其他例外的适用，而实施不正当的行为或影响力。

（二）党所属公职者和党职者不得利用执行职务中所知悉的信息，进行财产交易、投资或将信息提供给他人进行财产交易、签订劳务合同或投资等取得、图谋利益的行为。

（三）党所属公职者和党职者，无正当事由不得以私人用途使用或收益公用设施和预算使用的附加服务。

（四）党所属国会议员不得将本人和配偶的民法上的亲属任命为辅佐团。（2017.7.13 新设）

（五）党所属国会议员不得将本人和配偶的民法上的亲属任用为地区委员会以及后援会等与本人职务相关机关的职员。如有重大事由的，应当向党伦理审判院申报，并公开其事由。（2017.7.13 新设）

第十条【不正当请托与收受钱财等的禁止】

（一）党所属公职者和党职者不得为谋取本人或他人的不当利益，而做出妨碍公正执行职务的斡旋、请托等行为。

（二）党所属公职者和党职者退休后不得做出妨碍在职公职者和党职者公正执行职务的斡旋、请托行为。

（三）党所属公职者和党职者不得收受与其职务有直接利害关系人的金钱、有价证券、房地产、物品等或包括使用权的财产利益、接待、款待等有形和无形的利益。但根据《政治资金法》等法律的合法捐赠以及赞助除外。

（四）虽有第三款的规定，但党所属国会议员不得从自己的辅佐团和存在实际雇佣关系的人员处收受以回收工资、赞助等任何名义的不当的金钱。

第十一条【防止利害冲突及回避义务】

（一）党所属公职者和党职者为防止所履行的职务与其直接利害关系相关联而导致公正执行职务出现困难的，应确保职务履行的适当性，以公共利益为优先诚实地履行义务。

（二）认为难以公正执行职务的，可以事先向伦理审判院解释，并回避相关职务。

（三）党所属公职者和党职者应自行回避与本人有直接利害关系和关联的审查和决定，党所属国会议员应克制分配到分管与本人、配偶、民法上的亲属以及特殊关系人等有利害关系的政府部门的国会常任委员会。（2016.7.13 修改）

（四）党职者兼任其他带薪职务的，应当向伦理审判院申报，并得到许可。

第十二条【伦理纲纪的确立】

（一）为了使党员遵守党宪、党规以及伦理规范，党可以实施有关党纪的教育，并可以对未进修者采取措施。

（二）党可以在伦理审判院设置伦理监察官，负责对违反党宪、党规以及伦理规范的调查以及对党纪的咨询等业务。

（三）对违反党宪、党规以及伦理规范的党员，伦理审判院可以做出惩戒处分。

（四）除名的或在惩戒程序过程中退党的，自除名或退党之日起五年内原则上不得进行复党审查。

第十三条【泄露机密与外泄资料的禁止】

党所属公职者和党职者不得泄露职务上知悉的国家机密及党的机密，且不得将国家机关的机密资料及党的保安资料用于私人用途或外泄到外部机关。但从公共利益的角度认为应该优先国民知情权的，可以根据伦理审判院的决定，另行确定。

第十四条【教育义务】

（一）党所属公职者和党职者应每年接受一次以上党内实施的两性平等教育、人权教育、伦理教育、职务的专业性及能力强化教育。

（二）党所属公职者、党职者未接受第一款规定教育的，在公职候选人推荐审查、事务职党职者人事等方面，根据党宪、党规将受到不利影响。

第十五条【申告和惩戒】

（一）知悉党所属公职者、党职者、党员等违反伦理规范事实的，任何人均可向党伦理审判院申告。

（二）根据第一款规定进行申告的，应当出示违反者的个人信息和违反事实，相关申告者和申告事项应予以保密。

（三）受理申告的党伦理审判院调查事实关系，确有违反事实的，可以采取惩戒等必要措施。

第十六条【与其他规定的关系】

（一）施行本伦理规范所必要的细节事项，在党规第十号伦理审判院规定或相关党规中规定。

（二）本伦理规范与党内其他规定有不同解释的，遵循本规范。

伦理审判院规定

［2014.3.27 制定；2015.2.3 修正；2015.7.13 修正；2015.11.9 修正；2016.7.13 修正；2016.8.19 修正；2018.1.17 修正；2018.3.5 修正］

第一章　总则

第一条【目的】

为了规范伦理审判院的组成和运行以及其他必要事项，根据党宪第八章（伦理审判院）的规定，制定本规定。

第二条【职务的独立性】

伦理审判院院长和审判委员依据良心独立履行职务，不受任何人的干涉。

第三条【严守秘密的义务】

伦理审判委员和支援伦理审判院业务的人员不得泄露或盗用职务秘密。

第二章　召集及运行

第四条【中央党伦理审判院院长和任期等】

（一）中央党伦理审判院院长代表委员会，全权负责、指挥各级伦理审判院的会务。

（二）中央党伦理审判院院长因事故等不可避免的原因无法履行职务时，由审判院院长指定的副审判院院长代行其职务。若不能依照第二款规定，则由党代表指定的副审判院院长代行其职务。

（三）中央党伦理审判院的审判院院长和审判委员的任期为两年。

（四）（2016.8.19）删除。

（五）对中央党伦理审判院的业务支援由评价监察局负责。（2016.8.19修改）

（六）虽有本条第三款的规定，但中央党伦理审判委员在任期内申请各级公职选举候选人推荐的，应在该选举日六个月前（再选、补选的，到确定其实施事由为止）辞去中央党伦理审判委员的职务。

（2015.11.9新设，2018.3.5修改）

第五条【召集和议决法定人数等】

（一）中央党伦理审判院在党务委员会或最高委员会提出要求，或中央党伦理审判院院长认为有必要，或三分之一以上在籍委员提出要求时，由中央党伦理审判院院长召集会议。

（二）市、道党伦理审判院在市、道党常务委员会或市、道党运行委员会提出要求，或市、道党伦理审判院院长认为有必要，或三分之一以上的在籍委员提出要求时，由市、道党伦理审判院院长召集会议。

（三）中央党伦理审判院和市、道党伦理审判院以在籍委员过半数的出席召开会议，并以出席委员的过半数赞成议决。

（四）虽有第三款的规定，但党员的除名和党员资格停止，以及对中央党伦理审判院惩戒决定的再审决定，以在籍委员过半数的赞成议决。（2018.1.17修改）

（五）中央党伦理审判委员和市、道党伦理审判委员无正当事由缺席三次以上会议的，中央党伦理审判院院长和市、道党伦理审判院院长可劝其辞职。

第六条【出席要求等】

（一）伦理审判院认为审议案件必要时，可以要求惩戒嫌疑人、请愿人以及其他相关人员（参考人①）出席、陈述并提出其他意见。（2016.8.19修改）

（二）收到第一款要求的党员，无特殊事由不出席、不接受调查或进行虚假陈述的，成为惩罚对象。

第七条【委员的回避】

伦理审判委员属于下列各项之一的，应回避执行职务：

1. 伦理审判委员及其配偶或曾经为配偶的人成为案件的当事人，或者

---

① 参考人：在被伦理审判院接受调查的人员中，除惩戒嫌疑人以外的人。

与案件当事人有共同权利、共同义务或偿还义务关系的情形；

2. 伦理审判委员与当事人有亲属关系的情形；

3. 关于案件伦理审判委员进行证言等的情形；

4. 伦理审判委员曾经是案件当事人的代理人或成为代理人的情形；

5. 伦理审判委员拟在与案件相关的选区申请公职选举候选人推荐的情形。（2015. 11. 9 新设）

第八条【市、道党伦理审判院的业务】

（一）市、道党伦理审判院参照中央党伦理审判院履行业务，但处理市、道党案件时，应及时向中央党报告其经过。

（二）市、道党伦理审判院在中央党伦理审判院提出要求时，应随时提交有关案件的资料，并协助调查。

（三）市、道党伦理审判院的审判院院长和审判委员的任期为两年。

（四）虽有本条第三款的规定，市、道党伦理审判委员在任期内申请各级公职选举候选人推荐的，应在该选举日的六个月前（再、补选的，到确定其实施事由为止）辞去市、道党伦理审判委员的职务。（2015. 11. 9 新设，2018. 3. 5 修改）

第九条【中央党伦理审判院的惩戒管辖】

（一）管辖对国会议员、地方自治团体长官和曾经担任过这些职务的党员、中央委员、党务委员、中央党干部的惩戒，以及对事务职党职者人事委员会或市、道党伦理审判院已审议、议决的惩戒处分者再审审请的审议。（2015. 2. 3，2015. 7. 13，2016. 8. 19 修改）

（二）管辖除党宪第八十五条第一款第三项与第八项中明示的事项以外的由党宪委任的事项。（2015. 2. 3 修改）

第十条【惩戒决定及报告程序】

（一）惩戒事件由各级伦理审判院审查并议决，其结果由中央党伦理审判院院长向最高委员会进行报告，市、道党伦理审判院院长向市、道党委员长进行报告。（2015. 2. 3，2015. 7. 13 修改）

（二）在第一款规定的惩戒事件中，中央党伦理审判院所管辖的案件由中央党伦理审判院审议、表决加以确定，中央党伦理审判院院长将其结果向最高委员会进行报告。（2015. 2. 3，2015. 7. 13 修改）

（三）在第一款规定的惩戒事件中市、道党伦理审判院所管辖的事件，由各级伦理审判院院长将审议、议决的结果向市、道党委员长进行报告，市、道党委员长与市、道党运行委员会进行协商并提交至市、道党常务委员会，最终由市、道党常务委员会的审议、表决加以确定。(2015.2.3，2015.7.13修改)

（四）国会议员、地区委员长、地方自治团体长官和地方议会议员、中央委员、党务委员、中央党党职者或各级伦理审判委员可以在党务委员会上进行解释，但是不能参与该案件的审议和议决。

（五）对国会议员进行党员除名的，在依照第一款和第二款的程序之外，还应得到议员总会上在籍议员过半数的赞成才能议决。

（2015.7.13修改标题）

第三章　表彰

第十一条【表彰】

可以对认定为对党的发展有重大功劳的党员或党外人士以及相关机关进行表彰。

第十二条【表彰的种类等】

（一）表彰的种类分为一级表彰、二级表彰与参照表彰颁发的感谢状等其他表彰。

（二）一级表彰由党代表实施，二级表彰由中央党各机关的委员长或者市、道党委员长实施，其他表彰由党代表等各机关负责人实施。

（三）表彰在建党纪念日或定期全国代议员大会上实施。

（四）虽有第五款至第七款的规定，但党代表可以经最高委员会的议决，对认为有特殊功劳的党员，进行特别表彰。

（五）各级伦理审判院对党员等的表彰案进行审议和议决，中央党将其结果向最高委员会报告，市、道党向市、道党委员长报告。(2015.2.3修改)

（六）市、道党委员长经市、道党运行委员会的议决，提交到市、道党常务委员会。(2015.2.3修改)

（七）表彰案通过最高委员会的报告或市、道党常务委员会的审议、议决加以确定。(2015.2.3修改)

第十三条【表彰标准】

伦理审判院参照下列各项标准选定表彰对象：

1. 对民主主义与和平统一以及国家发展的功劳；

2. 对党的发展的功劳；

3. 其他伦理审判院审议并特别认可的功劳。

第四章　惩戒

第十四条【惩戒的事由及时效】

（一）对党员或党职者的惩戒事由如下：

1. 违反党宪、党规或违反党的指示、决定的情形；

2. 违反党的纲领或党论的情形；

3. 违反伦理规范所规定的纪律的情形；（2015. 2. 3 新设）

4. 散布虚假事实谋害党员或以虚假事实或其他侮辱性的言行影响党员团结的情形；（2015. 7. 13 修改）

5. 泄露党的机密的情形；

6. 严重妨碍党务的情形；

7. 损害党的形象的情形；

8. 根据党宪第九十四条的规定，不公正选举及不服竞选的情形。

（二）对党所属国会议员的惩戒事由如下：（2016. 7. 13 新设）

1. 滥用职权及利权介入；

2. 录用自己与配偶的民法上的近亲属为辅佐人员；

3. 不正当的委托和收受钱财；

4. 从事实雇佣关系人处回收工资及收受赞助金等不正当的金钱；

5. 利害冲突及不履行回避义务；

6. 在其他公务执行中严重损害品位的情形。

（三）第一款的情形，自发生事由之日起两年后，不得进行惩戒。

第十五条【伦理审判院决定的种类和方法】

（一）伦理审判院的决定有惩戒处分、弃却、却下等。（2015. 7. 13 修改）

（二）伦理审判院的决定根据案件的不同以不记名秘密投票、举手投票等不同方式进行。（2015. 7. 13 新设）

（三）第一项决定的内容如下：

1. 惩戒处分：认定惩戒嫌疑时做出的决定；

2. 弃却：认定惩戒申请无正当事由时做出的决定；

3. 却下：对惩戒时效已过或违背惩戒程序的惩戒申请做出的决定；

4.（2015.7.13）删除。

（2015.7.13 修改标题）

第十六条【惩戒处分的种类】

（一）根据第十五条第三款第一项规定的惩戒处分种类如下：

1. 除名：开除党籍；

2. 停止党员资格：停止一个月以上两年以下的党员资格；

3. 停止党职资格：停止一个月以上两年以下的党职资格；

4.（2018.1.17）删除；

5. 警告：用书面或口头方式提醒注意。

（二）具有第十四条第一款、第二款各项规定的惩戒事由，且因事由的重大有必要紧急停止业务的，经伦理审判院的决定，可以解除党职。（2018. 1.17 新设）

第十六条之二【惩戒请愿】

党员可以依照（附录第一号表格），向辖区伦理审判院请愿，对认为具有本规定第十四条第一款规定的惩戒事由或违反伦理规范的党员进行惩戒。（2015.7.13 新设）

第十七条【职权调查命令】

（一）党代表、最高委员会、党务委员会或中央党伦理审判院院长认为党员确有相应行为的，可命令中央党或相关市、道党伦理审判院进行调查。（2015.7.13 修改）

（二）第一款情形中，市、道党伦理审判院不处理的，可以命令市、道党委员长对该党员进行调查，并提交到市、道党伦理审判院。

（三）市、道党伦理审判院未在一个月内执行第一款指示的，中央党伦理审判院通过中央党的调查，可以直接审议、议决惩戒案。

（2015.7.13 修改标题）

第十八条【伦理审判院的调查】

中央党伦理审判院或市、道党伦理审判院在接到惩戒请愿书后，可以进行必要的调查，具有违反第十四条规定嫌疑的，采取惩戒等措施。

（2015.7.13 专门修改）

第十九条【关于诬告的措施】

在各级伦理审判院被判无嫌疑的当事人可以以诬告为由向各级伦理审

判院提出对惩戒请求者进行惩戒的请求。中央党伦理审判院可以以职权惩戒该惩戒请求者。

第二十条【辩解的机会】

各级伦理审判院审议惩戒案时，应给予惩戒嫌疑人对惩戒案进行辩解的机会。但惩戒嫌疑人拒绝一次以上辩解机会的除外。

（2015.2.3 修改）

第二十条之二【惩戒处分】

（一）各级伦理审判院议决惩戒时，应在惩戒议决书（附录第三号表格）的议决内容（事由）栏中具体写明事实上的惩戒事由和党宪、党规或伦理规范中的惩戒依据。

（二）各级伦理审判院在进行惩戒处分时，应在惩戒处分书处附上惩戒议决书副本，通知惩戒处分对象。

（2018.3.5 本条新设）

第二十一条【资格停止的恢复】

（一）收到党员资格停止或党职资格停止处分的党员，可在其停止期间终了后，或中央党伦理审判院，各市、道党常务委员会做出决定后恢复资格。（2015.2.3 修改）

（二）第一款后段规定的内容中，中央党通过中央党伦理审判院的审议、议决，确定党员资格或党职资格的恢复；各市、道党通过各市、道党委员长与各市、道党运行委员会议决，并由各市、道党常务委员会审议、议决，确定党员资格或党职资格的恢复。（2015.2.3 修改）

第二十二条【再审申请及程序】

（一）收到中央党伦理审判院或市、道党常务委员会的惩戒决定的党员，可以自收到该决定之日起七日内向中央党伦理审判院申请再审。

（二）收到惩戒决定的党员申请再审（以下称"再审申请"）的，按照再审申请书（附录第二号表格）申请。此时可以附加可推翻惩戒事由的证明资料或辩解资料。

（三）中央党伦理审判院应自受理再审申请之日起三十日内审议、议决。但申请人请求迅速审议的，可经委员会的决定另行安排。（2015.2.3 修改）

（四）中央党伦理审判院认为再审申请理由成立的，可以另行做出惩戒决定。另外，事务职党职者对本人的惩戒决定申请再审的，伦理审判院应根据党规第十六号事务职党职者人事及服务规定的惩戒种类，决定惩戒程度。（2015.2.3 修改）

（五）第三款及第四款的再审结果由中央党伦理审判院的审议、议决加以确定，中央党伦理审判院院长向最高委员会报告再审结果。（2015.2.3 修改）

（六）中央党伦理审判院应向当事人和相应市、道党委员长通报再审结果。

第二十二条之二【地方议会议员的再审申请及程序】

（一）对市、道党伦理审判院关于地方议会议员的惩戒决定有异议的，受到惩戒决定的党员和请愿人可以向中央党伦理审判院申请再审。

（二）再审的申请和程序准用第二十二条的规定。

（2016.8.19 本条新设）

第二十二条之三【党务委员会的再审要求】

（一）党务委员会对中央党伦理审判院的奖惩案有异议，或认为审查程序有明显瑕疵的，可以通过党务委员会的议决明示事由等，要求中央党伦理审判院进行再审。（2015.2.3 新设）

（二）中央党伦理审判院对第一款的要求进行再审后以审议、议决加以确定，并向最高委员会报告最终审查结果。

（2015.2.3 本条新设）

（2016.8.19 从第二十二条之二移动）

第二十二条之四【惩戒决定的确定时间】

中央党伦理审判院或市、道党常务委员会的惩戒决定的确定时间如下：

1. 再审申请期间结束后的第二天或接收再审放弃书的第二天；

2. 中央党伦理审判院议决再审之时。

（2018.1.17 本条新设）

第二十三条【紧急惩戒】

（一）党代表在选举或其他紧急情况下，认定有明显的惩戒事由，若不及时处理，有可能发生党的重大问题的，虽有第十条（惩戒的程序）及第二十条（辩解的机会）的规定，但可以经党务委员会议决，做出党员资格停止以下的惩戒处分。

（二）第一款紧急惩戒事由的解除，应根据惩戒嫌疑人的请求，经过第十条（惩戒的程序）及第二十条（辩解的机会）的程序。

第五章　教育

第二十四条【伦理规范教育】

（一）中央党伦理审判院为了使党员能够遵守党宪、党规及伦理规范，每年可以实施一次以上的党纪教育。（2016.8.19 修改）

（二）（2016.8.19）删除。

（三）（2016.8.19）删除。

（2015.2.3 本条新设）

第六章　补则

第二十五条【施行规则】

委员会可以通过委员会议决规定施行本规定所必要的施行细则，此细则不得违反党宪、党规。

附则（2018.3.5，第八号）

本规定自党务委员会根据第一百一十七条（党规的制定等）规定，议决之日起施行。

自由韩国党

党　宪

[1997.11.21 制定；1998.4.10；1998.11.26；2000.5.12；2002.2.27；2002.4.2；2002.5.10；2003.4.11；2004.3.4；2004.3.23；2004.5.28；2007.5.21；2007.10.12；2010.2.19；2010.9.30；2011.7.2；2011.7.4；2011.12.19；2012.2.13；2014.2.25；2016.7.14；2016.8.9；2017.2.13 修正；2015.11.17 全面修正]

第一章　总则

第一条【名称】

党的名称是自由韩国党（简称韩国党）。

第二条【目的】

自由韩国党以自由民主主义理念和市场经济原理为基础，最优先考虑起到国家存立和经济成长之根基作用的国家安保，守护大韩民国的国土和主权，保护国民的生命与财产，立志于和平统一。通过保障个人和企业的自由活动，使得挑战精神和成果得到补偿，提高经济的包容性，从而协调共同体责任；通过消除由于收入、地区、年龄层、理念、性别等而引发的差距或歧视，实现国民统合、营造公正的大韩民国。秉持自豪感，进一步发展以前一代的牺牲成就的大韩民国历史；为了确保未来一代的可持续发展，推进财政分配、开发资源和环境、改革制度。通过省察历史性的经验，使得民主主义更加成熟；通过能动地适应新环境的变化、革新，创造国富，使得国民的生活更加幸福。

第三条 【构成】

（一）自由韩国党由中央党与市、道党构成。但实施各级公职选举时，可以在该选区设置选举办公室。

（二）中央党设置于首都，市、道党设置于首尔特别市、广域市以及道、特别自治市、特别自治道（以下称"市、道"）。

第二章　党员

第四条 【要件】

（一）符合政党法规定的标准，认同党的理念和政纲政策的人，可以成为党员。

（二）以党规的形式，规定入党、退党的要件和程序。

第五条 【责任党员】

（一）依照党规的规定，诚实履行党员义务的人视为责任党员。

（二）以党规的形式，规定有关责任党员的其他必要事项。

第六条 【权利以及义务】

（一）根据党宪、党规的规定，党员具有下列权利。但第二项、第四项、第六项的权利仅属于责任党员：

1. 选举权；

2. 被选举权；

3. 参与党的议事决定的权利；

4. 被推荐为公职候选人的权利；

5. 参与党组织活动的权利；

6. 成为党员协议会主要人员的权利；

7. 对党的处分存在异议时，有提出异议的权利。

（二）根据党宪、党规的规定，党员负有下列义务：

1. 遵守党宪、党规的义务；

2. 遵循已决党论和党的命令的义务；

3. 保守履行党务过程中获知的机密；

4. 作为国民的服务人员，具有维持品位、保持清廉生活的义务；

5. 缴纳相应党费的义务；

6. 接受党所实施的相应教育（包括伦理教育）的义务。

（三）根据第八十九条规定，通过议员总会的议决，决定关于国家主要政策、立法案以及提交至国会的各种议案等的党论，必要时可以面向党员实施舆论调查等收集党员的意见。但有议员总会的委任或者紧急事由时，由最高委员会议决定，并应当在事后获得议员总会的追认。

（四）非依党宪或者党规，党员不负担违背其意思的义务，其作为党员的权利不受违背其意思的限制。

（五）为了巩固志愿服务和捐献文化，鼓励党员一人一捐献、一人一服务，在任命或者推荐各类党职和公职选举候选人时，应当特别考虑捐助、服务活动的经历。

（六）当任命或推荐各类党职和公职选举候选人时，应当尽可能地按照选举权人数的比例，保障地区、女性以及青年党员的代表性，并积极扩大包含下列各项内容的参与机会，同时依照党宪或党规的规定施行必要的措施：

1. 当组织各类议决机关的选任型代议员以及选举人团时，女性应当占据百分之五十；

2. 当推荐各类选举（地方选区）的候选人时，女性应当占据百分之三十；

3. 当组织主要党职以及各类委员会时，女性应当占据百分之三十以上。

第六条之二【党员罢免制度】

（一）党代表以及选出职最高委员的行为危及党存立或者违反法令、党宪、党规、伦理纲领时，党员可以提出罢免要求。

（二）以党规的形式，规定关于党员罢免制度的必要事项。

第七条【禁止总统兼任的党职】

当选为总统的党员，在其任期内，不得兼任名誉职以外的党职。

第八条【党和总统的关系】

（一）当选为总统的党员，应当将党的政纲、政策，充实地反映到国政，而党应当积极支持总统的国政运行，并就该结果与总统一起对国民负责。

（二）为了顺利运行国政，党政应当构筑紧密的协助关系。

第八条之二 【与党市、道知事之间的党政协商】

依照最高委员会议的邀请，党市、道知事可以通过出席党的主要会议，陈述意见。

第九条 【党费缴纳义务和党员的权利】

（一）依照党宪或者党规的规定，在选任各类党职以及推荐各类公职候选人和相应过程中，应当优先考虑诚实履行党费缴纳义务的党员。

（二）对于无正当事由而在一定期间内未缴纳党规中党费缴纳基准金额的党员，依照党规的规定可以限制其第六条第一款规定的权利。

（三）对于无正当事由而在一定期间内未缴纳党规中党费缴纳基准金额的党职者，依照党规的规定可以停止其作为党职者的资格。

（四）以党规的形式，规定关于缴纳党费的基准金额和程序、缴纳党费的义务和限制党员权利的事项。

第十条 【志愿服务义务和党员的权利】

（一）针对依照下列各项规定诚实履行志愿服务的党员，各级党部应当尽力关照相应党员，使其优先参与为了选出各类党职以及公职候选人的选举：

1. 在各级选举中，针对党候选人，实施支持活动的党员；

2. 针对由党实施的教育课程，完成进修的党员；

3. 通过参与各级党部的活动，实施志愿服务活动的党员；

4. 通过参与各级党部的志愿服务团，面向国民实施志愿服务活动的党员。

第十一条 【赏罚】

（一）依照党规的规定，奖励对党发展做出贡献的党员。

（二）依照党规的规定，惩戒未完全履行党员义务或者损毁党名誉的党员。

第十二条 【各类常设委员会委员长的连任限制】

党宪第七节、第十节、第十二节至第三十节中的委员会委员长任期为一年，仅可以连任一次。但当有专业性要求或者特别事由时，通过最高委员会议的议决，可以对任期做出另行规定。

第三章 党的机构

第一节 全党大会

第十三条 【组成】

（一）全党大会作为党的最高议决机关，由下列各项的代议员组成，其名额在一万人以内，以党规的形式，规定各项的名额：

1. 党代表；[①]

2. 最高委员（包含院内代表、政策委员会议长）；

3. 常任顾问；

4. 所属于党的市、道知事；

5. 所属于党的国会议员；

6. 党员协议会的运行委员长；

7. 中央职能委员会的主要党职者；

8. 国策咨询委员会委员；

9. 财政委员；

10. 中央党以及市、道党的事务处党职者；

11. 所属于党的自治区、市、郡的长官；

12. 所属于党的市、道议会的议员；

13. 所属于党的自治区、市、郡议会的议员；

14. 不属于第一项至第十三项的全国委员会委员；

15. 通过最高委员会议的议决，选任的党员；

16. 由各市、道党运行委员会推荐的党员；

17. 通过党员协议会推荐，由市、道党运行委员会议决的党员；

18. 国会议员推荐的党员；

19. 由自由韩国党辅佐团协议会推荐的党员。

（二）第一款第十七项至第十八项规定的代议员应当占据代议员总数的百分之五十以上，该任期为确定下一次定期全党大会代议员名册之时为止。

（三）在第一款第十七项规定的代议员中，应当包含代表特殊职能以及网民的党员。

（四）在第一款第十七项规定的代议员中，应当包含残疾人党员。

（五）在第一款第十七项至第十八项规定的代议员中，女性应当占据百分之五十。

（六）在第一款第十七项至第十八项规定的代议员中，未满四十五周岁的党员应当占据百分之二十以上至百分之四十以下。

---

① 【译者注】：这里的党代表为一人，类似于我国中共中央总书记。

（七）以党规的形式，规定全党大会的代议员缺位时的选任方法。

第十四条【职能】

（一）全党大会具有如下职能：

1. 采纳和修改党的纲领；

2. 采纳和修改党宪；

3. 有关党的解散和合并的事项；

4. 指定党代表以及最高委员；

5. 指定总统候选人；

6. 议决以及承认其他关于主要党务的事项；

（二）当难以召集全党大会时，由全国委员会代行第一款规定的各项职能。

第十五条【召集】

（一）全党大会议长每两年召集一次定期全党大会。但当有特别事由时，经最高委员会议的议决，可以变更定期全党大会的召开时期。

（二）当有常任全国委员会的议决，或者有全党大会三分之一以上的在籍代议员要求，再或者有四分之一以上的责任党员要求时，由全党大会议长召集临时全党大会。

（三）全党大会议长在全党大会召开日的五日前，公告召集全党大会的事项。

（四）以党规的形式，规定全党大会的议事等其他必要事项。

第十六条【议长与副议长】

（一）全党大会设议长一人与副议长二人。

（二）全党大会的议长是全国委员会的议长，全党大会的副议长是全国委员会的副议长。

第十七条【议决的规定人数】

在本党宪中没有特别规定的情形下，以在籍代议员过半数的出席和出席代议员过半数的赞成，通过全党大会的议决。

第十八条【全党大会准备委员会】

（一）为了顺利召开全党大会，经最高委员会议的议决，可以设置全党大会准备委员会。

（二）全党大会准备委员会管理大会的准备和进行的事务。但选举管理的相关事项，应当接受中央党选举管理委员会的指示。

（三）以党规的形式，规定其他关于全党大会准备委员会的必要事项。

第二节　全国委员会

第十九条【组成】

（一）为了审议、议决全党大会的受任事项和关于党务的主要事项，设置全国委员会，其名额在一千人以内，任期为一年，以党规的形式，规定下列各项的名额：

1. 党代表；

2. 最高委员（包含院内代表、政策委员会议长）；

3. 所属于党的国会副议长；

4. 全党大会的议长、副议长；

5. 常任顾问；

6. 事务总长；

7. 中央职能委员会的议长；

8. 市、道党委员长；

9. 所属于党的市、道知事；

10. 中央党的各类委员会委员长；

11. 所属于党的国会议员；

12. 党员协议会的运行委员长；

13. 市、道议会的议长；

14. 所属于党的市、道议会的议员代表

15. 中央党以及市、道党的事务处一级党职者；

16. 所属于党的自治区、市、郡的长官；

17. 所属于党的自治区、市、郡议会的议员；

18. 国策咨询委员会的主要人员；

19. 财政委员会的主要人员；

20. 市、道党大会选出的全国委员；

21. 职能常任全国委员以及由中央职能委员会选出的全国委员；

22. 女性常任全国委员以及由市、道女性委员会的运行委员会选出的女性全国委员；

23. 青年常任全国委员以及由市、道青年委员会的运行委员会选出的青年全国委员；

24. 残疾人常任全国委员以及由市、道残疾人委员会的运行委员会选出的残疾人全国委员；

25. 考虑职能和阶层，通过最高委员会议的议决，选任的二十名全国委员。

第二十条 【职能】

（一）全国委员会具有下列职能：

1. 采纳和修改党的基本政策；

2. 处理全党大会委任的事项；

3. 当难以召集全党大会时，代行全党大会的职能；

4. 当最高委员缺位时，选出最高委员；

5. 审议、议决由全党大会或者议员总会提交的事项；

6. 审议、议决其他主要党务。

（二）以党规的形式，规定关于全国委员会的其他必要事项。

第二十一条 【召集以及议事】

（一）当有常任全国委员会的议决，或者有最高委员会议的议决，再或者有三分之一以上的在籍委员要求时，由全国委员会的议长召集全国委员会。

（二）全国委员会的议长在委员会召开日的三日前，公告召集全国委员会的事项。

（三）全国委员会的议决规定人数，准用第八十九条的规定。

第二十二条 【议长团】

（一）经全国委员的互选，选出全国委员会的议长；经全国委员会的议决，由议长指定两名副议长；议长与副议长的任期为一年。

（二）全国委员会的议长以及副议长不得兼任其他党职。

（三）以党规的形式，规定禁止兼职的党职范围和有关选出方式的事项。

第三节　常任全国委员会

第二十三条 【组成】

（一）为了审议、议决党务的主要事项，设置一百人以内的常任全国委员会。

（二）全国委员会的议长与副议长担任常任全国委员会的议长与副议长。

（三）常任全国委员会的委员由全国委员会委员中的下列各项的委员组成，其任期为一年，以党规的形式，规定各项的名额：

1. 全国委员会的议长、副议长；

2. 所属于党的国会常任委员长；

3. 市、道党的委员长；

4. 议员总会选任的国会议员；

5. 院外党员协议会的运行委员长协议会选任的常任全国委员；

6. 经最高委员会议的协商，由党代表任命的五名职能常任全国委员；

7. 经最高委员会议的协商，由党代表任命的五名女性常任全国委员；

8. 经最高委员会议的协商，由党代表任命的三名青年常任全国委员；

9. 经最高委员会议的协商，由党代表任命的三名残疾人常任全国委员；

10. 所属于党的市、道议会的议员代表；

11. 所属于党的自治区、市、郡议会的全国议员代表。

（四）常任全国委员会的委员不得兼任除了选出职以外的其他党职，以党规的形式，规定禁止兼职的党职范围。

（五）以党规的形式，规定关于常任全国委员会的其他必要事项。

第二十四条【职能】

常任全国委员会具有下列职能：

1. 审议以及制作纲领、基本政策、党宪的议案；

2. 制定、修改或者废止党规；

3. 要求召集临时全党大会；

4. 要求召集全国委员会；

5. 有权解释党宪、党规；

6. 议决全国委员会提交的案件；

7. 要求纠正违背党宪、党规的最高委员会议的决定或者认为明显不当的事项；

8. 听取党主要政策报告以及审议、处理其他有关运行党务的主要事项和最高委员会议提交的事项。

第二十五条 【召集以及议决的规定人数】

（一）常任全国委员会区分为定期会议和临时会议。

（二）原则上每月召集两次定期会议，当有最高委员会议的议决或者有四分之一以上的在籍委员要求以及议长认为发生了紧急争议问题时，由议长召集临时会议。

（三）常任全国委员会的议决规定人数，准用第八十九条的规定。

第四节　党代表以及最高委员

第二十六条 【地位和权限】

（一）党代表在法律上、对外层面上代表党，统辖党务。

（二）为了扩大党内沟通以及顺利履行党务，党代表定期召开下列各项会议：

1. 由中央党主要党职者、各类委员会委员长出席的党职者扩大会议；

2. 由党代表等中央党主要党职者出席的院外党员协议会的运行委员长会议。

（三）为了顺利履行党务，党代表在必要时，可以召集党职者会议，组织特别委员会。但当组织特别委员会时，应当获得最高委员会议的追认。

（四）党代表具有党职者人事方面的任免权以及推荐权。

（五）以党规的形式，规定关于党代表权限的其他必要事项。

第二十七条 【党代表的选出】

（一）在舆论调查和为了选出党代表的选举人团实施的选举中，选出得票最多的人，通过全党大会，指定为党代表。

（二）当决定党代表当选人时，党代表选出选举人团有效投票结果占百分之七十，舆论调查结果占百分之三十。但当登记候选人仅为一人或者在选举期间候选人因中途退选等事由仅剩一人时，根据为了选出党代表以及最高委员的选举管理委员会的决定，可以不予实施针对候选人的投票，通过全党大会，指定该候选人为党代表。

（三）由于党代表的缺位或者其他事由，引发选出党代表的事由时，依照下列各项规定处理：

1. 当缺位的党代表剩余任期不足六个月时，由院内代表继承该职务。但当院内代表有故时，直到选出新任院内代表之前，在选出职最高委员中，以选举得票最多的委员顺序继承；

2. 当缺位的党代表剩余任期在六个月以上时，应当自缺位之日起六十日以内，召开临时全党大会，依照第一款以及第二款的规定，重新指定被选出的党代表。

（四）第三款第一项以及第二项的任期是前任的剩余任期。

（五）以党规的形式，规定关于选出党代表的其他必要事项。

第二十八条 【选出职最高委员】

（一）在舆论调查和为了选出最高委员的选举人团实施的选举中，将第一位至第四位得票最多者视为选出职最高委员。但当在四位得票最多者中无女性当选者时，由女性候选人中得票最多的人代替第四位得票最多者，成为最高委员。

（二）当选举选出职最高委员的候选人不足四人时，经全国委员会的议决，由党代表任命剩余名额的选出职最高委员。

（三）当选出职最高委员缺位时，自发生该事由之日起三十日以内，通过全国委员会选出最高委员，其任期为前任的剩余任期。但当剩余任期不足两个月时，则另当别论。

（四）当决定选出职最高委员当选人时，最高委员选出选举人团有效投票结果占百分之七十，舆论调查结果占百分之三十。

第二十八条之二 【青年最高委员】

（一）在舆论调查和为了选出青年最高委员的选举人团实施的选举中，选出得票最多的人，通过全党大会，指定为青年最高委员。

（二）当决定青年最高委员当选人时，青年最高委员选出选举人团有效投票结果占百分之七十，舆论调查结果占百分之三十。但当登记候选人仅为一人或者在选举期间候选人因中途退选等事由仅剩一人时，根据为了选出党代表以及最高委员的选举管理委员会的决定，可以不予实施针对候选人的投票，通过全党大会，指定该候选人为青年最高委员。

（三）当无人申请青年最高委员的候选人时，经全国委员会的议决，由党代表任命青年最高委员。

（四）当青年最高委员缺位时，自该事由发生之日起三十日以内，通过全国委员会选出青年最高委员，其任期为前任的剩余任期。但当剩余任期不足两个月时，则另当别论。

第二十八条之三【选举人团】

以党规的形式，规定有关组建选出党代表以及选出职最高委员的选举人团、选出青年最高委员的选举人团事项。

第二十八条之四【对候选人的预备审查（cutoff）制度】

当选举党代表、选出职最高委员、青年最高委员时，为了确保当选人的代表性以及防止盲目提名候选人，可以实施针对候选人的预备审查（cut-off）。

第二十九条【任期】

党代表和最高委员的任期为两年。

第三十条【权限代行】

当党代表缺位时，在选出党代表之前，以院内代表、选出职最高委员中选举得票最多的委员顺序代行党代表权限。但当无代行权限的院内代表、选出职最高委员时，由当选次数最多的议员代行；当有两名以上当选次数最多的议员时，以年长者顺序代行党代表权限。

第三十条之二【职务代行】

因事故等原因，当党代表无法履行职务时，以院内代表、最高委员中选举得票最多的委员顺序代行党代表职务。

第三十一条【咨询以及辅佐机关】

（一）经最高委员会议的协商，党代表可以在党的元老以及社会领导级别的人士中，委任常任顾问，作为有关党务的党代表咨询机关。

（二）经最高委员会的协商，党代表委任总统竞选候选人为常任顾问；委任为常任顾问的总统竞选候选人可以出席各种会议，并陈述关于全部党务的个人意见。

（三）为了辅佐党代表，党代表可以设置由其任命的党代表秘书室长与特别辅佐人。

（四）以党规的形式，规定关于党代表咨询以及辅佐机关的其他必要事项。

第五节　最高委员会议

第三十二条【组成】

（一）为了统辖、调整党务，设置最高委员会议，作为全体党务的审议、议决机关。

（二）最高委员会议由下列各项的委员组成：

1. 党代表；

2. 院内代表；

3. 依照第二十八条第一款规定，选出的四名最高委员；

4. 依照第二十八条之二第一款规定，选出的一名青年最高委员；

5. 党代表经最高委员会议的协商，指定的一名最高委员；

6. 政策委员会的议长；

（三）党代表担任最高委员会议的议长。

第三十三条【职能】

（一）最高委员会议具有下列职能：

1. 要求召集全国委员会和常任全国委员会；

2. 要求召集议员总会；

3. 对任命事务总长等需要由最高委员会议协商的党职者进行协商；

4. 对任免公荐管理委员长等需要由最高委员会议议决的党职者进行议决；

5. 议决国会议员候选人等公职候选人；

6. 议决党的预算、决算和会计监察；

7. 审议、议决全国委员会或者议员总会提交的事项；

8. 处理其他有关运行党务的主要事项；

9. 审议、议决其他主要党务。

第三十四条【召集和议事】

（一）原则上由议长每周召集一次最高委员会议，当议长认为必要或者有三分之一以上的在籍委员要求时，召集临时会议。

（二）以党规的形式，规定关于最高委员会议的其他必要事项。

第三十五条【议决的规定人数】

最高委员会议的议决规定人数，准用第八十九条的规定。但当赞成与否定同数时，党代表具有决定权。

第六节　党务执行机构

第三十六条【组成】

为了执行党务，在中央党设置中央事务处；在市、道党设置市、道党事务处。

第三十七条 【党务执行机构】

（一）在中央事务处设置总揽党战略、组织、宣传、人事、财政的事务总长与支援其职务的战略企划副总长、组织副总长、宣传本部长（副总长级别），并设置直属于党代表的发言人。

（二）战略企划副总长管理主要政治争议问题、战略、人事和财政事务。

（三）组织副总长管理党组织、对外协作和在外同胞事务。

（四）宣传本部长管理党宣传、新媒体和有关国际层面的事务。

（五）当事务总长因事无法履行职务时，以战略企划副总长、组织副总长、宣传本部长的顺序代行事务总长的职务。

（六）根据党规的规定，可以在中央事务处设置必要的部门。

第三十八条 【任命】

党代表经最高委员会议的协商，任命事务总长、战略企划副总长、组织副总长、宣传本部长和发言人。

第三十九条 【事务处党职者人事委员会】

（一）为了审议党务执行机构、院内对策委员会以及政策委员会下设的事务处党职者人事问题，设置以事务总长为委员长的事务处党职者人事委员会。

（二）经事务处党职者人事委员会的审议，通过事务总长的推荐，汇报至最高委员会议后，由党代表任命事务处党职者。

（三）以党规的形式，规定运行事务处党职者人事委员会的其他必要事项和各部门的职能、服务以及关于任命事务处党职者程序的其他必要事项。

第七节　中央职能委员会

第四十条 【组成和职能】

（一）为了向各类职能团体扩散党支持度、扩大各类职能团体人士的政治参与机会，设置中央职能委员会。

（二）中央职能委员会选出符合第十九条第二十一项规定的全国委员，以党规的形式，规定选出方式等其他必要事项。

（三）以党规的形式，规定关于中央职能委员会的其他必要事项。

第四十一条【组成人员】

（一）中央职能委员会设一名议长、一名首席副议长、二十名以内的副议长（包含市、道党联合会会长的代表）以及各专门委员会委员长。

（二）党代表经最高委员会议的协商，任命议长；党代表经最高委员会议的协商，任命由议长推荐的首席副议长与副议长。

第四十二条【中央职能委员会运行委员会以及专门委员会】

（一）设置中央职能委员会的运行委员会，作为中央职能委员会的受委托机关。

（二）中央职能委员会在必要时，可以设置专门委员会。

（三）以党规的形式，规定关于中央职能委员会的运行委员会和专门委员会的其他必要事项。

（四）可以设置管理专门委员会的若干名本部长，党代表经中央职能委员会议长的推荐，通过最高委员会议的协商，任命本部长。

第八节　伦理委员会

第四十三条【组成】

（一）为了强化党的伦理意识、维持纪纲、振作纪风，设置伦理委员会。

（二）党代表经最高委员会议的议决，任命伦理委员会的委员；伦理委员会由十五名以内的委员组成；其中，包含委员长在内的三分之二以上委员，应当是党外人士。

（三）伦理委员会设置一名委员长与若干名副委员长；党代表经最高委员会议的议决，在委员中任命委员长与副委员长。

（四）伦理委员会认为有必要实施内部调查的案件，为了调查该案件可以设置伦理官；委员长经伦理委员会的协商，在委员中指定伦理官。

（五）以党规的形式，规定有关伦理委员会的其他必要事项。

第四十四条【职能】

伦理委员会具有下列职能：

1. 审议、制定、修改伦理纲领、伦理规则等；

2. 要求党务监察委员会调查重大伦理案件；

3. 要求党务监察委员会对已经终结的案件，进行再审查；

4. 对于惩戒案件，当党务监察委员会拒绝再审查或者对党务监察委员会的再审查结果有异议时，直接发回、审议以及议决；

5. 对违反党宪、党规以及伦理规则或者存在其他不法行为的党员，审议、议决其惩戒处分；

6. 对党发展有功劳的党员、各级党的机构，审议、议决对其进行的表彰；

7. 作为对党发展具有显著贡献的人，当其属于非党员、非党的机关时，审议、议决向其授予的感谢状；

8. 其他需要由伦理委员会审议的人事事项。

第九节　党务监察委员会

第四十五条 【组成】

（一）为了提高党务的透明度和信赖，在党代表直属下设置党务监察委员会。

（二）党代表经最高委员会议的议决，任命党务监察委员；党务监察委员会由十五名以内的委员组成；其中，包含委员长在内的三分之二以上委员，应当是党外人士。

（三）党务监察委员会设一名委员长与若干名副委员长；党代表经最高委员会议的议决，在委员中任命委员长与副委员长。

（四）党务监察委员会独立行使属于其权限范围内的职务。

（五）以党规的形式，规定党务监察委员会的委员资格要件等其他必要事项。

第四十六条 【职能】

党务监察委员会具有下列职能：

1. 针对党国会议员、院外党员协议会运行委员长、广域以及基础团体长官、中央党以及市和道党事务职党职者、政策研究所的主要人员，调查其违反党宪、党规行为或者社会上的非议、违纪、违规等不正当事件，以及管理相关资料；

2. 对经调查认为有必要进行惩戒的案件，向中央伦理委员会移交惩戒；

3. 调查最高委员会议或者中央伦理委员会以及市、道党伦理委员会提出的重大伦理案件；

4. 监察市、道党以及党员协议会的党务；

5. 针对中央党以及市、道党事务处和政策研究所，进行职务监察以及特别审计；

6. 调查党务监察委员会认为必要的其他事项。

第十节　财政委员会

第四十七条 【组成】

（一）为了制定健全的党财政对策、有效施行财政对策，设置财政委员会。

（二）财政委员会由党代表经最高委员会议的协商而任命的委员组成。但可以根据需要设置顾问和咨询委员。

（三）财政委员会设一名委员长与若干名副委员长；党代表经最高委员会议的议决，在委员中任命委员长与副委员长。

（四）以党规的形式，规定关于财政委员会的其他必要事项。

第四十八条 【职能】

（一）财政委员会具有下列职能：

1. 编制党的预算以及决算；

2. 管理以及支出党的运行资金；

3. 其他关于党财政的事项。

（二）各级党的机构应当定期向财政委员会提交为了编制第一款第一项的党运行资金的预算明细。

（三）以党费、国库补助金、寄托金、其他收益金充当第一款第二项的党运行资金。

（四）接受财政委员会预算支付的党机构，应当向财政委员会提交预算执行明细。

（五）在一个会计年度内，财政委员会应当按季度向预算决算委员会提交决算明细。

第四十九条 【准则】

财政委员会经最高委员会议的议决，可以规定预算的编制、执行、党费缴纳基准金额以及缴纳程序的准则。

第十一节　公职候选人推荐机构

第五十条 【地方选区国会议员候选人的公荐管理委员会】

（一）为了执行地方选区国会议员候选人推荐等相关事务，在中央党内设置地方选区国会议员候选人公荐管理委员会（以下称"公荐管理委员会"）。

（二）党代表经最高委员会议的议决任命委员，公荐管理委员会由十名以内的委员组成；其中，三分之二以上的在籍委员应当是党外人士。但最高委员不可以兼任地方选区公荐管理委员。

（三）公荐管理委员会设一名委员长与若干名副委员长；党代表经最高委员会议的议决，在委员中任命委员长与副委员长。

（四）在选举日的一百二十日前，组建公荐管理委员会。

（五）经最高委员会议的议决，确定公荐管理委员会的候选人推荐；最高委员会议具有对公职候选人推荐的再议议决权。

（六）虽有第五款最高委员会议的再议议决权，但是当公荐管理委员会以三分之二以上在籍委员同意再次通过相应公职候选人的推荐议案时，最高委员会议应当遵循该决定。

（七）公荐管理委员会履行下列各项职能：

1. 公开招募由党推荐的国会议员候选人；

2. 审查或者选定党国会议员候选人；

3. 选定优先推荐的地区。

（八）以党规的形式，规定关于公荐管理委员会的其他必要事项。

第五十一条【比例代表国会议员候选人的公荐委员会】

（一）为了执行比例代表国会议员候选人推荐相关事务，在中央党内设置比例代表国会议员候选人公荐委员会（以下称"比例代表公荐委员会"）。

（二）党代表经最高委员会议的议决而任命委员，比例代表公荐委员会由十名以内的委员组成；其中三分之二以上的在籍委员，应当是党外人士。但最高委员以及地方选区公荐管理委员不可以兼任比例代表公荐委员。

（三）比例代表公荐委员会设一名委员长与若干名副委员长；党代表经最高委员会议的议决，在委员中任命委员长与副委员长。

（四）在选举日的一百二十日前，组建比例代表公荐委员会。

（五）经最高委员会议的议决，确定比例代表公荐委员会的候选人推荐行为；最高委员会议具有对公职候选人推荐的再议要求权。

（六）虽有第五款最高委员会议的再议要求权，但是当比例代表公荐委员会三分之二以上在籍委员的同意再次通过相应公职候选人的推荐议案时，最高委员会议应当遵循该决定。

（七）比例代表公荐委员会履行下列各项职能：

1. 公开招募由党推荐的比例代表国会议员候选人；

2. 审查或者选定党比例代表国会议员候选人。

（八）以党规的形式，规定关于比例代表公荐委员会的其他必要事项。

第五十二条【国会议员选举的国民公荐陪审员团】

（一）为了公正透明地推荐国会议员选举候选人，在中央党内设置国会议员选举的国民公荐陪审员团。

（二）国会议员选举的国民公荐陪审员团由党代表经最高委员会议的议决任命的下列各项中的五十名委员组成：

1. 通过考虑性别、年龄、地区、职业等，随机募集的三十五名一般国民；

2. 社会各阶层中具有代表性的十五名专家以及党员。

（三）国会议员选举的国民公荐陪审员团设置由党代表经最高委员会议的议决任命的一名委员长与若干名副委员长。

（四）在选举日的一百二十日前，组建国会议员选举的国民公荐陪审员团。

（五）国会议员选举的国民公荐陪审员团履行下列各项职能：

1. 审查地方选区公荐管理委员会对竞选候选人实施的压缩结果是否不适格；

2. 针对地方选区公荐管理委员会对等额推荐的审查结果，审查其是否不适格；

3. 针对优先推荐的地区以及推荐的候选人，审查其是否不适格；

4. 为了压缩比例代表公荐申请者，审查其是否不适格；

5. 审查比例代表候选人是否不适格。

（六）针对受到国民公荐陪审员团"不适格"评价的候选人，地方选区国会议员公荐管理委员会和比例代表国会议员公荐委员会不可以提请最高委员会议的议决。

（七）以党规的形式，规定关于国会议员选举的国民公荐陪审员团的其他必要事项。

第五十三条【地方选举的公职候选人推荐机构】

（一）为了执行地方选举的候选人公荐相关事务，在中央党与市、道党内各设公职候选人推荐管理委员会（以下称"公荐管理委员会"），并在市、道党内设置比例代表公职候选人推荐委员会（以下称"比例代表公荐委员会"）。

（二）中央党的公荐管理委员会由二十名以内的党内外委员组成，其委员由党代表经最高委员会议的议决任命；市、道党的公荐管理委员会（包括比例代表公荐委员会），由二十名以内的党内外委员组成，其委员经市、道党运行委员会的议决，由市、道党委员长推荐，并最终由党代表经最高委员会议的议决任命；但最高委员不得兼任公荐管理委员。

（三）中央党的公荐管理委员会设一名委员长与若干名副委员长；党代表经最高委员会议的议决，在委员中任命委员长与副委员长；市、道党的公荐管理委员会（包括比例代表公荐委员会）设一名委员长与若干名副委员长；经市、道党运行委员会的议决，由市、道党委员长推荐，并最终由党代表经最高委员会议的议决任命。

（四）经最高委员会议的议决，确定中央党的公荐管理委员会审查的事项；经市、道党运行委员会的议决和最高委员会议的议决，确定市、道党的公荐管理委员会（包括比例代表公荐委员会）审查的事项。但对于各级公荐管理委员会审查的事项，最高委员会议具有再议要求权。

（五）虽有第四款最高委员会议的再议要求权，但是当公荐管理委员会以三分之二以上在籍委员的同意再次通过该公职候选人的推荐议案时，最高委员会议应当遵循该决定。

（六）公荐管理委员会具有下列各项职能。但市、道党的比例代表公荐委员会仅具有下列第一项和第二项的权限：

1. 公开招募党各类公职候选人；

2. 审查或者选定党各类公职候选人；

3. 选定优先推荐的地区。

（七）以党规的形式，规定关于地方选举的公职候选人推荐的其他必要事项。

第五十四条【地方选举的国民公荐陪审员团】

（一）为了公正透明的推荐地方选举的候选人，在中央党与市、道党内设置国民公荐陪审员团。

（二）中央党以及市、道党的国民公荐陪审员团，各由三十人以上的社会各阶层专家以及具有代表性的人士组成。

（三）党代表经最高委员会议的议决，任命中央党的国民公荐陪审员团成员；经市、道党运行委员会的议决以及市、道党委员长的推荐，由党代表经最高委员会议的议决，任命市、道党的国民公荐陪审员团成员。

（四）中央党的国民公荐陪审员团在市、道知事以及自治区、市、郡长官的候选人中，将下列第一项的内容视为审议对象；市、道党的国民公荐陪审员团在市、道议会议员以及自治区、市、郡议会议员的候选人中，将下列第二项的内容视为审议对象：

1．市、道知事以及自治区、市、郡长官：优先推荐地区的候选人；

2．市、道议会议员以及自治区、市、郡议会议员：优先推荐地区以及比例代表的候选人。

（五）以党规的形式，规定地方选举国民公荐陪审员团的运行等其他必要事项。

第十二节　人权委员会

第五十五条【组成以及职能】

（一）为了调查人权侵害案件的真相以及制定对策，制定、推进为伸张人权的党的政策，研究、改善人权相关法令和制度，设置人权委员会。

（二）人权委员会由党代表经最高委员会议的协商任命的委员组成。

（三）人权委员会设一名委员长与若干名副委员长；党代表经最高委员会议的协商，在委员中任命委员长与副委员长。

（四）人权委员会设朝鲜人权以及脱北者、拉北者委员会。

（五）以党规的形式，规定关于人权委员会的其他必要事项。

第十三节　法律咨询委员会

第五十六条【组成】

（一）为了提供有关党务的法律支持，设置法律咨询委员会。

（二）法律咨询委员会由党代表经最高委员会议协商任命的三十名以内的委员组成，市、道党法律咨询委员会由十名以内的委员组成。

（三）法律咨询委员会设一名委员长与若干名副委员长。

（四）以党规的形式，规定关于法律咨询委员会的其他必要事项。

第五十七条【职能】

法律咨询委员会具有下列职能：

1. 支援中央党的法律争讼案件；

2. 提供有关党务的法律咨询；

3. 支援国会议员的信访官制度；

4. 其他关于法律咨询的事项。

第十四节　国民共感战略委员会

第五十八条【组成以及职能】

（一）为了筹划对主要争议问题获取国民共感的战略，设置国民共感战略委员会。

（二）国民共感战略委员会由党代表经最高委员会议协商任命的委员组成。

（三）国民共感战略委员会设一名委员长与若干名副委员长；党代表经最高委员会议的协商，在委员中任命委员长与副委员长。

（四）以党规的形式，规定关于国民共感战略委员会的其他必要事项。

第十五节　人才引进委员会

第五十九条【组成】

（一）为了发掘党的各类选举候选人、执行人才引进相关事务，设置人才引进委员会。

（二）人才引进委员会由党代表经最高委员会议协商任命的二十名以内的委员组成。

（三）人才引进委员会设一名委员长与若干名副委员长；党代表经最高委员会议的协商，在委员中任命委员长与副委员长。

（四）经人才引进委员会审查的事项，应当通过最高委员会议的议决，确定该事项。

（五）在推荐各类选举中的公职候选人或者党职，或者组建党员协议会的情形下，被引进的人才不受第六条第一款但书的限制。

（六）以党规的形式，规定关于人才引进委员会的其他必要事项。

第六十条【职能】

人才引进委员会具有下列职能：

1. 发掘各类选举候选人以及人才引进事务；

2. 协助、强化与市民、社会团体以及职能团体之间的纽带关系；

3. 构筑与在野团体以及相关利益集团之间的交流渠道和相互协作体系；

4. 针对引进人才的作用以及地位，提出建议；

5. 对党外特定人才、团体活动支援建议；

6. 管理外部人士的简历以及主要活动资料；

7. 针对社会各界专家以及感动国民的人物，收集以及管理相应专家和人物的信息；

8. 管理为了在组建各类党的机构时运用的人才库；

9. 管理在各类党的机构中活动过的委员长以及委员的人物信息；

10. 实施其他由委员会决定的事务。

第十六节　国策咨询委员会

第六十一条【组成以及职能】

（一）为了应对最高委员会议对党运行的咨询，设置国策咨询委员会。

（二）国策咨询委员会设一名委员长与若干名副委员长，由党代表经最高委员会议的协商任命。

（三）国策咨询委员会由党代表经最高委员会议的审议任命的委员组成。

（四）以党规的形式，规定关于国策咨询委员会的其他必要事项。

第十七节　银发一代委员会

第六十二条【组成以及职能】

（一）为了银发一代的政治参与，制定银发一代的政策和执行关于银发一代的其他事务，设置银发一代委员会。

（二）银发一代委员会由党代表经最高委员会议的协商任命的委员组成。

（三）银发一代委员会设一名委员长与若干名副委员长，由党代表经最高委员会议的协商任命。

（四）以党规的形式，规定关于银发一代委员会的其他必要事项。

第十八节　女性委员会

第六十三条【组成以及职能】

（一）为了面向女性扩散党的支持度、扩大女性的政治参与、制定提高女性权益的综合对策以及有效实施相应对策，设置女性委员会。

（二）女性委员会由通过女性委员长的推荐和最高委员会议的协商，最终由党代表任命的委员组成。

（三）女性委员会设一名委员长与若干名副委员长。

（四）党代表经最高委员会议的协商，任命女性委员长。

（五）党代表经最高委员会议的协商，任命符合第二十三条第三款第七项规定的常任全国委员。

（六）经女性委员长的推荐，由党代表经最高委员会议的协商，任命女性委员会的副委员长。

（七）以党规的形式，规定关于女性委员会的其他必要事项。

第十九节　青年委员会和大学生委员会

第六十四条【组成以及职能】

（一）为了面向青年扩散党的支持度、扩大青年的政治参与机会，设置青年委员会。

（二）青年委员会由通过青年委员长的推荐和最高委员会议的协商，最终由党代表任命的委员组成。

（三）青年委员会设一名委员长与若干名副委员长。

（四）党代表经最高委员会议的协商，任命青年委员长。

（五）党代表经最高委员会议的协商，任命符合第二十三条第三款第八项规定的常任全国委员。

（六）经青年最高委员的推荐，由党代表经最高委员会议的协商，任命青年委员会的副委员长。

（七）以党规的形式，规定关于青年委员会的其他必要事项。

第六十四条之二【组成以及职能】

（一）为了扩大大学生的政治参与机会、面向大学生扩散党的支持度，设置大学生委员会。

（二）大学生委员会由通过大学生委员长的推荐和最高委员会议的协商，最终由党代表任命的委员组成。

（三）大学生委员会设一名委员长与若干名副委员长。

（四）党代表经最高委员会议的协商，任命大学生委员长。

（五）以党规的形式，规定关于大学生委员会的其他必要事项。

第二十节　数码政党委员会

第六十五条【组成以及职能】

（一）为了实现数码政党，通过网络扩散党的支持度以及扩大网民的政治参与机关，设置数码政党委员会。

（二）数码政党委员会由党代表经最高委员会议协商任命的委员组成。

（三）数码政党委员会设一名委员长与若干名副委员长，由党代表经最高委员会议的协商任命。

（四）以党规的形式，规定关于数码政党委员会的其他必要事项。

第二十一节　残疾人委员会

第六十六条【组成以及职能】

（一）为了面向残疾人扩散党支持度、扩大残疾人的政治参与、制定提高残疾人权益的综合对策以及有效实施相应对策，设置残疾人委员会。

（二）残疾人委员会由通过残疾人委员长的推荐和最高委员会议的协商，最终由党代表任命的委员组成。

（三）残疾人委员会设一名委员长与若干名副委员长。

（四）党代表经最高委员会议的协商，任命残疾人委员长；通过委员长的推荐，由党代表经最高委员会议的协商，任命副委员长。

（五）党代表经最高委员会议的协商，任命符合第二十三条第三款第九项规定的常任全国委员。

（六）残疾人委员会主管选举符合第十九条第二十四项规定的全国委员；以党规的形式，规定关于选出方式以及程序等的其他必要事项。

（七）以党规的形式，规定关于残疾人委员会的其他必要事项。

第二十二节　宣传委员会

第六十七条【组成以及职能】

（一）为了宣传党的理念、政纲、政策以及党的活动等，设置宣传委员会。

（二）宣传委员会由党代表经最高委员会议的协商任命的委员组成。

（三）宣传委员会设一名委员长与若干名副委员长；党代表经最高委员会议的协商在委员中任命委员长与副委员长。

（四）以党规的形式，规定关于宣传委员会的其他必要事项。

第二十三节　地方自治委员会

第六十八条【组成以及职能】

（一）为了促进地方自治制度、开发关于地方自治的政策以及顺利进行党政协商，设置地方自治委员会。

（二）地方自治委员会由党代表经最高委员会议的协商任命的委员组成。

（三）地方自治委员会设一名委员长与若干名副委员长；党代表经最高委员会议的协商在委员中任命委员长与副委员长。

（四）以党规的形式，规定关于地方自治委员会的其他必要事项。

第二十四节　对外协作委员会

第六十九条【组成以及职能】

（一）为了与市民、社会团体以及职能团体进行交流，扩大对国民的服务活动，使党员能够随时向国民贡献自己的才能，设置对外协作委员会。

（二）对外协作委员会由党代表经最高委员会议的协商而任命的委员组成。

（三）对外协作委员会设一名委员长与若干名副委员长；党代表经最高委员会议的协商在委员中任命委员长与副委员长。

（四）以党规的形式，规定关于对外协作委员会的其他必要事项。

第二十五节　在外同胞委员会

第七十条【组成以及职能】

（一）为了扩大在外国民的政治参与、扩散党支持度、有效推进与在外同胞团体之间的友好协作关系、增进相互交流，设置在外同胞委员会。

（二）在外同胞委员会由党代表经最高委员会议的协商任命的委员组成。

（三）在外同胞委员会设一名委员长与若干名副委员长，由党代表经最高委员会议的协商任命。

（四）以党规的形式，规定关于在外同胞委员会的其他必要事项。

第二十六节　国际委员会

第七十一条【组成以及职能】

（一）为了强化党的国际交流力量，设置国际委员会。

（二）国际委员会由党代表经最高委员会议的协商任命的委员组成。

（三）国际委员会设一名委员长与若干名副委员长，由党代表经最高委员会议的协商在委员中任命。

（四）以党规的形式，规定关于国际委员会的其他必要事项。

第二十七节　劳动委员会

第七十二条【组成以及职能】

（一）为了制定确立正当劳资关系的政策、强化与各类劳动团体之间的纽带关系等，设置劳动委员会。

（二）劳动委员会由党代表经最高委员会议的协商任命的委员组成。

（三）劳动委员会设一名委员长与若干名副委员长，由党代表经最高委员会议的协商在委员中任命。

（四）以党规的形式，规定关于劳动委员会的其他必要事项。

第二十八节　统一委员会

第七十三条【组成以及职能】

（一）为了制定、推进针对南北统一的政策，设置统一委员会。

（二）统一委员会由党代表经最高委员会议的协商任命的委员组成。

（三）统一委员会设一名委员长与若干名副委员长，由党代表经最高委员会议的协商在委员中任命。

（四）以党规的形式，规定关于统一委员会的其他必要事项。

第二十九节　灾害对策委员会

第七十四条【组成以及职能】

（一）为了应对天灾地变，预防其他灾害，支援救助以及重建，设置灾害对策委员会。

（二）灾害对策委员会由党代表经最高委员会议的协商任命的委员组成。

（三）灾害对策委员会设一名委员长与若干名副委员长，由党代表经最高委员会议的协商任命。

（四）以党规的形式，规定关于灾害对策委员会的其他必要事项。

第三十节　中央研修院

第七十五条【组成以及职能】

（一）为了提升党员的政治力量，设置中央研修院。

（二）中央研修院设一名院长与若干名副院长，由党代表经最高委员会议的协商任命。

（三）在中央研修院内设置中央研修委员会。

（四）以党规的形式，规定关于中央研修院的其他必要事项。

第三十一节　政策研究所以及特别机构

第七十六条【其他特别机构】

（一）党代表经最高委员会议的议决，可以设置特别机构。

（二）为了促进开发、研究政策的活动，在中央党内以独立法人的形式，设置、运行政策研究所。

（三）为了发掘、培养、支援扩大女性政治参与的人才，党代表组织、运行党内女性政治发展基金。

（四）为了中小企业和小商工人的发展，党代表设置中小企业特别委员会和小商工人特别委员会。

（五）为了培养女性、青年等新进政治领导者，经最高委员会议的议决，党代表在党内开设政治教育课程，尽可能使得女性占据百分之五十以上。

（六）经最高委员会议的议决，党代表可以设置为了促进党员社会服务活动的机构。

（七）以党规的形式，规定关于以上第三款至第五款的其他必要事项。

第三十二节　国会议员信访官制度

第七十七条【组成以及职能】

（一）为了解决国民与党员之间的不便和隔阂事项、迅速应对国民的要求，设置国会议员信访官制度。

（二）以党规的形式，规定关于实施国会议员信访官制度的其他必要事项。

第三十三节　国会议员以及党员协商会运行委员长联席会议

第七十八条【组成以及职能】

（一）为了收集党所属国会议员、党员协议会运行委员长针对整体党务的意见，设置国会议员以及党员协议会运行委员长联席会议。

（二）以党规的形式，规定关于国会议员以及党员协议会运行委员长联席会议的其他必要事项。

第三十四节　市、道党

第七十九条【市、道党大会的组成】

（一）设立市、道党大会作为市、道党的最高议决机关，在地区选举权人数的万分之五范围内，由下列各项的代议员组成：

1. 市、道党的委员长与副委员长；

2. 市、道党的运行委员；

3. 所属于党的市、道知事；

4. 所属于相应辖区党的国会议员；

5. 党员协议会的运行委员长；

6. 所属于党的自治区、市、郡的长官；

7. 市、道的事务处党职者；

8. 中央职能委员会的市、道党主要负责人；

9. 所属于党的市、道以及自治区、市、郡议会的议员；

10. 市、道党的运行委员会选任的党员；

11. 按照职能选出的职能代表；

12. 由党员协议会选任的党员。

（二）以党规的形式，规定关于市、道党大会的代议员名额和选出方式的其他必要事项。

第八十条【市、道党大会的职能】

（一）市、道党大会具有下列职能：

1. 选出全党大会的代议员；

2. 选出符合第十九条第二十项规定的全国委员；

3. 选出市、道的委员长；

4. 指定公职候选人（市、道知事的候选人）；

5. 向中央党提出各种建议；

6. 议决以及承认其他关于市、道党主要党务的事项。

（二）设立市、道党运行委员会，作为市、道党大会的受委托机关，由下列各项人员组成：

1. 市、道党的委员长与副委员长；

2. 所属于党的市、道知事；

3. 所属于党的国会议员；

4. 党员协议会的运行委员长；

5. 作为地区代表的全国委员；

6. 所属于党的自治区、市、郡的长官；

7. 市、道党的各类常设委员会的委员长；

8. 市、道党的部长级别以上的事务处党职者；

9. 市、道议会的议员代表；

10. 所属于党的市、道议会的议长以及副议长。

（三）以党规的形式，规定关于市、道党大会以及市、道党运行委员会的其他必要事项。

第八十一条【市、道党委员长】

（一）在市、道党内设置一名委员长与包含首席副委员长的若干名副委员长。

（二）通过市、道党大会选出委员长，委员长的任期为一年；在召开定期全党大会的那一年，应当在召开定期全党大会之前选出市、道党委员长。但当发生市、道党大会的延期等不得已的事由时，可以经最高委员会议的议决，附期限延长市、道党委员长的任期。

（三）经市、道党运行委员会的同意，由委员长任命市、道党副委员长。

（四）市、道党委员长不得兼任除了全国委员会议长、副议长之外的其他党职。但对于党势力处于薄弱的市、道党而言，可以另当别论。

（五）以党规的形式，规定关于市、道党的其他必要事项。

第八十二条【党员协议会】

（一）为了促进地区党员的自发性地区活动，按照国会议员选区在市、道党下组织党员协议会。

（二）为了党员协议会的顺利运行和支援地区活动，设置党员协议会的运行委员会和运行委员长。

（三）当党代表认为必要时，可以召集各级党员协议会的运行委员长讨论关于党务整体的事项。

（四）为了促进院外党员协议会的活动、收集各级委员长的意见，设置院外党员协议会运行委员长协议会。

（五）以党规的形式，规定关于党员协议会的运行、组成等必要事项。

第四章　院内机构

第三十五节　议员总会

第八十三条【组成】

设立议员总会，作为院内最高议事决定机构，由党国会议员组成。

第八十四条【议员的义务和地位】

（一）议员作为国民的代表者，应当诚实履行宪法赋予的职务和宣誓的义务。

（二）党的所有机构应当最大限度地尊重、保障议员的地位和权限。

第八十五条【职能】

（一）议员总会是议员的最高议事决定机构。

（二）议员总会具有下列职能：

1. 选出院内代表以及政策委员会的议长；

2. 选出国会议长团以及国会常任委员会委员长的候选人；

3. 依照第二十三条第三款第四项的规定，选任常任全国委员；

4. 决定国会对策以及院内战略；

5. 审议国家主要政策以及主要法案；

6. 审议、议决提交至国会的法案以及议案中的主要争论事项；

7. 陈述关于党务的意见以及听取党务报告；

8. 关于国会议员除名的事项；

9. 处理其他党宪或者党规规定的事项和最高委员会议提交的事项。

（三）以党规的形式，规定关于国会议长、副议长、国会常任委员会委员长候选人选出方法中的其他必要事项。

第八十六条【议长】

院内代表担任议员总会的议长；当议长无法主持会议时，依照下列各项的顺序主持会议：

1. 院内首席副代表；

2. 院内副代表中的一人。

第八十七条【召集】

（一）原则上每两个月定期召集一次议员总会，依照议员总会的议决，可以做出另行规定。

（二）当院内代表认为必要，或者有在籍议员十分之一以上的要求，再或者有最高委员会议的要求时，应当由院内代表召集议员总会。

（三）议长应当明示召集目的和具体议案，并至少在四十八小时前，书面通报所属议员。但在紧急的情形下，则另当别论。

（四）当有所属议员要求时，议长应当立即提供并说明院内情况等议政活动所必要的信息。

第八十八条【会议】

（一）议员总会以公开为原则。但当有院内代表或者有出席议员十人以上的要求时，以出席议员过半数的赞成，可以不予公开。

（二）议长应当制作、保管议员总会的会议记录。

（三）经十名以上议员的同意，议员可以追加议案或者提出修正案。

（四）为了提供有关议案的充分信息、收集相关领域的意见，可以灵活运用外部专家的讨论、专题讨论会、听证会等多样的讨论方式。

第八十九条【议决的规定人数】

（一）议员总会的议决以举手或者起立为原则，以在籍议员过半数的出席和出席议员过半数的赞成通过议决。但当议长认为必要，或者有三分之一以上的在籍议员要求时，可以适用直接、秘密投票；这一情形下，必须事前书面向议员通报，然而在夜间等其他不得已的情形下，则另当别论。

（二）对于三分之一以上的在籍议员要求的特别议案而言，以在籍议员二分之一以上的赞成通过议决。

（三）当变更党论、修改宪法、弹劾总统、除名国会议员时，以在籍议员三分之二以上的赞成通过议决。

（四）与议决事项存在利害关系的人，当然排除在相应会议之外。

（五）在党宪没有对议决的规定人数做出另行规定的情形下，准用本条款。

第九十条【基于良心的自由投票】

（一）议员根据宪法和良心，享有在国会进行投票的自由。

（二）根据第八十九条规定，通过议员总会，议决了党论的情形下，当议员在国会中进行了与党论相反的投票时，议员总会可以通过议决，听取其解释。

（三）不予确定有关生命、伦理、宗教事项的党论。

第三十六节　院内代表

第九十一条【地位】

院内代表作为交涉团体的代表，负有运行国会的责任，并享有运行国会的最高权限。

第九十二条【选出以及任期】

（一）通过议员总会选出院内代表；以党规的形式，规定关于选出方法的其他必要事项。

（二）院内代表的任期为一年。

第九十三条【权限】

（一）院内代表享有如下权限：

1. 主持议员总会以及院内对策委员会；

2. 将党国会议员分配至国会常任委员会等；

3. 推荐、任命院内首席副代表以及院内副代表；

4. 任命政策委员会副议长、政策调整委员长以及副委员长、委员；

5. 处理运行国会中的其他必要事项。

（二）在行使第一款第二项的权限时，应当听取政策委员会议长的意见后进行分配。

第九十四条【院内副代表等】

（一）为了辅佐院内代表，设置包含院内首席副代表在内的十五名以下的院内副代表。

（二）经院内代表的推荐和议员总会的议决，由院内代表任命院内副代表。

（三）当院内代表因故无法履行职务时，由院内首席副代表代行其职务。

第九十五条【院内对策委员会】

（一）为了协商、调整有关国会活动的党主要对策，设置院内对策委员会。

（二）院内对策委员会由院内代表、政策委员会议长、国会常任委员会委员长以及干事、院内首席副代表以及院内副代表、政策委员会副议长、政策调整委员长组成。

（三）院内代表兼任院内对策委员会的委员长。

（四）院内代表因故无法履行职务时，虽有第九十四条（院内副代表等）第三款的规定，但是由政策委员会的议长代行院内对策委员会的委员长职务。

（五）依照党规的规定，在院内对策委员会内设置院内企划室以及必要的部门。

（六）以党规的形式，规定关于院内对策委员会的其他必要事项。

第三十七节　政策委员会

第九十六条【组成】

（一）在议员总会下设置政策委员会，作为草拟、审议党政策以及应对争议问题的机关。

（二）在政策委员会内，可以设置政策委员会议长与副议长、政策调整委员长以及副委员长、委员。

（三）根据党规的规定，可以在政策委员会内设置必要的部门。

（四）政策委员会议长经最高委员会议或者院内对策委员会的同意，可以设置必要的特别机构。

第九十七条【职能】

（一）政策委员会享有如下职能：

1. 研究、审议、草拟党的政策；

2. 探讨政府政策，针对政府政策提出对策；

3. 针对法律草案、总统令案、预算案、国民生活或者国家经济产生重大影响的政策案，进行党政之间的政策协商或者探讨；

4. 研究以及审议议员的立法案；

5. 审议关于党政策的咨询事项；

6. 处理信访事务；

7. 对外宣传第一项至第五项的事项。

（二）经政策委员会审议的第一款第一项和第二项的内容，应当由院内对策委员会进行议决。

（三）政策委员会的议长应当在议员总会向党议员汇报第一款第三项的

结果。

第九十八条 【政策委员会的议长等】

（一）政策委员会的议长代表政策委员会，总揽会务。

（二）政策委员会的议长具有如下权限：

1. 主持政策委员会；

2. 协商、调整党的政策；

3. 总揽、调整党政协商事务；

4. 推荐政策委员会副议长以及政策调整委员长、副委员长、委员。

（三）政策委员会的议长与院内代表，以竞选伙伴制度，通过议员总会产生，其任期为一年。但当院内代表缺位时，政策委员会的议长自动辞退。

（四）为了调整各级政策调整委员会之间的政策，政策委员会的议长可以设置若干名副议长；以政策委员会议长的推荐，经议员总会的议决，由院内代表任命副议长。

（五）原则上由国会常任委员会以及常设特别委员会的干事兼任政策调整委员长，并由院内代表任命。

（六）当政策委员会的议长因故无法履行职务时，由政策委员会议长指定的副议长代行其职务。

（七）当政策委员会的议长缺位时，通过议员总会选出新议长，其任期为前任的剩余任期。

第五章　总统候选人的选出

第九十九条 【候选人的选出】

（一）综合舆论调查结果和为了选出总统候选人的国民参与选举人团大会的投票结果，选出总统候选人。

（二）国民参与选举人团有效投票结果的百分之八十和舆论调查结果的百分之二十，计算出最终总结果，得票最多者为总统候选人当选者。但当登记候选人仅为一人或者在选举期间候选人因中途退选等事由仅剩一人时，根据总统候选人选举管理委员会的决定，可以不予实施针对候选人的投票，而通过全党大会，指定该候选人为总统候选人。

（三）在全国范围内同时实施国民参与选举人团的投票；按照选举管理委员会确定的日程和方法实施舆论调查。

（四）当有两名以上的本文第二款中得票最多者时，通过在籍代议员过半数出席的全党大会，以决选投票的方式将得票最多者中获得多数得票的人指定为候选人。

（五）在第四款规定的情形下，当仍有两名以上得票最多者时，通过实施再投票，将占据多数得票的人指定为候选人。

（六）以党规的形式，规定关于选出总统候选人的其他必要事项。

第一百条 【国民参与选举人团的组成等】

（一）为选出总统候选人的国民参与选举人团，其规模为全体选举权人数的千分之五以上，并由下列各项人员组成：

1. 代议员选举权人；

2. 党员选举权人；

3. 从一般国民中公开招募的选举权人。

（二）虽有党宪第十三条第一款的规定，但是前款第一项应当占据国民参与选举人团总数的八分之二，第二项应当占据八分之三，第三项应当占据八分之三。

（三）在第一款第二项、第三项规定的选举人团成员中，女性应当各占据百分之五十。

（四）在组织第一款第二项、第三项规定的选举人团时，当需要组建市、郡复合党员协议会时，应当按照基础自治团体之间选举权人数的一定比例选拔。

（五）在组织第一款第二项、第三项规定的选举人团时，以自治区或者市为单元的基础自治团体地区，相应地区选举人团中，未满四十五岁的人员应当占据百分之三十以上；以郡为单元的基础地方自治团体地区，相应地区选举人团中，未满四十五岁的人员应当占据百分之二十以上。

（六）在组织第一款第二项、第三项规定中的选举人团时，可以追加居住于海外的选举权人。

（七）以党规的形式，规定关于国民参与选举人团的其他必要事项。

第一百零一条 【候选人的资格】

（一）能够被选为总统候选人的人，应当具有被选举权，并在候选人登记日保有党籍。

（二）希望参加总统候选人竞选的人，应当在总统选举日的一年零六个月前，辞去除了常任顾问之外的所有选出职党职。但对于第一百二十一条规定的非常对策委员长以及委员的职务而言，则另当别论。

第一百零二条【候选人的选出时期】

应当在总统选举日的一百二十日前，选出总统候选人。但当被选出的总统候选人发生事故时，则另当别论。

第一百零三条【大选候选人预备人选登记制度】

（一）自总统选举日的二百四十日前，开始为希望竞选总统职务的人运行大选候选人预备人选登记制度。

（二）登记为大选候选人预备人选的人将被委任为常任顾问，可以参与各种会议，并对全部党务陈述个人意见。

（三）以党规的形式，规定大选候选人预备人选的登记要件等其他事项。

第一百零四条【候选人的地位】

总统候选人自被选为候选人之日起至总统选举日，为了有效推进选举事务，在必要的范围内，优先享有关于全部党务的所有权限。

第一百零四条之二【对选出总统候选人的特例】

虽有第五章（总统候选人的选出）的规定，但是当有相当的事由时，经总统候选人选举管理委员会的审议，通过最高委员会议（非常对策委员会）的议决，规定有关选出总统候选人的事项。但希望成为总统候选人的人应当在组建总统候选人选举管理委员会前，辞去党代表、最高委员（包括非常对策委员长、非常对策委员）的职务。

第六章　公职候选人的推荐

第一百零五条【候选人的推荐】

（一）原则上以国民参与选举人团大会等的自下而上的推荐方式，推荐公职选举的候选人；由党宪第十一节规定的（公职候选人推荐机构）实施推荐。

（二）国民参与选举人团大会是指以党员或者一般国民为对象，通过实施投票或者电话调查而进行的党内竞选。

第一百零六条【地方选区国会议员候选人的推荐】

（一）经过地方选区国会议员公荐管理委员会（以下称"公荐管理委员会"）的候选人推荐、国会议员选举的国民公荐陪审员团是否不适格审查、最高委员会议的议决，最终由党代表推荐地方选区国会议员候选人。

（二）公荐管理委员会可以根据下列各项方法推荐候选人：

1. 通过国民参与选举人团大会，实施党内竞选；

2. 推荐等额候选人；

3. 通过优先推荐制度，推荐候选人。

（三）为了准备推荐议案，公荐管理委员会可以向党务监察委员会、伦理委员会、人才引进委员会等党的机构要求提供必要的资料；被要求的党机关应当毫无迟疑地遵循该要求。

（四）经公荐管理委员会的决定，可以将第二款第一项规定的国民参与选举人团大会替换为舆论调查竞选。

（五）当推荐第二款第二项规定的等额候选人时，遵循下列各项的标准：

1. 公荐的申请人仅为一人的情形；

2. 在复数的候选人中，当依照犯罪经历等伦理标准进行衡量时，除了一人之外的所有候选人都不适格而被排除的情形；

3. 在复数申请人中，其中一人的竞争力处于优越地位的情形。

（六）以党规的形式，规定关于推荐地方选区国会议员候选人的其他必要事项。

第一百零七条【国会议员选举的优先推荐制度】

（一）地方选区国会议员公荐管理委员会可以通过选定优先推荐地区，推荐候选人。

（二）公荐管理委员会可以将下列各项中的地区选定为优先推荐地区：

1. 在历次公职选举中，所属于党的候选人未曾当选的地区，或者相比选举权人，党责任党员的比例显著过低的地区；

2. 由于国会议员选举的反复失败，党的势力显著变弱的地区；

3. 经公荐管理委员会和国会议员选举的国民公荐陪审员团的审议，认为现任国会议员以及院外党员协议会的运行委员长不适格，从而将其排除在推荐范围之外的地区；

4. 公荐管理委员会参照舆论调查的结果等，认为公荐申请人的竞争力显著过低的地区。

（三）优先推荐地区的候选人应当是政治上的少数者、能够强化党竞争力和符合国民期待的人才。

（四）公荐管理委员会附上推荐候选人的事由和选定为优先推荐地区的事由，提交国会议员选举的国民公荐陪审员团审查是否不适格。

（五）通过优先推荐制度推荐的公职候选人，不得超过地方选区国会议员全体选区的百分之二十。

（六）以党规的形式，规定优先推荐地区的选定标准等关于施行优先推荐制度的其他必要事项。

第一百零八条【比例代表国会议员候选人的推荐】

（一）经过比例代表国会议员公荐管理委员会（以下称"比例代表公荐委员会"）的推荐、党宪第五十二条国会议员选举的国民公荐陪审员团是否不适格审查、最高委员会议的议决，最终由党代表推荐比例代表国会议员候选人。

（二）当推荐比例代表国会议员候选人时，应当考虑性别、年龄、地区、职业等上的国民代表性以及专业性、对党贡献度等，且采用女性占据相应候选人百分之五十的性别交叉排序方式。

（三）当比例代表公荐委员会的委员长、委员与比例代表公荐申请人存在亲属关系等特殊关系时，应当回避对该申请人的审查。

（四）地方选区国会议员公荐管理委员会、比例代表公荐委员会、国会议员选举的国民公荐陪审员团的委员长以及委员，不得被推荐为比例代表候选人。

（五）比例代表公荐委员会在对公荐申请人实施是否不适格的审查后，对提交国会议员选举的国民公荐陪审员团进行压缩审查。

（六）依照第五款规定，国民公荐陪审员团将候选人压缩至可推荐比例代表候选人名额的三倍。

（七）为了进行第六款规定中的压缩审查，国会议员选举的国民公荐陪审员团应当向相应候选人提供参加面试等的审查机会。

（八）以压缩后的候选人为对象，比例代表公荐委员会通过进行深层审查，决定推荐候选人的顺序。

（九）比例代表公荐委员会附上决定候选人的事由，提交国会议员选举的国民公荐陪审员团审查是否不适格。

（十）以党规的形式，规定公荐申请人的不适格标准等关于推荐比例代表国会议员候选人的其他必要事项。

第一百零九条【市、道知事候选人的推荐】

（一）经过中央党公荐管理委员会的审查和国民参与选举人团大会等自下而上的推荐，选定市、道知事候选人；以最高委员会议的议决，确定该市、道知事候选人；最终由党代表推荐市、道知事候选人。

（二）当组建为了选出市、道知事候选人的选举人团时，准用第九十九条以及第一百条的总统候选人选出规定。但相应选举人团是指市、道选举人团，由选举权人数千分之一以上的人员组成。

（三）中央党公荐管理委员选定优先推荐地区；中央党国民公荐陪审员团审查优先推荐地区的市、道知事候选人是否不适格，当中央党国民公荐陪审员团认为相应候选人不适格时，通过在籍三分之二以上的议决，可以向最高委员会议提出再议要求的劝告。

（四）以党规的形式，规定关于选出以及推荐市、道知事候选人的其他必要事项。

第一百一十条【其他公职候选人的推荐】

（一）经过市、道党公荐管理委员会的审查和国民参与选举人团大会等自下而上的推荐，选定"自治区、市、郡的长官"候选人；以市、道党运行委员会的议决，最终由党代表推荐自治区、市、郡的长官候选人。但当市、道党公荐管理委员会因特别事由难以选定自治区、市、郡的长官候选人时，根据市、道公荐管理委员会的要求，可以经中央党公荐管理委员会的审议和最高委员会议的议决，确定自治区、市、郡的长官候选人。

（二）经过市、道党公荐管理委员会的审查和国民参与选举人团大会等自下而上的推荐，选定地方选区市、道议会以及自治区、市、郡议会的议员候选人；以市、道党运行委员会的议决和最高委员会议的议决，确定地区市、道议会以及自治区、市、郡议会的议员候选人；最终由党代表推荐地区市、道议会以及自治区、市、郡议会的议员候选人。

（三）经过相应市、道党公荐管理委员会（包含市、道党比例代表公荐委员会）的审查和市、道党运行委员会的议决以及最高委员会议的议决，确定比例代表市、道议会以及自治区、市、郡议会的议员候选人；最终由党代表推荐比例代表市、道议会以及自治区、市、郡议会的议员候选人。但在比例代表市、道议会的议员候选人中，应当尽力使得女性占据百分之五十以上，并将女性推荐于每个奇数排序位置。

（四）市、道党公荐管理委员选定优先推荐地区；市、道党国民公荐陪审员团审查优先推荐地区的候选人以及比例代表市、道议会和自治区、市、郡议会的议员候选人是否不适格，当市、道党国民公荐陪审员团认为相应候选人不适格时，通过在籍三分之二以上的议决，可以向最高委员会议提出再议要求的劝告。

（五）原则上市、道党公荐管理委员会应当与党员协议会运行委员长协商候选人的推荐方式和候选人的资格审查事项。但辖区内的党员协议会运行委员长不得在选定候选人的过程中行使不当的影响力和其他影响竞选结果的行为。

（六）市、道党公荐管理委员会通过书面形式，审查候选人是否适格；通过面试或者舆论调查的方式，推荐等额候选人或者压缩后的候选人。

（七）以压缩后的复数候选人为对象，通过国民参与选举人团大会，由市、道党公荐管理委员会推荐候选人。但可以根据市、道党公荐管理委员会的决定，以舆论调查竞选方式代替国民参与选举人团大会。

（八）以党规的形式，规定关于选出以及推荐自治区、市、郡的长官候选人和市、道议会议员候选人以及自治区、市、郡议会议员候选人等的其他必要事项。

第一百一十一条【选定地方选举的优先推荐地区等】

（一）可以在各类公职选举（地方选区）中，选定优选推荐地区。

（二）"优先推荐地区"是指因下列各项事由而被选定的地区：

1. 认为特别需要推荐女性、残疾人等政治上少数者的地区；

2. 在公开招募中无人申请候选人，或者参照舆论调查结果等，认为欲推荐申请人的竞争力显著过低的地区。

（三）在选举市、道知事以及自治区、市、郡长官时，由中央党公荐管理委员会选定优先推荐地区；在选举市、道议会议员以及自治区、市、郡议会议员时，由市、道党公荐管理委员会选定优先推荐地区；最终通过最高委员会议的议决，确定优先推荐地区。但在选举广域团体长官的情形下，原则上由国民参与选举人团大会选定优先推荐地区，而在党势薄弱地区，可以不予实施国民参与选举人团大会。

（四）以党规的形式，规定关于选定优先推荐地区等的其他必要事项。

第一百一十二条【对再选、补选的特例】

（一）虽有第十一节（公职候选人的推荐机构）、第一百零六条（地方选区国会议员候选人的推荐）、第一百零九条（市、道知事候选人的推荐）、第一百一十条（其他公职候选人的推荐）规定，但是可以经中央党与市、道党公荐管理委员会选定候选人后，以最高委员会议的议决，由党代表推荐参加各类再选、补选的公职候选人。

（二）以党规的形式，规定关于施行第一款规定内容的其他必要事项。

第七章　会计

第一百一十三条【会计年度】

党会计年度为每年 1 月 1 日至 12 月 31 日。

第一百一十四条【预算决算委员会】

（一）为了监察党的资金，设置预算决算委员会。

（二）每当审计时，经最高委员会议的协商，预算决算委员会由党代表任命的一名国会议员，包含外部会计专家在内的五名以内委员组成；预算决算委员会设置一名委员长与一名干事。

（三）预算决算委员会在会计年度的每一季度各实施一次党内以及党外的审计；在审计结束后的三十日以内，应当向最高委员会议汇报审计结果；应当向党员公开该审计结果。

（四）委员长通过在籍委员过半数的赞成，以议决的方式决定预算决算委员会所必要的其他事项。

第八章　党宪的修改

第一百一十五条【修改的提案】

以常任全国委员会的议决或者全党大会三分之一以上的在籍代议员要求，提出修改党宪议案。

第一百一十六条【议决程序】

（一）在全党大会或者全国委员会召开日的三日前，由党代表公告党宪修正案。

（二）以全党大会或者全国委员会在籍代议员过半数的赞成，议决修改党宪。

（三）当由全国委员会议决修改党宪时，应当获得下一次全党大会的追认。

第一百一十七条【公布修改后的党宪】

在党宪修正案被确定之时，党代表应当毫无迟疑地公布修改后的党宪。

第九章　补则

第一百一十八条【合并和解散以及清算】

（一）当党与其他政党合并时，应当有全党大会的议决。

（二）当党由于解散等其他事由而归于消灭时，由消灭之时的常任全国委员会设置受任机关，由受任机关担任清算委员会，对党的财产和负债进行清算。

（三）以党规的形式，规定关于合并和解散以及清算的其他必要事项。

第一百一十九条【法定簿册和印章的移交】

（一）当中央党与市、道党的代表者发生变更以及由于政党合并而发生组织改编时，中央党由事务总长，市、道党则由市、道党委员长或者事务处处长，在十四日以内，移交法定簿册和运行政党相关的印章等。

（二）以党规的形式，规定簿册和印章的种类、移交程序、其他必要事项。

第一百二十条【选举对策机构的地位等】

（一）在确定总统候选人后，自其确定之日起至六十日以内，组织总统选举对策机构。

（二）总统候选人享有组建、运行第一款选举对策机构的权限，以及选举财政等关于全部选举事务的权限。

（三）总统选举对策机构的负责人统辖、调整全部党务至总统选举日。

（四）以党规的形式，规定关于选举对策机构的其他必要事项。

第一百二十一条【非常对策委员会】

（一）当发生党代表缺位或者最高委员会议丧失其功能等非常状况时，为了党运行的稳定、解除非常状况，可以设置非常对策委员会。

（二）非常对策委员会由包括一名委员长在内的十五名以内的委员组成。

（三）经全国委员会的议决，由党代表或者党代表权限代行者任命非常对策委员会的委员长。

（四）非常对策委员长经常任全国委员会的议决，任命非常对策委员会的委员。

（五）当设立非常对策委员会时，最高委员会议随即解散，由非常对策委员会履行最高委员会议的职能，非常对策委员长享有党代表的地位和权限。

（六）非常对策委员会存续至，成为其设置原因的非常状况得以结束后，由随即召集的全党大会选出党代表和最高委员会之时。

第一百二十二条【候选人预备审查（cutoff）制度的引进】

在选出党总统候选人、党代表以及最高委员以及党公职候选人时，为了防止盲目提名候选人，并确保当选者的代表性，可以引进候选人预备审查（cutoff）制度。

附则（2017. 2. 13）

本党宪自2017年2月13日第七次全国委员会议决之日起发生效力。

党员规定

第一条【目的】

为了规定党员的权利义务和入党、退党及转籍程序，制定本规定。

第二条【党员】

（一）党员是指向中央党或市、道党提交入党志愿书并完成入党程序的人。

（二）责任党员是指自权利行使之时在一年内交纳规定中的六个月以上的党费，每年参加一次以上党实施的教育或活动的党员。

（三）虽有第二款规定，但市、道党运行委员会可以在下列规定的党员中的非责任党员赋予责任党员的资格。按照国会议员选区，每个选区可赋予的责任党员数不超过百分之十五，其中第四项规定的党员不得超过百分之五十：

1. 六十五岁以上或未满三十岁的党员；

2. 根据残疾人福祉法，已在自治区、市和郡登记的党员；

3. 已登记为基本生活保障金领取者及对国家有功者的党员；

4. 对党具有重大贡献的党员。

（四）虽有第二款规定，但在中央党公荐管理委员会要求时，经最高委员会议决，可以变更赋予责任党员资格的条件。

（五）虽有第二款规定，但根据政党法的规定不能成为党员的人申请公职候选人推荐时，在候选人预备人选登记开始之前入党，交纳中央党公荐管理委员会规定的党费的，视为获得了责任党员的资格。

第三条【党员权利义务的发生及消失】

（一）党员具有党宪第六条规定的权利义务。尤其应接受捐献、志愿者服务活动和党内实施的伦理教育。

（二）党员的权利、义务从登记在党员名册至市、道党或中央党接收退党申报书为止。

（三）根据第八条第三款的规定，批准入党时，入党的效力自中央党接收入党志愿书开始生效。

第三条之二【国会议员、党员协议会运行委员长、党所属选出职公职者、事务处党职者及主要党职者等的义务】

（一）最高委员、党所属国会议员及党员协议会运行委员长、中央党各委员会委员长在选出及任命后，有义务对财产进行公开。

（二）最高委员、党所属国会议员及党员协议会运行委员长，中央党各委员会委员长，党所属选出职公职者，事务处党职者应接受党实施的伦理教育及捐献、志愿者服务活动。

第四条【入党】

入党志愿者将附录第一号表格的入党志愿书提交至居住地管辖市、道党。此时，根据电子签名法的规定，可以通过具有公认电子签名的电子文书申请入党。入党志愿书已提交中央党的，应立即移交至相应市、道党。

第五条【除名、退党人员的再入党】

（一）受除名处分的人（包括受到退党劝告处分的人），从除名之日起五年内不得再次申请入党。但是，获得最高委员会批准的情形例外。

（二）退党的人员在退党后，作为其他政党候选人或无党派候选人参加国会议员及广域市、基层团体长官竞选等行为极其严重的情况下，申请入党的，经市、道党最高委员会的批准可以准许入党。但是参加广域、基层议员选举的，经市、道党委员会的议决准许入党。

（三）被除名或退党的人，再次申请入党的，应向除名或退党时的所属市、道党提交入党志愿书并接受审查。

第六条 【资格审查】

（一）市、道党事务处处长自收到入党申请人的入党志愿书之日起七日内向市、道党党员资格审查委员会提交审议，市、道党事务处处长受理入党志愿书后，无特殊事由并未在七天内向党员资格审查委员会提交审议的，视为准许入党。

（二）事务总长通过中央党党员资格审查委员会审议和最高委员会议的报告推荐入党后，提交入党志愿书的人，即使有市、道党党员资格审查，也视为确定入党，应及时在党员名册上记载。第五条第二款规定的除外。

第七条 【审查标准】

党员资格审查委员会根据党宪第四条第一款的规定和下列各项条件，对党员进行审查：

1. 认同党的理念和政纲、政策的人；

2. 能够为党和国家发展做出贡献的人；

3. 不论公私，品行端正的人；

4. 过去没有受到国民指责的人；

5. 改革意志坚定的人。

第八条 【异议申请】

（一）市、道党拒绝受理入党申请人的入党志愿书或不允许入党或者无正当事由在接收入党志愿书二十日后也不准许入党的，入党申请人可以向中央党提交入党志愿书和异议申请。

（二）根据第一款规定，向中央党提交入党志愿书和异议申请的，应在被拒绝入党申请之日、收到不准许入党的通知之日或接收入党志愿书的二十日后的十日内提交。

（三）中央党党员资格审查委员会在收到第一款的申请之日起二十日内，对其进行审查并决定后，将其结果通报至市、道党及异议申请人。

（四）经中央党党员资格审查委员会的审查及决定，认为具有党员资格的，中央党接收入党志愿书或异议申请书时发生效力。

（五）中央党党员资格审查委员会决定拒绝入党的人，自议决之日起一年内不得再次申请入党。

第九条 【确定入党】

（一）市、道党事务处处长将确定入党的党员登记在党员名册上并注明入党年月日。

（二）向确定入党并在市、道党党员名册登记的党员发放党员证。

第十条 【通报】

市、道党事务处处长应及时通报被拒绝入党的人。

第十一条 【退党】

（一）党员退党时，应向所属市、道党或中央党提交附录第二号退党申报书。此时，根据电子签名法第二条第三款规定的，将具有电子签名的电子文件进行退党申请。

（二）受理退党申报书的市、道党自受理之日起两天内删除党员名册上的记载。此时，退党党员名册可以以在党员名册中记载退党日期的方式代替。

（三）中央党受理退党申报书时，应及时向市、道党通报并删除党员名册上的记载，并在退党名册上进行登记。

（四）中央党及市、道党对提交退党申报书的党员，应发放附录第三号表格的退党证明书。

（五）虽有上述第一款至第二款的规定，但属于下列情形的，视为提交退党信：

1. 进行退党记者会或参加退党记者会的；

2. 以其他党发起人的身份参加的；

3. 根据上述第一项与第二项，具有明确退党意识的。

第十二条 【转籍】

（一）党员欲转籍时，根据附录第四号表格向所属市、道党提交转籍申请书。

（二）受理转籍申请书的所属市、道党应确认党员的党籍并通报拟转籍的市、道党。

（三）收到转籍通知的市、道党应及时在党员名册上进行登记。

第十三条 【党员资格审查委员会】

（一）为了对提交入党志愿书的人，进行党员资格审查，在中央党及市、道党设置党员资格审查委员会。

（二）中央党党员资格审查委员会由事务总长、党务监察委员长推荐的党务监察委员会副委员长一名、伦理委员长推荐的伦理委员会副委员长一名、战略企划部总长、组织部总长等五名构成，

由事务总长担任委员长，中央党组织局长担任干事。

（三）市、道党党员资格审查委员会由市、道党委员长和经市、道党委员长推荐由市、道党运行委员会选任的四名委员等五人组成，市、道党委员长担任委员长，市、道党事务处处长担任干事。

（四）中央党及市、道党党员资格审查委员长因故不能履行职务时，由委员长指定的委员代行其职务。

（五）委员会由在籍委员过半数的出席和出席委员过半数的赞成而议决。

（六）委员会由委员长召集。

第十四条 【委任规定】

施行本规定时必要的具体事项由事务总长规定。

附则（2017.1.16）

本规定自 2017 年 1 月 16 日，第十四次常任全国委员会议决之日起生效。

党费规定

[1997 年 12 月 29 日制定；1998.4.15、1998.11.26、1999.9.1、2002.5.6、2003.6.19、2004.8.26、2005.1.18、2005.6.16、2005.12.1、2006.9.26、2007.10.12、2008.9.30、2010.2.26、2010.9.30、2014.2.25、2015.5.26、2016.7.14、2016.9.5、2017.2.13、2018.2.2 修正]

第一条 【目的】

为了规范党费的交纳金额标准、交纳程序，制定本规定。

第二条 【交纳义务】

全体党员应交纳党费。

第三条 【交纳标准及行使权利的限制等】

（一）党员应交纳标准额以上的党费。

（二）职务党费的交纳标准额参考《附表》。但重复党职者可以根据较高额标准交纳，在落后地区等可以经最高委员会议决另行规定。

（三）若责任党员无正当理由，未遵守《党员规定》第二条第二款规定的，可限制其行使权利，若公职者和党职者无正当理由未交纳两次以上职务党费的，事务总长和市、道党委员长告知滞纳公职者和党职者，未交纳三次以上的，警告停止资格，未交纳四次以上的，将停止资格。

第四条【特殊党费】

有党内活动或公职选举以及其他必要情况时，党可以通过规定的程序，使党员交纳特殊党费。

第五条【交纳程序】

（一）党费原则上按月交纳，可根据需要预先交纳六个月或一年的党费。但只限于过去已交纳完毕的党员。

（二）党费交纳到中央党或市、道党。但包括中央党党职者与国会议员在内的选出职中央公职者等应交纳到中央党。

（三）市、道党事务处处长接受事务总长的指派，将相应地区的党费和每个月的交纳情况报告书提交到中央党。

第六条【发放发票】

党员交纳党费的，应根据《政治资金法》的规定，向其发放党费交纳发票。

第七条【党费退还】

中央事务处以市、道党交纳的党费的百分之七十为原则退还，根据事务总长的提案，经最高委员会的议决，可按地区另行规定退还比率。但不退还中央党交纳对象的党费。

第八条【党费征收及管理】

党费的征收及管理，由事务总长主管，应向财政委员会报告其结果。

附则（2018.2.2）

本规定自2018年2月2日第二次常任全国委员会议决之日起生效。

全党大会规定

第一章　总则

第一条 【目的】

为了规范全党大会的构成和运行等事项，制定本规定。

第二章　全党大会的代议员

第二条 【代议员名额】

（一）全党大会代议员的规模在一万人以内，各项的名额如下：

1. 党代表；

2. 最高委员（包含院内代表、政策委员会议长）；

3. 常任顾问；

4. 所属于党的市、道知事；

5. 所属于党的国会议员；

6. 党员协议会的运行委员长；

7. 中央职能委员会的主要党职者；

8. 国策咨询委员会委员；

9. 财政委员；

10. 中央党以及市、道党事务处党职者；

11. 所属于党的自治区、市、郡的首长；

12. 所属于党的市、道议会的议员；

13. 所属于党的自治区、市、郡议会的议员；

14. 不属于第一项至第十三项规定的全国委员会委员；

15. 通过最高委员会议的议决选任的党员；

16. 由各市、道党运行委员会推荐的党员；

17. 由党员协议会推荐，并经市、道党运行委员会议决的五千名以内的党员；

18. 由各国会议员推荐的三名党员，其中应当包含作为责任党员的一名国会议员辅佐团成员；

19. 由自由韩国党辅佐团协议会推荐的五名党员。

（二）第一款第七项规定的主要党职者是指中央职能委员会的议长、副议长，常任顾问，分科委员长，指导委员，咨询委员，总干事，市、道党联合会长，分科委员会干事、分科委员会副委员长各十人，市、道党联合副会长各三人，市、道党联合会的事务局局长。

（三）第一款第十五项规定的代议员由三百名以内党员构成，以比例代表国会议员的候选人预备人选和中央党各类委员会的委员等为对象，通过事务总长的推荐，经由议员总会的提请，由最高委员会议的议决，选任相应代议员。

（四）第一款第十五项至第十七项规定的代议员选民由责任党员构成。但可以经最高委员会议的议决，做出另行规定。

（五）对于第一款第十六项规定的名额而言，以最近一次全国范围选举中的选举权人数为基准，拥有百分之十五以上选举权人的市、道，享有三十个名额；拥有百分之五以上不足百分之十五选举权人的市、道，享有二十五个名额；拥有不足百分之五选举权人的市、道，享有二十个名额。

（六）以最近一次全国范围公职选举中的选举权人数为基准，第一款第十七项规定的代议员由各党员协议会中相当于选举权人数百分之零点一的党员、各党员协议会通过优先考虑代表特殊职能的党员和数码党员而推荐的各两人和党员协议会推荐的残疾人党员各一人构成。但在满足选举权人数百分之零点一的党员中，当某一国会议员选区的选举权人数不足拥有最多选举权人数国会议员选区的二分之一时，该处代议员人数应当是拥有最多选举权人数国会议员选区之代议员人数的二分之一；对于还未组建党员协议会的国会议员选区而言，以市、道党运行委员会的议决，选任相应代议员。

（七）第一款第十七项至第十八项规定的代议员应当占据代议员总数的百分之五十以上，其任期为确定下一次定期全党大会代议员的名册之时为止。

（八）在第一款第十七项至第十八项规定的代议员中，女性党员应当占据百分之五十。

（九）在第一款第十七项至第十八项规定的代议员中，未满四十五周岁的党员应当占据百分之二十以上至百分之四十以下。

（十）在全党大会召开日的十四日前，确定第一款第十五项、第十七项、第十八项规定的代议员名册，经最高委员会议的议决，可以调整相应名额。

第三条 【缺员】

（一）全党大会代议员因死亡、退党、辞去党职等事由而缺员时，按照以下方式进行补充：

1. 对于依照第二条第一款第十七项规定需要议决的党员而言，在确定全党大会代议员名册之前，通过党员协议会的推荐，由市、道党运行委员会议决；

2. 对于依照第二条第一款第十八项规定需要推荐的党员而言，在确定全党大会代议员名册之前，由各国会议员进行推荐。

第四条 【代议员的党费交付义务】

对于未交付党费规定中党费的全党大会代议员而言，在其交付相应党费之前，停止代议员资格。

第五条 【职能】

（一）全党大会具有如下职能：

1. 采纳、修改党的纲领；

2. 采纳、修改党宪；

3. 有关党的解散和合并的事项；

4. 指定党代表与最高委员；

5. 指定总统候选人；

6. 议决以及承认其他有关主要党务的事项；

（二）当难以召集全党大会时，由全国委员会代行第一款规定的各项职能。

第六条 【召集】

（一）全党大会议长每两年召集一次定期全党大会。但当有特别事由时，经最高委员会议的议决，可以变更定期全党大会的召开时期。

（二）当有常任全国委员会的议决，或者有全党大会三分之一以上的在籍代议员要求，再或者有责任党员四分之一以上的要求时，由全党大会议长召集临时全党大会。但当全党大会议长不予召集临时全党大会时，应当由党代表召集。

（三）全党大会议长在全党大会召开日的五日前公告全党大会的召集事项。

第七条 【议决人数】

在党宪没有特别规定的情形下，全党大会以在籍代议员过半数的出席和出席代议员过半数的赞成，完成议决。

第三章 全党大会的议长团

第八条 【议长与副议长】

（一）为了全党大会能够顺利进行议事，设议长一人与副议长两人。

（二）全国委员会的议长担任全党大会的议长，全国委员会的副议长担任全党大会的副议长。

第九条 【任期】

全党大会议长与副议长的任期为全国委员会议长与副议长的任期。

第十条 【权限代行】

有关全党大会议长的权限代行，准用全国委员会规定第五条第三款以及第四款的规定。

第四章 全党大会准备委员会

第十一条 【设置】

为了顺利召开全党大会，经最高委员会议的议决，可以设置全党大会准备委员会（以下称"委员会"）。

第十二条 【构成】

（一）委员会由委员长一人与二十人以内的委员构成。

（二）事务总长担任委员长；经事务总长的推荐和最高委员会议的协商，由党代表任命委员。

（三）委员会管理关于全党大会的准备和进行的事务。但关于选举管理的相关事项，则接受中央党选举管理委员会的指示。

第十三条 【职能】

委员会履行下列职能：

1. 关于召集、运行全党大会的整体性事项；

2. 整理党宪修正案以及审议有关党规的制定案、修正案；

3. 制定为了采纳、变更纲领和基本政策的修正案；

4. 由最高委员会议以及中央党选举管理委员会委任的事项；

5. 其他有关提交至全党大会案件的准备事项。

第十四条【召集以及议事】

（一）当委员长认为必要，或者有三分之一以上的在籍委员要求时，由委员长召集委员会的会议。

（二）以在籍委员过半数的出席和出席委员过半数的赞成，议决委员会的会议。

（三）当委员长认为需要采取紧急措施且没有充足的时间召集委员会时，可以由委员长独自决定委员会的议事。但关于这一决定，应当在下一次会议获得追认。

第十五条【分科委员会以及咨询团】

（一）为了有效率地执行事务，委员会可以设置分科委员会。

（二）各分科委员会设分科委员长一人与分科委员若干人，以委员长的提请，经最高委员会议的协商，由党代表任免委员会的委员。

（三）分科委员会的种类和所管事务如下。

1. 会议准备分科委员会：

（1）关于召集、运行全党大会的整体性事项；

（2）提交至全党大会案件的准备事项；

（3）其他不属于其他分科委员会的事项。

2. 党宪、党规修改分科委员会：

（1）整理党宪修正案以及审议有关党规的制定案、修正案。

3. 政纲政策修改分科委员会：

（1）制定纲领、基本政策的修正案。

（四）各分科委员会可以根据需要组织由党内外专家组成的咨询团，以分科委员长的推荐和事务总长的提请，经最高委员会议的协商，委任各咨询团的咨询委员。

（五）各分科委员会的召集以及议事，准用第十四条（召集以及议事）的规定。

第十六条【实务辅助部门】

为了辅助分科委员会的事务，委员会可以组织中央党的必要部门。

第十七条【委任规定】

经委员会的议决，由委员长规定施行本规定的必要事项。

附则（2017.2.13）

本规定自 2017 年 2 月 13 日第一次常任全国委员会的议决日起发生效力。

全国委员会规定

第一条【目的】

为了规范全国委员会（以下称"委员会"）的构成和运行等事项，制定本规定。

第二条【构成】

（一）委员会的名额为一千人以内，由下列各项的委员构成：

1. 党代表；

2. 最高委员（包含院内代表、政策委员会议长）；

3. 所属于党的国会副议长；

4. 全党大会的议长、副议长；

5. 常任顾问；

6. 事务总长；

7. 中央职能委员会的议长；

8. 市、道党的委员长；

9. 所属于党的市、道知事；

10. 中央党的各类委员会委员长；

11. 所属于党的国会议员；

12. 党员协议会的运行委员长；

13. 市、道议会的议长；

14. 所属于党的市、道议会的议员代表

15. 中央党以及市、道党事务处的一级党职者；

16. 所属于党的自治区、市、郡的首长；

17. 所属于党的自治区、市、郡议会的议员；

18. 二十名以内的国策咨询委员会主要人员；

19. 二十名以内的财政委员会主要人员；

20. 市、道党大会选出的一百零五名全国委员；

21. 职能常任全国委员以及由中央职能委员会选出的全国委员；

22. 五名女性常任全国委员以及由市、道女性委员会的运行委员会选出的十七名以内女性全国委员；

23. 三名青年常任全国委员以及由市、道青年委员会的运行委员会选出的十九名以内青年全国委员；

24. 残疾人常任全国委员以及由市、道残疾人委员会的运行委员会选出的残疾人全国委员；

25. 考虑职能和阶层，通过最高委员会议的议决，选任的二十名全国委员。

（二）由各市、道议会中的党院内总务担任第一款第十四项规定中所属于党的市、道议会的议员代表。但对于无院内总务的市、道议会而言，由该市、道议会中的党议员总会选任的议员担任议员代表。

（三）以最近一次全国范围选举中的选举权人数为基准，计算得出第一款第二十项规定中的名额；各市、道的名额如同附表第一号。

（四）在选任第一款第二十五项规定中的全国委员时，女性应当占据50%。

第三条 【职能】

全国委员会具有下列职能：

1. 采纳、修改党的基本政策；

2. 处理全党大会委任的事项；

3. 当难以召集全党大会时，代行全党大会的职能；

4. 当最高委员缺位时，选出最高委员；

5. 审议、议决由全党大会或者议员总会送交的事项；

6. 审议、议决其他主要党务。

第四条 【召集以及议事】

（一）当有常任全国委员会的议决，或者有最高委员会议的议决，再或者有三分之一以上的在籍委员要求时，由议长召集委员会。但当议长不予召集委员会时，应当由党代表召集。

（二）议长在委员会召开日的三日前公告召集事项。

（三）委员会的议决规定人数，准用党宪第八十九条规定。

第五条 【议长团】

（一）委员会设议长一人与副议长两人，任期为一年。但在不得已的情形下，经最高委员会议的议决，可以将任期延长至选出下一届议长团之时。

（二）在由在籍委员过半数以上出席的全国委员会中，通过互选，选出议长；经委员会的议决，由议长指定两名副议长。

（三）当议长缺位或者因事故而无法履行职务时，由议长指定的副议长代行其职务。但当议长未指定副议长时，由副议长中年长者顺序代行议长职务。

（四）在议长与副议长一并缺位时召开的全国委员会中，由出席全国委员会的国会议员中当选次数最多的国会议员代行议长职务；当有两名以上当选次数最多的议员时，由其中的年长者代行议长的职务。

（五）当议长与全体副议长缺位或者因事故无法履行职务时，党代表在三十日以内，召集委员会，依照第二款的规定选出议长。

第六条 【兼职的禁止】

委员会的议长与副议长不得兼任下列各项的党职：

1. 党代表；

2. 最高委员（包含院内代表、政策委员会议长）；

3. 常任顾问；

4. 事务总长等所属于中央党的党务执行机构的党职；

5. 中央职能委员会的议长。

第七条 【议案】

议长与副议长团协商，确定提交至委员会的议案。

第八条 【实务辅助部门】

为了辅助委员会的事务，可以在中央党设置必要的部门。

附则 （2017. 2. 13）

本规定自 2017 年 2 月 13 日第一次常任全国委员会的议决日起发生效力。

常任全国委员会规定

第一条 【目的】

为了规范常任全国委员会（以下称"委员会"）的构成和运行等事项，

制定本规定。

第二条【构成】

（一）委员会的名额为一百人以内，由下列各项的委员构成：

1. 全国委员会的议长、副议长；

2. 所属于党的国会常任委员长；

3. 市、道党的委员长；

4. 议员总会选任的国会议员；

5. 院外党员协议会的运行委员长协议会选任的常任全国委员；

6. 经最高委员会议的协商，由党代表任命的五名职能常任全国委员；

7. 经最高委员会议的协商，由党代表任命的五名女性常任全国委员；

8. 经最高委员会议的协商，由党代表任命的三名青年常任全国委员；

9. 经最高委员会议的协商，由党代表任命的三名残疾人常任全国委员；

10. 所属于党的市、道议会的议员代表；

11. 所属于党的自治区、市、郡议会的全国议员代表一人。

（二）对于第一款第四项规定的委员而言，其规模在党国会议员人数的百分之十以内，在当选三次以上的国会议员中，将无国会职务以及党宪上主要党职的人选任为委员。

（三）对于第一款第五项规定的委员而言，其规模在院外党员协议会运行委员长人数的百分之十以内，考虑各市、道的地方选区国会议员选区数以及对比各市、道的地方选区国会议员选区数与院外党员协议会运行委员长人数的比例等，选任相应委员。

（四）将各市、道议会中的党院内总务视为第一款第十项规定中市、道议会的议员代表。但对于没有院内总务的市、道议会而言，将该市、道议会中的党议员总会选任的议员视为议员代表。

（五）通过自治区、市、郡议会中党议长团会议，选任第一款第十一项中的委员。

（六）当第一款第四项至第十一项所规定的委员缺位时，由相应机构选出或者选任继任者，其任期为剩余任期。

（七）当剩余任期不足三个月时，不再选出或选任第六款规定的继任者。

第三条【职能】

委员会具有下列职能：

1. 审议以及制定纲领、基本政策、党宪的议案；

2. 制定、修改或者废止党规；

3. 要求召集临时全党大会；

4. 要求召集全国委员会；

5. 有权解释党宪、党规；

6. 议决全国委员会送交的议案；

7. 要求纠正违背党宪、党规或者明显不当的最高委员会议的议决事项；

8. 听取党主要政策的报告以及审议、处理其他有关运行党务的主要事项和最高委员会议送交的事项。

第四条 【议长】

全国委员会的议长以及副议长担任委员会的议长以及副议长；当议长缺位或者因有故无法履行职务时，依照全国委员会规定第五条第三款以及第四款代行其职务。

第五条 【议案】

（一）提交至委员会的议案区分为报告事项和议决事项。

（二）议长与副议长团协商，确定议案。

第六条 【党职者的出席与发言】

下列各项中的党职者应当出席委员会，议长可以要求出席的党职者做出说明或者汇报。

1. 党代表；

2. 最高委员（包含院内代表、政策委员会议长）；

3. 事务总长。

第七条 【召集和议事】

（一）在原则上每月召集两次定期会议，可以经议长团的议决，不予召集定期会议。但当难以召开定期会议时，对于第三条第八项规定的党主要政策而言，应当以书面形式进行汇报。

（二）当有最高委员会议的议决或者有四分之一以上的在籍委员要求以及议长认定为发生了紧急悬案时，由议长召集临时会议。

（三）委员会议决的规定人数，准用党宪第八十九条的规定。

第八条 【会议记录】

（一）由事务总长制作并永久保管委员会的会议记录。

（二）议长与事务总长在第一款规定的会议记录中签名。

附则（2017.2.13）

本规定自 2017 年 2 月 13 日第一次常任全国委员会的议决日起发生效力。

最高委员会议规定

第一条【目的】

为了规范最高委员会议的构成和运行等的有关事项，制定本规定。

第二条【构成】

（一）最高委员会议由下列各项的委员构成：

1. 党代表；

2. 院内代表；

3. 依照党宪第二十八条第一款选出的四名最高委员；

4. 依照党宪第二十八条之二第一款选出的一名青年最高委员；

5. 党代表经最高委员会议的协商，指定的一名最高委员；

6. 政策委员会的议长。

（二）当指定第一款第五项的最高委员时，应当尽可能优先考虑薄弱地区和从外部引进的人士。

第三条【职能】

最高委员会议具有下列职能：

1. 要求变更定期全党大会的召开时期；

2. 要求召集全国委员会和常任全国委员会；

3. 要求召集议员总会；

4. 对任命事务总长等需要由最高委员会议协商的党职者，进行协商；

5. 对任免公荐管理委员长等需要由最高委员会议议决的党职者，进行议决；

6. 议决国会议员候选人等公职候选人；

7. 审议、议决全国委员会或者议员总会送交的事项；

8. 选任党宪第十九条第二十五项规定的全国委员；

9. 对党的预算以及决算与审计，进行议决；

10. 处理其他有关运行党务的主要事项；

11. 审议、议决其他主要党务。

第四条 【议长】

（一）党代表担任最高委员会议的议长，当党代表无法主持会议时，由党宪第三十条（权限代行）以及第三十条之二（职务代行）规定的委员代行其权限或者职务。

（二）就任免第三条第四项以及第五项的主要党职者而言，党代表具有任免权和推荐权。

第五条 【议案】

（一）提交至最高委员会议的议案，区分为报告事项和议决事项。

（二）当最高委员欲提交议案时，除非有紧急情况，否则应当在事前向事务总长提交该议案；除了紧急的议案，其他议案经事务总长一并整理，并由党代表提交。

（三）原则上应当在会议日的一日前，向委员通报最高委员会议的案件。

第六条 【出席与发言】

（一）最高委员会议可以要求审议议案所必要的人士出席或者做出报告。

（二）最高委员会议在必要时，可以要求国民政策委员团出席，并听取其意见。

第七条 【召集】

（一）最高委员会议分为定期会议和临时会议。

（二）原则上由议长每周召集一次定期会议；当议长认为必要或者有三分之一以上的在籍委员要求时，召集临时会议。

第八条 【议决的规定人数】

最高委员会议议决的规定人数，准用党宪第八十九条的规定。但在赞成人数和反对人数相同的情形下，党代表具有决定权。

第九条 【会议记录】

（一）由事务总长制作并永久保管最高委员会议的会议记录。

（二）由议长与事务总长署名第一款规定的会议记录。

附则 （2017. 2. 13）

本规定自 2017 年 2 月 13 日第一次常任全国委员会的议决日起发生效力。

中央职能委员会规定

第一章　中央职能委员会

第一条【目的】

为了规范中央职能委员会（以下称"委员会"）的构成和运行的事项，制定本规定。

第二条【资格要件】

委员会由党员中满足下列要件的人士构成：

1. 在政治、经济、社会、文化、宗教等领域，具有经历和专业性的人士；

2. 与主要职能社会团体相关联的人士；

3. 为党财政做出贡献的人士。

第三条【构成】

（一）委员会的构成如下：

1. 议长；

2. 首席副议长与副议长；

3. 常任全国委员；

4. 常任顾问、顾问；

5. 分科委员长；

6. 指导委员、咨询委员、总干事；

7. 分科委员会的副委员长、干事；

8. 市、道党联合会长、副会长、事务局局长；

9. 各国会议员选区的支会会长、副会长、干事；

10. 分科委员会的委员；

11. 市、道党联合会委员以及支会委员。

（二）第一款第二项、第四项至第七项主要人员的任期与议长的任期相同。但可以根据人事委员会的决定，解聘第一款第二项、第四项至第七项、第十项的委员。

（三）以中央职能委员会议长的推荐，由党代表任命第一款第四项至第十一项规定人员。但对于第八项至第九项以及第十一项的委员而言，与市、道党委员长的协商后，由中央职能委员会议长推荐。

（四）可以设置管理分科委员会的本部长若干人；以中央职能委员会议长的推荐，经最高委员会议的协商，由党代表任命本部长。

第四条 【职能】

委员会具有下列职能：

1. 与各界职能组织进行交流活动；

2. 收集主要社会团体的政策悬案，进行与政策相关的活动；

3. 建议有关党运行的重要事项；

4. 对国政以及当前悬案提出建议。

第五条 【特别机构】

（一）为了强化多样性和专业性，当议长认为必要时，可以经运行委员会的议决设置特别机构。

（二）当依照第一款的规定组织特别机构时，应当明确该活动期限。但可以经运行委员会的议决延迟该期间。

第六条 【解聘】

（一）当有下列各项的情形时，可以解聘中央职能委员：

1. 阻碍党发展和团结的情形；

2. 损毁党威信的情形；

3. 六个月以上未交纳党费的情形。

（二）议长可以向委员会的人事委员会（以下称"人事委员会"）提请解聘满足第一款规定的委员。但可以不经人事委员会的议决，解聘满足第一款第三项的委员。

第二章 议长

第七条 【地位和权限】

（一）议长在法律上、对外层面上代表委员会，总揽委员会的运行。

（二）议长在必要时，可以出席最高委员会议，对全部职能相关事项陈述意见。

第八条 【任期】

议长的任期为一年。

第九条 【权限代行】

议长因有故、出差海外等无法履行职务时，按照首席副议长或者由议长在常任全国委员中指定的顺序，代行其职务。

第十条 【咨询以及辅佐机关】

（一）可以设置各三十名以内的常任顾问以及顾问和各五十名以内的指导委员以及咨询委员，作为议长的咨询机构；以议长的推荐，由党代表任命上述人员。

（二）为了辅佐议长，可以设置以议长的推荐，由党代表任命的三十名以内的总干事。

第三章　运行委员会

第十一条 【构成】

（一）为了审议、议决委员会的主要事项，设置运行委员会。

（二）运行委员会由下列各项的委员构成：

1. 议长；

2. 首席副议长与由议长在副议长中指定的两人；

3. 常任全国委员；

4. 在常任顾问、顾问中，由议长指定的各一人；

5. 分科委员长；

6. 在指导委员、咨询委员、总干事中，由议长指定的各一人；

7. 在市、道党联合会长中，由议长指定的一人。

（三）委员会的议长担任运行委员会的议长。当议长无法主持会议时，由第九条（权限代行）规定的权限代行者主持。

第十二条 【职能】

（一）运行委员会具有下列职能：

1. 审议、议决由主要人员会议提交的事项；

2. 议决委员会的基金预算和审计；

3. 审议分科委员会和市、道党联合会的运行计划；

4. 审议、议决委员会的其他主要运行事项。

（二）运行委员会可以将日常运行委员会的事项委任至主要人员会议，并予以事后追认。

第十三条 【召集】

（一）运行委员会区分为定期会议和临时会议。

（二）原则上由议长每月召集一次定期会议。

（三）当有三分之一以上的在籍委员要求，或者由于发生紧急悬案，议长认为必要时，由议长召集临时会议。

第十四条 【议决人数】

以在籍委员过半数的出席和出席委员过半数的赞成，议决运行委员会。

第十五条 【常任全国委员】

符合党宪第二十三条第三款第六项规定的常任全国委员（以下称"职能常任全国委员"）共为五人，其中包含作为当然职的中央职能委员会议长，以及由党代表经最高委员会议协商任命的四人。

第四章　全国委员

第十六条 【全国委员】

全国委员由下列各项人员构成：

1. 议长；

2. 副议长中的两人；

3. 职能常任全国委员四人；

4. 常任顾问、顾问中的各一人；

5. 分科委员会长中的十三人；

6. 指导委员、咨询委员、总干事中的各一人；

7. 市、道党联合会选出的十七人。

第十七条 【构成】

（一）包含中央职能委员会议长在内的五名职能常任全国委员属于当然职全国委员。

（二）在各级全体会议中，选出第十六条第二项、第四项以及第六项规定的全国委员。

（三）在分科委员长会议中，选出第十六条第五项规定的全国委员。

（四）在市、道党联合会中，选出第十六条第七项规定的全国委员。但当市、道选举管理委员会议决认为无法召开市、道党联合会时，在各级市、道党运行委员会中选出相应全国委员。

（五）因全国委员缺位或者其他事由引发选举全国委员时，应当在三十日以内依照第十七条第二款至第四款规定实施再选；新选任全国委员的任期为前任者的剩余任期。

第十八条【选举管理委员会】

（一）为了选出第十六条第七项规定的全国委员，设置市、道选举管理委员会。

（二）市、道选举管理委员会由包含委员长在内的七名以内委员构成；由市、道党委员长任命委员。

（三）经市、道选举管理委员会的议决，由选举管理委员长确定有关选出全国委员的其他必要事项。

第五章　分科委员会

第十九条【构成】

分科委员会设置第一分科协议会、第二分科协议会、第三分科协议会、第四分科协议会、第五分科协议会、第六分科协议会。

第二十条【职能】

各分科协议会履行下列职能：

1. 第一分科协议会：有关法制司法、行政自治、财政经济方向的事项；

2. 第二分科协议会：有关统一和外交通商、国防方向的事项；

3. 第三分科协议会：有关科学技术和信息通讯、产业资源、农林和海洋水产、建设交通的事项；

4. 第四分科协议会：有关教育、保健福祉、环境和劳动方向的事项；

5. 第五分科协议会：有关文化观光、女性、青年的事项；

6. 第六分科协议会：有关宗教的事项。

第二十一条【种类】

各分科协议会设置下列分科委员会。

1. 第一分科协议会：（1）公益、法务分科委员会；（2）行政自治分科委员会；（3）财政金融分科委员会。

2. 第二分科协议会：（1）和平统一分科委员会；（2）外交通商分科委员会；（3）国防安保分科委员会；（4）以北道民分科委员会；（5）海外同胞分科委员会。

3. 第三分科协议会：（1）农林畜产分科委员会；（2）海洋水产分科委员会；（3）信息科学分科委员会；（4）建设分科委员会；（5）交通分科委员会；（6）产业资源分科委员会。

4. 第四分科协议会：（1）教育分科委员会；（2）保健卫生分科委员会；（3）社会福祉分科委员会；（4）环境分科委员会；（5）劳动分科委员会。

5. 第五分科协议会：（1）文化观光分科委员会；（2）体育分科委员会；（3）女性分科委员会；（4）青年分科委员会。

6. 第六分科协议会：

（1）佛教分科委员会；（2）基督教分科委员会；（3）天主教分科委员会。

第二十二条【各分科委员会的所管事项以及汇报的义务】

（一）各分科委员会的所管事项如下。

1. 公益、法务分科委员会：（1）关于法务政策的事项；（2）关于保护人权的事项；（3）关于改善以及发展法律制度的事项。

2. 行政自治分科委员会：（1）关于内务行政以及地方自治、地区发展等的事项；（2）关于维持公共安全和秩序等的事项；（3）关于管理自然灾害等国家灾难的事项。

3. 财政金融分科委员会：（1）关于经济以及金融政策的事项；（2）关于租税以及财政政策的事项；（3）关于保护消费者以及公正交易的事项。

4. 和平统一分科委员会：（1）关于统一政策以及对北政策的事项；（2）关于统一的教育以及南北交流协力的事项；（3）关于离散家族政策的事项。

5. 外交通商分科委员会：（1）关于外交、对外经济政策的事项；（2）关于保护、辅助在外国民的事项；（3）关于国际亲善以及政党外交的事项。

6. 国防安保分科委员会：（1）关于国防政策的事项；（2）关于安保教育的事项；（3）关于优抚政策的事项。

7. 以北道民分科委员会：（1）关于保护以北道民权益的事项；（2）关

于与以北道民团体协力的事项；（3）提出对北政策建议以及研究朝鲜问题的事项。

8. 海外同胞分科委员会：（1）关于保护海外同胞权益的事项；（2）关于与海外同胞团体协力的事项。

9. 农林畜产分科委员会：（1）关于粮食增产以及开发畜产的事项；（2）关于开发山林的事项；（3）关于农水产品流通以及农业以外所得的事项。

10. 海洋水产分科委员会：（1）关于各种海洋政策的事项；（2）关于保全海洋环境以及培育海运业的事项；（3）关于管理水产资源、振兴水产业的事项。

11. 信息科学分科委员会：（1）关于科学技术振兴政策的事项；（2）关于开发科学技术以及尖端技术的事项；（3）关于开发科学技术人力的事项；（4）关于开发培育通讯以及信息产业的事项。

12. 建设分科委员会：（1）关于使用国土以及建设的事项；（2）关于住宅问题以及城市人口的事项；（3）关于海外建设的事项。

13. 交通分科委员会：（1）关于交通政策的事项；（2）关于交通安全的事项；（3）关于陆运、海运、航运的事项。

14. 产业资源分科委员会：（1）关于产业政策的事项；（2）关于贸易政策的事项；（3）关于能源以及资源政策的事项。

15. 教育分科委员会：（1）关于社会教育的事项；（2）关于小学、初中、高中、大学等学校教育的事项；（3）关于成人教育以及特殊教育的事项。

16. 保健卫生分科委员会：（1）关于保健医疗政策的事项；（2）关于提高国民保健的事项；（3）关于国民健康保险以及社会保障制度的事项。

17. 社会福祉分科委员会：（1）关于福祉政策的事项；（2）关于残疾人、老年人、少年家长、残疾人福祉的事项；（3）关于低收入人群对策的事项。

18. 环境分科委员会：（1）关于环境政策的事项；（2）关于保障环境权的事项；（3）关于环境保存运动的事项。

19. 劳动分科委员会：（1）关于提高劳动者福祉的事项；（2）关于创造稳定岗位的事项。

20. 文化观光分科委员会：（1）关于发扬民族文化的事项；（2）关于振兴文化、艺术的事项；（3）关于观光产业的事项。

21. 体育分科委员会：（1）关于体育政策的事项；（2）关于发展以及

振兴体育的事项；（3）关于培养休闲体育的事项。

22. 女性分科委员会（1）关于女性政策的事项；（2）关于与女性团体交流以及伸张女性权利的事项；（3）关于提高劳动女性福祉的事项。

23. 青年分科委员会：（1）关于青少年政策的事项；（2）关于知识青年阶层活动的事项；（3）关于与青年团体交流以及活动的事项。

24. 佛教分科委员会：（1）关于佛教相关政策的事项；（2）关于与佛教团体交流以及活动的事项。

25. 基督教分科委员会：（1）关于基督教相关政策的事项；（2）关于与基督教团体交流以及活动的事项。

26. 天主教分科委员会：（1）关于天主教相关政策的事项；（2）关于与天主教团体交流以及活动的事项。

（二）各分科委员会委员长应当向运行委员会汇报年度事业计划以及运行结果。

第二十三条【分配委员至分科委】

就分配第三条第一款第七项至第十一项中的委员至中央职能委员会的各分科委员会而言，应当考虑相应委员的活动经历，由议长与分科委员长协商决定。

第二十四条【分科主要人员】

（一）各分科委员会设置经议长推荐，由党代表任命委员长一人、包含首席副委员长的副委员长三十人、委员一百人、干事一人。

（二）在主要人员的任期中，发生缺员时，随即选任后继主要人员。

第二十五条【主要人员的职能】

（一）分科委员长代表相应分科委员会，总揽会务。

（二）当分科委员长因事故而无法履行职务时，由首席副委员长代行其职务。

（三）分科主要人员应当忠实地交纳党费规定所确定的基本党费。

第二十六条【分科运行委员会】

（一）为了处理分科委员会的运行以及事务事项，设置由委员长、副委员长、委员、干事组成的分科运行委员会。

（二）当委员长认为必要或者有运行委员三分之一以上的要求时，由委员长召集分科运行委员会。

（三）分科委员会在处理事务的过程中，当与其他分科委员会的职能发生冲突或者重复时，遵循中央职能委员会议长的决定。

（四）以在籍委员过半数的出席和出席委员过半数的赞成，议决分科运行委员会的议案。

第二十七条【小委员会】

（一）分科委员会可以根据委员会的议决，设置必要数量的小委员会。

（二）小委员会设置委员长一人与干事一人；分科委员长指定小委员会的委员长，由小委员会委员长指定小委员会的干事。

第六章　市、道党联合会

第二十八条【构成】

中央职能委员会的市、道党联合会由相应市、道职能相关人士为中心的所有中央职能委员构成。

第二十九条【主要人员】

（一）各市、道党联合会设置会长一人、包含首席副会长一人的副会长若干人、事务局局长一人；党代表任命由委员会议长与市、道党委员长协商后推荐的上述人员。

（二）会长代表市、道党联合会，总揽会务。

（三）当会长因事故而无法履行职务时，由首席副会长代行其职务。

第三十条【地方会】

（一）在各市、道党联合会下，可以组织、运行按照各国会议员选区的支会。

（二）各国会议员选区的支会由议长或者市、道党委员长推荐的党员构成；可以设置由议长与市、道党委员长协商后推荐，并由党代表任命的支会会长一人、副会长若干人、干事一人。

第三十一条【委任规定】

由中央职能委员会的议长规定施行本规定的必要事项。

第七章　中央职能委员会的人事委员会

第三十二条【构成】

（一）人事委员会由下列各项的委员构成：

1. 议长；

2. 首席副议长；

3. 常任全国委员四人；

4. 辅助实务部门的首长。

（二）议长担任人事委员会的委员长。

第三十三条【职能】

委员会审议、议决下列事项，该事项依照内部的规定处理：

1. 与中央职能委员的人事相关的事项；

2. 由议长提交的奖励或者惩戒的事项；

3. 评价中央职能委员绩效的事项；

4. 其他需要人事委员会审议的事项。

第三十四条【召集以及议决的规定人数】

（一）当委员长认为必要或者有三分之一以上的在籍委员要求时，由委员长召集人事委员会。

（二）以在籍委员过半数的出席和出席委员过半数的赞成，议决委员会。

（三）在召开选举人团大会的三十日前至大会召开日期间，不得召集人事委员会。

第三十五条【除斥】

当委员与提交的议案存在关联或者委员与相应审议对象人员存在亲属关系时，该委员不得参与相应议案的审议。

附则 （2017. 2. 13）

本规定自 2017 年 2 月 13 日第一次常任全国委员会的议决日起发生效力。

地方组织运行规定

第一章　总则

第一条【目的】

为了规范党地方组织的构成和运行的事项，制定本规定。

第二条 【定义】

本规定中的"地方组织"是指首尔特别市，广域市、道，特别自治市，特别自治道的党（以下称"市、道党"），还是各级公职选举的选区选举组织。

第三条 【地方组织的构成】

市、道党由市、道党大会，运行委员会，党员协议会，事务处以及各类委员会等构成。

第二章 市、道党

第四条 【市、道党大会的构成】

（一）市、道党大会作为市、道党的最高议决机关，由下列各项的代议员构成，该名额在市、道选举权人数的 0.05% 以内：

1. 市、道党委员长以及副委员长；

2. 市、道党的运行委员；

3. 所属于党的市、道知事；

4. 所属于相应辖区党的国会议员；

5. 党员协议会的运行委员长；

6. 所属于党的自治区、市、郡的首长；

7. 市、道党的事务处党职者；

8. 中央职能委员会的市、道党联合会长、副会长、事务局局长；

9. 所属于党的市、道以及自治区、市、郡议会的议员；

10. 市、道党运行委员会选任的党员；

11. 按照职能选出的职能代表；

12. 由党员协议会选任的党员。

（二）由市、道党运行委员会在全体代议员人数的 5% 范围内确定第一款第十项规定的代议员名额，其中女性应当占据 50% 以上，未满四十五周岁的党员应当占据 20% 以上。

（三）由市、道党运行委员会在全体代议员人数的 3% 范围内选任具有职能代表性的党员，作为第一款第十一项规定的代议员。

（四）由市、道党运行委员会确定第一款第十二项规定的代议员名额与各党员协议会应当选任的党员名额，代议员的名额应当为全体代议员人数的 50% 以上，其中女性应当占据 50% 以上，未满四十五周岁的党员应当占据 30% 以上。

（五）当以第四款的方式选任代议员时，对于由两个以上的自治区、市、郡组建的党员协议会而言，可以按照各自治区、市、郡选举权人数的比例，选任代议员。

第四条之二【代议员等的资格要件】

（一）未按照党费规定交付党费的党员不得担任市、道党大会的代议员，市、道党的运行委员，党员协议会的运行委员长以及运行委员等市、道党以及党员协议会的党职。

（二）虽然有上述第一款的规定，但是对于经市、道党运行委员会的议决而获得责任党员资格的党员而言，则另当别论。

第五条【市、道党大会的职能】

（一）市、道党大会具有下列职能：

1. 选出全党大会的代议员；

2. 选出符合党宪第十九条第二十项规定的全国委员；

3. 选出市、道党委员长；

4. 指定公职候选人（市、道知事的候选人）；

5. 向中央党提供各种建议；

6. 议决以及承认其他关于市、道党主要党务的事项。

（二）当难以召开市、道党大会时，由市、道党运行委员会选出第一款第一项和第二项规定的人员。

第六条【市、道党大会的召集以及议决】

（一）每年在最高委员会议确定的期间内，由市、道党委员长召集定期市、道党大会。但当有特别的事由时，市、道党委员长通过获得最高委员会议的承认，可以变更定期市、道党大会的召集时期。

（二）当市、道党委员长认为必要，或者有三分之一以上在籍代议员要求时，由市、道党委员长召集临时市、道党大会。

（三）以在籍代议员过半数的出席和出席代议员过半数的赞成，议决市、道党大会。

（四）应当在大会公告日前，确定市、道党大会的代议员名册。

第七条【市、道党的运行委员会】

（一）设立市、道党运行委员会作为市、道党大会的受委托机关。

（二）市、道党的运行委员会由下列各项的委员构成：

1. 市、道党的委员长与副委员长；

2. 所属于党的市、道知事；

3. 所属于党的国会议员；

4. 党员协议会的运行委员长；

5. 作为地区代表的全国委员；

6. 所属于党的自治区、市、郡的首长；

7. 市、道党的各类常设委员会的委员长；

8. 市、道党的部长级别以上的事务处党职者；

9. 市、道议会的议员代表；

10. 所属于党的市、道议会的议长以及副议长。

（三）在市、道党运行委员会设置委员长以及副委员长各一人，由市、道党委员长与市、道党首席副委员长兼任委员长与副委员长。

（四）市、道党运行委员会具有下列职能：

1. 处理市、道党大会的委任事项；

2. 处理有关市、道党运行的重要事项；

3. 任命以及同意推荐市、道党副委员长以及各类委员会委员长；

4. 关于调整各分科委员会活动的事项；

5. 关于组织、运行各种委员会以及特别机构的事项；

6. 选任市、道党大会的代议员；

7. 组织各级选举人团；

8. 追认党员协议会邑、面、洞运行委员。

（五）当委员长认为必要，或者有三分之一以上的在籍委员要求时，由委员长召集市、道党运行委员会，委员长作为议长主持会议。

（六）以在籍委员过半数的出席和出席委员过半数的赞成，议决市、道党运行委员会的议案。此时，当运行委员为议决内容的当事人时，不得行使议决权。

（七）市、道党运行委员会在市、道党副委员长中选任第二款第一项规定的副委员长，不得选任超过相应市、道管辖国会议员选区数量范围的副委员长，且不得超过十人；副委员长中的女性应占据30％以上。

（八）当市、道党运行委员申请公职选举候选人的公开招募时，停止其职务至选举日。但对于有可能引发重大事务空白的市、道党而言，可以经最高委员会议的议决，另行规定该市、道党委员长的人事安排。

第八条【市、道党委员长】

（一）在市、道党设置委员长一人与包含首席副委员长的副委员长若干人；副委员长辅佐委员长。

（二）经市、道党运行委员会的同意，由委员长任命副委员长。

（三）委员长代表市、道党，总揽市、道党的党务。

（四）市、道党委员长缺位或者因一时性的事由无法履行职务时，由市、道党首席副委员长代行其职务。但当首席副委员长无法履行代行时，通过市、道党运行委员会的互选，选出职务代行人员。

（五）市、道党委员长召开由市、道党主要党职者等出席的市、道党党职者每月例会。

第九条【市、道党委员长的选出】

（一）由市、道党大会选出市、道党委员长。但当登记候选人仅为一人，或者在投票日前候选人因退选、死亡等仅剩下一人时，由市、道党运行委员会选出市、道党委员长。

（二）通过市、道党大会在籍代议员过半数的投票，得票最多者当选为市、道党委员长。

（三）当在第二款规定的投票中，有两名以上的得票最多者时，由得票最多者中的年长者担任市、道党委员长。

（四）当市、道党委员长缺位时，在四十日内；当事故市、道党委员长辞退的情况下，在该事由解除之时，依照第一款的规定选出市、道党委员长；其任期为前任者的剩余任期。但当剩余任期不足两个月时，可以不予选出继任者。

第十条【市、道党大会代议员等的任期】

（一）市、道党大会代议员的任期为确定下一次定期市、道党大会代议员名册之前为止。

（二）市、道党副委员长以及由市、道党委员长任命的各类委员会委员长的任期为自被市、道党委员长任命之日起至选出下一任市、道党委员长的大会召开日前为止。

第十一条【市、道党大会的分科委员会】

（一）经市、道党运行委员会的议决，市、道党委员长可以设置必要的分科委员会。

（二）以市、道党运行委员会的议决，确定分科委员会的构成、运行以及会议事项。

第十二条【市、道党大会等的召集公告】

当市、道党委员长欲召集市、道党大会或者市、道党运行委员会时，应当在召开日的三日前进行召集公告。但紧急时，可以在召开日的一日前进行公告，并应当获得市、道党运行委员会的追认。

第十三条【市、道党大会的承认以及申请异议】

（一）自市、道党大会或者市、道党运行委员会的结束日起至十四日以内，市、道党委员长应当向事务总长提交市、道党大会或者市、道党运行委员会的承认申请书和会议记录，并获得最高委员会议的承认。

（二）当市、道党大会代议员或者市、道党运行委员对市、道党大会或者市、道党运行委员会的议决有异议时，自各类会议结束日起至五日以内，可以向中央党申请异议。

（三）由事务总长决定是否接受第二款规定的异议申请；由最高委员会议审议处理受理的异议申请。

（四）对于应当获得第一款规定中承认的市、道党运行委员会而言，仅限于选出市、道党委员长，党员协议会运行委员长的情形。

第十四条【市、道党大会选出全党大会的代议员】

根据全党大会的规定，确定由市、道党大会选出的全党大会代议员的名额。

第十五条【市、道党的事务处】

（一）为了处理市、道党的事务，设置市、道党事务处。

（二）关于市、道党事务处的组织、构成以及运行的事项，遵循事务处规定。

第十六条【市、道党的政策开发委员会】

（一）可以在市、道党设置政策开发委员会。

（二）市、道党政策开发委员会由市、道党委员长与副委员长，所属于党的国会议员，所属于党的市、道知事以及自治区、市、郡的首长，党员协议会运行委员长，市、道议会议员，自治区、市、郡议会议长以及副议长构成。

（三）政策开发委员会设委员长与副委员长若干人、干事一人；市、道党委员长兼任委员长，由市、道党委员长指定的若干人担任副委员长，由市、道党事务处处长担任干事。

（四）政策开发委员会具有下列职能：

1. 研究、开发以及草拟、审议党的政策；

2. 审议以市、道为单位的地区开发政策。

（五）可以在政策开发委员会设置分科委员会，关于该种类以及运行的事项，以市、道党运行委员会的议决确定。

（六）为了开发政策，可以实施市、道党与所属于党的市、道党知事，党员协议会与所属于党的自治区、市、郡首长之间的定期党政协商。

第十七条【市、道党的自治团体首长协议会】

（一）可以在市、道党设置由所属于党的自治区、市、郡首长组成的自治团体首长协议会（以下称"团体首长协议会"）。

（二）团体首长协议会设置会长一人、副会长若干人；通过团体首长协议会互选，选出会长与副会长；由市、道党事务处处长担任干事。

（三）以市、道党运行委员会的议决确定团体首长协议会的职能以及运行的具体事项。

第十八条【市、道党的广域议员总会以及基础议员协议会】

（一）可以在市、道党设置由所属于党的市、道议会议员组成的广域议员总会和由自治区、市、郡议会议员组成的基础议员协议会，该名称为"自由韩国党某某市、道议会议员总会"以及"自由韩国党某某市、道基础议员协议会"。

（二）广域议员总会设置院内代表（以下称"代表"）一人、院内副代表（以下称"副代表"）若干人；基础议员协议会设会长一人、副会长若干人；通过广域议员总会以及基础议员协议会选出代表以及会长，副代表以代表的推荐，副会长则以会长的推荐，由市、道党委员长任命；其任期各为一年。

（三）通过市、道运行委员会的议决，确定广域议员总会以及基础议员协议会的职能、运行、召集以及议事等具体事项。

（四）在广域议员总会和基础议员协议会内，实施党广域议会议长、副议长，基础议会议长、副议长候选人的选举。

第十九条【市、道党的发言人等】

（一）可以在市、道党内设置发言人以及副发言人，作为有关市、道党大会，市、道党委员会主要决定事项，宣传市、道党其他议决事项的官方发表机关。

（二）市、道党委员长任命发言人以及副发言人。

第二十条【市、道党的顾问、咨询委员】

可以在市、道党内设置由市、道党委员长委任的顾问以及咨询委员若干人。

第二十一条【市、道党的常设委员会等】

（一）可以在市、道党内设置常设委员会、临时委员会以及特别机构。

（二）常设委员会有女性委员会、青年委员会、数码政党委员会、残疾人委员会、宣传委员会等。

（三）根据党宪、党规，以市、道党运行委员会的议决，确定第一款特别机构的构成、运行等具体事项。

第二十二条【事故市、道党】

（一）在相应市、道辖区内的国会议员选区中，对于有三分之二以上的地区无法选出党员协议会的运行委员长，或者因组织纠纷等难以履行党务的市、道党而言，经最高委员会的议决，可以将该市、道党确定为事故市、道党。

（二）事故市、道党委员长视为已经辞职，以事务总长推荐，经最高委员会的议决，由党代表任命职务代行者，代行其职务。

（三）自议决之日起，事故市、道党的运行委员会视为已经解散，由事故市、道党委员长任命的副委员长以及各类委员会委员长等视为已经解聘。

第三章　党员协议会

第二十三条【党员协议会的构成以及撤销】

（一）在有地区选举权人数 0.5% 以上责任党员的国会议员选区内设置党员协议会，并应当获得市、道党运行委员的承认。但可以经最高委员会议，做出另行规定。

（二）在下列各项情形下，经市、道党运行委员会的议决，市、道党委员长可以取消对党员协议会的承认。

1. 地址在党员协议会辖区内的责任党员人数，不足该地区选举权人数的 0.5% 时；

2. 党员协议会实施了严重违反党宪、党规的活动；

3. 认为党员协议会难以进行正常活动的其他情形。

（三）在依照第二款的规定撤销党员协议会的情形下，在该撤销事由消失后，应当尽快重新组织党员协议会。

第二十四条【党员协议会的活动】

（一）党员协议会进行如下各项活动：

1. 辅助党员的自发性地区活动；

2. 辅助由市、道党主管的党员教育以及党员集会等；

3. 调查地区悬案，为地区悬案提供建议；

4. 扩张党势的活动；

5. 辅助市、道党要求的其他事项。

（二）市、道党应当诚实地辅助党员协议会的自发性活动。

第二十五条【党员协议会的运行委员会】

（一）为了顺利运行党员协议会、辅助地区活动，组织由下列各项委员构成的党员协议会的运行委员会：

1. 党员协议会的运行委员长；

2. 所属于党的地方选区国会议员；

3. 所属于党的自治区、市、郡的首长；

4. 所属于党的市、道议会议员；

5. 所属于党的自治区、市、郡议会议员；

6. 在最近一次国会议员选举中，由党公荐的该地方选区候选人；

7. 由党员协议会运行委员长推荐，经市、道党运行委员会议决选任的邑、面、洞的运行委员；

8. 由党员协议会运行委员长推荐，经党员协议会运行委员会议决选任的七名以内运行委员。

（二）按照各邑、面、洞各选任一名第一款第七项规定的邑、面、洞运行委员；当邑、面、洞的选举权人数是该党员协议会各邑、面、洞平均选举权人数的两倍以上时，在该倍数以内，最多可以选任三名运行委员；第七项以及第八项中运行委员的任期为推荐该运行委员的党员协议会运行委员长结束其任期之时为止。

（三）党员协议会运行委员会具有下列职能：

1. 推荐全党大会的代议员；

2. 选任市、道党大会的代议员；

3. 处理市、道党委任、要求的事项；

4. 处理关于运行党员协议会的重要事项。

（四）当党员协议会运行委员长认为必要，或者有三分之一以上的在籍委员要求时，由党员协议会运行委员长召集党员协议会运行委员会的会议；党员协议会运行委员长作为议长，主持会议。

（五）当党员协议会运行委员长欲召集党员协议会运行委员会时，应当在召开日的一日前向运行委员通报会议事项。

第二十六条【党员协议会的运行委员长】

（一）每年选出党员协议会运行委员长，该选出时期由最高委员会议确定。

（二）当党员协议会运行委员长因一时性的事由，无法履行其职务时，由党员协议会运行委员长指定的运行委员代行其职务。但当无法指定时，通过运行委员会的互选，选出代行人员。

（三）当党员协议会运行委员长缺位时，进行再选，其任期为前任的剩余任期。但当撤销党员协议会时，在重新组建党员协议会后选出运行委员会委员长。但当其剩余任期不足两个月时，可以不予选出继任者。

第二十七条【党员协议会运行委员长的选出以及承认】

（一）就党员协议会运行委员长的选出方式而言，在下列各项方式中，由最高委员会议的议决确定：

1. 由地址在党员协议会辖区内的全体党员选举产生；

2. 由地址在党员协议会辖区内的责任党员选举产生；

3. 通过党员协议会运行委员会，将现任党员协议会运行委员长（包含国会议员选区的组织委员长）选为运行委员长；

4. 其他由最高委员会确定的方式选出。

（二）按照第一款第一项以及第二项规定实施选举的情形下，通过最高委员会议的议决，确定有关实施选举的事项。

（三）新选任的党员协议会运行委员长应当自党员协议会运行委员长选

出大会结束日起三日以内，向市、道党提交选出大会结果承认申请书和选民名册，并提请市、道党运行委员会承认大会结果。

（四）市、道党运行委员会接收后，在七日以内无故未做出是否承认的决定时，视为已经获得承认。

第二十八条【党员协议会运行委员长以及运行委员的辞退等】

（一）党员协议会运行委员长，在下列情形下，应当辞退：

1. 在最高委员会议听取相应市、道党委员长和事务总长的意见后，议决相应党员协议会运行委员长辞退的情形；

2. 欲参选公职选举的情形；

3. 被选聘为公共机关以及政府出资机关、私立学校或者与此类似法人的代表以及全职干部或职工的情形；

4. 当发生选举辖区内国会议员的事由时，不参加竞选的情形；

5. 因不道德行为以及有关不正腐败的违法嫌疑，而被起诉的情形。

（二）欲参选公职选举的运行委员，应当辞退运行委员职务；对于当然职运行委员而言，停止其职务至选举日。

（三）为了参选公职选举而辞退职务或者停止职务的起始日为申请候选人公开招募之时。

第二十九条【党员协议会的机构】

（一）党员协议会按照各邑、面、洞设置协议会。

（二）可以在党员协议会内设置各类委员会以及其他机构等，由党员协议会运行委员长任命委员长以及委员等。

第三十条【国会议员选区的组织委员长】

（一）在下列各项情形下，经最高委员会议的议决，党代表可以在相应国会议员选区任命组织委员长：

1. 未能组建党员协议会的情形；

2. 党员协议会被撤销的情形；

3. 党员协议会委员长缺位的情形。

（二）组织委员长代行党员协议会运行委员长的职务。

（三）在第一款第三项规定的情形下，经组织委员长的推荐和市、道党运行委员会的议决，重新选任邑、面、洞运行委员以及推荐运行委员。

（四）对于还未依照第一款的规定任命组织委员长的国会议员选区，由辖区市、道党运行委员长代行党员协议会运行委员长的职务；对于由两个以上自治区、市、郡组成的选区，可以任命受市、道党委员长指挥的各自治区、市、郡的负责人。此时，准用组织委员长的任命程序。

（五）为了有效率而公正地公开招募组织委员长、实施选任程序，党代表可以与最高委员会议协商，设置由事务总长担任委员长，并以战略企划副总长以及组织副总长为当然职的七人以内的组织强化特别委员会。

（六）当公开招募组织委员长时，准用地方选区国会议员候选人推荐规定第十条（申请资格）、第十一条（公荐申请公告以及接收）、第十二条（提交材料）的内容。

第四章　补则

第三十一条【委任规定】

关于运行地方组织，在本规定中没有规定的事项，由事务总长在地方组织运行规则中规定。

附则　（2017. 2. 13）

本规定自 2017 年 2 月 13 日第一次常任全国委员会的议决日起发生效力。

党代表及最高委员选出规定

第一章　总则

第一条【目的】

为了规范党代表及最高委员选举（以下称"选举"）的有关事项，根据党宪第二十七条（党代表的选出）、第二十八条（选出职最高委员）、第二十八条之二（青年最高委员），制定本规定。

第二条【用语的定义】

（一）本规定中的"党的机构"是指党宪第三章（党的机构）规定的党的机构及经党的机构委任而设置的机构。

（二）本规定中没有做出定义的用语，准用公职选举法的用语。

第三条 【选举管理事务的协助】

关于竞选事务，党的机构应优先遵从相应选举管理委员会的协助要求。

第四条 【选举权行使的保障】

（一）党的机构应当为选出党章第二十七条（党代表的选出）第一款规定的党代表以及选出最高委员选举人团（以下称"选举人团"）行使选举权而做出必要措施。

（二）选举人团应认真参加选举，并行使选举权。

第五条 【候选人公平竞争义务】

（一）候选人和为候选人进行选举活动的人在进行选举活动时，应当遵守该规定，公平竞争。并对候选人的政见进行支持，宣传或批评反对时，不能做出违背风俗或社会及政党秩序的行为。

（二）候选人对公平竞争和选举结果等，应根据为了选出党代表及最高委员的中央党选举管理委员会的规定进行誓约。

第六条 【选举管理委员会等的中立义务】

包括选举管理委员长的选举管理委员和中央党及市、道党事务职党职者和其他不具有党员资格的人（包括机关或团体），不得做出具有不当影响活动和其他影响竞选结果的行为。

第七条 【候选人等的身份保障】

候选人从候选登记结束时起，投票、开票参观人从获得身份时起至中央党选举管理委员会公告当选人为止，除第九章（处罚）规定的情况之外，移送伦理委员会及处以惩戒缓期执行。

第二章　选举权和被选举权

第八条 【选举权】

（一）选举人团名册确定之日，以登记在选举人团名册的党员具有选举权。

（二）虽有第一款的规定，但是党宪第十三条（组成）第一款第一项至第十四项规定的人员到选举日前一天为止，具有选举权。

第八条之二 【党代表及选出职最高委员选举人团】

（一）为选举党代表及选出职最高委员的选举人团由下列各项组成：

1. 全党大会代议员；

2. 不是全党大会代议员的责任党员选民（以下称"责任党员选民"）；

3. 不是全党大会代议员的普通党员选民（以下称"普通党员选民"）；

4. 以一般国民为对象公募的一万人以内的青年选民（以下称"青年选民"）。

（二）责任党员选民是指选举公告日当时登记在党员名册的所有责任党员。

（三）普通党员选民按各党党员协商会有权者数的千分之一内，由下列各项组成。拥有最少有权者的党员协商会和拥有最大有权者的党员协商会的选举人团数的比例定为1∶2，按党员协商会分类，近期实施的全国范围内的公职选举选民人数比例分配。

1. 由党员协商会推荐，市、道党运行委员会议决的各党员协商会的五十人以内的党员。

2. 第五款中规定的抽选党员。

（四）按照党员协商分配的普通党员选民中，女性应占百分之五十，以自治区或市为单位的基础团体地区，年满四十五周岁的人应占百分之三十，以郡为单位的基础团体地区应占百分之二十。

（五）普通党员选民是在选举公告日当时，通过抽签方式选定登记在党员名册的党员中。

（六）青年选民由中央党以网络等方式召集组成，以选举日为基准，不具有党员身份的年满十九岁以上，未满四十岁的一般国民为对象，拥有最少有权者的党员协商会和拥有最大有权者的党员协商会的选举人团数的比例定为1∶2，按党员协商会分类，近期实施的全国范围内的公职选举选民人数比例分配。

（七）青年选民中有百分之五十以女性为原则。

（八）根据青年选民的招募结果，超过党员协商会的选举人团名额的，以抽签方式选定。

（九）选举人团的具体比率、分配方式以及定数等其他必要事项，经中央选举管理委员会的议决，由选举管理委员会决定。

第八条之三【青年最高委员选举人团】

为了选出青年最高委员的选举人团按下列各项组成：

1. 根据同规定第八条之二（党代表及选出职最高委员选举人团）选出

的选举人团中，以选举日为准，未满四十五岁的党员。

2. 根据同规定第八条之二（党代表及选出职最高委员选举人团）第六款选出的青年选民。

第九条【被选举权】

国会议员选举时具有被选举权，候选人登记申请日当时为党员的人具有被选举权。以选举日为标准，年满四十五岁的青年党员具有被选举权。

第十条【不具有选举权的人】

下列各项人员不具有选举权：

1. 伦理委员会规定第二十一条（惩戒的种类及程序）第一款被除名、劝其退党、停止党员权利的处分或受到三次以上警告处分的人；

2. 到选举日为止退党或变更党籍者；

3. 根据其他公职选举法规定，不具有公职选举的选举权的。

第十一条【不具有被选举权的人】

下列各项人员不具有被选举权：

1. 伦理委员会规定第二十一条（惩戒的种类及程序）第一款的被除名、劝其退党、停止党员权利的处分或受到三次以上警告处分的人；

2. 到选举日为止退党或变更党籍者；

3. 根据其他公职选举法规定，不具有公职选举的被选举权的。

第三章　选举管理委员会

第十二条【设置及组成】

（一）为选举管理业务的公正管理，设置中央党选举管理委员会（以下称"委员会"）。

（二）委员会作为选举管理的最高议决机关，经最高委员会议决，由党代表委任的十五人以内的选举管理委员（以下称"委员"）组成。

（三）委员会根据规定，可以设置小委员会。

（四）小委员会的设置及组成必要事项，经委员会议决，委员长决定。

第十三条【职能】

委员会执行下列各项事务。

（一）候选人登记申请公告。

（二）候选人的登记公告以及有关登记的事务。

（三）向全党大会、全国委员会、常任全国委员会及最高委员会报告登记情况。

（四）向选民公示选举管理必要事项。

（五）管理投票以及开票业务。

（六）当选人确定公告及通知。

（七）决定候选人预备审查制度的引入与否及审查方法。

（八）认为具有违反本规定行为时的管束和更正措施等，对候选人及国民参与选举人团、党员的制裁。

（九）选举管理事项的有权解释。

（十）本规定制定的其他有关选举的各项业务。

第十四条【委员长、副委员长】

（一）委员会由一名委员长和若干名副委员长组成，在委员中，经最高委员会议决，党代表任命。

（二）委员长代表委员会，总揽会务。

（三）副委员长辅佐委员长，委员长有故不能履行职务时，由委员长指定的副委员长代行其职务。

第十五条【委员的任期】

委员的任期在党代表以及最高委员的选举业务结束时终止。

第十六条【召集及议事】

（一）三分之一以上的在籍委员提议或委员长认为必要时，由委员长召集委员会。

（二）除对本党规的特殊规定，委员会议以在籍委员过半数的出席和出席委员过半数的赞成议决。

（三）委员长具有表决权，赞成票与反对票相等时，视为否决。

第十七条【会议结果的公开等】

委员会讨论事项以公开为原则，并制作和备置会议录。但经委员会议决或委员长认为必要时可以不予公开。

第十八条【选举公报】

委员会可以发行有关选举管理必要事项的选举公报。

第四章　选举期间和选举日

第十九条【选举期间】

选举活动自候选人登记日的第二天起全党大会日为止。

第二十条【选举日】

（一）选举日在选举期间开始日的前五日进行公告。

（二）选举日分为全党大会选举日和不是全党大会代议员的选举人团选举日。

（三）本规定中的选举日是指全党大会代议员的选举日。

第五章　选举人团名册

第二十一条【名册的制作】

（一）委员长要在制作选举人团名册的标准日，自制作选举团名册之标准日起三日内制定选举人团名册。有不得已的情形，可以经委员会议决另行规定期限。

（二）制作选举人团名册的必要事项，经委员会议决，由委员长决定。

第二十二条【名册阅览】

委员长在名册制作完成日后的第二天，指定一天（以下称"阅读时间"），阅览选举人团名册。

（一）委员长在阅览期间开始日前两天，公告阅览日期和地点。

第二十三条【选民名册的更正等】

（一）委员长应在阅览期间、阅览截止后，规定一日以上的时间，使对选举人团名册的制作有异议的选举人团，附上辩解材料并以口述或书面形式向委员会提出异议申请。

（二）有第一款规定申请的，委员会至该申请之日的第二天为止完成审查、决定。决定该申请有理由的，应及时更正选举人团名册，并通知申请人；决定没有理由的，应将结果通知申请人。

第二十四条【名册的确定】

（一）选举人团名册截止至候选人登记日的前一天，经最高委员会的表决后确定。

（二）虽有第一款规定，有不得已的情形，可以经委员会议决另行规定期限。

第二十五条【名册副本的交付】

（一）确定选举人团名册的，委员会应向以完成候选人登记的各候选人交付选举人团名册副本一份，此时，每位候选人在选举期间届满时，应及时返还。

（二）各候选人须注意，以免副本外泄。

第六章　候选人

第二十六条【候选人登记】

（一）候选人登记日经委员会议决，由选举管理委员长决定，有不得已的情形，可以经委员会议决另行规定期限。

（二）根据第一款规定，申请候选人登记的，应提交下列各项资料并交纳第三十条（寄托金等）规定中的寄托金：

1. 根据第五条（候选人的公正竞争义务等）第二款规定的誓约书；

2. 履历书；

3. 党籍证明书；

4. 党费交纳证明书或收据；

5. 居民登录证证明；

6. 其他委员会规定的资料。

（三）候选人登记申请书的受理时间为当天上午九点至下午五点。

（四）委员会在候选人登记申请时应立即受理。但根据第二款的各项规定，不具备登记资料的申请不予受理。

（五）有关候选人登记的其他必要事项，经委员会议决，由委员长决定。

（六）欲成为候选人的，截止到申请候选人登记时，应辞去所有党职。

第二十七条【登记无效】

（一）候选人登记后有下列事由的，经委员会决定候选人登记视为无效：

1. 发现候选人不具有被选举权的；

2. 发现违反第二十六条（候选人登记）规定，进行登记的；

3. 候选人脱离、变更党籍的。

（二）委员会做出第一款中的登记无效决定时，应及时通知该候选人并明示其事由。

第二十八条【候选人的退选申报】

候选人退选时，向委员会以书面形式申报。

第二十九条【有关候选人登记的公告】

候选人因登记、退选、死亡等原因登记无效时，委员会应及时进行公告。

第三十条【寄托金】

（一）欲成为候选人的，在登记申请时，应根据委员会规定的要求交纳寄托金。

（二）第一款中的寄托金用于选举管理费用，剩余党费以特殊党费归党所有。

（三）因候选人的退选或登记无效时，第一款中的寄托金属于特殊党费。但候选人死亡时，可另行规定。

（四）有关寄托金的其他必要事项，经委员会议决，由委员长决定。

第七章 选举活动

第三十一条【定义】

（一）本规定中的"选举活动"是指使特定候选人当选或不被当选的行为。但有关选举的单纯改进意见及意思表示，关于确立候选人和选举活动的准备行为或普遍意义上的政治活动不视为选举活动。

（二）除了本规定限制的情形之外，任何人都可以自由进行选举活动。

第三十二条【选举公营制】

选举活动是在选举管理委员会的管理下，本规定确定的范围内进行，保障所有候选人平等的机会。

第三十三条【选举活动期间】

选举活动期间是指选举开始日起至全党大会的当日为止进行。

第三十四条【不得进行选举活动的人】

下列各项之一者不得进行选举活动。但候选人的配偶和直系亲属以及兄弟姐妹除外：

1. 不是党员的人；

2. 选举管理委员会委员；

3. 不是候选人的国会议员及党协委员长；

4. 中央党及市、道党的事务职党职者。

第三十五条【选举管理事务所的设置】

（一）候选人可以在选举期间设置一个选举事务所，以便处理有关选举活动的事宜。但候选人所属的国会议员会馆和国会议员后援会事务所不视为选举事务所。

（二）设立及变更选举事务所时，应根据委员会的规定，以书面形式及时进行申报。

第三十六条【选举宣传物】

（一）候选人为进行选举活动，制作下列选举宣传物（以下称"宣传物"）各一种，候选人登记截止日后的两日内提交至委员会。有不得已的情形，可以经委员会议决另行规定期限，提交数量由委员会议决决定：

1. 宣传壁报；

2. 小型印刷物。

（二）宣传物的粘贴、发送应对所有候选人公正进行。但是，未提交宣传物的情形除外。

（三）宣传物上的记载内容、规格、提交、粘贴、发送等其他必要事项，经委员会议决，由委员长决定。

（四）为了选举宣传，委员会应该采取悬挂条幅等积极措施。

第三十七条【联合演讲会】

（一）委员会可以举办联合演讲会。

（二）根据第一款规定，举办联合演讲会时，委员会应予以公告。

（三）演讲顺序在当天举行演讲会之前，通过抽签决定，如果候选人不遵守参加本人演讲时间，视为放弃演讲。

（四）在联合演讲会场上，任何人都不得做出扰乱党内秩序的行为，除候选人外，不得使用违反本规定的所有标志。

（五）联合演讲会的进行等其他必要事项，经委员会议决，由委员长决定。

第三十八条【邀请候选人面谈、讨论会】

（一）委员会可以邀请候选人参加通过电视、网络等各种媒体举办面谈或讨论会。

（二）第一款中的面谈、讨论会应针对所有候选人公平实施，候选人不接受邀请的情形除外。

（三）在候选人邀请面谈会场，任何人都不得做出扰乱场内秩序的行为，除了候选人以外，不能使用这些规定。除候选人外，不得使用违反本规定的所有标志。

（四）面谈、讨论会的进行等其他必要事项经委员会议决，委员长决定。

第三十九条【被禁止的选举活动行为】

候选人（包括欲成为候选人的）等可以进行选举活动的人，任何人都不得按照下列各项方法进行选举活动：

1. 自委员会组成之日起在选举日期间，提供金钱、款待和交通便利等一切捐献行为；

2. 向选民承诺党职任命或公职候选人推荐等行为；

3. 自委员会组成之日起在选举日期间，为影响选举，接受或允许党员签字、盖章的行为；

4. 自委员会组成之日起在选举日期间，根据第三十五条（选举事务所的设置等）规定，除选举事务所外，设置其他类似机关的行为；

5. 逐户访问选民的行为；

6. 候选人未经委员会承认，访问市、道党或参与党员聚会的行为；

7. 诽谤候选人以及黑色宣传、助长地区情节的行为；

8. 除宣传墙报和小型印刷物，其他委员会规定的宣传物以外，所有文书、图画、其他印刷物的分发行为；

9. 公布并公示、分发舆论调查结果或以舆论调查为名进行选举活动的行为；

10. 根据第三十七条（联合演讲会）规定，除联合演讲会外，举办演讲会的一切行为。

第八章 选出

第四十条【选举方法】

（一）选举以投票所投票或委员会议决的其他方式进行。

（二）实施直接投票，并以下列各项方式进行：

1. 党代表选举为一人一票；

2. 选出职最高委员选举为一人一票，两人连记名；

3. 青年最高委员选举为一人一票。

（三）投票时，不得标出选民的姓名或可以推测出选民的其他标志。

第四十一条【投票、开票等】

（一）委员会为了顺利执行投票、开票工作，可以根据选举管理委员会法向选举管理委员会和警察请求协助。

（二）委员会应让投票参观人参观投票情况，开票参观人参观开票情况，开票参观者要在委员长公布开票结果之前，对参观过程中所知的一切事项遵守保密义务。

（三）投票参观人及开票参观人数和其他必要事项，经委员会议议决，由委员长决定。

第四十二条【开票场的秩序维持】

（一）任何人不得在开票场做出扰乱场内秩序的行为，不得使用除本规定外的标志。

（二）委员长认为因开票会场秩序紊乱，不能进行公正开票时，为了维持开票秩序，可以采取警察协助等必要措施。

第四十三条【当选人的决定】

（一）党代表当选人决定应反映选举人团的有效投票结果的百分之七十，舆论调查结果的百分之三十，最多得票者为当选人。最多得票者为两名以上的，以选举人团投票结果、舆论调查结果的顺序，选定最多得票者为党代表。

（二）第一款中规定的舆论调查，可以在选举日的前五日内，委任给具有公信力的机关进行调查，并在全党大会场公布结果。

（三）最高委长当选人决定应反映最高委员选举中选举人团的有效投票结果的百分之七十，舆论调查结果的百分之三十，第一名至第四名为当选人中没有女性当选人时，第四名由女性候选人中的最多得票者当选。

（四）最高委员选举的候选人未满四人时，剩余名额经全国委员会议议决，由党代表任命。

（五）青年最高委员当选人决定应反映选举人团的有效投票结果的百分

之七十，舆论调查结果的百分之三十，最多得票者为当选人。最多得票者为两名以上的，以选举人团投票结果、舆论调查结果的顺序，选定最多得票者为青年最高委员。

（六）第五款中的舆论调查，以选举日为准，未满四十五岁的一般国民为对象，方式准用本规定第二款。

（七）没有青年最高委员选举候选人的，经全国委员会议决，由党代表任命。

第四十四条【当选人的决定、公告、通知等】

根据第四十三条（当选人的决定），决定当选人时，委员长应对其公告并及时通知该当事人。

第九章　处罚

第四十五条【对违规行为的制裁】

委员会得知本规定中的违规行为时，应及时审查并根据行为的轻重按下列各项进行制裁：

1. 注意及纠正命令；
2. 警告；
3. 移送伦理委员会。

第四十六条【注意及更正命令】

委员会根据第四十五条（对违规行为的制裁）第一款规定，决定注意及纠正命令时，应以书面形式，立即向当事人通告违反行为的内容和该当事人支持的候选人，并将内容公告在中央党及市、道党（以下称"相关党部"）的公告栏。但当事人提起不服申请时，经第四十九条（不服申请）规定的委员会复审，确定后予以公告。

第四十七条【警告】

（一）根据第四十五条（对违规行为的制裁）第二款规定，决定公告时，应以书面形式，立即向当事人通告违规行为的内容和该当事人支持的候选人，并将内容公告在相关党部的公告栏。但当事人提起不服申请时，经第四十九条（不服申请）规定的委员会复审，确定后予以公告。

（二）受到警告处分的当事人为候选人的，委员会根据第一款规定进行公告后，不得参加第一次召开的联合演讲会或面谈、讨论会。

第四十八条 【提交伦理审判院】

（一）伦理委员会应根据第四十五条（对违规行为的制裁）第三款规定，自委员会提交之日起三日内确定。

（二）根据第一款规定，候选人被除名、劝其退党、停止党员权利或受到三次以上警告处分的，将丧失其资格，委员会应立即通知当事人，并在党部公告栏上公告。

第四十九条 【不服申请】

（一）根据第四十五条（对违规行为的制裁）规定，对委员会做出的决定不服的，自收到该通知之时起二十四小时内以书面形式可以向委员会提出不服申请。

（二）收到第一款申请的，委员会应迅速执行程序。

（三）对委员会的复审，不能再次提出不服申请。

第十章　补则

第五十条 【支援部门】

为实施本规定和各项业务的支援，必要时可以设置相关部门。

第五十一条 【委任规定】

施行本规定的必要事项经委员会议决，由委员长决定。

第五十二条 【有关最高委员补缺选举的特例】

有关最高委员补缺选举的必要事项准用党代表以及最高委员选出规定，但经委员会议决可以另行规定。

附则 （2016.9.5）

本规定自 2016 年 9 月 5 日，第十二次常任全国委员会议决之日起发生效力。

总统候选人选出规定

第一章　总则

第一条 【目的】

为了规定总统候选人选举（以下称"选举"）的相关事项，根据党宪第五章（总统候选人的选出）制定本规定。

第二条【用语的定义】

（一）本规定中的"党的机构"是指党宪第三章（党的机构）规定的党的机构及经党的机构委任而设置的机构。

（二）本规定中，没有做出定义的用语，准用公职选举法的用语。

第三条【选举管理事务的协助】

关于竞选事务，党的机构应优先遵从相应选举管理委员会的协助要求。

第四条【选举权行使的保障】

（一）为选出总统候选人的国民参与选举人团（以下称"国民参与选举人团"），为行使选举权，党应当采取必要的措施。

（二）国民参与选举人团应认真参加选举，并行使选举权。

第五条【候选人公平竞争义务】

（一）候选人和为候选人进行选举活动的人在进行选举活动时，应当遵守该规定，公平竞争。并对候选人的政见进行支持，宣传或批评反对时，不能做出违背风俗或社会及政党秩序的行为。

（二）候选人对公平竞争和选举结果等，应根据选举管理委员会的规定进行誓约。

第六条【选举管理委员会等的中立义务】

包括选举管理委员长的选举管理委员或中央党及市、道党事务职党职者和其他不具有党员资格的人（包括机关或团体），不得做出不当影响竞选和其他影响竞选结果的行为。

第七条【候选人等的身份保障】

候选人从候选登记结束时起，投票、开票参观人从获得身份时起至选举管理委员会公告当选人为止，除第九章（处罚）规定的情况之外，移送伦理委员会及处以惩戒缓期执行。

第二章　选举管理委员会

第八条【设置及组成】

（一）为了总统选举候选人的选举业务的公正管理，设置总统选举候选人选举管理委员会（以下称"委员会"）。

（二）委员会作为选举管理的最高议决机关，经最高委员会议决，由党代表委任的二十人以内的选举管理委员（以下称"委员"）组成。

（三）根据委员会的规定，可以设置小委员会。

（四）有关小委员会的设置及组成的其他必要事项经委员会议决，由委员长规定。

第九条【职能】

委员会执行下列各项事务：

（一）候选人登记申请公告；

（二）候选人的登记公告以及有关登记的事务；

（三）为选出总统选举候选人向国民参与人团、最高委员会报告登记情况；

（四）向国民参与人团公示选举管理必要事项；

（五）联合演讲会及邀请候选人访谈、讨论会的管理业务；

（六）管理投票以及开票业务；

（七）当选人的决定公告以及通知；

（八）认为违反本规定行为时的管束和更正措施等，对候选人及国民参与选举人团、党员的制裁；

（九）选举管理事项的有权解释；

（十）本规定制定的其他选出总统选举候选人的各项业务。

第十条【委员长、副委员长】

（一）委员会由一名委员长和若干名副委员长组成，在委员中，经最高委员会议决，由党代表任命。

（二）委员长代表委员会，总揽会务。

（三）副委员长辅佐委员长，委员长有故不能履行职务时，由委员长指定的副委员长代行其职务。

第十一条【委员的任期】

委员的任期由最高委员会规定。

第十二条【召集及议事】

（一）三分之一以上的在籍委员提议或委员长认为必要时，由委员长召集委员会。

（二）除对本党规的特殊规定，委员会议以在籍委员过半数的出席和出席委员过半数的赞成议决。

（三）委员长具有表决权，赞成票与反对票相等时，视为否决。

第十三条【会议结果的公开等】

委员会讨论事项以公开为原则，并制作和备置会议录。但经委员会议决或委员长认为必要时可以不予公开。

第十四条【选举公报】

委员会可以发行有关选举管理必要事项的选举公报。

第三章　选举权和被选举权

第十五条【选举权】

（一）为选出第二十四条（名册的确定）总统候选人的国民参与选举人团大会的选举人团名册（以下称"国民参与选举人团名册"）确定日（以下称"国民参与选举人团名册确定日"）当时，以登记在国民参与选举人团的人具有选举权。

（二）虽然有第一款的规定，但是党宪第十三条（组成）第一款第一项至第十四项规定中的人员到选举日前一天为止，具有选举权。

第十五条之二【国民参与选举人团的组成】

（一）为选出总统候选人的国民参与选举人团为有权者数的千分之五，并由下列各项组成：

1. 代议员选民；

2. 党员选民；

3. 以一般国民为对象公募的选民（以下称"国民选民"）。

（二）第一款第一项占国民参与选举人团总数的八分之二，第二项为八分之三，第三项为八分之三，任期截止至国民参与选举人团大会选举日。

第十五条之三【代议员选民】

（一）为选出总统候选人的代议员选民的定数为国民参与选举人团总数的八分之二，并由下列各项人员组成：

1. 党代表；

2. 最高委员（包括院内代表、政策委员会议长）；

3. 常任顾问；

4. 党所属国会议员；

5. 党所属市、道知事；

6. 全国委员会委员；

7. 党员协商会运行委员长；

8. 中央职能委员会主要党职者；

9. 国策咨询委员会委员；

10. 财政委员；

11. 中央党及市、道党事务处党职者；

12. 党所属自治区、市、郡自治团体长官；

13. 党所属市、道议会议员；

14. 党所属自治区、市、郡议会议员；

15. 由党员协商会推荐，经市、道党运行委员会议决的党员；

16. 国会议员推荐的党员；

17. 市、道党运行委员会推荐的党员各二十人。

（二）第一款第八项的范围是指中央职能委员会议长，副议长，顾问，专门委员长，指导委员，咨询委员，总干事，市、道党联合会长，专门委员会干事，专门委员会副会长各三人，市、道党联合会副会长各三人以及市、道党联合会事务局长。

（三）第一款第十五项规定的代议员选民根据拥有最少有权者的党员协商会和拥有最大有权者的党员协商会的选举人团数的比例定为 1 : 2，按党员协商会分类，近期实施的全国范围内的公职选举选民人数比例分配。具体分配方法经委员会议决，委员长决定，为组成党员协商会时，由市、道党运行委员会议决决定。

（四）第一款第十六项规定的代议员选民包括责任党员的国会议员辅佐团一人在内，由各国会议员推荐的三人、比例代表国会议员候选人预备人选和中央党各种委员会委员等为对象，由事务总长推荐，经议员总会提请，通过最高委员会的议决选任的三百人以内的党员组成。

（五）第一款第十五项至第十七项规定的代议员选民由责任党员组成。责任党员人数不足的情形，经委员会议决，遵从委员长的决定。

（六）第一款第十五项至第十六项规定的代议员选民由百分之五十的女性组成。

（七）第一款第十五项至第十六项规定的代议员选民由百分之二十以上百分之四十以下的未满四十五周岁的党员组成。

（八）事务总长要在选举日的前二十日为止，将最高委员会议议决后确定的党员选民名册提交至委员会。有不得已的情形，可以经委员会议决另行规定时期。

第十五条之四 【党员选民】

（一）党员选民在选举公告日的当时已登记在党员名册的党员中，通过随机抽选形式选定，党员选举定员数中的百分之五十从责任党员名册中抽选，剩余百分之五十在责任党员抽签中落选的责任党员和普通党员中抽选。有关具体的方式以及选定的必要事项，经委员会议决，委员长决定。

（二）党员选民数根据拥有最少有权者的党员协商会和拥有最大有权者的党员协商会的选举人团数的比例定为1∶2，按党员协商会分类，近期实施的全国范围内的公职选举选民人数比例分配。具体分配方法经委员会议决，委员长决定。

（三）按照各党员协商会分配的党员选民中，女性应占百分之五十，以自治区或市为单位的基础团体地区，未满四十五岁的人应占百分之三十，以郡为单位的基础团体地区应占百分之二十。

（四）事务总长要在选举日的前二十日为止，经最高委员会议议决后确定的党员选民名册提交至委员会。有不得已的情形，可以经委员会议决另行规定时期。

第十五条之五 【国民选民】

（一）国民选民是指不具有党员身份，并在具有总统选举权的普通国民中，以电话面试的方式参加国民选民公募的人，具体的选择方法经过委员会的议决，由委员会决定。

（二）国民选民数根据拥有最少有权者的党员协商会和拥有最大有权者的党员协商会的选举人团数的比例定为1∶2，按党员协商会分类，近期实施的全国范围内的公职选举选民人数比例分配。具体分配方法经委员会议决，委员长决定。

（三）按照各国会议员选区分配的国民选民中，女性应占百分之五十，以自治区或市为单位的基础团体地区，未满四十五岁的人应占百分之三十，以郡为单位的基础团体地区应占百分之二十。

（四）委员长要在选举日的前二十日为止，经委员会议决，确定国民选举人团名册。有不得已的情形，可以经最高委员会议决另行规定选举日公告。

（五）有关国民选民的公募及选定等必要事项，经委员会议决，由委员长决定。

第十五条之六【舆论调查】

（一）舆论调查由能够公正、正确的反映国民舆论公认的国内调查机关实施。

（二）委员会为了接受有关舆论调查机构选定、舆论调查的方式、调查过程的参观和监督管理以及反映投票结果前的鉴定等咨询，可以设置包括候选人推荐者在内的舆论调查专家组成的专家委员会。

（三）为规定组成和运行专家委员会的必要事项，经委员会议决，由委员长决定。

第十六条【被选举权】

总统选举时具有被选举权，候选人登记申请日时为党员的人具有被选举权。

第十七条【不具有选举权的人】

下列各项人员不具有选举权：

1．伦理委员会规定第二十一条（惩戒的种类及程序）第一款被除名、劝其退党、停止党员权利的处分或受到三次以上警告处分的人；

2．到选举日为止退党或变更党籍者；

3．根据其他公职选举法规定，不具有公职选举的选举权的。

第十八条【不具有被选举权的人】

下列各项人员不具有被选举权：

1．伦理委员会规定第二十一条（惩戒的种类及程序）第一款被除名、劝其退党、停止党员权利或受到三次以上警告处分的人；

2．到选举日为止退党或变更党籍者；

3．根据其他公职选举法规定，不具有公职选举的被选举权的。

第四章　选举期间和选举日

第十九条【选举期间】

（一）选举期间是由委员会提议，经最高委员会议决决定。

（二）选举期间从候选人登记开始日起至为选出总统选举候选人的选举

日为止。

第二十条【选举日】

（一）选举日是指进行投票和开票的国民参与选举人团大会日。

（二）选举日应当在选举日的十日前，由委员会委员长公告。有不得已的情形，可以经最高委员会议决另行规定选举日公告。

（三）为了选出总统候选人的国民参与选举人团大会的选举日期和其他必要事项，由委员会提议，经最高委员会会议的议决决定。

第五章　国民参与选举人团名册

第二十一条【名册的制作】

（一）委员会要在选举日的前十五日制作国民参与选举人团名册（以下称"国民参与选举人团名册"），有不得已的情形，可以经委员会议决另行规定时期。

（二）制作选举人团名册的必要事项，经委员会议决，由委员长决定。

第二十二条【名册阅览】

（一）委员长在第二十一条（名册制作）第一款规定的名册制作完成日后指定一日（以下称"阅览期间"）确定地点，能够阅览国民参与选举人团名册。

（二）委员长在阅览期间开始日前两日为止，公告阅览日期和地点。

第二十三条【选民名册的更正等】

（一）委员长应在阅览期间、阅览截止后，规定一日以上的时间，使对选举人团名册的制作有异议选举人团，附上辩解材料并以口述或书面形式向委员会提出异议申请。

（二）根据第一款规定申请的，委员会至该申请之日的第二天为止完成审查、决定。决定该申请有理由的，应及时更正选举人团名册，并通知申请人；决定没有理由的，应将结果通知申请人。

第二十四条【名册的确定】

根据第二十三条（名册的更正等）规定，对国民参与选举人团名册的相关异议申请结束后确定。

第二十五条【名册副本的交付】

（一）确定国民参与选举人团名册后，委员会应向以完成候选人登记的各候选人交付国民参与选举人团名册副本一份，此时，每位候选人在选举期间届满时，应及时返还。

（二）各候选人须注意，以免副本外泄。

第六章　候选人

第二十六条【候选人登记】

（一）候选人登记应在委员会规定期间内向委员会申请。有不得已的情形，可以经委员会议决另行规定期限。

（二）根据第一款规定，申请候选人登记的，应提交下列各项资料并交纳第三十条（寄托金等）规定中的寄托金：

1. 根据第五条第二款规定的誓约书；

2. 履历书；

3. 党籍证明书；

4. 党费交纳证明书或收据；

5. 居民登录证证明；

6. 其他委员会规定的资料。

（三）候选人登记申请书的受理时间为上午九点至下午五点，不分公休日。

（四）委员会在候选人登记申请时应立即受理，根据第二款规定，不具备登记资料的申请不予受理。

（五）有关候选人登记的其他必要事项经委员会议决，由委员长决定。

第二十七条【登记无效】

（一）候选人登记后有下列各项事由的，经委员会决定候选人登记视为无效：

1. 发现候选人不具有被选举权的；

2. 发现违反第二十六条（候选人登记）规定，进行登记的；

3. 候选人脱离、变更党籍的。

（二）委员会做出第一款中的登记无效决定时，应及时通知该候选人并明示其事由。

第二十八条【候选人退选的申报】

候选人退选时，以书面形式向委员会进行申报。

第二十九条 【有关候选人登记的公告】

候选人因登记、退选、死亡等原因登记无效时，委员会应及时进行公告。

第三十条 【寄托金等】

（一）申请登记为候选人时，根据委员会规定的要求交纳寄托金。

（二）第一款中的寄托金用于选举管理，剩余部分属于特殊党费，归属于党。

（三）因候选人的退选或登记无效时，第一款中的寄托金属于特殊党费。但是，候选人死亡时，可另行规定。

（四）有关寄托金等必要的事项由委员会议决决定。

第七章 选举活动

第三十一条 【定义】

（一）本规定中的"选举活动"是指使特定候选人当选或不被当选的行为。但有关选举的单纯改进意见及意思表示、关于确立候选人和选举活动的准备行为或普遍意义上的政治活动不视为选举活动。

（二）除了本规定限制的情形之外，任何人都可以自由进行选举活动。

第三十二条 【选举公营制】

选举活动是在选举管理委员会的管理下、本规定确定的范围内进行，保障所有候选人平等的机会。

第三十三条 【选举活动期间以及事前选举活动的禁止】

（一）选举活动期间是指候选人登记结束之日起至选举日，在委员会规定的期限内进行。

（二）根据第三十七条（联合演讲会）第一款的联合演讲会之外，不得进行其他方式的选举活动。

第三十四条 【不得进行选举活动的人】

下列各项之一者不得进行选举活动。但候选人的配偶和直系亲属以及兄弟姐妹除外：

1. 不是党员的人；

2. 委员；

3. 中央党及市、道党的事务职党职者。

第三十四条之二【大选候选人预备人选的登记】

（一）根据党宪第一百零三条（大选候选人预备人选登记制度），欲成为大选候选人预备人选的，在总统选举日的前二百四十日起，向委员会提交下列各项资料，以书面形式申请候选人预备人选登记：

1. 履历书；

2. 党籍证明书；

3. 党费交纳证明书；

4. 居民登录证证明；

5. 其他委员会规定的资料。

（二）完成大选候选人预备人选登记后，存在第二十七条（登记无效）第一款和公职选举法相关规定的登记无效事由的，候选人预备人选登记无效。

（三）大选候选人预备人选退选时，应直接向选举管理委员会以书面形式申报。

（四）有关大选候选人预备人选登记申请格式等其他必要事项，经委员会议决，由委员长决定。

第三十四条之三【大选候选人预备人选的选举活动】

（一）大选候选人预备人选除了在公职选举法规定中允许大选候选人预备人选的选举活动方法之外，不得进行其他方式的选举活动。

（二）有关大选候选人预备人选选举活动的其他必要事项，经委员会议决，由委员长决定。

第三十五条【选举事务所的设置】

（一）候选人可以在选举期间设置一个选举事务所，以便处理有关选举活动的事宜。但候选人为委员长的，市、道党及党员协商会或国会议员会馆事务所和党员协商会国会议员后援会不被视为选举事务所。

（二）设立及变更选举事务所时，应根据委员会的规定，以书面形式及时进行申报。

第三十六条【选举宣传物】

（一）候选人为进行选举活动，制作下列各项选举宣传物（以下称"宣传物"）各一种，候选人在登记截止日后的两日内提交至委员会。有不得已的情形，可以经委员会议决另行规定期限：

1. 国民参与选举人团定数二十分之一比例限度的宣传壁报；

2. 符合国民参与选举人团定数的书册型小型印刷物（八面以内）。

（二）宣传物的粘贴、发送应对所有候选人公正进行。但是未提交宣传物的情形除外。

（三）宣传物上的记载内容、规格、提交、粘贴、发送等其他必要事项，经委员会议决，由委员长决定。

第三十七条【联合演讲会】

（一）选举期间举办候选人联合演讲会（以下称"联合演说会"），根据委员会的规定，决定其次数和具体日程。

（二）根据第一款规定，确定联合演讲会议的日程和地点后，在选举公告日时予以公告。

（三）演讲顺序在当天举行演讲会之前，通过抽签决定，如果候选人不遵守参加本人演讲时间，视为放弃演讲。

（四）在联合演讲会场上，任何人都不得采取扰乱党内秩序的行为，除候选人外，不得使用违反本规定的所有标志。

（五）联合演讲会的进行等其他必要事项，经委员会议决，由委员长决定。

第三十八条【邀请候选人面谈、讨论会】

（一）委员会可以邀请候选人参加通过电视、网络等各种媒体举办面谈或讨论会。

（二）第一款中的面谈、讨论会应针对所有候选人公平实施，候选人不接受邀请的情形除外。

（三）在候选人邀请面谈会场，任何人都不得做出扰乱场内秩序的行为，除了候选人以外，不能使用这些规定。除候选人外，不得使用违反本规定的所有标志。

（四）面谈、讨论会的进行等其他必要事项经委员会议决，由委员长决定。

第三十九条【被禁止的选举活动行为】

候选人（包括欲成为候选人的）等可以进行选举活动的人，任何人都不得按照下列各项方法进行选举活动：

1. 自委员会组成之日起自选举日期间，提供金钱、款待和交通便利等一切捐献行为；

2. 自委员会组成之日起至选举日，为影响选举，接受或允许党员签字、盖章的行为；

3. 自委员会组成之日起至选举日期间，根据第三十五条（选举事务所的设置等）规定，除选举事务所外，设置其他类似机关的行为；

4. 逐户访问国民参与选举人团并接触的行为；

5. 候选人未经委员会承认，访问党员协商会并参与以党员协商会为单位的聚会；

6. 诽谤候选人以及黑色宣传、助长地区情节的行为；

7. 除宣传墙报和小型印刷物，其他委员会规定的宣传物以外，所有文书、图画、其他印刷物的分发行为；

8. 公布并公示、分发舆论调查结果或以舆论调查为名进行选举活动的行为；

9. 根据第三十七条（联合演讲会）规定，除联合演讲会外，举办演讲会的一切行为。

第八章　选出

第四十条【选举方法】

（一）选举以投票所投票或委员会议决的其他方式进行。

（二）实施直接投票，一人一票制。

（三）投票时，不得标出选民的姓名或可以推测出选民的其他记号。

第四十一条【投票、开票等】

（一）委员会为了顺利执行投票、开票工作，可以根据选举管理委员会法向中央选举管理委员会和警察请求协助。

（二）委员会应让投票参观人参观投票情况，开票参观人参观开票情况，开票参观人要在委员长公布开票结果之前，对参观过程中所知的一切事项遵守保密义务。

（三）投票参观人及开票参观人数和其他必要事项，经委员会议议决，由委员长决定。

第四十二条【根据电子系统的投票和开票】

（一）委员会为了顺利执行投票、开票工作，可以实施根据电子系统的投票和开票事务。

（二）根据电子系统进行投票和开票事务时的程序和方法等其他必要事项，经委员会议议决，由委员长决定。

第四十三条【国民参与选举人团大会场的秩序维持】

（一）任何人不得在国民参与选举人团大会场做出扰乱场内秩序的行为，不得使用本规定外的记号。

（二）委员长认为因国民参与选举人团大会场秩序紊乱，不能进行公正开票时，为了维持开票秩序，可以采取警察协助等必要措施。

第四十四条【当选人的决定】

（一）党代表当选人决定应反映选举人团的有效投票结果的百分之八十，舆论调查结果的百分之二十，最多得票者为当选人。国民参与选举团的投票在全国同时进行，舆论调查根据委员会规定的日程和方法实施。

（二）第一款规定中的最多得票者为两名以上的，过半数在籍委员出席的全党大会的最高得票者中多数得票者指定为候选人。

（三）根据第二款规定的最高得票者为两人以上的，二次投票中的多数得票者当选候选人。

第四十五条【当选人的决定、公告、通知等】

根据第四十四条（当选人的决定），决定当选人时，委员长应对其公告并及时通知该当事人。

第九章　处罚

第四十六条【对违规行为的制裁】

委员会得知本规定中的违规行为时，应及时审查并根据行为的轻重按下列各项进行制裁：

1. 注意及纠正命令；
2. 警告；
3. 移送伦理委员会。

第四十七条【注意及纠正命令】

委员会根据第四十六条（对违规行为的制裁）第一款规定，决定注意及纠正命令时，应当以书面形式，立即向当事人通告违反行为的内容和该当事人支持的候选人。

第四十八条【警告】

（一）根据第四十六条（对违规行为的制裁）第二款规定，决定公告时，应以书面形式，立即向当事人通告违反行为的内容和该当事人支持的候选人，并将内容公告在中央党及市、道党（以下称"相关党部"）的公告栏。但当事人提起不服申请时，经第五十条（不服申请）规定由委员会复审，确定后予以公告。

（二）委员会根据第一款规定，在公告后召开的所有国民参与选举人团大会上，以国民参与选举人团为对象，告知其内容。

（三）受到警告处分的当事人为候选人的，委员会根据第一款规定进行公告后，不得参加第一次召开的联合演讲会或访谈、讨论会。

第四十九条【提交伦理审判院】

（一）伦理委员会应根据第四十五条（对违规行为的制裁）第三款规定，自委员会提交之日起三日内确定。

（二）根据第一款规定，候选人被除名、劝其退党、停止党员权利或受到三次以上警告处分的，将丧失其资格，委员会应立即通知当事人，并在党部公告栏上公告。

第五十条【不服申请】

（一）根据第四十六条（对违规行为的制裁）规定，对委员会做出的决定不服的，自决定之日起两日内以书面形式可以向委员会提出不服申请。

（二）收到第一款申请的，委员会应迅速执行程序。

（三）对委员会的复审，不能再次提出不服申请。

第十章　补则

第五十一条【实务支援部门】

为了业务上的支持，党代表可以指定或新设，中央党所需部门。

第五十二条【委任规定】

施行本规定的必要事项经委员会议决，由委员长决定。

附则（2017. 2. 13）

本规定自 2017 年 2 月 13 日，第一次常任全国委员会议决之日起发生效力。

比例代表国会议员候选人推荐规定

第一章　总则

第一条【目的】

为了履行比例代表国会议员候选人推荐相关业务，规范比例代表国会议员候选人公荐委员会（以下称"比例代表推荐委员会"）的组成和运营及相关公荐程序的必要事项，根据党宪第五十一条（比例代表国会议员候选人公荐管理委员会）及第一百零八条（比例代表国会议员候选人推荐），制定本规定。

第二条【公正及保密义务】

（一）本规定中的职务履行者，不得做出影响审查的行为，应保持公正性和客观性。

（二）本规定中的职务履行者，即使职务终止后也不得泄露通过职务得知的一切秘密。

第三条【推荐程序】

比例代表国会议员候选人推荐通过公荐申请公告，受理比例代表公荐委员会公荐排除对象的审查，国会议员选举国民公荐陪审员团（以下称"国民公荐陪审员"）的候选人压缩审查，比例代表公荐委员会的压缩审查，国民公荐陪审员团的候选人不适格与否审查以及由最高委员会议议决后确定。

第二章　比例代表国会议员候选人公荐委员会

第四条【委员会的组成】

（一）比例代表公荐委员会由党代表经最高委员会议议决后任命的十名以内的党内外人士组成，其中在籍委员三分之二以上为党外人士。

（二）党代表、最高委员及地方选区公荐管理委员会委员不能兼任比例代表推荐委员会委员。

（三）比例代表公荐委员会应在因任期结束而进行国会议员选举的选举日一百二十日之前组成。

第五条【委员长、副委员长】

（一）比例代表公荐委员会由一名委员长和若干名副委员长组成，在委员中经最高委员会议决，由党代表任命委员长。

（二）委员长代表委员会，总揽会务。

（三）副委员长辅佐委员长，委员长因故不能履行职务时，由委员长指定的副委员长（副委员长不能履行时由委员代行）代行其职务，委员长不能指定时，由副委员长（副委员长不能履行时由委员代行）中的年长者代行其职务。

第六条 【职务上的独立】

比例代表公荐委员会委员，根据党宪和党规独立行使其职务。

第七条 【权限】

比例代表公荐委员会对比例代表候选人推荐的相关事项进行审查和监督。

第八条 【召集及议事】

（一）比例代表公荐管理委员会委员长认为必要时，或三分之一以上的在籍委员要求时，再或者最高委员会要求时召集会议。

（二）比例代表公荐委员会在无特别规定的情形下，经在籍委员过半数的赞成而议决。候选人的选定则由在籍议员的三分之二以上赞成而议决。

第九条 【审议等】

（一）比例代表公荐委员会的审议以非公开原则进行。

（二）比例代表公荐委员会委员长及委员与比例代表推荐申请人有着亲戚等特殊关系时，该申请人审查时予以否决。亲戚等特殊关系的内容和范围，由通过比例代表公荐管理委员会的议决和最高委员会的批准后确定。

（三）地方选区国会议员公荐管理委员会、比例代表公荐委员会、国会议员选举的国民公荐陪审员团的委员长和委员不得推荐为比例代表候选人。

第十条 【资料要求】

比例代表公荐委员会可以要求党务监察委员会、伦理委员会、人才引进委员会等，提交党的机构所需要的资料，要求提交的党的机构应及时办理。

第三章　比例代表国会议员候选人推荐申请

第十一条 【申请资格】

（一）推荐为比例代表国会议员候选人的，根据公职选举法具有被选举权，并且申请日当时具有责任党员身份。

（二）虽有前款规定，但经比例代表公荐委员会的要求和最高委员会的议决，赋予一般党员及入党者申请资格。

第十二条【公荐申请公告及受理】

（一）公荐申请及受理期间由比例代表公荐委员会规定。

（二）比例代表公荐委员长将公荐申请事项，通过党网站进行公告，期限为三天以上。

（三）公荐申请的受理期限为十五日以内，并从公告期限截止日期的第二天起计算。

（四）公告申请以网上受理为原则，中央党可设置支援中心。

（五）申请人要求不公开时，比例代表公荐委员会可以不予公开。

第十三条【提交资料】

（一）欲推荐为比例代表候选人的，应提交下列各项资料：

1. 候选人推荐申请书；

2. 党籍确认书或入党志愿书；

3. 交纳党费确认书或收据；

4. 誓约书；

5. 履历书；

6. 自我介绍书；

7. 议政活动计划书；

8. 亲属关系证明书、居民登录证副本；

9. 财产持有现状书（财产申报书）；

10. 病例证明书一份；

11. 近五年的缴纳税金及滞纳税款的证明书；

12. 有关犯罪及调查经历的证明资料；

13. 最终学历证明书一份；

14. 照片；

15. 捐赠、服务活动的证明资料和遵守清廉与伦理规范的誓约书等。此外，经比例代表公荐委员会议决后认定必要的资料。

（二）比例代表公荐委员会可以向个别候选人在审查过程中补充提交必要文件。

（三）因资料不齐全，申请补充资料后，未在指定期限内提交的，视为没有提出申请。

第十四条 【公荐申请人的公告】

比例代表公荐委员会在受理申请期限内提交比例代表国会议员候选人推荐申请书的人（以下称"公荐申请者"）的名单制作完成后，应当公布在党网站的公告栏。

第四章 比例代表国会议员候选人的审查及确定

第十五条 【审查对象】

比例代表公荐委员会的审查对象仅限为申请人。

第十六条 【公荐排除对象的审查】

（一）比例代表公荐委员会以公荐申请人提交的资料为基础，对全部申请人员进行公荐排除对象的审查。

（二）公荐排除对象的审查准用地方选区国会议员候选人推荐规定中的第十四条（不适格标准）规定。

（三）比例代表公荐委员会将以确定为公荐排除对象的申请人以外的名单及相关资料提交至国民公荐陪审员团进行候选人压缩审查。

第十七条 【国民公荐陪审员团的候选人压缩审查】

（一）国民公荐陪审员团对比例代表公荐委员会提交的公荐申请人进行以国民的视角对国民代表进行评价的压缩审查。

（二）国民公荐陪审员团为了第一款中的深层审查应向公荐申请人提供面试等的审查机会，但经比例代表公荐委员会的议决，可以通过对公荐申请时提交的自我宣传视频的审查等方式代替。

（三）国民公荐陪审员团为了通过面试或者审查个人宣传影像压缩候选人，国民公荐委员会实施投票。投票以对个别申请人的赞成反对票为原则，经国民公荐委员会议决实施支持度投票。

（四）国民公荐陪审员团根据投票结果将公荐申请人压缩至比例代表国会议员定员人数的三倍以内。

（五）国民公荐陪审员团将以压缩后的公荐申请人名单和投票结果传达给比例代表公荐委员会。

第十八条 【深层审查】

（一）比例代表公荐委员会为决定推荐候选人和顺序，可以对压缩的公荐申请人进行压缩审查。

（二）比例代表国会议员候选人考虑到性别、年龄、地区、职业等国民代表性及专业性和对党的贡献度，包括百分之五十以上为女性的性别交叉推荐方式。

（三）比例代表公荐委员会对压缩审查结果决定的候选人名单及顺序，附上其决定过程及事由提交至国民公荐陪审员团的不适格与否审查。

第十九条 【国民公荐陪审员团的不适格与否审查】

（一）国民公荐陪审员团对比例代表公荐委员会的推荐候选人，进行不适格与否审查。

（二）比例代表公荐委员会不得将国民公荐陪审员团的三分之二以上在籍委员的赞成，判定不适格的候选人提交至最高委员会。

（三）比例代表公荐委员长或由比例代表公荐委员长指定的委员应参加国民公荐陪审员团的会议，并对提交的案件进行说明。

（四）比例代表公荐委员会对国民公荐陪审员团的不适格决定有异议时，仅限可以要求一次再议。

（五）虽有比例代表公荐委员会的再议要求，但是国民公荐陪审员团决定不适格的，比例公荐委员会不得推荐该候选人。

第二十条 【候选人的确定】

（一）比例代表公荐委员会应将已通过国民公荐陪审员团的不适格与否审查的比代表候选人名单提请至最高委员会议决。

（二）最高委员会只对比例代表公荐委员会提交的推荐对象及其顺序的可否进行议决。

（三）最高委员会议否决时，比例代表公荐委员会进行重新审查后经国民公荐陪审员团的不适格与否审查，重新提交至最高委员会。

第二十一条 【再议】

比例代表公荐委员会对最高委员会要求再议的事项进行重新审查。虽有最高委员会议的再议要求，但在籍委员的三分之二以上赞成时，最高委员会议应遵从该决定。

第五章　补则

第二十二条 【委任规定】

比例代表公荐委员长经委员会的议决，规定比例代表国会议员候选人的审查标准、其他必要事项和执行该规定的必要规则。

第二十三条【实务支援部门及干事】

（一）党代表为了支援比例代表推荐委员会业务，可以设立中央党事务处所需的部门，由干事担任该部门负责人。

（二）中央党的业务支援部门制作会议录对外秘密保管。

附则（2017.2.13）

本规定自 2017 年 2 月 13 日，第一届常任全国委员会议决之日起发生效力。

议员立法程序规定

[1999 年 3 月 31 日制定；2000.7.12、2002.5.6、2003.6.19、2004.11.18、2005.11.28 修改]

第一条【目的】

为了规范议员立法案的制作与处理等党内程序的必要事项，以通过与党的政策方向一致的立法，提高法律的实效性并体现政策政党，制定本规定。

第二条【立法案的制作与提交】

欲推进立法的议员应按照国会提出法律案的格式制订法律案，并提交到政策委员会。

第三条【咨询机关】

政策委员会议长可以指示政策委员会下设的法制司法常任委员会支援组及相关常任委员会支援组，向推进立法的议员提供相关资料，并研讨议员提出的法律案等。

第四条【立法意见的树立】

法律案的内容与国民的日常生活直接相关或利害关系明显冲突的，政策委员会议长或提出法律案的议员可以举行听证会、讨论会等，听取并反映利害关系人的意见。

第五条【审议与议决】

（一）政策委员会议长将最终成形的法律案提交到议长团会议，审议法案的提交与否和听取党论的必要性，为了法律案的审议要求院内首席副代表、相关政策委员会政策调整委员长、相关党常任委员会委员长、相关国会常任委员会干事及提出的议员参加。

（二）政策委员会议长认为应提交到国会的法律案中有必要听取党论的，应经最高委员会的审议，提交到议员总会议决。但有议员总会的委任或有紧急事由的，最高委员会做出决定后需得到议员总会的追认。但认为有提交国会的必要性，却无听取党论必要性的法律案，将以个别议员立法的形式由发起议员提交给国会。

（三）提出法律案的议员必要时可以出席最高委员会议与议员总会，对法律案做出必要说明。

（四）政策委员会议长将决议的法律案通报给院内代表，院内代表则按照国会提交程序处理。

（五）为审议第二款，议员应将最终法律案和必要相关资料到开会前两日为止提交到政策委员会。

第六条【委任规定】

施行本规定所必要的事项，由政策委员会议长与院内代表协商决定。

附则（2005.11.28）

本规定自 2005 年 11 月 28 日召开的第三次最高委员会议决之日起生效。

伦理规则

伦理规则

2017.1.16 制定

第一条【目的】

为了带头树立廉洁的政治风气和践行领导层的道德责任义务，以展现给予国民梦想和信任的真正的政治，同时牢固树立大韩民国先进化的框架，制定自由韩国党党员在日常生活中无论公与私必须遵守的本伦理规则。

第二条【伦理规则的遵守】

（一）党员应当遵守伦理规范，对待每一件事都要判断是否违反伦理规范，慎重行动。

（二）党职者和党所属公职候选人（总统、国会议员、地方自治团体长官、地方议会议员、国务议员等）应当接受党实施的伦理规则相关教育，并提交伦理规则遵守承诺书。

第三条【法规和党的命令的遵守】

党员应当遵守法规和党宪、党规以及党的纲领、基本政策和党的命令。

第四条【品位的维持】

（一）党员应遵守礼仪，合理行动，不得做出贬低党名誉或脱离国民情绪的言行。

（二）党员不得侮辱他人或毁损他人的名誉。

（三）党员不得做出使用暴力或高声放歌等扰乱基础秩序的言行。

（四）党员不得做出引起地区感情冲突，或贬低女性、老人、残疾人等社会弱势群体等有悖于国民统合的言行。

（五）国会议员不得滥用不被逮捕特权和免责特权等权限，散布虚假事实。

（六）国会议员和地方议会议员执行国政监察或行政事务监察，或对待所属委员会辖区机关的职员等时，不得做出高压言行。

第五条【道德责任义务的履行】

党员应当为促进捐赠文化和奉献活动的发展积极努力，并为提高敬老孝亲的美风良俗表现尽全力。同时对论文和各种著作应当遵守研究伦理。

第六条【诚实履行义务】

（一）党所属公职者和党职者应将党的利益优先于个人利益，国家利益优先于党的利益，忠实履行职务，尽职尽责。

（二）国会议员或地方议会议员，除了提交请假条或正式的出差以外，应出席国会或地方议会的各种会议，并忠实履行议政活动，熟知议政活动的相关内容，努力提高职务履行能力。此时地方选区活动不得成为各种会议的缺席事由。

（三）国会议员或地方议会议员无特殊事由，在国会或地方议会的各种会议上不得迟到或提前离席。

（四）中央伦理委员会和各市、道伦理委员会持续观察党所属国会议员及地方议会议员是否参加各种会议，对表现严重不诚实的议员可以做出惩戒决定。

第七条 【利害冲突的防止】

（一）党职者和党所属公职者不得做出下列追求私人利益的行为。

1. 与正当的职务执行冲突的所有外部活动。

2. 以不正当的职务执行的代价获得补偿的行为。

3. 国会议员和广域议会议员不得做出有关所属委员会活动的下列行为。

（1）可能直接或间接受到影响的营利行为；

（2）带报酬的兼职；

（3）买卖、持有相关股票的行为。

（二）党职者和党所属的公职人员应当防止因自己的财产利益导致不公正的职务执行。认为自己的职务与本人及配偶或近亲属有利害关系，导致执行职务困难的，与党伦理官协商是否回避该职务等。

（三）党所属公职者明知法律、总统令、总理令、部令或条例的制定案及修正案（以下称"法案等"）的提出与协助其进行或通过的目的，仅在于谋求本人、近亲属或特定人及特定企业（以下称"特殊关系人"）的金钱利益的，不得为此法案等的提出、进行或通过而努力。

（四）党职者和党所属公职者兼任带报酬的其他职务的，应向党伦理委员会申报该企业或团体的名称和任务等，党伦理委员会认为该兼职明显影响职务执行的公正性的，可要求党代表禁止该兼职。

第八条 【收受过多报酬、礼金的禁止】

（一）党职者和党所属公职者不得以演讲、投稿、专业劳务等的代价，收受明显超出社会标准的报酬或礼金。

（二）党职者和党所属公职者以演讲、投稿、专业劳务等代价收受的报酬或礼金，应当作为其他收入或工作收入，准确地向国税局申报。

第九条 【滥用地位身份的禁止】

（一）党职者和党所属公职者不得利用其地位和身份，行使请托、斡旋、压力等不正当的影响力，或接受其代价。

（二）党职者和党所属公职者不得利用其地位和身份，实施为本人、近亲属或特殊关系人等的一切追求个人利益的行为。

（三）党职者和党所属公职者执行职务时，不得以地缘、血缘、学缘等为由，向特定人提供特惠或便利。

（四）党职者和党所属公职者不得将近亲属任命为带薪的下属职员，并不得与近亲属签订有关自己职务的劳务、供货、建筑、租赁合同等。

（五）党职者和党所属公职者认真指挥、监督下属职员，不得挪用所属机关向下属职员支付工资的全部或部分，并不得接受自愿捐赠。

第十条【公共物品私用的禁止】

（一）党职者和党所属公职者无正当事由不得将公用车辆、电话、复印机等公共物品，以私人用途使用、收益，特别是近亲属不得将公用车辆私用于职务以外的用途。

（二）党职者和党所属公职者不得因将旅费、业务推广费等用于职务以外的用途，而导致党、国家或地方自治团体等的财产损害。

第十一条【泄露职务秘密与外泄资料的禁止】

（一）党职者和党所属公职者无正当事由不得泄露职务上知悉的对国家安保产生重大影响的国家机密。变更党籍和丧失公职的也同样如此。但认为国民的知情权优先的，与党伦理官协商决定。

（二）党干部和党所属公职者不得利用职务上知悉的信息，进行股票或不动产买卖等财产上的交易或投资，或向他人提供此信息协助财产上的交易或投资，以获取不正当的利益。

（三）党职者和党所属公职者不得将国家机关等出于正当目的提供的资料，用于个人用途或特殊关系人利益，且不得对其他机关外泄。

第十二条【海外旅行的限制】

（一）党职者和党所属公职者无正当事由不得长期滞留在海外。

（二）党职者和党所属公职者因职务上的原因去海外旅行的，应在出国之前向党申报。此时，应具体记录海外旅行的目的、日程、经费的出处等，不得实施未申报的旅行、娱乐、高尔夫、访问近亲属等可能引起争议的一切行为。

（三）党职者和党所属公职者将其旅费仅使用于食宿、交通、通信及其他必要经费，不得滥用于娱乐费用。

（四）党职者和党所属的公职人员不论职务关联性，均不得从党或国家、地方自治团体或国际机构获得海外旅行经费的一部分或全部的支持。但是，如果在演讲、特别演讲、发表演讲、参与真相调查等方面受到邀请的情况下，由邀请机构承担的航空费用、住宿费、讲课费用等都是例外。

第十三条【公平竞选的义务】

参加党职或公职候选人竞选的竞选者应该为公平的竞选全力以赴，禁止做出以下行为。如违反此规定，将被提交到伦理委员会，以剥夺党职。

1. 金钱与款待的行为；

2. 站队、劝告或强迫加入私人组织等派系或构成派系的行为，派系指除了政策目的以外，以特定政客或候选人为中心形成势力的集体行动；

3. 党职者加入特定候选人阵营或助长其声势的行为；

4. 对对方候选人的虚假揭露或毫无根据的诽谤行为；

5. 党职者劝告或强迫支持或反对特定候选人的行为；

6. 党职者为特定候选人不公正执行职务的行为。

第十四条【礼物、款待、金钱收受的限制】

（一）党职者和党所属公职者禁止与存在职务上的利害关系人直接或间接获得或共有金钱、房地产，以下礼物或接受款待等其他财产利益（以下称"金钱"等）：

1. 礼物是指无代价（价格显著低于市场价格或与显著低于应有的交易价值）提供的物品或有价证券、住宿券、代金券、会员券、入场券和具有金钱价值的小费、折扣、特惠、代付、债务的支付延期等；

2. 款待是指饮食、酒饮、高尔夫等接待服务，或提供交通、住宿及以外便利的服务；

3. 对党职者和党所属公职者的亲戚或亲属等的礼物，认为在党职者和党所属公职者的默认下送出或因党职者和党所属公职者职位而提供的情形下，将其视为第一款的礼物。

（二）虽有第一款的规定，但是党职者和党所属公职者可以在以下情形下获得金钱等。在这种情形下，根据《不正当请托或金钱、物品等禁止收受的法律》（又名《金英兰法》）提出了上述内容：

1. 根据债务履行等原因行使正当权利而提供的金钱等；

2. 通常惯例范围内提供的食物或便利；

3. 在与职务相关的正式活动中，主办方一律提供给参与人的交通费、住宿和饮食；

4. 为给不特定多数人发放的纪念品或宣传用物品；

5. 为因疾病和灾难等陷入困境的公务员公开提供的金钱等；

6. 党职者和党所属公职者以市价标准的代价支付的金钱等；

7. 此外，为了顺利履行职务，在所属机关首长的允许范围内提供的金钱等。

（三）党职者和党所属公职者在不知情的情形下收到快递等，不得接受时，应立即返还。但是，如果要返还的金钱或要返还的物品存在损坏或变质的担忧等时，应该把其捐赠给慈善机构或废弃，并将其报至党伦理委员会。

（四）党职者和党所属公职者因履行职务自外国或外国人（包括外国团体，如下）接受礼物时，应立即向党伦理委员会报告，并上交该礼物。其家属与职务相关在外国或外国人那里接受礼物的情形下，如上所述。

第十五条【贿赂的限制】

（一）党员禁止为了与本人、亲属或具有特殊金钱利害关系的事项，以对国家机关（包括立法部和司法部）、地方自治团体（包括地方议会）、政府下属机关或公共团体的决策产生影响，与有关机关或团体所属的公职者进行非正式的接触或斡旋、中介的贿赂行为。

（二）党职者和党所属的公职人员除了改进在第一款规定的机关或团体的办公室里，以证言形式进行的谈话或记录到公开记录、文书、文件的谈话，个人请求和建议之外，不得与他人进行可能对第一款规定的机关或团体正在执行或以后执行的一切事项产生影响的谈话（以下称"他人的贿赂活动"）。但是，以下情况下除外：

1. 国会和行政机关的立法案的制定、修改或采纳；

2. 国会和行政机关的规则、规定、行政命令、行政计划、政策或立场的制定、修改或采纳；

3. 国会和行政机关的计划和政策的实施和执行。

（三）虽有第三款但书的规定，但是党职者和党所属公职者在以下情形，不得接受他人的贿赂活动：

1. 违背法令的他人的贿赂活动；

2. 提供一次超过十万韩元的礼物或金钱、物品或提供十万韩元以上的款待或累计四次提供超过三十万韩元的他人的贿赂活动；

3. 阻止或妨碍正当的公权力行使的他人的贿赂活动。

第十六条 【政治资金的透明化】

（一）党员不得收受非法政治资金，应透明地管理执行所有政治资金。

（二）选出公职者及候选人预备人选，对每年一百万韩元以上的赞助金，应注意分辨是否为非法政治资金。

（三）选出公职者及候选人预备人选，将有关政治资金收受的记录和证明文件根据法令适当维持、保管。

第十七条 【捐赠行为等的限制】

（一）党员不得在庆吊事①或地方选区活动时，给予违背法令或超出惯例范围的礼金、赞助金，或花环、花盆或物品。但近亲属或下属职员的庆吊事除外。

（二）党职者和党所属公职者除议政活动报告附带的问候信外，在年末年初和节日等时候不得送贺年卡、日历及其他礼物。但对近亲属或下属职员除外。

（三）党职者和党所属公职者不得向与职务相关的公职者或利害关系人通知庆吊事。但以下情况例外：

1. 对近亲属通知；

2. 对目前工作或在过去工作的机关所属职员通知；

3. 通过新闻、广播通知。

第十八条 【借款及贷款限制】

（一）党职者和党所属公职者不得从与职务相关的公职者或利害关系人（除近亲属以外）借款或无偿（包括租赁的代价明显低于市场价格或交易惯例的情形）租赁房屋。但不包括从《有关金融实名交易及秘密保障的法律》第二条规定的金融机构以通常条件借款的情形。

（二）虽有第一款规定，但因不得已的事由，欲从与职务相关的公职者或利害关系人借款或无偿租赁房屋的，应向党伦理委员会申报并得到批准。

第十九条 【"官弊"的禁止】

党职者和党所属公职者在国内外旅行时，不得要求在辖区国家机关、地方自治团体、政府下属机关、公共团体、在外公馆等地方工作的职员动员、抽调、提供交通便利或引导等。

---

① 【译者注】庆吊事：为韩国的婚礼、丧葬等事项的统称。

第二十条 【差别对待的禁止】

党员无合理理由不得以性别、年龄、宗教、出生地、国籍、人种、肤色、学历、病历、身体条件、婚姻或妊娠以及是否分娩、家庭形式或家庭情况、政治见解、已失效前科以及性取向等为由，在政治、经济、社会、文化生活的所有领域进行任何差别对待。

第二十一条 【性骚扰等的限制】

（一）党员不论原因，均不得使对方感到性方面的羞耻或厌恶。

（二）党职者和党所属公职者不得利用地位和身份，向与职务相关的公职者或利害关系人要求性方面的言行，或因其不配合，对当事人造成一切损失。

（三）党职者和党所属公职者在座谈会、讨论会或聚餐会等上，要特别注意不因贬低性的发言或不适当的身体接触引起争议。

第二十二条 【博彩、高尔夫等的限制】

（一）党员不得做出赌博或高尔夫赌球等博彩行为。

（二）党职者和党所属的公职人员不得做出有悖于国民情绪的言行及其他毁损党的形象的一切相应行为，尤其在下列情形下，无论什么事由都不得做出娱乐活动或游兴、高尔夫等行为，即使已有约定的情形：

1. 发生对社会有重大影响的事件的情形；

2. 因自然灾害或大型事件、事故等原因，国民沉浸在悲痛之中或国民和国家应齐心协力的情形；

3. 处于工作时间的情形；

4. 无论工作时间与否，利用与职务相关的场所，而引起不必要的误会的情形；

5. 与职务相关公职者或利害关系人同行的或得到向导支援的情形。

第二十三条 【举报及惩戒】

（一）任何人得知自由韩国党党员违反伦理规则，依照附录第一号表格，可以向党伦理委员会举报并出示本人与违反者的个人信息和违法事项。

（二）接到申报的党伦理委员会调查事实关系，确认为违反伦理规则的，可以对当事人采取惩戒等必要措施。

附则 （2017.1.16）

本规则自议决之日起施行。

伦理委员会规定

[2005. 12. 5 制定；2006. 9. 26、2007. 9. 11、2016. 7. 14、2017. 1. 16、2017. 2. 13、2018. 2. 2 修改；2016. 9. 5 全面修改]

第一章　总则

第一条【目的】

为了规范伦理委员会的组成、运行以及党内伦理审查程序的相关事项，制定本规定。

第二条【设置】

为了党内伦理审查，中央党设置中央伦理委员会，市、道党设置市、道党伦理委员会。

第三条【公正与保密义务】

（一）履行本规定职务的人员，不得实施一切与职务相关的不正当行为，应保持公正性和客观性。

（二）履行本规定职务的人员，无论其职务是否终止，都不得泄漏一切职务秘密。

第四条【身份保障】

履行本规定职务的人员，就委员会的职能执行，根据党章和党规的相关规定，独立履行职务，不受一切身份上的歧视。

第二章　中央伦理委员会

第一节　组成与运行

第五条【组成等】

（一）中央伦理委员会（以下称“委员会”）由党代表经最高委员会议决任命的党内外人士十五人以内的委员组成，其中包括委员长在内的三分之二以上的委员是党外人士。

（二）委员会有委员长一人和副委员长若干人，在委员中由党代表经最高委员会议决任命。

第六条【委员长、副委员长】

（一）委员长代表委员会统一管理会务。

（二）副委员长辅佐委员长，委员长一时不得履行职务时，由委员长指定的副委员长代理执行。若委员长不能指定的，由副委员长中的长者代理其职务。

第七条【任期】

委员的任期为两年。

第八条【委员的辞职，罢免等】

（一）委员应当诚实履行职务，不得缺席会议。

（二）委员若不能继续履行职务的，可以向委员长申请辞职。

（三）对持续违反出席义务，被认为不适合担任职务，或者在履行职务过程中，被发现违反事实的委员，委员可以向党代表要求罢免。

（四）无特殊理由的，党代表应当接受委员的罢免要求。

（五）因辞职或罢免等原因而出现缺员，可以根据第五条的选定程序追加任命。

第九条【功能】

委员会具有以下功能：

1. 伦理纲领、伦理规则等的审议、制定与修改；

2. 向党务监察委员会提出对重大伦理案件的调查要求；

3. 向党务监察委员会提出对已终结案件进行再审的要求；

4. 党务监察委员会拒绝再审或对党务监察委员的再审结果有异议时，可以直接接管惩戒案件并进行审议、议决；

5. 对违反党宪、党规以及伦理规则或有其他违规行为的党员的惩处处分的审议、议决；

6. 对党的发展有功劳的党员和各级党的机构奖励的审议、议决；

7. 对党的发展做出显著贡献的非党员人员与机关授予感谢状的审议、议决；

8. 对其他伦理委员会的审议所必要的人事事项。

第十条 【惩戒管辖】

委员会主管以下惩戒相关事项:

1. 对党所属国会议员,院外党员协议会运行委员长,广域与基础团体长官和市、道党委员长,中央党与市、道党事务处党职者,政策研究所职员的惩戒审议和议决;

2. 对委员会认为市、道党伦理委员会的惩戒审议不当的事项的审议、议决;

3. 对委员会关于惩戒议决的再审申请的审议、议决;

4. 对市、道党伦理委员会惩戒议决的异议申请的审议、议决。

第十一条 【召集与议事】

(一)党代表或委员长认为必要时,或三分之一以上的在籍议员提出要求时,由委员长召开会议。

(二)委员会以在籍委员过半数的出席和出席委员过半数的赞成进行议决。

第十二条 【会议非公开】

会议以非公开为原则,可通过委员会的议决决定公开。

第十三条 【调查要求与调查等】

(一)委员会可以向党务监事委员会提出对重大伦理案件的调查要求。这时应当书面要求,并记载调查对象的个人资料、要求调查的宗旨以及原因等。

(二)委员会可以向党务监事委员会提出对已终结而未提交的案件进行再审的要求。这时应当书面要求,并记载调查对象的个人资料、要求调查的宗旨以及原因等。

(三)委员会可以限于第九条第四款规定的直接接管的惩戒案件进行有关事项审议的调查。

(四)委员长可以为了进行第三款的调查,经过委员会的协商,对每个案件从委员中指定一名伦理官全权负责。

第十四条 【协助义务】

委员会可以为案件的审议而对各党的机关、党所属的国会议员、院外党员协议会运行委员长等党员要求辩解、提交相关资料等,该党的机关和党员应认真履行要求。

第十五条 【惩戒受理事实的通知】

委员会从党务监察委员会移交惩戒案件，或委员会直接受理惩戒案件的，应及时以书面形式通知对象。

第十六条 【议决结果的通知】

委员会对惩戒或表彰的议决事项，应及时以书面形式通知对象。

第十七条 【除斥、忌避、回避】

（一）委员中可能与惩戒或表彰事由相关的，或者与审议对象和亲属等有特殊关系的委员，不能参与此案的审议。血亲、姻亲等特殊关系的具体范围由委员会议决。

（二）委员中有可能做出明显不公正议决的委员时，惩戒审议对象可以申请该委员回避，并以书面形式辩解该事实。此时应及时由委员会议决决定是否回避，被回避的委员不得参与该案的审议。

（三）委员认为有属于第二款的事由的，应回避该案的审议。

第二节　伦理纲领及伦理规则

第十八条 【伦理纲领】

（一）为了确立党的伦理性，委员会可以制定作为对内对外宣言的伦理纲领。

第十九条 【伦理规则】

（一）委员会可以制定党员应该遵守的行动准则的伦理规则。

（二）党员应当遵守伦理规范，对待每一件事都要判断是否违反伦理规范，慎重行动。

（三）党职者和党所属选出职公职者以及公职候选人每年应当接受一次以上党实施的伦理规则相关教育，并提交伦理规则遵守承诺书。

第三节　惩戒

第二十条 【惩戒事由】

惩戒的事由如下：

1. 实施对党极其有害的行为的；

2. 违反现行的法令、党宪、党规及伦理规则，妨碍党的发展，或者是其行为的结果使民心背离的；

3. 无正当理由不服党的命令，不履行党员的义务或损害党的威信的；

4. 虽然已对党所属的国会议员发放了逮捕令，但在法院的拘留前嫌疑人审问日期仍不出席的。

第二十一条【惩戒的种类及程序】

（一）惩戒分为除名、退党劝告、停止党员权和警告。

（二）对党员的除名，经委员会议决后，通过最高委员会的议决确定；对国会议员的除名，经委员会议决后，以三分之二以上在籍议员的赞成确定。

（三）接到退党劝告惩罚议决的人，自接到退党劝告议决通知之日起十日内未提交退党申报书的，可不经过委员会议决立即处分除名。

（四）党员权的停止时间为一个月以上三年以下。

（五）对无正当事由不接受党实施的教育，或在一年之内未交纳六个月以上党费的党员，经委员会议决，可停止党员权利的行使。

（六）惩戒之后发生追加惩戒事由的，若无特殊情况，处以比原惩戒更严重的惩戒。

第二十二条【因违反法律被起诉者的惩戒特例】

（一）党员因违反以下相关法律被起诉的，同时停止其党员权利。

1. 杀人、抢劫、强奸等暴力犯罪。

2. 强制猥亵、聚众淫乱、利用通信媒体淫乱、斡旋性交易等性犯罪、诈骗、恐吓、侵占、渎职、酒驾、逃逸、儿童及青少年相关犯罪等无耻的犯罪行为。

3. 贿赂、非法政治资金的提供与收受、滥用职权等腐败犯罪。

（二）终审确定对根据第一款规定停止党员权利的党员的刑罚，以进行退党劝告以上的惩戒为原则。

（三）对第一款及第二款的相关惩罚对象，虽有第二十五条（本人的辩解）的规定，但可以省略辩解等相关程序。

第二十三条【惩戒程序的开始和惩戒处分权利者】

（一）委员会的惩戒程序以党务监察委员会的惩戒案件移交或三分之一以上委员会在籍委员的要求来启动。

（二）依照委员会惩戒议决的处分由党代表或接受其委任的主要党职者进行。

第二十四条【党务监察委员会的惩戒议案提交】

（一）委员会应审议、议决由党务监察委员会认为有必要惩戒而提交的惩戒案件。

（二）委员会应自收到第一款惩戒案件之日起十日内开始议决，并在一个月内议决惩戒程度。

第二十五条 【本人的辩解】

（一）惩戒审议对象可以出席委员会，对相应事项进行辩解。但惩戒事由重大、明确的，可以由委员会过半数的在籍委员议决，省略辩解程序。

（二）已对惩戒审议对象提出出席要求，但不接受的，视为没有陈述的意思。

（三）惩戒审议对象可以以书面形式或通过第三者进行辩解。

第二十六条 【再审请求】

（一）受惩戒者不服的，限于下列情形，自收到议决通知之日起十日内，向委员会提出再审请求（以下称"再审请求"）。但在接到惩戒议决通知后确定或发现属于第三项至第五项事实的，可以自该日起十日内提出再审请求：

1. 根据第十七条规定，不得参与审议的委员参与到议决的情形；

2. 委员会的议决明确违反党宪、党规的情形；

3. 作为议决证据的文件、其他物件被确定为伪造的或变造的情形；

4. 议决的事件有新的证据的情形；

5. 根据第二十二条第一款规定，被停止党员权利的人员有被宣告无罪等情况变更的情形。

（二）提出再审请求时，应提交惩戒议决书的复印件和再审请求事由说明书以及辩解资料。

（三）对再审请求事项的议决，无特殊事由应自再审请求之日起三十日内进行。

第二十七条 【审查请求的却下】

（一）委员会认定再审请求不属于第二十六条第一款各项事由之一的，却下该申请。

（二）收到再审请求却下通知的被退党劝告人，自接到原议决通知之日起，十日内不提交退党申报书时，将及时处以除名处分。

第二十八条 【再审申请的驳回】

（一）委员会认为再审申请无正当理由的，将驳回申请。

（二）退党劝告的异议申请被驳回的，自收到驳回通知之日起十日内未提交退党申请书的，将不通过委员会的议决而除名。

第二十九条 【取消原议决】

委员会认为再审申请合理时，应取消原议决，重新议决并通过最高委员会的议决确定。

第三十条 【取消、停止处分】

党代表有特殊理由时，可经过最高委员会的议决，取消或停止惩戒处分。

第四节　表彰奖

第三十一条 【表彰类别等】

（一）对党的发展有功的党员和各级党机关，由党代表推荐或经伦理委员长的建议而推荐，并通过委员会的议决，按照以下类别表彰。但有不得已事由，可以不经过委员会的议决。

1. 一等功劳表彰；

2. 二等功劳表彰；

3. 三等功劳表彰。

（二）市、道党委员长，国会议员，党员协议会运行委员长，比例代表国会议员候选人预备人选，中央党局长级别以上的事务处党职者以及市、道党事务处处长（以下称"党职者"）的表彰经委员会议决后并通过最高委员会的议决。

第三十二条 【表彰事由】

（一）一等功劳表彰，授予对党的发展有纪念碑性永久功劳的党员或党组织。

（二）二等功劳表彰，授予对党的发展有突出贡献的或有重大功劳的党员或党组织。

（三）三等功劳表彰授予发扬党的威信且有模范行为的党员或党组织。

第三十三条 【表彰权利人】

表彰由党代表进行。但二等功劳表彰可以委任院内代表、政策委员会议长、事务总长进行，三等功劳表彰可以委任市、道党委员长进行。

第三十四条 【授予感谢状】

党代表，院内代表，政策委员会议长，事务总长，市、道党委员长可以向对党发展有突出贡献的非党员人员和组织授予感谢状。

第三十五条【授予表彰等】

表彰和感谢状由表彰权利人或感谢状授予权利人亲自授予，但不得已的情况下可以转授。

第三章　市、道党伦理委员会

第三十六条【组成】

（一）市、道党伦理委员会（以下本章称"委员会"）由市、道党委员长通过市、道党运行委员会的议决而任命的十人以内的委员组成，且过半数为党外人士。

（二）委员会有委员长一人和副委员长若干人，由市、道党委员长在委员中通过市、道党运行委员会的议决而任命。

第三十七条【功能】

委员会审议、议决以下事项：

1. 对不属于中央伦理委员会管辖的党员的惩罚；

2. 对党务监察委员会提出的有关重大伦理案件的调查要求；

3. 对市、道党委员长根据市、道党委员长的推荐或市、道党伦理委员长的建议而推荐的人授予表彰或感谢状的事项；

4. 其他中央伦理委员会委任的事项。

第三十八条【结果报告等】

（一）委员会处理完案件，应及时向中央伦理委员会报告结果。

（二）委员会在中央伦理委员会提出要求时，应随时提交有关案件的资料并协助调查。

第三十九条【惩戒事由、种类以及程序】

（一）惩戒的事由、种类以及程序的相关事项适用第二十条到第二十二条的规定。虽有第二十一条第二款的规定，但对党员的除名通过委员会的议决后，再通过市、道党运行委员会的议决确定。

（二）惩戒审议对象的辩解程序，准用第二十五条的规定。

第四十条【惩戒程序的开始和惩戒处分权者】

（一）委员会的惩戒程序以市、道党运行委员会的惩戒议案提交或委员会三分之一以上在籍委员提出要求而启动。

（二）惩戒处分由市、道党委员长实施。

第四十一条 【申请异议】

（一）受惩戒的人若不服，可以自收到惩戒议决通知之日起十日内向中央伦理委员会提出异议申请（以下称"异议申请"）。但对除名党员的议决，可以自市、道党运行委员会议决之日起十日内申请异议。

（二）申请异议时应提交惩戒议决书副本和异议申请情况说明书、辩解资料。

（三）中央伦理委员会没有特别理由的情况下，应在首次召开的会议上审议该案件。

第四十二条 【异议申请的驳回】

（1）中央伦理委员会认为异议申请不合理的，将驳回其申请。

（2）被劝告退党的异议申请被驳回的，如果自收到驳回通知日起十日内未提交退党申请书，将不通过委员会的议决而除名。

第四十三条 【处分的取消、变更】

（一）中央伦理委员会认为异议申请合理时，将取消原议决，并重新议决。

（二）党代表有特殊事由的，可经最高委员会的议决，取消或变更市、道党伦理委员会的惩戒处分。

第四章　附则

第四十四条 【委任规定】

本规定施行所必要的规则，由委员长经委员会议决决定。

第四十五条 【实务支援部门及干事】

（一）党代表为支援中央伦理委员会与市、道党伦理委员会的业务，可在中央党与市、道党事务处设置必要的部门，由该部门的首长担任干事。

（二）中央党及市、道党的实务支援部门应制作会议记录，并对外保密。

附则 （2018. 2. 2）

本规定自 2018 年 2 月 2 日第二次常任全国委员会议决起生效。

国民之党

党　宪

[2016.2.2 制定；2016.2.10 修改；016.2.19 修改；2016.2.21 修改；2016.5.16 修改；2016.5.30 修改；2016.6.1 修改；2016. 6.10 修改；2016.7.22 修改；2016.9.30 修改；2016.10.7 修改； 2017.7.27 修改]

第一章　总则

第一条 【名称】

我党的名称是国民之党。

第二条 【目的】

国民之党的目的是建立保障人的自由和尊严的正义、富强的民主福祉国家，通过维护公正的市场经济，消除经济上的差距，提高中产阶层和民众的生活质量；通过实现党内民主和基层分权政党，建设基于民主基本秩序的富有而幸福、自由而有创意、安全而清廉的大韩民国以及和平而团结统一的国家。

第三条 【构成和运行】

（一）国民之党是为了国民而存在的政党，由党员决定党的意志。

（二）国民之党由中央党与市、道党以及地区委员会构成。

（三）中央党设在首都，各市、道党设在特别市、广域市、道以及特别自治市、道，按照地方选区、国会议员的选区组建地区委员会。

（四）国民之党注重与党员、国民的沟通，基于沟通和共鸣，民主的运行党，并立志成为注重日常沟通的平台政党、应用信息通信技术的智能政党以及现代的国民政党。

（五）国民之党不承认任何形态的霸权与特权，注重中央党与市、道党以及地区委员会之间的分权。

第二章　党员

第四条 【资格】

（一）作为政党法上具有党员资格的人，只要认同党的纲领、政策，都可以成为党员。

（二）中央党与市、道党负责管理党员，以党规的形式，规定入党、退党、复党以及转籍等的必要事项。（2016.9.30 新设）

（三）尽可能应用信息通信技术，处理入党、退党的程序和方式。

第五条 【全体党员投票】

（一）对下列事项，所有党员都具有投票的权利：

1. 选出党代表以及最高委员；

2. 选出市、道党委员长；

3. 选出地区委员会的委员长（以下称"地区委员长"）；

4. 选出公职选举候选人；

5. 通过党务委员会的议决，送交的议案。

（二）针对第一款第二项至第四项的情形，可以通过党务委员会的议决，另行规定选出方式。

（三）以党规的形式，规定关于全体党员投票的方法、程序等事项。

第六条 【权利】

（一）党员享有下列各项权利：

1. 党职选举以及选出公职选举候选人的选举权与被选举权；

2. 要求罢免选出职党职者和党公职者的权利；（2016.9.30 新设）

3. 对党重要政策等的提问权；（2016.9.30 新设）

4. 要求对党重要政策或者议案进行投票的权利；

5. 对党重要政策等的提案权；（2016.9.30 新设）

6. 参与制定党政策和议决的权利；（2016.9.30 新设）

7. 参与党组织活动的权利；

8. 接收党活动的资料，并提出意见的权利；

9. 权利受到侵害时，获得救济的权利。（2016.9.30 新设）

（二）以党规的形式，规定行使党员权利的要件、程序、方法。

第七条【义务】

（一）党员负有下列各项义务：

1. 遵循党的纲领与基本政策的义务；（2016.9.30 新设）

2. 遵守党宪、党规，尊重党论的义务；

3. 交付党费的义务；

4. 接受党员教育的义务；

5. 参与党组织活动的义务；

6. 支持党所推荐的公职候选人的义务。（2016.9.30 新设）

（二）以党规的形式，规定关于交纳党费的基准金额、程序以及方法等事项。（2016.9.30 新设）

（三）不予诚实地履行第一款的各项义务时，可以限制第六条（权利）第一款各项权利中的部分权利。以党规的形式，规定该具体内容。

第八条【使各社会阶层参与政治的保障】

（一）党扩大、保障女性、青年、老年人、残疾人等社会的、政治的弱者和政治新人的实质政治参与机会，尽最大的努力使其成为主要党职者、各级委员会的委员、公职候选人。（2016.9.30 修改）

（二）除了中央党以及市、道党的主要党职，各级委员会的组成人员以及地方自治团体长官选举之外，推荐地方选区选举候选人时，依照党宪、党规的规定，党应当尽可能保证女性占据百分之三十以上，青年占据百分之十以上。

（三）以党规的形式，规定对老年人、残疾人、新人等给予特别关照的标准、方式以及程序等。

第九条【作为总统的党员】

（一）作为总统的党员，不得兼任名誉职以外的党职。

（二）作为总统的党员，具有参与决定党论的权利和尊重党论的义务。

（三）作为总统的党员，应当将党政纲政策，充分地反映到国政中。

（四）为了实现第二款以及第三款的规定，作为总统的党员应当定期进行党政协商。

第十条 【党员资格审查委员会】

（一）为了审查入党、复党、转籍等有关党员资格的事项，在中央党与市、道党，设置党员资格审查委员会。

（二）以党规的形式，规定党员资格审查委员会的构成、运行等必要事项。

第十一条 【奖励和惩戒】

（一）依照党规的规定，奖励为国家和社会的发展做出贡献的国民或者团体、对党的发展做出贡献的党员；在选出党职以及公职候选人时，反映其贡献事实。

（二）除了下列各项中规定的事项以外，以党规的形式，规定其他所有惩戒事项：

1. 停止代替交纳党费者的党员权利以及党职职务；

2. 在选出党职以及公职候选人的情形下，对于因收受财物而被起诉的人、因收受贿赂和不法政治资金等不正腐败行为而被起诉的人，在其被起诉的同时，停止其党员权利以及党职职务；

3. 当第二项规定的违规事实被确认时，除名该党员。

第三章 代议机关

第一节 全国党员代表者大会

第十二条 【地位和构成】

（一）全国党员代表者大会（以下称"全党大会"）是代表全国党员的党最高代议机关，由全国的党员代表构成。

（二）全党大会的党员代表由当然职以及选出职党员代表构成。

（三）当然职党员代表是自全党大会公告之日，处于下列各项职务中的党员：

1. 中央委员；

2. 所属于党的市、道议会的议员；

3. 所属于党的自治区、市、郡议会的议员；

4. 作为前任国会议员，前任长官与次官，前任市、道知事的党员；

5. 所属于党的政务职公务员；

6. 中央党政务职、事务职党职者；

7. 政策研究院的院长以及副院长；（2016.9.30 新设）

8. 各市、道党的运行委员；

9. 由党辅佐团协议会推荐的，党国会议员数的两倍以内辅佐团；（2016.9.30 新设）

10. 由党务委员会推荐的五百名以内的党员。（2016.9.30 新设）

（四）选出职党员代表的规模为一万名以内，通过以下方式选出：

1. 总规模的百分之六十，均等分配至各地方选区国会议员选区；

2. 总规模的百分之四十，按照地方选区国会议员选区的党员数以及最近一次实施的全国范围选举中政党得票率，有比例的进行分配，该比例由党务委员会的议决确定；

3. 在履行第七条（义务）第一款第三项中规定义务的人，或者在对党有功的人中选出第一项、第二项的党员代表；（2016.9.30 新设）

4. 应当尽可能努力保证第一项、第二项的党员代表中，包含百分之五十以上的女性党员与百分之三十以上的青年党员；（2016.9.30 新设）

5. 应当在全党大会公告之日前，完成对职党员代表的选出。

（五）选出职党员代表的任期为两年。但当定期全党大会在两年内召开时，其任期为定期全党大会召开之前为止。

（六）以党规的形式，规定党员代表的构成比例、选出标准、程序以及优待标准等必要事项。

第十三条【职能和权限】

（一）全党大会的职能和权限如下：

1. 制定和修改党宪；

2. 采纳和变更政纲政策；

3. 指定党代表、最高委员；（2016.9.30 新设）

4. 指定总统候选人；

5. 议决关于政党的解散、合并的事项；

6. 议决以及承认其他重要议案。

（二）除了第一款第五项之外，全党大会可以将其他各项职能和权限委任于中央委员会或者党务委员会。

第十四条【召集】

（一）议长每两年召集一次定期全党大会。但有特别事由时，经最高委员会的议决，可以变更定期全党大会的召开时间。

（二）当有党务委员会的议决或者有三分之一以上的在籍党员代表要求时，全党大会议长在两个月以内召集临时全党大会。但通过明示召集期限，在要求召集临时全党大会的情形下，应当在该期限内召集。（2016.9.30修改）

（三）全党大会议长应当在全党大会召开日的七日前，公告召集全党大会的事项。（2016.9.30修改）

（四）以党规的形式，规定全党大会的召集、公告等必要事项。

第十五条【议长团】

（一）全党大会设一名议长与两名副议长。（2016.9.30修改）

（二）通过之前的全党大会选出全党大会议长，由议长在中央委员中指定副议长。

（三）以党规的形式，规定全党大会议长与副议长的选出和指定等的必要事项。

第十六条【议决】

（一）党宪中没有特别规定时，由过半数的在籍党员代表出席和过半数的出席党员代表赞成，议决全党大会的议案。（2016.9.30修改）

（二）不能以书面或者由代理人行使第一款规定的议决权。（2016.9.30修改）

（三）依照政党法第三十二条第二款的规定，可以使用公认电子签名，以党规的形式规定其具体方法。

第十七条【全党大会准备委员会】

（一）为了有效率地召开全党大会，经党务委员会的议决，可以设置全党大会准备委员会。

（二）全党大会准备委员会掌管大会的准备和进行的事务。但就选举管理事务而言，应当接受中央党选举管理委员会的指示。

（三）以党规的形式，规定全党大会准备委员会的构成、事务等必要事项。

第二节　中央委员会

第十八条【地位和构成】

（一）中央委员会是全党大会的受委托机关。

（二）中央委员会由八百名以内的委员构成，以党规的形式，规定第三款和第四款规定各项的名额。

（三）中央委员会由下列各项职务中的党员构成：（2016.9.30，2016.10.7 修改）

1．党务委员；

2．常务顾问以及顾问；（2016.9.30 新设）

3．党代表秘书室长、党务革新企划团长；（2016.10.7 新设）

4．事务副总长、事务总长下设的委员会委员长；（2016.10.7 新设）

5．院内首席副代表、政策委员会首席副议长；（2016.10.7 新设）

6．发言人、政策研究院副院长；（2016.10.7 新设）

7．所属于党的国会议员；

8．地区委员长；

9．所属于党的区厅长、市长、郡守；

10．所属于党的广域市、道议会议长；

11．中央党局长级事务职党职者（十五名以下）；（2016.9.30 新设）

12．市、道党的事务处处长以及政策室长；

13．由全国女性委员会推荐的二十名党员；（2016.9.30 新设）

14．全国老年委员会、全国青年委员会、全国残疾人委员会、全国农渔民委员会、全国劳动委员会、全国大学生委员会各推荐的五名党员；（2016.9.30 新设）

15．由职能委员会推荐的十名。（2016.9.30 新设）

（四）应当在履行第七条（义务）第一款第三项义务的人或者对党有贡献的人中，推荐第十三项至第十五项的中央委员。（2016.9.30 新设）

（五）第十三项至第十五项的中央委员，除了全国老年委员会以外的委员会中，应当包含百分之三十以上的女性党员和百分之二十以上的青年员党员。（2016.9.30 新设）

（六）无特别规定的，中央委员的任期与党员代表的任期相同。

第十九条【职能和权限】

（一）中央委员会的职能和权限如下：（2016.9.30 修改）

1．处理全党大会委任或者送交的事项；

2．批准预算与决算；

3．处理党务委员会提请的议案；

4. 根据政党法第九条的规定，批准市、道党的创立，以及根据政党法第四十六条的规定，撤销针对创立行为的批准；

5. 审查由党纪伦理审判院提出的对选出职公职者等的辞退劝告案；

6. 要求汇报、纠正重要党务；（2016.9.30 新设）

7. 议决以及批准其他重要的议案。

（二）在难以召集全党大会的情形下，针对党务委员会决定的紧急议案，中央委员会可以行使除了第十三条（职能和权限）第一款第五项规定之外的全党大会权限。（2016.9.30 新设）

（三）除第一款第二项、第六项规定的职能和权限之外，中央委员会可以将各项职能和权限委任给党务委员会。

第二十条 【召集】

（一）议长每季度召集一次定期中央委员会。

（二）有党务委员会的议决或者有三分之一以上的在籍委员要求时，在二十日以内由中央委员会议长召集临时中央委员会。但通过明示召集期限，要求召集临时中央委员会的，应当在该期限内召集。

（三）中央委员会议长应当在中央委员会召开日前三日公告召集事项。

（四）以党规的形式，规定中央委员会的召集、公告等必要事项。

第二十一条 【议长团】

（一）中央委员会设一名议长与两名副议长。（2016.9.30 修改）

（二）在中央委员中选出中央委员会的议长，经中央委员会的议决，由议长指定两名副议长。但应当在院外地区委员长中，指定两名副议长中的一名副议长。（2017.7.27 修改）

（三）议长与副议长的任期为一年。

（四）议长与副议长不得兼任其他党职。

（五）以党规的形式，规定选出方式以及禁止兼职的党职范围等相关事项。

第二十二条 【议决】

（一）党宪没有特别规定的，以在籍中央委员过半数的出席和出席中央委员过半数的赞成，议决中央委员会的议案。（2016.9.30 修改）

（二）可以通过书面或者代理人行使第一项规定的议决。（2016.9.30 修改）

（三）根据政党法第三十二条第二款的规定，可以使用公认电子签名；

以党规的形式，规定其具体方法。

第四章　执行机关

第一节　党务委员会

第二十三条【地位和构成】

（一）党务委员会是执行党务的最高议决机关。

（二）根据以下各项规定，党务委员会由一百名以内的委员构成。但当同一职责的负责人为两名以上时，都视为党务委员：（2016.9.30，2016.10.7，2017.7.27 修改）

1. 党代表；

2. 最高委员；

3. 院内代表；

4. 国会副议长；

5. 全党大会议长以及副议长；

6. 中央委员会议长以及副议长；

7. 党纪伦理审判院院长、预算决算委员会委员长、党务监察委员会委员长、政策研究院院长；（2017.7.27 修改）

8. 事务总长；

9. 政策委员会议长；

10. 政治研修院院长；（2016.9.30 新设）

11. 全国委员会委员长；

12. 常设委员会委员长；

13. 国会常任委员会委员长；

14. 首席发言人；

15. 市、道党委员长；

16. 所属于党的市、道知事；

17. 基础自治团体长官协议会代表、广域议会议员协议会代表、基础议会议员协议会代表各一人；

18. 院外地区委员长协议会推荐的院外地区委员长五人。（2016.9.30 新设）

（三）在已确定的党务委员中，当女性比例不足百分之二十、青年的比例不足百分之十时，党代表经最高委员会的协商，可以要求全国女性委员会和全国青年委员会选出五名以内的党务委员。（2016.9.30，2017.7.27 修改）

（四）党代表担任党务委员会的议长。

（五）顾问可以出席党务委员会进行发言。

第二十四条【职能和权限】

（一）党务委员会具有以下职能和权限：（2016.5.30，2016.9.30 修改）

1. 提出党宪、政纲政策的修正案；

2. 制定和改废党规；

3. 对党宪、党规进行有权解释；

4. 要求召集临时全党大会；

5. 审议、议决预算与决算；

6. 处理全党大会以及中央委员会送交的议案；

7. 采纳以及审议、议决将要在全党大会以及中央委员会中提请的议案；

8. 要求纠正违背党宪、党规的最高委员会决定或者认为显著不当的事项；

9. 听取党主要政策报告以及处理最高委员会送交的事项；

10. 组建组织强化特别委员会；

11. 批准公职选举候选人；

12. 批准市、道委员长以及地区委员长；

13. 其他关于运行党务的主要事项。

第二十五条【召集和议决人数】

（一）原则上每月召集两次党务委员会，由最高委员会的议决或者有四分之一以上的在籍委员要求时，或者党务委员会议长认为发生紧急悬案时，由党务委员会议长召集。（2016.9.30 修改）

（二）以过半数的在籍委员出席和出席委员过半数的赞成，议决党务委员会的议案。

（三）以党规的形式，规定党务委员会的召集、公告等必要事项。

第二节　党代表以及最高委员

第二十六条【地位和义务】

（一）党代表统辖党务，并代表党。

（二）党代表应当为实现党目标和政纲政策而努力，遵守党宪与党规，保障党员权利。

第二十七条【党代表的权限】

党代表具有以下各项权限：（2016.9.30 修改）

1. 召集以及主持党的主要会议；

2. 指定一名最高委员；（2016.9.30 新设，2017.7.27 修改）

3. 任命政策委员会议长；（2017.7.27 新设）

4. 推荐以及任命主要党职者；

5. 执行、调整、监督有关党务；

6. 处理由党务委员会或者最高委员会委任的事项；

7. 其他党宪赋予的权限。

第二十八条【党代表及最高委员的选出】

（一）分别选出党代表和两名最高委员。（2016.9.30，2017.7.27 修改）

（二）通过全体党员投票，选出党代表和最高委员。但根据党规规定，可以反映非党员的一般国民意志。（2016.9.30 修改）

（三）履行第七条（义务）第一款第三项义务的党员和未履行义务的党员之间，两者投票结果的反映比例由党规规定。（2016.9.30 新设）

（四）党代表经最高委员会的议决，指定一名最高委员。（2016.9.30 新设，2017.7.27 修改）

（五）以党规的形式，规定选出党代表和最高委员的具体方法、程序等必要事项。

第二十九条【党代表和最高委员的任期】

（一）党代表和最高委员的任期为两年。

（二）党代表缺位时，在依照第二十八条（党代表和最高委员的选出）第一款规定选出的最高委员中，按照得票最多的顺序、院内代表的顺序继承。

（三）继任的党代表和最高委员的任期是前任者的剩余任期。（2016.9.30 新设）

（四）当依照第二十八条（党代表和最高委员的选出）第一款规定选出的最高委员缺位时，可以通过中央委员会选出继任者，其任期是前任者的剩余任期。但当剩余任期不足两个月时，则另当别论。

第三十条【权限的代行】

党代表因事故等无法履行职务时，依照第二十九条（党代表和最高委员的任期）第二款规定的顺序，代行其职务。

第三十一条【咨询以及辅佐机关】

（一）党代表与最高委员会协商，可以将党的元老以及社会领导级的若干人委任为常任顾问和顾问。（2017.7.27 修改）

（二）为了辅佐党代表，设置秘书室和特别辅佐人，由党代表任命秘书室长和特别辅佐人。（2016.9.30 修改）

（三）为了不断推进政治革新、改革政党，设置党代表直属党务革新企划团，由党代表任命党务革新企划团长。

（四）以党规的形式，规定党代表秘书室和党务革新企划团的构成和运行等必要事项。

第三十二条【发言人】

（一）为了发布党的政策和见解、做好媒体宣传，设置发言人与若干名副发言人。

（二）在发言人下设置必要的部门；以党规的形式，规定其构成和运行等必要事项。

第三节　最高委员会

第三十三条【地位和构成】

（一）最高委员会是执行党务的最高责任机关。

（二）最高委员会由下列各项人员构成：

1. 党代表；

2. 根据第二十八条（党代表和最高委员的选出）第一款和第四款规定，选出的三名最高委员；（2017.7.27 修改）

3. 院内代表；

4. 根据第三十七条（全国委员会）第三款规定，选出的全国女性委员长；（2016.9.30 新设）

5. 根据第三十七条（全国委员会）第三款规定，选出的全国青年委员长。

第三十四条【职能和权限】

最高委员会的职能和权限如下：

1. 审议、议决包括法律草案在内的党的主要政策；

2. 要求召集党务委员会以及议员总会；

3. 处理党务委员会委任的事项；

4. 处理中央委员会送交的事项；

5. 审议、议决议员总会要求的事项；

6. 处理其他关于党务运行的主要事项。

第三十五条【召集和议决人数】

（一）原则上每周召集一次最高委员会，当党代表认为必要时，或者有三分之一以上的在籍委员要求时，由党代表召集、主持最高委员会。

（二）顾问、国会副议长、事务总长、政治研修院院长、伦理委员长、预算决算委员长、党务监察委员长以及政策研究院院长可以出席最高委员会进行发言。（2016.9.30，2016.10.7 修改）

（三）以过半数的在籍委员出席和出席委员过半数的赞成，议决最高委员会的议案。

（四）以党规的形式，规定最高委员会的运行等必要事项。

第四节　授权蓝图委员会

第三十六条【构成等】

（一）为了创造提出大韩民国发展方向、实现这一发展方向的政权，设置授权蓝图委员会。

（二）可以在委员会内设置专门委员会等。

（三）党代表与最高委员会协商，任命委员长与专门委员长。

（四）以党规的形式，规定委员会的构成和运行等必要事项。

第五节　全国委员会

第三十七条【全国委员会】

（一）为了扩大大韩民国各社会阶层的政治参与机会，通过提高党政策力量，扩大党支持度，在最高委员会下组织各部门全国委员会。

（二）全国委员会如下：（2016.9.30 修改）

1. 全国女性委员会；

2. 全国老年委员会；

3. 全国青年委员会；

4. 全国残疾人委员会；

5. 全国农渔民委员会；

6. 全国劳动委员会；

7. 全国大学生委员会。

（三）在全体党员投票中，分别选出党代表、最高委员、全国女性委员会委员长、全国青年委员会委员长；通过全体党员投票，选出得票最多的人为全国女性委员会和全国青年委员会的委员长；由党代表与最高委员会协商，任命全国老年委员会、全国残疾人委员会、全国农渔民委员会、全国劳动委员会、全国大学生委员会的委员长。（2016.9.30，2017.7.27 修改）

（四）全国委员会可以就相应委员会的主要政策，向党陈述、提出意见。（2016.9.30 修改）

（五）为了扩大党势或者党支持度等，经最高委员会的协商，党代表可以设置第二款各项以外的全国委员会。（2017.7.27 修改）

（六）以党规的形式，规定各委员会的构成和运行等必要事项。

第三十八条【女性政治人物的发掘与培养】

（一）党代表经最高委员会的协商，可以设置为了发掘、培养女性政治人物、管理女性人才的机构。（2016.9.30，2017.7.27 修改）

（二）以党规的形式，规定第一款规定中的机构名称、组织、运行等必要事项。

第三十九条【青年政治人物的发掘与培养】

（一）全国青年委员会由四十五岁以下的党员构成。（2016.7.22，2016.9.30，2017.7.27 修改）

（二）党代表经最高委员会的协商，可以设置为了发掘、培养青年政治人物、管理青年人才的机构。（2017.7.27 修改）

（三）为了完成第二款规定的目标，党代表应当在预算等方面予以特别关照。（2016.9.30 新设）

（四）以党规的形式，规定第二款规定中的机构名称、组织、运行等必要事项。

第六节　常设委员会

第四十条【人权委员会】

（一）为了制定拥护、伸张人权的正义的人权政策等，在最高委员会下设人权委员会。（2016.9.30 修改）

（二）人权委员会由党代表经最高委员会协商任命的委员构成。（2016.9.30 修改）

（三）人权委员会设委员长与若干名副委员长；党代表与最高委员会协商，在委员中任命委员长与副委员长。（2016.6.1，2016.9.30 修改）

（四）以党规的形式，规定人权委员会的构成和运行等必要事项。

第四十一条【安保委员会】

（一）为了构建坚实的国家安保态势，制定让国民得以安心的安保政策等，在最高委员会下设安保委员会。

（二）安保委员会由党代表经最高委员会协商任命的委员构成。

（三）安保委员会设委员长与若干名副委员长；党代表与最高委员会协商，在委员中任命委员长与副委员长。

（四）以党规的形式，规定安保委员会的构成和运行等必要事项。

第四十二条【统一委员会】

（一）为了准备南北统一、制定应对统一以后的大韩民国政策等，在最高委员会下设统一委员会。（2016.9.30 修改）

（二）统一委员会由党代表经最高委员会协商任命的委员构成。（2016.9.30 修改）

（三）统一委员会设委员长与若干名副委员长；党代表与最高委员会协商，在委员中任命委员长与副委员长。（2016.6.1，2016.9.30 修改）

（四）以党规的形式，规定统一委员会的构成和运行等必要事项。

第四十三条【国际委员会】

（一）为了与各国政党和社会团体以及国际机构进行交流，并为党国际相关活动提供咨询等，在最高委员会下设国际委员会。

（二）国际委员会由党代表经最高委员会协商任命的委员构成。

（三）国际委员会设委员长与若干名副委员长；党代表与最高委员会协商，在委员中任命委员长与副委员长。（2016.6.1 修改）

（四）以党规的形式，规定国际委员会的构成和运行等必要事项。

第四十四条【在外国民委员会】

（一）为了扩大在外国民的政治参与、与在外侨民团体进行有效交流，在最高委员会下设在外国民委员会。

（二）以党规的形式，规定在外国民委员会的构成和运行等必要事项。

第四十五条【社会性经济支援委员会】

（一）为了促进社会的经济、制定政策、与合同组合或者福利企业等社会的经济团体保持密切联系，执行与社会性经济团体的协作事务，在最高委员会下设社会性经济支援委员会。

（二）以党规的形式，规定社会性经济支援委员会的构成和运行等必要事项。

第四十六条【法律委员会】

（一）为了党法律草案及法务政策的协商、解决其他法律问题等的支持和咨询，在最高委员会下设法律委员会。（2016.9.30 修改）

（二）法律委员会由法律专家构成；以党规的形式，规定其构成和运行等必要事项。

第四十七条【对外协作委员会】

（一）为了与市民、社会团体以及职能团体进行有效交流，在最高委员会下设对外协作委员会。（2016.9.30 修改）

（二）以党规的形式，规定对外协作委员会的构成和运行等必要事项。

第四十八条【职能委员会】

（一）为了开发职能相关政策、扩大和管理职能组织、宣传职能政策等，设置职能委员会。

（二）职能委员会由党代表经最高委员会协商任命的委员构成。（2016.9.30 修改）

（三）职能委员会设委员长与若干名副委员长；党代表与最高委员会协商，在委员中任命委员长与副委员长。（2016.6.1，2016.9.30 修改）

（四）以党规的形式，规定职能委员会的构成和运行等必要事项。

第四十九条【地方自治分权委员会】

（一）为了实现地方分权、制定实质性地方自治政策等，在中央党最高委员会与市、道党运行委员会下设地方自治分权委员会。

（二）中央党与各市、道党的地方自治分权委员会进行有关地方自治的党政之间政策协商以及收集舆论活动。

（三）中央党地方自治分权委员会由党代表经最高委员会协商任命的十一名以内的党内外委员构成；市、道党地方自治分权委员会由市、道党委员长经市、道党运行委员会议决任命的十一名以内的党内外委员构成。

（四）中央党地方自治分权委员会与市、道党地方自治分权委员会分别设置委员长与若干名副委员长；党代表与最高委员会协商，任命中央党地方自治分权委员会的委员长与副委员长；由市、道党委员长与市、道党运行委员会议决，任命市、道党地方自治分权委员会的委员长与副委员长。（2016.6.1 修改）

（五）以党规的形式，规定地方自治分权委员会的构成和运行等必要事项。

第五十条 【智能政党委员会】

（一）为了实现利用移动通信技术让国民直接参与智能政党政策，通过数码技术扩大党支持度、扩大网民的政治参与机会，在最高委员会下设智能政党委员会。

（二）以党规的形式，规定智能政党委员会的构成和运行等必要事项。

第五十一条 【多文化幸福委员会】

（一）为了提高多文化家庭的生活质量、制定支持社会统合的政策等，在最高委员会下设多文化幸福委员会。

（二）以党规的形式，规定多文化幸福委员会的构成和运行等必要事项。

第五十二条 【志愿服务委员会】

（一）为了促进志愿服务活动、与志愿服务团体进行有机的协作、强化联系，在最高委员会下设志愿服务委员会。

（二）以党规的形式，规定志愿服务委员会的构成和运行等必要事项。

第五十三条 【特别委员会的设置】

为了有组织地处理特定悬案或者扩大党的支持度等，党代表可以经最高委员会协商，设置特别委员会。

第五十四条 【选出职公职者评价委员会】

（一）为了检查党选出职公职者的承诺履行情况等，在中央党最高委员会与各市、道党运行委员会下设选出职公职者评价委员会。（2016.9.30 修改）

（二）中央党选出职公职者评价委员会评价国会议员以及市、道知事的活动；市、道党选出职公职者评价委员会评价自治区、市、道的长官以及地方议会议员的活动。

（三）中央党选出职公职者评价委员会由党代表经最高委员会议决任命的二十名以内的党内外委员构成；市、道党选出职公职者评价委员会由市、道党委员长经市、道党运行委员会议决任命的十三名以内的党内外委员构成。（2016.9.30 修改）

（四）中央党选出职公职者评价委员会设委员长与若干名副委员长，由党代表与最高委员会协商，任命委员长与副委员长；市、道党选出职公职者评价委员会设委员长与若干名副委员长，由市、道党委员长经市、道党运行委员会的议决，任命委员长与副委员长。（2016.6.1，2016.9.30 修改）

（五）以党规的形式，规定选出职公职者评价委员会的构成、运行和评价方法等必要事项。

第七节　事务处

第五十五条　【构成】

（一）为了执行党务，在中央党设置事务处。

（二）事务处设事务总长，其掌管党战略的制定、组织管理、财政、人事以及行政支持等事务，在其下设置党规规定的委员会和实务机构。（2016.5.16，2016.9.30，2016.10.7 修改）

（三）为了辅佐事务总长的事务，可以设置事务副总长。（2016.9.30 新设）

（四）根据党规的规定，可以在事务处设置必要的部门。

第五十六条　【事务总长等的任命】

（一）党代表与最高委员会协商，任命事务总长。

（二）经事务总长的推荐，由党代表与最高委员会协商，任命事务处所属各委员会委员长、副委员长与事务副总长。（2016.5.16 修改）

第五十七条　【党务调整会议】

（一）为了统辖事务处的执行事务，执行党务以及对党务进行提案、协商、调整，运行党务调整会议。

（二）以党规的形式，规定关于党务调整会议的构成、运行等必要事项。

第五十八条　【事务职党职者人事委员会】

（一）为了审议事务职党职者的人事问题，设置以事务总长为委员长的人事委员会。

（二）通过公开竞争的方式，聘用事务职党职者。

（三）以党规的形式，规定事务职党职者人事委员会的构成和运行等必要事项。

第八节　政治研修院

第五十九条【政治研修院】

（一）为了积累党员以及支持者的政治力量、培养预备政治人、提高民主市民的素养，设置政治研修院。

（二）政治研修院设一名院长与若干名副院长，由党代表与最高委员会协商，任命院长与副院长。

（三）党制定、公布年度政治研修计划；当推荐公职候选人或者任免党职者时，反映其研修评价结果。

（四）以党规的形式，规定关于政治研究院的组织和运行的事项。

第五章　市、道党

第六十条【独立性的强化】

为了具体化实质上的地方自治和草根民主主义，党强化市、道党的独立性和权限。

第一节　市、道党的党员代表者大会

第六十一条【地位和构成】

（一）市、道党党员代表者大会（以下称"市、道党大会"）是市、道党的最高议决机关。

（二）市、道党大会的党员代表是依照第十二条（地位和构成）第二款全党大会的党员代表中，属于相应市、道党的党员。

（三）市、道党大会的党员代表任期为两年。但在两年以内召开定期市、道党大会时，市、道党大会党员代表的任期为召开定期市、道党大会之前为止。

（四）以党规的形式，规定市、道党大会的党员代表名额以及选出方式等必要事项。

第六十二条【职能和权限】

（一）市、道党大会的职能和权限如下：

1. 批准市、道党委员长;

2. 处理市、道党常务委员会附议的议案;

3. 处理最高委员会要求的议案;

4. 制定市、道党规约。但应当与法律委员会进行事前协商,确认是否与党宪、党规冲突;

5. 议决市、道党的其他主要议案。

(二) 市、道党大会可以向常务委员会委任部分权限。

第六十三条【召集】

(一) 在召开定期全党大会前,召开定期市、道党大会。

(二) 在满足以下任一项时,召集临时市、道党大会:

1. 市、道党委员长认为必要时;

2. 有市、道党常务委员会的议决时;

3. 有市、道党大会三分之一以上的在籍党员代表要求时。

第二节　市、道党常务委员会

第六十四条【构成】

(一) 设置市、道党常务委员会,作为市、道党大会的受委托机关。

(二) 市、道党常务委员会由下列各项人员构成,市、道党委员长担任议长:

1. 市、道党委员长;

2. 地方选区国会议员;

3. 所属于党的市、道知事;

4. 地区委员长;

5. 市、道党常设委员会委员长;

6. 所属于党的自治区、市、郡的首长;

7. 所属于党的市、道议员以及自治区、市、郡、区议会的议长和副议长;

8. 市、道党事务处处长以及政策室长。

第六十五条【职能和权限】

市、道党常务委员会具有以下职能和权限:(2016.9.30 修改)

1. 市、道党大会委任的事项;

2. 批准市、道党党纪伦理审判院院长以及委员的任命；

3. 中央党委任的事项；

4. 市、道党预算决算委员会的组成以及审议、议决预算与决算；

5. 其他有关市、道党运行的重要事项。

第六十六条 【召集】

当议长或者市、道党运行委员会认为必要或者有三分之一以上的在籍委员要求时，由议长召集市、道党常务委员会。

第三节 市、道党的构成和执行机构

第六十七条 【委员长】

（一）市、道党委员长代表市、道党，统辖市、道党。

（二）通过第五条（全体党员投票）选出市、道党委员长。（2016.9.30 修改）

（三）市、道党委员长因事故等无法履行职务时，以常务委员中年长者顺序代行其职务。

（四）市、道党委员长经市、道党常务委员会的同意，任命若干名的副委员长。

第六十八条 【运行委员会的构成】

（一）市、道党运行委员会由下列各项人员构成：

1. 市、道党委员长；

2. 市、道党的常设委员会委员长；

3. 由市、道党常务委员会互选的三名以上九名以下的运行委员；

（二）市、道党委员长担任市、道党运行委员会的议长。

第六十九条 【运行委员会的职能和权限】

市、道党运行委员会的职能和权限如下：

1. 审议市、道党的日常党务和政策；

2. 审议市、道党的党职人事问题；

3. 审议市、道党的预算与决算；

4. 审议、采纳欲提交至市、道党常务委员会的议案；

5. 审议、决定市、道党常务委员会委任的议案；

6. 其他有关市、道党运行的事项。

第七十条 【事务处等】

（一）在市、道党设置事务处和政策室，事务处设处长，政策室设室长。（2016.9.30 修改）

（二）市、道党设置常设委员会以及其他必要机构。

（三）市、道党委员长与市、道党运行委员会协商，任免市、道党的事务处处长以及政策室长。（2016.9.30 修改）

（四）以市、道党规约的形式，规定市、道党事务处的构成和运行等必要事项。

第四节 地区委员会

第七十一条 【地区委员会】

（一）地区委员会是促进地区党员以及国民自发性进行地区活动和政治参与的协议体。

（二）按照各地方选区、国会议员选区设置地区委员会。当国会议员选区由两个以上的自治区、市、郡组成时，可以在各自治区、市、郡设置地区委员会的联络所。

（三）在地区委员会内设置地区委员长、地区委员会党员代表者大会和常务委员会等机构。（2016.9.30 修改）

（四）地区委员长代表地区委员会，统辖地区委员会的党务。

（五）通过第五条（全体党员投票）选出地区委员长。（2016.9.30 修改）

（六）为了保障国民提出政策以及立法案等的政治参与，设置必要的机构。

（七）以党规的形式，规定地区委员会的构成、运行等必要事项。

（八）在地区委员会委员长之间，设置以院外人员构成的院外地区委员长协议会。（2017.7.27 新设）

（九）以党规的形式，规定促进院外地区委员长协议会所必要的辅助事项等。

第六章 院内机构

第一节 议员总会

第七十二条 【地位和构成】

议员总会作为院内最高议事决定机构，由党国会议员构成。

第七十三条【职能和权限】

议员总会具有以下各项职能和权限：（2016.9.30 修改）

1. 审议、议决党院内对策和战略；

2. 审议、议决拟提交至国会的法案和议案以及必要的主要政策；

3. 采纳、变更关于主要政策和主要法案的党论；

4. 选出院内代表；（2017.7.27 修改）

5. 推荐国会议长与副议长的候选人；

6. 组建以及废止与国会活动相关的组织；（2016.9.30 新设）

7. 审议议员总会的运行、预算以及决算；（2016.9.30 新设）

8. 对政党法第三十三条规定的国会议员，进行除名；

9. 处理最高委员会送交的事项

10. 其他院内对策以及与运行相关的主要事项。

第七十四条【议长】

院内代表担任议员总会的议长；议长无法主持会议时，以院内首席副代表、院内副代表中年长者顺序主持会议。

第七十五条【召集】

（一）原则上在国会会期内，每周召开一次以上，非国会会期内，每月召开两次议员总会；可以通过议员总会议决，另行规定。

（二）当院内代表认为必要，或者有四分之一以上的在籍议员要求，再或者有最高委员会的要求时，由院内代表召集议员总会。

（三）议长应当明示召集目的和具体议案，至少在四十八小时前，以书面形式通报所属议员。但当有紧急情况时，则另当别论。

第七十六条【会议】

（一）议员总会以公开为原则。但当有院内代表或者有出席议员十人以上的要求时，以出席议员过半数的赞成可以不予公开。（2016.9.30 修改）

（二）议长应当制作、保管议员总会的会议记录。

（三）当有十人以上的议员同意时，可以追加议案或者提出修正案。（2016.9.30 修改）

（四）为了获取有关议案的充分信息和收集相关领域的意见，可以灵活运用外部专家的讨论、专题讨论会、听证会等多样的讨论方式。

（五）党代表以及顾问可以列席议员总会进行发言。

第七十七条 【议决】

（一）原则上议员总会以举手或者起立的方式议决。但针对国民舆论上存在尖锐对立的争议法案而言，当议长认为必要或者有三分之一以上的在籍议员要求时，可以通过直接、秘密的投票方式，采纳或者变更相关党论的议决事项；这一情形下，必须在事前书面通报议员，然而在夜间等其他不得已的情形下，则另当别论。

（二）以三分之一以上的在籍议员出席开议并以过半数的在籍议员出席和出席议员过半数的赞成，议决议案。但除名国会议员、采纳或者变更主要政策、主要法案的党论时，以在籍议员三分之二以上的赞成，议决议案。（2016.9.30 修改）

（三）不得以书面或通过代理人的方式，议决除名国会议员的议案。

第二节　院内代表

第七十八条 【地位和权限】

（一）院内代表在国会内代表党，并对国会运行负有责任，统辖院内事务。

（二）院内代表具有下列各项的权限：

1. 主持议员总会以及院内对策会议；

2. 将所属国会议员分配至国会常任委员会等；

3. 推荐、任命院内首席副代表以及院内副代表；

4. 处理其他在国会运行中的必要事项。

（三）行使第二款第二项的权限时，应当听取政策委员会议长的意见。

第七十九条 【选出和任期】

（一）在每年五月举行的议员总会选出院内代表，其任期为一年。

（二）当院内代表缺位时，在一个月以内通过议员总会实施再选，再选后的院内代表任期是前任的剩余任期。

第八十条 【院内副代表等】

（一）为了辅佐院内代表，设置包含院内首席副代表的十五名以内的院内副代表。（2016.9.30 修改）

（二）经院内代表的推荐和议员总会的议决，由院内代表任命院内副代表。

（三）院内代表因故无法履行职务时，由院内首席副代表代行其职务。

第八十一条【院内对策会议】

（一）为了协商、调整有关院内活动的党的对策，设置院内对策委员会议。

（二）院内对策会议由院内代表、政策委员会议长、国会常任委员会委员长以及干事、院内首席副代表以及院内副代表、政策委员会副议长、政策调整委员长构成。

（三）院内代表担任院内对策会议的议长。

（四）根据党规的规定，在院内对策会议内设置实务机构。

第三节　政策委员会

第八十二条【地位和构成】

（一）为了草拟、审议党的政策，设置政策委员会。

（二）政策委员会可以设置由党代表经最高委员会协商任命的议长、副议长、政策调整委员长、副委员长以及委员。（2017.7.27修改）

（三）根据党规的规定，可以在政策委员会内设置实务机构。

（四）以党规的形式，规定关于政策委员会的其他必要事项。

第八十三条【职能】

（一）政策委员会具有以下职能：

1. 研究、审议、草拟党的政策；

2. 探讨政府政策，并对政府政策提出对策；

3. 针对法律草案、总统令草案、预算案、对国民生活或者国家经济产生重大影响的政策草案，进行党政之间的政策协商或者探讨；

4. 研究以及审议议员的立法案；

5. 审议关于党政策的咨询事项；

6. 对外宣传第一项至第五项规定的事项。

（二）经政策委员会审议的第一款第一项和第二项规定的内容，应当通过院内对策会议的议决。

（三）政策委员会的议长应当在议员总会向所属议员汇报第一款第三项规定的结果。

第八十四条【政策委员会议长等】

（一）设置代表政策委员会、总管会务的议长与为了调整政策的首席副议长以及若干名副议长。

（二）政策委员会的议长具有下列权限：

1. 主持政策委员会；

2. 协商、调整党的政策；

3. 总揽、调整党政协商事务；

4. 推荐政策委员会副议长以及政策调整委员长、副委员长、委员。

（三）由党代表经政策委员会议长的推荐，任命政策委员会首席副议长。（2016.9.30，2016.10.7，2017.7.27 修改）

（四）政策委员会议长因故无法履行职务时，以首席副议长、政策委员会议长指定的副议长顺序，代行其职务。

第八十五条【政策调整委员会】

（一）为了顺利进行政策开发等事务，按照党规规定的领域，在政策委员会下设置各类政策调整委员会。

（二）政策调整委员会由委员长与若干名副委员长以及委员构成。

第八十六条【法案审查委员会】

（一）为了审查法律草案，在政策委员会议长下设法案审查委员会。

（二）法案审查委员会由政策委员会议长在所属政策调整委员中指定的委员构成，由政策委员会议长担任委员长；以党规的形式，规定其他必要事项。

第八十七条【政策调整会议】

（一）为了调整政策调整委员会之间的政策，设置政策调整会议。（2016.9.30 修改）

（二）政策调整会议由政策委员会议长、政策调整委员会的委员长、政策研究院副院长中的一人以及院内代表经政策委员会议长的推荐而任命的若干名政策调整委员构成。（2016.9.30 修改）

（三）政策委员会议长担任政策调整会议的议长。

第七章　公职候选人的选出

第一节　为选出公职候选人的机构设置

第八十八条【人才引进特别机构】

（一）为了推荐公职选举候选人，党代表经最高委员会的协商，可以设

置引进人才的特别机构。（2017.7.27 修改）

（二）以党规的形式，规定人才引进特别机构的名称、构成、运行、推荐程序等必要事项。

第八十九条【公职候选人资格审查委员会】

（一）为了审查公职候选人的资格，经最高委员会的议决，在中央党设置公职候选人资格审查委员会。（2016.9.30 修改）

（二）应当以明确而客观的标准，公正地审查第一款规定的公职候选人资格；为了排除恣意审查，以党规的形式，规定相应标准和程序。

（三）委员会由包含委员长在内的十一名以内的委员组成，其中党外人士原则上应当过半数。（2016.9.30 修改）

（四）以党规的形式，规定委员会的构成和运行等事项。

第九十条【公职选举候选人推荐管理委员会】

（一）为了管理公职选举候选人的推荐，以最高委员会的议决，在中央党与市、道党设置公职选举候选人推荐管理委员会（以下称"公荐管理委员会"）。

（二）公荐管理委员会由包含委员长在内的十一名以内的委员构成，外部人士应当占据委员的百分之五十以上。其中，女性委员应当尽可能占据委员会名额的百分之三十以上，青年委员应当尽可能占据委员会名额的百分之二十以上。（2016.9.30 修改）

（三）经最高委员会的审议，由党代表任命中央党公荐管理委员会的委员长与委员。

（四）经市、道党常务委员会的议决，由市、道党委员长向党代表推荐，通过最高委员会的审议，由党代表任命市、道党公荐管理委员会的委员长与委员。

（五）以党规的形式，规定公荐管理委员会的构成以及运行等必要事项。

第二节　各级公职候选人的选出

第九十一条【候选人的推荐原则】

（一）原则上以公正、民主的程序和竞选的方式，推荐党各级公职选举候选人。但认为存在选举战略上的特别事由时，可以不经竞选，推荐公职选举候选人。

（二）以党规与中央党以及市、道党公荐管理委员会规则，规定具体推荐管理方式。

第九十二条【总统选举候选人的推荐】

（一）通过党员与国民一同参与的竞选，选出总统选举候选人。（2016.9.30 修改）

（二）应当在总统选举日前的一百八十日内选出总统选举候选人。但有相当事由时，可以通过党务委员会的议决，另行规定。（2016.9.30 修改）

（三）对于所有选出职党职者，在总统选举日的一年前不递交辞呈时，不得参加总统选举候选人的竞选。但对于第一百二十四条（非常对策委员会）规定中的非常对策委员长以及委员，视为是例外。（2016.9.30 修改）

（四）以党规的形式，规定竞选的程序和方法等候选人产生的必要事项。

第九十三条【地方选区国会议员选举候选人以及市、道知事选举候选人的推荐】

（一）原则上以通过第九十条资格审查的两名以上候选申请人为对象，通过竞选的方式，选出地方选区国会议员选举候选人以及市、道知事选举候选人（以下在本条文中称为"候选人"）；当有党规规定的事由时，可以明示该事由，不通过竞选，推荐单一候选人。

（二）被推荐的候选人应当通过最高委员会的议决，获得党务委员会的批准。

（三）中央党掌管地方选区国会议员选举候选人以及市、道知事选举候选人的产生。

（四）以党规的形式，规定竞选方法和运行等的具体事项。

第九十四条【比例代表国会议员选举候选人的推荐】

（一）党代表经最高委员会的审议，组织中央党比例代表推荐委员会（以下称"比例委员会"）。

（二）以党规的形式，规定比例委员会的构成、运行和候选人推荐标准等关于比例代表国会议员选举候选人推荐的具体事项。

第九十五条【自治区厅长、市长、郡守选举候选人以及广域、基础自治团体议员选举候选人的推荐】

（一）由相应该市、道党掌管自治区厅长、市长、郡守候选人以及广域、基础自治团体议员选举候选人的产生，准用第九十三条（地方选区国会议员选举候选人以及市、道知事选举候选人的推荐）第一款和第四款的规定。

（二）被推荐的候选人应当获得最高委员会的批准。（2016.9.30 新设）

（三）当市、道党不予推荐候选人时，通过最高委员会的议决，确定候选人。

第九十六条【比例代表广域、基础地方自治团体议员选举候选人的推荐】

（一）由相应市、道党掌管比例代表广域、基础地方自治团体议员选举候选人的产生，准用第九十四条（比例代表国会议员选举候选人的推荐）的规定，通过最高委员会议的批准，确定最终的推荐。（2016.9.30 修改）

（二）当市、道党不予推荐候选人时，通过最高委员会的议决，确定候选人。（2016.9.30 新设）

（三）以党规的形式，规定关于比例代表广域、基础地方自治团体议员选举候选人推荐的具体事项。

第九十七条【为了扩大公职参与机会的关照】

（一）为了保障女性、青年、老年人、残疾人等政治上的少数者和政治新人的政治参与机会，在公职选举中，推荐地方选区选举候选人时（排除对地方自治团体长官候选人的推荐），对女性、青年、老年人、残疾人、政治新人等给予加分。

（二）为了向政治新人提供公正的参与机会，党应当向其提供党员信息、政策资料、关于党的活动信息、宣传等，并为其营造公正的竞选环境。（2016.9.30 新设）

（三）以党规的形式，规定为了扩大公职参与机会的关照对象、范围、方式、上限等必要事项。

第三节　再审

第九十八条【再审】

（一）当申请公职候选人的当事人对包含竞选在内的审查结果有异议时，可以自公布审查结果之时起四十八小时内，向对应再审委员会提出再审申请。

（二）中央党以及市、道党在选出公职候选人期间，设置、运行再审委员会。

（三）当再审委员会认为再审申请者的再审事由妥当时，通过议决，决定审查结果，并应当向最高委员会汇报该结果；最高委员会根据再审委员会的决定，可以采取替换候选人、再次实施竞选等的适当措施。

（四）以党规的形式，规定关于再审委员会的构成和运行等事项。

第四节　选举对策机构

第九十九条　【选举企划团】

（一）为了准备各级公职选举，在设置选举对策机构之前，可以设置选举企划团。

（二）以党规的形式，规定选举企划团的构成和运行等必要事项。

第一百条　【选举对策机构】

（一）为了有效实施各级公职选举，以党务委员会的议决，设置以下各项选举对策机构：

1．中央选举对策委员会以及选举对策本部；

2．各区域选举对策委员会；

3．市、道选举对策委员会以及选举对策本部；

4．各级选区选举对策委员会以及选举对策本部。

（二）各级选举对策机构的权限和职能，优先于该党部其他机关的权限和职能。

（三）以党规的形式，规定选举对策机构的设置时间、构成以及运行等必要事项。

第八章　选出职公职者等的伦理规范

第一百零一条　【选出职公职者伦理规范】

（一）选出职公职者和党职者应当带头实践党纪伦理审判院制定的党员伦理规范。

（二）国会议员应当依照宪法、法律的规定专注于议政活动，诚实履行承诺事项，定期向党内外公开该过程和结果。

第一百零二条　【党员的罢免要求】

（一）当选出职公职者和党职者严重违反伦理规范时，党员可以向党纪伦理委员会提起罢免诉请。这一情形下，党纪伦理审判院在接收诉请书的同时进行审查，当认为诉请妥当时，应当向中央委员会提出辞退劝告案。中央委员会应当自接收辞退劝告案之日起九十日以内，实施是否赞成的投票。

（二）选出职公职者和党职者收到中央委员会的辞退劝告时，应当自行提出辞呈。所有选出职候选人在登记为候选人时，应当填写遵守伦理规范以及收到中央委员会的辞退劝告时自行递交辞呈的誓约书，并将该誓约书提交至党纪伦理审判院。

（三）以党规的形式，规定针对选出职公职者和党职者的罢免请求要件和程序。

第一百零三条 【选出职公职者以及公职候选人的出版纪念会会计报告】

（一）当选出职公职者以及公职候选人召开出版纪念会时，应当制作相应会计明细，并提交至党纪伦理审判院。

（二）党纪伦理审判院审查相应会计报告，发现违规事实时，着手惩戒程序，并公开该结果。

（三）以党规的形式，规定出版纪念会会计报告的程序、方法、标准等必要事项。

第九章　政策研究院

第一百零四条 【政策研究院的设置和职能】

为了实现党的政纲与政策、制定中长期政策以及战略、构筑政策联网体系等，以独立财团法人的形式设置、运行政策研究院。这一情形下，研究院具有以研究为目的的人事和组织上的独立性。

第一百零五条 【政策研究院的组织和运行】

（一）为了进行客观的研究，政策研究院具有人事和组织上的独立性。

（二）党代表担任研究院的董事长，由党代表指定研究院院长，并应当获得研究院董事会的承认。（2016.9.30 新设）

（三）为了让党和一般国民利用研究结果，可以公开研究结果。（2016.9.30 新设）

（四）以研究所的章程，规定研究院的构成和运行的必要事项。

第十章　独立机构

第一节　党纪伦理审判院

第一百零六条【设置和职务的独立性】

（一）为了管理党员资格审查、奖励和惩戒等事务，在中央党与各市、道党内，设置党纪伦理审判院。

（二）党纪伦理审判院独立于代议机关以及执行机关，独立履行其职务。

第一百零七条【中央党党纪伦理审判院的构成】

（一）中央党党纪伦理审判院由中央委员会选出的院长及由院长经最高委员会协商任命的八名委员构成，其中过半数为党外人士。

（二）中央党党纪伦理审判院院长应当指定两名副院长与一名干事。

（三）院长与委员的任期为两年，可以连任。

（四）以党规的形式，规定其他中央党党纪伦理审判院的构成和运行等必要事项。

第一百零八条【中央党党纪伦理审判院的权限和事务】

（一）中央党党纪伦理审判院具有下列各项的权限：（2016.9.30 修改）

1. 制定、修改党员的伦理规范，以及有关施行和教育的事项；

2. 审查党员的资格；

3. 关于奖励党员、党外人士的事项；

4. 关于党员的惩戒和恢复权利的事项；

5. 为党员提供伦理规范的咨询或者处理针对违规行为的举报等；

6. 审判由党选举管理委员会做出的丧失候选人资格决定的异议申请；

7. 调查党务监察之外的党纪纲；

8. 监督市、道党党纪伦理审判院；

9. 再审惩戒处分；

10. 审查对选出职公职者和党职者的罢免诉请，提出辞退劝告案；

11. 审计对选出职公职者以及候选人的出版纪念会；

12. 其他党宪、党规明示的权限。

（二）中央党党纪伦理审判院院长应当向最高委员会通报第一款规定的审判结果。

（三）第一款第二项、第六项、第九项规定的中央党党纪伦理审判院的决定，立即发生效力。

第一百零九条【市、道党党纪伦理审判院的构成】

（一）市、道党党纪伦理审判院由九名委员构成，其中应当有过半数的党外人士。

（二）市、道党委员长经市、道党常务委员会的议决，任命市、道党委员。

（三）市、道党党纪伦理审判院院长应当是党外人士，并由市、道党委员互选产生。

（四）以党规的形式，规定其他市、道党党纪伦理审判院的构成和运行等必要事项。

第一百一十条【市、道党党纪伦理审判院的权限】

（一）市、道党党纪伦理审判院具有下列各项权限：（2016.9.30 修改）

1. 关于奖励党员、党外人士的事项；

2. 关于惩戒相应市、道党党员的事项。但排除对中央委员会委员以及中央党党职者的惩戒；

3. 监察相应市、道党的监事；

4. 调查相应市、道党的纪纲。

（二）通过党纪伦理审判院的审议、议决，由市、道党委员长施行第一款第一项以及第二项的奖励和惩戒。

（三）不服市、道党党纪伦理审判院决定的人，可以自收到惩戒议决书之日起十四日以内，向中央党党纪伦理审判院提出再审请求。（2016.9.30 修改）

（四）当市、道党党纪伦理审判院决定奖励、惩戒所属党员时，市、道党党纪伦理审判院院长应当及时向市、道党委员长以及中央党党纪伦理审判院院长汇报该事实。

第二节　党务监察委员会

第一百一十一条【党务监察委员会】

（一）为了监察党的职务、会计以及监察党职者，设置党务监察委员会。（2016.9.30 修改）

（二）党务监察委员会独立于执行机关履行职务。通过监察党务，发现有违规事实的检举时，党务监察委员会委员长应当向党纪伦理审判院要求惩戒相应党职者。（2016.9.30，2017.7.27 修改）

（三）通过党务委员会的议决，任命由党代表与最高委员会协商推荐的党务监察委员，党务监察委员会由九名党务监察委员构成，其过半数应当为党外人士。（2016.9.30 修改）

（四）由党务委员会在作为监察委员的党外人士中选出党务监察委员会的委员长。（2016.9.30 修改）

（五）党务监察委员会设三名以内的党务监察官。（2016.9.30 新设）

（六）以党规的形式，规定党务监察院的构成和运行等必要事项。

第三节　选举管理委员会

第一百一十二条【选举管理委员会】

（一）为了公正地管理产生党代表、最高委员、院内代表等党职者的选举和推荐总统、国会议长以及副议长、国会议员、地方自治团体长官、地方议会议员等公职候选人的选举，以党务委员会的议决，在实施对应选举的中央党或者市、道党内设置相应选举管理委员会。

（二）通过党务委员会的议决，设置、组建各级选举管理委员会，必要时可以委任市、道党。

（三）中央党选举管理委员会设委员长与三名以下的副委员长以及由党规规定名额的委员，还可以设置专门委员会。

（四）选举管理委员会的委员应当保持中立。

（五）通过党务委员会的议决，可以将选举管理事务委托给中央选举管理委员会。

（六）以党规的形式，规定选举管理委员会的名额、权限以及运行等必要事项。

第一百一十三条【对不正当选举的制裁】

（一）当选举管理委员会发现候选人、选举活动人员以及党员代表、各级选举人团、其他关联者的不正当选举时，应当依照党规予以制裁。

（二）当选举管理委员会发现收受财物等重大不正选举时，应当剥夺该行为人的候选人资格，向中央党党纪伦理院提出除名之诉，同时应进行刑

事告发。（2017.7.27 修改）

（三）作为党员的选举管理委员违反中立义务时，处以停止党员权利以上的惩戒。

（四）以党规的形式，规定针对不正选举的调查、制裁、惩戒等必要事项。

第十一章　会计

第一百一十四条【会计年度】

党的会计年度开始于每年一月一日，结束于十二月三十一日。

第一百一十五条【预算与决算】

（一）事务总长应当在开始次年会计年度六十日之前，制定包含预算编制案在内的党的财政运用计划，并提交至预算决算委员会。

（二）事务总长应当在次年五月三十一日之前，将会计年度决算报告书提交至预算决算委员会。

第一百一十六条【预算决算委员会】

（一）为了审议关于党的收入与支出的预算、决算，设置预算决算委员会。

（二）预算决算委员会由七名以下的委员构成，但执行部门的长官不能成为委员，并且在委员中应当安排一名以上的会计专家，可以安排外部人士。

（三）通过党代表的推荐，经党务委员会的决议，任命预算决算委员长以及委员。

（四）预算决算委员会制作预算以及决算审查报告书，经最高委员会与党务委员会的议决，提交至中央委员会。

（五）公布预算决算委员会的预算以及决算审查报告书。

（六）以党规的形式，规定其他关于预算决算委员会的运行和程序等必要事项。

第一百一十七条【审计】

（一）为了监督所属各机关的预算执行状况，预算决算委员会每年实施一次以上的审计。

（二）为了对预算、决算进行透明而客观的监察，应当邀请一名外部会计专家参与。

第一百一十八条【国库补助金的会计报告】

在接受会计法人实施的会计监察后，应当将国库补助金的会计明细监察结果提交至中央选举管理委员会，并予以公告。

第十二章　党宪的修改

第一百一十九条【党宪修正案的提案】

通过党务委员会的议决或者全党大会三分之一以上的在籍党员代表的书面要求，提出党宪修正案。

第一百二十条【提出党宪修正案的公告和议决】

（一）当有修改党宪的提案时，全党大会议长或者中央委员会议长应当及时公布该修正案，并召集全党大会或者中央委员会。

（二）经全党大会过半数的在籍党员代表同意而议决修改党宪提案，或者经中央委员会过半数的在籍中央委员同意而议决修改党宪提案。（2016. 9.30修改）

（三）当以中央委员会的议决修改党宪时，应当在下一次全党大会中获得追认。

第十三章　补则

第一百二十一条【合并和解散以及清算】

（一）当党与其他政党合并时，应当由全党大会决议。

（二）当党由于解散等其他事由而归于消灭时，由消灭之时的党务委员会或者党务委员会设置受任机关，由受任机关担任清算委员会，对党的财产和负债进行清算。但市、道党归于消灭时，可以由市、道党委员长指定清算人，进行清算。

（三）以党规的形式，规定关于政党合并、解散以及清算的其他必要事项。

第一百二十二条【代表者的变更以及政党合并时对相关材料和印章的移交】

（一）当中央党或市、道党的代表者发生变更或者因政党合并导致组织改编时，中央党由事务总长，市、道党则由事务处处长在十四日以内，移交相关材料和有关运行政党的印章等。

（二）以党规的形式，规定相关材料和运行政党所必要的印章种类、移交程序、其他必要事项。

第一百二十三条【表决】

（一）除了党宪、党规做出另行规定的情形，所有议案不能以书面的形式进行决议。但当存在紧急情况时，为了应对当前课题而组建的特别委员会、小委员会等，可以通过书面形式做出决议。

（二）有关人事方面的表决，当党宪、党规中不存在另行规定时，进行秘密投票。但当出席者中无人提出异议时，可以变更表决方式。

第一百二十四条【非常对策委员会】

（一）当发生党代表缺位或者最高委员会丧失其功能等非常状况时，为了党运行的稳定，解除非常状况，可以设置非常对策委员会。

（二）非常对策委员会由包含委员长一人在内的十五人以内的委员构成。（2016.9.30修改）

（三）由中央委员会选出非常对策委员会的委员长。（2017.7.27修改）

（四）由非常对策委员长经党务委员会的议决，任命非常对策委员会的委员。

（五）设立非常对策委员会时，最高委员会随即解散，由非常对策委员会履行最高委员会的职能，非常对策委员长享有党代表的地位和权限。

（六）非常对策委员会存续至成为其设置原因的非常状况结束后，由随即召集的全党大会选出党代表和最高委员会之时。

附则（2017.7.27，第三号）

第一条【施行日】
本党宪自2017年7月27日中央委员会议议决通过之时起施行。

第二条【临时全党大会的议决】
就2017年8月27日临时全党大会中审议的议案而言，虽有第十六条第一款（议决）、第一百二十条第二款（提出党宪修正案的公告和议决）的规定，但是以出席的代表党员过半数赞成，进行议决。

第三条【党代表以及最高委员的任期】
虽有第二十九条第一款的规定，但是在2017年8月27日临时全党大会中被指定的党代表和最高委员的任期到在下一次全党大会中选出党代表和最高委员为止，下一次全党大会应当在 2019 年 1 月 15 日前召开。

党员规定

[2016.9.30 制定]

第一章　总则

第一条【目的】

为了规定党员的入党、复党、转籍、退党、党员名册以及党员的权利和义务有关事项，根据党宪第二章（党员），制定本规定。

第二条【党员的参与和门户开放】

（一）党员根据党宪第五条（全体党员投票）、第六条（权利）第一款第一项、第六项以及第八项规定，可以自由地参与到党的运行、主要政策和议事的决定、组织活动以及各种党务活动，并提供党活动的资料和改进意见。

（二）党员可以向中央党及市、道党所管部门，以书面（包括电子邮件、网络等）或其他方式提出意见。

第三条【优待有功劳的党员】

（一）根据党宪第十一条（奖励和惩戒）第一款，对党的发展做出贡献及有功劳的党员，在党职及公职候选人选举时给予优待。

（二）施行第一款规定时的必要事项应另行规定。

第四条【对不履行义务的党员权利的限制】

根据党宪第七条（义务）第三款，对于不履行第七条第一款第三项规定义务的党员，限制第六条（权利）第一款第一项中的被选举权和第二项规定中的权利。

第二章　入党、复党、转籍、退党

第五条【入党程序】

（一）入党志愿者将事务总长规定的表格（签名或盖章）提交至居住地

管辖市、道党或中央党。

（二）入党申请可以通过互联网、手机等方式进行。

第六条【入党志愿书的处理】

（一）市、道党受理入党志愿书时，根据党宪第十条（党员资格审查委员会）第二款的规定，经市、道党的党员资格审核委员会审核后决定。

（二）中央党受理入党志愿书应及时移交到相应市、道党办理。

（三）入党效力自申请人被登记到党员名册之日起发生效力。

（四）虽有第三款规定，但符合下列情形之一的，自中央党受理入党志愿书起，发生入党效力：

1. 市、道党无正当事由拒绝入党志愿书，由中央党受理入党志愿书并准许的情形；

2. 对市、道党不准许入党的决定有异议，向中央党提出异议申请后准许入党的情形；

3. 因地区委员会委员长或公职选举候选人申请，聘请外部人士等原因向中央党请求入党并准许的情形；

4. 经党务委员会议决，赋予党员资格的情形。

第七条【特殊入党】

经党务委员会议决或党代表认为必要的，可以向中央党或市、道党指示著名的社会重要人士的入党。

第八条【复党】

（一）欲恢复党籍者须向原所属市、道党或中央党提交（附录第一号表格）复党志愿书。

（二）根据下列各项情况，决定是否恢复党籍：

1. 市、道党的情形：经市、道党党员资格审查委员会审查，由市、道党常务委员会决定，向最高委员会报告结果；

2. 中央党的情形：经中央党党员资格审查委员会审查，最高委员会议决决定；

3. 欲恢复党籍者，对第一项决定有异议时可以向中央党提出异议申请。异议申请必须依照第二项的程序处理。

（三）退党的人从退党之日起一年内不得恢复党籍，但党务委员会另行议决的除外。

（四）虽有第三款规定，但根据国家公务员法、地方公务员法、选举管理委员会法、政党法、行政关系法、言论关系法、教育关系法以及公司章程等，因无法获得党籍而退党的人，向中央党或市、道党提交事实证明，申请恢复党籍的，应立即允许恢复党籍。此时，为证明相关事实而提交的文件为法律条文、公司章程及在职和任命机关的在职、履历证明。

（五）被除名或在惩戒期间（指下达"惩戒"调查命令起）退党的人，自除名或退党之日起五年内，不得恢复党籍。但党务委员会另行议决的除外。

第九条 【转籍】

（一）欲转籍的党员，向所属市、道党或中央党提交（附录第二号表格）转籍申请书，提交方法准用第五条规定。

（二）受理第一款规定的转籍申请书的所属市、道党或中央党应及时将转籍申请书和相关资料移交至拟转籍的市、道党或中央党。

（三）市、道党及中央党，无正当事由不得拒绝党员的转籍。

第十条 【退党】

（一）党员退党，根据政党法第二十五条第一款规定，地区党员要向所属市、道党提交退党申报书。但地区党员无居住地管辖市、道党或事故党部，可以向中央党提交退党申报书。

（二）受理退党申报书的市、道党或中央党在受理之日起两日内删除党员名册上的记载。退党者有要求时，交付（附录第三号表格）退党证明书。

（三）退党申报书被受理的同时，退党者丧失党员资格。

（四）丧失党员资格者的原所属市、道党应及时向中央党汇报。

第十一条 【入党、复党的决定】

（一）市、道党及中央党无正当事由不得拒绝党员的入党、复党。

（二）入党及转籍的审查决定，应在收到申请之日起十四日内，复党申请在三十日内办理，审查期限内将结果通知该申请人。属于第三款情形的，不必通知。

（三）市、道党或中央党在第二款规定的期限内没有决定是否给予批准的，入党申请视为批准，复党申请则视为不批准。

（四）市、道党应将入党或复党结果在确定之日起三日内，汇报至中央党。

第十二条【入党及复党的限制】

被除名或退党的党员，不得向其他市、道党或中央党申请入党或复党。

第十三条【党员证的发放】

（一）被确定入党或复党的，根据政党法第二十三条第二款规定，在党员名册上登载，并发放党员证。

（二）党籍证明书可以代替第一款规定的党员证的发放。

第三章　党员资格审查

第十四条【党员资格审查委员会】

（一）中央党及市、道党设置党员资格审查委员会，并执行下列各项工作：

1. 审查判定入党、复党、转籍等有关党员资格；

2. 其他有关党员资格审查及判定。

（二）中央党党员资格审查委员会由事务总长和事务副总长各一名，组织委员长、伦理委员长、法律委员长及全国女性委员长和全国青年委员长各推荐一名人员组成，委员长担任事务总长。

（三）市、道党党员资格审查委员会由市、道党委员长，市、道党委员长在市、道党运行委员中指定的两名人员，市、道党伦理审判长，市、道党常务委员会推荐的两名人员以及市、道党事务处处长组成。此时，市、道党委员长任市、道党党员资格审查委员会委员长，市、道党事务处处长任干事。

（四）中央党及市、道党党员资格审查委员长因事故，不能履行职务时，由委员长指定的委员代行该职务。

（五）党员资格审查委员会由在籍委员过半数出席，以出席委员过半数的赞成议决。

（六）市、道党党员资格审查委员会对党员的入党、复党、转籍申请进行审查。但有相当事由的，可以由中央党党员资格选举管理委员会审查。

第十五条【党员资格的审查标准】

（一）党员资格审查委员会根据党宪第四条（资格）第一款规定和下列各项为标准，审查入党、复党、转籍申请人的党员资格：

1. 根据法令规定，审查是否具有党员资格；

2. 是否符合党的理念和政纲、政策；

3. 有无明显违反党宪、党规或党命、党论的行为；

4. 有无相应行为的先例；

5. 有无腐败、权力介入等先例；

6. 党宪、党规或党务委员会规定的其他事项。

（二）中央党党员资格审查委员会应制定反映第一款的审查标准，并得到最高委员会的批准。

第十六条【党员资格审查、判定时期等】

（一）符合下列各项之一的，党员资格审查委员会应审查、判定党员资格：

1. 申请入党、复党、转籍的情形；

2. 召开各级党员大会的情形；

3. 召开各级选举人团大会的情形；

4. 党代表或党务委员会有要求的情形。

（二）党员资格审查委员会审查党员资格后根据下列各项进行判定：

1. 符合第一款第一项规定的，判定许可或不许可；

2. 不具有党员资格时，判定为非党员；

3. 根据党宪、党规或党务委员会规定的其他标准进行审查判定。

（三）召开各级党员大会或选举人团大会等出现需要对已经取得资格的党员进行审查判定党员资格的情形，按照下列各项规定进行处理：

1. 由党员资格审查委员会审查判定党员资格；

2. 第一项中的审查判定后，中央党由党代表经最高委员会议决后批准；市、道党由市、道党常务委员会批准。

（四）在市、道党发生第三款中党员资格审查的情形时，应事前向中央党部报告事前审查、判定的必要性，中央党认为必要时才可实施。

第十七条【对党员资格审查结果的异议申请】

（一）对市、道党党员资格审查委员会的审查结果有异议者，可以在公告日或收到通知之日起十日内向中央党提出异议申请。

（二）中央党自收到第一款的异议申请起三十日内应听取该市、道党委员长的意见，并在审查决定后将结果通报给申请人以及该市、道党。

（三）中央党审查相关异议申请时，入党和转籍由党员资格审查委员会决定，复党经党员资格审查委员会和最高委员会议决，由党代表决定。

（四）在相关公职和党职选举中，对党员资格的审查、判定、认定结果有异议时，可以在中央党党员资格审查的期限内提出异议申请。此时，异议申请处理程序等必要事项由中央党党员资格审查委员会规定。

（五）市、道党应当服从中央党的决定。

第四章　党员管理

第十八条【党员名册的制作等】

（一）中央党具有党员名册的管理与监督权限。设立并运行专门的党员名册统一管理部门。

（二）市、道党具有制作党员名册的权限并制作为电子材料，并将复印件送达中央党。名册若有变更时，至变更之日起十五日内，将其变更内容送至中央党。

（三）党员有权向中央党或市、道党要求发放党员身份证明。

第十九条【党员名册等的备置】

中央党及市道党应制作、备置党员名册和退党党员名册。

第二十条【中央党的党员管理】

（一）事务总长统一管理全国党员名册。

（二）为了管理党员，中央党以全体党员为对象每年实施一次调查。

（三）有关党员管理的具体事项，另行规定。

第二十一条【市、道党的党员管理】

（一）市、道党委员长统一管理该市、道党所属地区委员会党员名册。

（二）地区委员会向市、道党委员长要求提供该党地区委员会的党员名册或所属党员的交纳党费的明细时，应提供相关内容。此时，地区委员会不能将内容用于盈利或个人目的。

第二十二条【个人信息保护等】

（一）党员资格审查委员会委员及相关党职者不得透露入党、复党、转籍、退党及其他党员资格的资料和审查过程。

（二）中央党及市、道党应谋求对党员的个人信息保护对策。

（三）未经正当程序，不得将党员的姓名、居民登录证号、联系方式、交纳党费现状等党员个人信息泄露或提供给他人阅览。

（四）违背第三款规定时，将移交伦理裁判院予以惩戒。

（五）有关党员个人信息保护的具体事项，另行规定。

第五章　党员的权利义务

第二十三条【党员的权利救济等】

（一）党员具有党宪第六条（权利）及第七条（义务）规定的权利义务。

（二）党员在受到国家、地方自治团体或其他第三者违法或不当侵害时，可以请求中央党部或市、道党进行支援。

（三）党员的权利受到其他党员或党的机构的不当侵害时，可以向党的各级伦理审判院以书面形式陈情。

第二十四条【党员罢免权】

（一）党员对选出职党职者及党所属公职者在履行其职务时，发生重大的不适格理由，可能导致对党和全体党员的名誉及国民的信赖造成巨大损害的，有权罢免该党职者及公职人员。

（二）有关对选出职党职者及党所属公职者的党员的罢免发起和罢免适格与否的审查和决定所进行的投票的相关具体事项以细则规定之。而党员罢免权的发起应具备如下的条件：

1. 全国范围内的选出职党职者及国会议员：全国党员的百分之二十以上的同意和签名，此时，各市、道应达到百分之十以上；

2. 市、道党选出职党职者及广域地方自治团体长：该市、道党党员的百分之三十以上的同意和签名，此时，各选区国会议员应达到百分之二十以上。

（三）中央党伦理委员会审查第一款的党员罢免要求的妥当性，通过组成调查委员会调查、确认事实。

（四）对党员罢免的发起根据第一款和第二款规定，事务总长应及时向中央党伦理委员会报告，由中央党伦理委员会开始审查。

第二十五条【投票要求权】

（一）党员认为党的重要政策、事件和议案可能对党、全体党员、国民的基本权利等产生巨大影响，有权要求通过全体党员投票进行决定或变更。

（二）党员对党的主要政策、事件和议案提出投票要求时，中央党政策委员会或事务总长应向最高委员会报告，通过党务委员会的审议和议决，进行全体党员的投票。

（三）党员的投票要求须同时符合下列条件：

1. 全体党员的百分之二十以上的同意和签名；

2. 各市、道党员的百分之十以上的同意和签名。

（四）发起党员投票的事项，须党员投票权者总数的三分之一以上投票并获得有效投票数的过半数赞成，得以确定。

（五）对于党的主要政策、事件和议案的党员投票要求的适格审查标准和程序、投票的进行和管理等相关的具体事项以细则规定之。

第二十六条【提案权】

（一）党员有权对党的政策或法案提出改进意见或提出议案。

（二）党员对党的政策或法案进行提案时，应得到三百人以上党员的同意和签名。

（三）党员对党的政策或法案进行提案的，政策委员会应审议其妥当性并上报最高委员会，由最高委员会决定是否采纳。

第二十七条【提问权】

（一）党员有权向党代表或市、道党委员长提问有关党的政策和党务事项。

（二）提问以文书（包括电子邮件、网络等电子文书）方式进行。

（三）党代表和市道党委员长为了保障党员的提问权，须常年开设党员提问接收机构或窗口。

（四）接收党员提问后，党代表和市、道党委员长应及时回答该党员的提问。

附则（2016. 9. 30 第一号）

本规定自党务委员会议决之日起施行。

党费规定

［2016. 6. 15 制定；2016. 9. 30 修正］

第一章　总则

第一条【目的】

为了规范党员交纳党费的金额、程序、方法以及其他必要事项，根据党宪第七条（义务）规定，制定本规定。

第二条 【保密】

履行本规定职务的人员，不得泄露与职务相关的秘密。（2016.9.30 修改）

第二章　党费

第三条 【义务】

党员、党职者及党所属公职者应交纳本规定中的党费。

第四条 【分类】

党费分为一般党费、职务党费和特殊党费。

第五条 【一般党费】

（一）一般党费是指权利党员每月定期交纳的党费。

（二）党员应当每月交纳一千韩元以上的党费。高龄、残疾人、国家有功者或有相当事由的党员，经党务委员会议决，可以免交一般党费。

（三）交纳到中央党或市、道党的第二款规定的党费，每月由中央党进行计算。

（四）其他必要事项，由党代表经最高委员会议决决定。

第六条 【职务党费】

（一）职务党费是指党职者和党所属公职者根据其职务每月定期交纳的党费。

（二）党职者和党所属公职者应根据其职务交纳《附表》规定的职务党费。但高龄、残疾人、青年、女性、国家有功者或有相当事由的党员，经党务委员会议决，可以免交职务党费。

（三）具有两个以上职务的党职者可以只交纳其中较高额的职务党费。

（四）《附表》中没有明示的职务或新设职务的党费参照类似职级交纳职务党费。无法明确的，由事务总长决定。

（五）其他必要事项，由党代表经最高委员会的议决决定。

第七条 【特殊党费】

（一）特殊党费是指党员为党的发展特别交纳的党费。

（二）所有党员均可根据本人意愿交纳一般党费和职务党费以外的特殊党费。

（三）党内活动、党职选举、公职候选人选举等所需要的特殊党费由党代表经最高委员会的议决决定。（2016.9.30 新设）

第八条【交纳方法】

（一）一般党费和特殊党费交纳到中央党或市、道党。

（二）职务党费按照以下各项方法交纳：

1. 中央党党职者和党所属公职者的职务党费交纳到中央党，但属于第二项的党所属公职者除外；

2. 市、道党党职者、地方自治团体长官以及地方议会议员的职务党费交纳到所属市、道党；

3. 不属于第一项和第二项的职务党费的交纳，由事务总长决定。

（三）党费原则上按月交纳，有 CMS（银行转账）结算、手机结算、有线电话结算等交纳方法。（2016.9.30 修改）

第九条【分配】

党费的分配每月由事务总长按照下列各项规定制定方案，党代表经最高委员会议决确定：（2016.9.30 修改）

1. 党员交纳的一般党费及属于第八条（交纳方法）第二款第二项的职务党费全额分配到其所属的市、道党；

2. 根据第一项规定分配到市、道党的党费中，其百分之五十以上应使用于该地区委员会的经费等。此时各地区委员会的经费等，根据每个季度交纳的党费进行比例分配；（2016.9.30 新设）

3. 属于第八条（交纳方法）第二款第一项的职务党费根据中央党或市、道党的财政情况进行分配。

第十条【发票】

（一）交纳党费的时候，相关部门到年底为止，应当发放记载交纳日期、金额以及交纳者姓名的党费发票，并保存原本。但不能确认交纳者个人信息的，可以自党费发票发放期限的第二天到当年年底为止发放。

（二）无法向交纳党费的党员发放发票的，应当由中央党或市、道党打印并保管。

第十一条【禁止代交】

让他人代交自己的党费或代替他人交纳党费的党员，根据《政党法》第三十一条第二款规定停止其党员资格，并移送到伦理审判院惩戒。

第十二条【管理与报告】

（一）所有党费均由事务总长管理、监督。但交纳的市、道党的职务党费和特殊党费由市、道党委员长负责管理。

（二）事务总长应当每月向最高委员会及党务委员会报告党费交纳情况，但有党代表认定的事由除外。（2016.9.30 修改）

（三）市、道党每月应当向中央党事务处报告一次以上的党费入账实绩，但有事务总长认定的事由的除外。

第三章　补则

第十三条【权利限制】

（一）对 5 个月以上不交纳职务党费的党职者和党所属公职者，停止党职资格。事务总长以及市、道党委员长应在停止党职资格 2 个月前开始告知未交纳者有关限制权利的事实，并督促其交纳。（2016.9.30 修改）

（二）因未交纳党费而被停止党职资格的人，若交纳完成将恢复党职资格。（2016.9.30 修改）

（三）对 1 年以上未交纳职务党费的党职者和党所属公职者，将剥夺党职资格，并剥夺公职选举候选人申请资格。

（2016.9.30 修改）

（四）虽然有第一款和第三款的规定，但若有相当事由，可以经党务委员会议决认可例外情形。

第十四条【对交纳党费党员的优待】

对诚实交纳党费或在党财政方面做出巨大贡献的党员，可以在党职和公职选举候选人推荐上予以倾斜。

第十五条【委任规定】

本规定没有规定的有关党费的事项，党代表可以经党务委员会议决决定，但此规定不得违背党宪、党规。

附则（2016.9.30 第二号）

本规定自党务委员会议决之日起施行。

中央组织规定

第一章　总则

第一条【目的】

为了规范党宪第三章（代议机关）、第四章（执行机关）、第六章（院内机关）、第九章（政策研究所）、第十章（独立机构）中关于中央党的机构和分管事务以及其他运行所必要的事项，制定本规定。

第二条【中央党的构成】

中央党由党宪第三章（代议机关）、第四章（执行机关）、第六章（院内机构）、第九章（政策研究所）规定的机关以及机构构成。

第二章　代议机关

第一节　全国党员代表者大会

第三条【议长、副议长的选出】

（一）通过定期全党大会，以口头互相推荐的方式，选出全国党员代表者大会（以下称"全党大会"）的议长与副议长。

（二）虽然有第一款的规定，但是当议长与副议长一并缺位时，通过临时全党大会，实施补缺选举，以口头互相推荐的方式选出议长与副议长。

第四条【议长、副议长的任期】

（一）全党大会议长与副议长的任期为在下一次定期全党大会中选出新一任议长与副议长时为止。

（二）通过补缺选举，选出的议长或副议长的任期为前任者的剩余任期。

第五条【议长职务的代行】

当议长有故时，由议长指定的副议长代行其职务。

第六条【临时议长】

（一）为了在最初召集的定期全党大会中选出议长、副议长，先行选出临时议长代行议长的职务。

（二）以口头互相推荐的方式，选出临时议长。

第七条 【召集等】

（一）在大会召开日的七日前，全党大会的议长公告议题和大会的时间以及场所，在大会召开日的两日前，向党员通知该事宜。

（二）全党大会准备委员会总揽有关全党大会的准备和进行的事务。

（三）另行规定关于全党大会准备委员会的事项。

第八条 【选出职党员代表的产生】

（一）在确定全体党员代表的名册之前，依照党宪第十二条（地位和构成）第四款的规定，以各地区委员会常务委员会的表决，选举选出职党员代表。

（二）通过各地区委员会常务委员会的议决，确定第一款规定中选举选出职党员代表的必要事项。

第九条 【党员代表名册】

（一）全党大会准备委员会（以下在本条中称为"准备委员会"）制作全党大会的党员代表名册。

（二）经党务委员会的承认，确定准备委员会制作的党员代表名册。

（三）应当在大会召开日的五日前，确定党员代表名册。但当有相当的事由时，可以根据准备委员会的议决，做出另行规定。

第十条 【党员代表证的发放】

（一）根据被确定的党员代表名册，由党代表向党员代表发放党员代表证。

（二）在党员代表证内，记载相应党员代表的所属和姓名，并加盖党代表的职印。但当有相当的事由时，可以根据准备委员会的议决，做出另行规定。

（三）当有党员代表的要求时，可以由事务总长分发党员代表证，由事务总长确定发放方法和发放日期。

第十一条 【代理出席等的禁止】

全党大会的党员代表不得委派他人代理出席或者向他人委任其权限。

第十二条 【申请异议】

（一）当存在召集程序上的瑕疵或者因没有资格的党员代表参与表决而对议决产生影响时，在大会结束后的七日以内，全党大会的党员代表以在籍党员代表三分之一以上的联名，可以向中央党申请异议。

（二）当事务总长受理第一款的异议申请时，应当随即向党务委员会汇报，并由党务委员会进行审议、议决。这一情形下，事务总长可以对异议申请的处理方法提出意见。

（三）党务委员会判断第一款的异议申请是否具有妥当性；同时，为了确认事实，可以组织调查委员会进行调查。

（四）事务总长应当向异议申请人的代表通报有关异议申请的党务委员会决定。

第十三条 【女性、青年党员代表】

在党宪第十二条（地位和构成）第四款第一项至第二项的选出职党员代表中，当女性党员未满三十九周岁时，可以重复计算为青年党员。

第二节　中央委员会

第十四条 【选出方式等】

（一）以在籍委员过半数的出席，通过中央委员会的互选，选出中央委员会的议长。

（二）当议长缺位或者因事故无法履行职务时，由议长指定的副议长代行其职务。但当议长没有指定副议长时，由副议长中的年长者顺序代行职务。

（三）在议长与副议长一并缺位时召开的中央委员会中，由出席中央委员会的国会议员中当选次数最多的议员代行议长职务；当有两名以上当选次数最多的议员时，由其中的年长者代行议长职务。

（四）当议长与全体副议长缺位或者因事故无法履行职务时，党代表应当在三十日以内，召集中央委员会，依照第一款的规定选出议长。

第十五条 【兼职的禁止】

中央委员会的议长与副议长不得兼任下列各项的党职：

1. 党代表；

2. 最高委员（包含院内代表、政策委员会的议长、全国女性委员长、全国青年委员长）。

第十六条 【召集等】

（一）在中央委员会会议召开日的五日前，中央委员会议长明示公告议题、时间以及场所，在会议召开日的两日前，向中央委员通知该事宜。但紧急时，可以根据党务委员会的议决，做出另行规定。

（二）事务总长总揽有关中央委员会的会议准备与进行中的事务。

第十七条 【中央委员名册】

（一）事务总长制作中央委员会的委员名册，以党务委员会的承认，确定中央委员名册。

（二）应当在会议召开日的五日前确定中央委员名册，但当有相当的事由时，可以根据党务委员会的议决，做出另行规定。

第十八条 【中央委员证的发放】

（一）根据被确定的中央委员名册，由事务总长向中央委员发放中央委员证。

（二）在中央委员证内，记载相应中央委员的所属和姓名，并加盖党代表的职印。

第十九条 【准用规定】

中央委员会准用第十一条（代理出席等的禁止）以及第十二条（申请异议）的规定。

第三章　执行机关

第一节　党务委员会

第二十条 【权限等】

（一）党务委员会审议、议决党宪、党规上规定的事项以及其他主要党务执行的相关事项。

（二）当党务委员会议长无法将欲提交至党务委员会的议案相关资料提前送达委员时，应当在会议开始前通报该议案的要旨。但对于紧急或需要保密的议案而言，则另当别论。

（三）对于因不得已的事情无法出席会议的委员而言，可以书面提出针对会议议案的意见；在这一情形下，该委员视为出席了委员会的会议。

（四）事务总长总揽准备党务委员会的必要事项。

第二十一条 【议案的种类】

提交至党务委员会的议案，区分为议决事项、审议事项、报告事项。

第二十二条 【议案的提出】

（一）党务委员向事务处提出有关党务的议案。但对于法律草案而言，应当向法案审查委员会提出。

（二）事务总长一并整理已提出的议案，向议长汇报该议案。

第二十三条【议案的提交】

（一）党务委员会议长将已提出的议案提交至党务委员会。

（二）当有相当的事由时，经最高委员会的议决，党务委员会议长可以延期或者不予提交已提出的议案。

第二十四条【议案的审议】

（一）出于审议议案的必要，党务委员会可以要求相关人员出席会议，并说明或者汇报与议案相关的内容。

（二）原则上公开审议议案。但当有党务委员会的议决或者党务委员会议长认为必要时，可以不予公开。

第二十五条【议案的处理】

以举手或者起立作为表决方式；以秘密投票的方式，处理人事相关事项。但在没有异议的情形下，党务委员会议长可以变更表决方式。

第二节　最高委员会等

第二十六条【最高委员会】

（一）为了听取关于党务的报告以及意见，党代表或者最高委员会可以要求必要的党职者陪同出席。

（二）最高委员会准用第十九条（议案的种类）①、第二十二条（议案的审议）②、第二十三条（议案的处理）③ 的规定。但不应当违背最高委员会的宗旨和本质。

第二十七条【党务革新企划团】

（一）为了企划政党改革和党务革新，管理课题以及成果，处理党宪、党规的相关事务等，设置党务革新企划团。

（二）党代表任命党务革新企划团长，根据党代表的指示，总揽党务革新企划团的事务。

（三）党务革新企划团可以设置若干名企划委员。在这一情形下，以党务革新企划团长的推荐，由党代表任命企划委员。（2016.10.7修改）

（四）出于执行事务的必要，党务革新企划团长可以向事务总长要求派

---

① 【译者注】：现行法规应分别为第二十一条。

② 【译者注】：现行法规应分别为第二十四条。

③ 【译者注】：现行法规应分别为第二十五条。

遣事务职党职者。

第二十八条【特别辅佐人和辅佐人】

（一）为了咨询主要政策，党代表可以按照各领域设立若干特别辅佐人和辅佐人，必要时设团长。

（二）特别辅佐人和辅佐人可以直接向党代表汇报党务相关事项。

第二十九条【党代表秘书室】

（一）党代表秘书室执行党代表的秘书事务。

（二）党代表秘书室长根据党代表的指示，总揽秘书室的事务。

（三）党代表秘书室设置两名以内的政务职副室长与事务职党职者。

第三十条【发言人】

（一）党代表与最高委员会协商，任命发言人与副发言人。

（二）发言人受党代表或者最高委员会的指示，以声明、评论的形式等，对外发表本党立场。

（三）发言人陪同出席党的各种会议，必要时可以让副发言人陪同。

（四）为了宣传政策，可以在发言人下，设置政策副发言人。

（五）必要时，可以在发言人下，设置全职副发言人。

第三十一条【公报室】

（一）公报室根据发言人的指示，负责辅助关于分析言论以及采访活动的事项。

（二）公报室设室长与事务职党职者。

（三）公报室履行如下各项事务：

1. 准备声明、评论等发表资料，整理发表文，评议言论以及分析言论报道倾向等相关事项；

2. 收集、整理、保管、分发国内外通讯社等的资料；

3. 辅助党主要会议的采访活动事项；

4. 关于辅助广播讨论以及制定对策的事项；

5. 管理公报局的财政和一般事务，并且管理记者室等设施。

第三节　授权蓝图委员会

第三十二条【构成等】

（一）授权蓝图委员会（以下在本节中称为"委员会"），可以在委员会下设置与各政府部门相对应的各政策领域分科委员会；根据相关领域，可以合并组建分科委员会。

（二）所有党员都可以参加分科委员会，地区委员长应当加入一个以上的分科委员会。

（三）根据需要，委员会可以经分科委员会的推荐，委任外部专家为分科委员会的咨询委员。

第三十三条【委员长】

（一）委员会的委员长代表委员会，主持会议。

（二）党代表与最高委员会协商，任命委员长与副委员长，可以任命共同委员长。

（三）当委员长因有故而无法履行职务时，由委员长指定的副委员长或者分科委员长代行其职务。

第三十四条【审议事项等】

（一）委员会审议、议决下列各事项：

1. 应当由各分科委员会研究、讨论的国家发展相关政策；

2. 是否采纳由各分科委员会提出的国家发展相关政策；

3. 其他委员会认为对国家发展以及授权所必要的议案。

（二）分科委员会审议和议决由委员会交付的议案、认为对国家发展以及授权所必要的议案。

（三）委员会向最高委员会等要求反映由其审议、议决的议案。

（四）委员会以及分科委员会可以要求政策委员会议长、政策研究院院长以及企划调整委员长出席会议，并要求对政策悬案进行说明。（2016.10.7修改）

（五）根据需要，委员会可以要求分科委员以及咨询委员出席并进行发言。

第三十五条【运行】

（一）每月召集两次以上委员会；当委员长认为必要时，或者有三分之一以上的分科委员长要求时，召集委员会。

（二）以在籍委员过半数的出席，召开委员会；以出席委员过半数的赞成，议决议案。

（三）分科委员会的召集并议事相关事项，准用第一款和第二款的规定。

第三十六条 【干事】

（一）分科委员长在分科委员中指定干事。

（二）干事制作分科委员会的会议记录，会议记录中记载出席者的姓名、出席者的主要发言、议事的要旨以及结果，并由分科委员长以及干事签名盖章。

第三十七条 【委任规定】

经委员会的议决，由委员长确定施行本规定的必要事项。

第四节　全国委员会

第三十八条 【全国委员会的构成】

全国委员会的类型如下：

1. 全国女性委员会；

2. 全国老年委员会；

3. 全国青年委员会；

4. 全国残疾人委员会；

5. 全国农渔民委员会；

6. 全国劳动委员会；

7. 全国大学生委员会。

第三十九条 【全国委员会委员长等】

（一）由所属于相应全国委员会的全体党员投票，选出全国女性委员会和全国青年委员会的委员长。

（二）由党代表与最高委员会协商，任命全国老年委员会、全国残疾人委员会、全国农渔民委员会、全国劳动委员会、全国大学生委员会的委员长。

（三）全国女性委员长和全国青年委员长的任期为选出下一届委员长之时为止。（2017.7.10 修改）

（四）以不记名投票的方式选出全国女性委员长和全国青年委员长，视得票最多者为当选。在此情形下，当全国女性委员长和全国青年委员长的候选人为一名时，实施赞成与否的投票，以有效投票过半数的赞成，确定当选。

（五）当依照第四款规定选出的全国女性委员长或者全国青年委员长缺位时，遵循下列各项规定，在这一情形下，继任者的任期为前任者的剩余任期：

1. 当全国女性委员长或者全国青年委员长缺位时，自缺位之日起至两个月以内，实施全国女性委员长、全国青年委员长的补缺选举，选出全国女性委员长、全国青年委员长。但当缺位的全国女性委员长、全国青年委员长的剩余任期不足八个月时，由党代表与最高委员会协商任命。

2. 在选出全国女性委员长、全国青年委员长之前，由相应全国委员会的运行委员会互选产生的委员代行其职务。

（六）全国委员长代表委员会，总揽会务。

（七）以全国委员长的推荐，经最高委员会的协商，由党代表任命副委员长。

（八）当全国委员长无法履行职务时，由委员长指定的副委员长代行其职务。

（九）虽然有第一款的规定，但是当公开招募全国委员会委员长的候选人时，在无人申请候选人的情形下，可以由党代表与最高委员会协商，任命相应委员长。

（十）另行规定有关选出全国女性委员长以及全国青年委员长的具体事项。

第四十条【全国女性委员会】

（一）全国女性委员会设置委员长与首席副委员长以及若干名副委员长。

（二）为了处理主要会务，在全国女性委员会下设运行委员会，其构成如下：

1. 全国女性委员长与首席副委员长；

2. 市、道党女性委员长；

3. 女性最高委员；

4. 女性国会议员；

5. 地方自治团体的女性首长；

6. 两名女性地方议员协议会代表；

7. 女性政治发展中心所长与副所长；

8. 以全国女性委员长的推荐，由党代表任命的运行委员。

（三）女性局负责辅助全国女性委员会的事务。

（四）全国女性委员会的组织构成和运行等其他必要事项由内规规定。

第四十一条【女性地方议员协议会】

（一）为了女性地方议员之间的联网，研究、开发针对女性地方议员的培训和相关政策，经最高委员会的议决，党代表可以在全国女性委员会下设置女性地方议员协议会。

（二）女性地方议员协议会设两名常任代表以及若干名副代表，还可以设置必要的主要人员。

（三）通过女性地方议员协议会的总会，选出女性地方议员协议会常任代表、副代表、主要人员。

（四）女性局负责辅助女性地方议员协议会的事务。

第四十二条【全国老年委员会】

（一）全国老年委员会设置委员长与若干名副委员长。

（二）为了处理主要会务，在全国老年委员会下设运行委员会，其构成如下：

1. 全国老年委员长与副委员长；

2. 市、道党老年委员长；

3. 六十五周岁以上的国会议员；

4. 以全国老年委员长的推荐，并由党代表任命的运行委员。

（三）组织局负责辅助全国老年委员会的事务。（2017. 7. 10 修改）

（四）全国老年委员会的组织构成和运行等的其他必要事项由内规规定。

第四十三条【全国青年委员会】

（一）全国青年委员会设置委员长与若干名副委员长。

（二）为了处理主要会务，在全国青年委员会下设运行委员会，其构成如下：

1. 全国青年委员长与副委员长；

2. 市、道党青年委员长；

3. 三十九周岁以下的国会议员；

4. 青年未来政治中心所长以及副所长；

5. 以全国青年委员长的推荐，并由党代表任命的运行委员。

（三）组织局负责辅助全国青年委员会的事务。（2017.7.10 修改）

（四）全国青年委员会的组织构成和运行等其他必要事项由内规规定。

第四十四条【全国残疾人委员会】

（一）全国残疾人委员会设置委员长与若干名副委员长。

（二）为了处理主要会务，在全国残疾人委员会下设运行委员会，其构成如下：

1. 全国残疾人委员长与副委员长；

2. 市、道党残疾人委员长；

3. 残疾人国会议员；

4. 两名残疾人地方议员协议会的代表；

5. 以全国残疾人委员长的推荐，并由党代表任命的运行委员。

（三）组织局负责辅助全国残疾人委员会的事务。（2017.7.10 修改）

（四）全国残疾人委员会的组织构成和运行等其他必要事项由内规规定。

第四十五条【残疾人地方议员协议会】

（一）为了残疾人地方议员之间的联网，研究、开发针对残疾人地方议员的培训和相关政策，经最高委员会的议决，党代表可以在全国残疾人委员会下设置残疾人地方议员协议会。

（二）残疾人地方议员协议会设两名常任代表以及副代表若干名，还可以设置必要的主要人员。

（三）通过残疾人地方议员协议会的总会，选举残疾人地方议员协议会的常任代表、副代表、主要人员。

（四）组织局负责辅助残疾人地方议员协议会的事务。

第四十六条【全国农渔民委员会】

（一）全国农渔民委员会设置委员长与若干名副委员长。

（二）为了处理主要会务，在全国农渔民委员会下设运行委员会，其构成如下：

1. 全国农渔民委员长与副委员长；

2. 市、道党农渔民委员长；

3. 以全国农渔民委员长的推荐，并由党代表任命的运行委员。

（三）组织局负责辅助全国农渔民委员会的事务。（2017.7.10 修改）

（四）全国农渔民委员会的组织构成和运行等其他必要事项由内规规定。

第四十七条【全国劳动委员会】

（一）全国劳动委员会设置委员长与若干名副委员长。

（二）为了处理主要会务，在全国劳动委员会下设运行委员会，其构成如下：

1. 全国劳动委员长与副委员长；

2. 市、道党劳动委员长；

3. 以全国劳动委员长的推荐，并由党代表任命的运行委员。

（三）组织局负责辅助全国劳动委员会的事务。（2017.7.10 修改）

（四）全国劳动委员会的组织构成和运行等其他必要事项由内规规定。

第四十八条【全国大学生委员会】

（一）全国大学生委员会设置委员长与若干名副委员长。

（二）为了处理主要会务，在全国大学生委员会下设运行委员会，其构成如下：

1. 全国大学生委员长与副委员长；

2. 市、道党大学生委员长；

3. 以全国大学生委员长的推荐，并由党代表任命的运行委员。

（三）组织局负责辅助全国大学生委员会的事务。（2017.7.10 修改）

（四）全国大学生委员会的组织构成和运行等其他必要事项由内规规定。

第五节　常设委员会

第四十九条【预算决算委员会】

（一）预算决算委员长代表委员会，总揽会务。

（二）通过党代表的推荐，经党务委员会的议决，任命预算决算委员长以及委员；通过委员的互选，选出副委员长。

（三）副委员长辅佐委员长，当委员长缺位或者因其他事由无法履行职务时，由党代表指定的副委员长代行该职务。

（四）总务局负责辅助预算决算委员会的事务。

第五十条【人权委员会】

（一）人权委员会由委员长、副委员长、委员构成。

（二）党代表与最高委员会协商，任命人权委员会的委员长；通过委员长的推荐，由党代表任命副委员长以及委员。

（三）为了咨询有关人权的问题，可以在人权委员会设置若干名咨询委员。在这一情形下，以人权委员长的推荐，由党代表任命咨询委员。

（四）国民权益局负责辅助人权委员会的事务。

第五十一条【安保委员会】

（一）安保委员会由委员长、副委员长、委员构成。

（二）为了处理主要会务，在安保委员会下设运行委员会，其构成如下：

1. 安保委员长与副委员长；

2. 市、道党安保委员长；

3. 以安保委员长的推荐，并由党代表任命的运行委员。

（三）政策室负责辅助安保委员会的事务。

（四）安保委员会的组织构成和运行等其他必要事项由内规规定。

第五十二条【统一委员会】

（一）统一委员会由委员长、副委员长、委员构成。

（二）为了处理主要会务，在统一委员会下设运行委员会，其构成如下：

1. 统一委员长与副委员长；

2. 市、道党统一委员长；

3. 以统一委员长的推荐，并由党代表任命的运行委员。

（三）政策室负责辅助统一委员会的事务。

（四）统一委员会的组织构成和运行等其他必要事项由内规规定。

第五十三条【国际委员会】

（一）国际委员会由委员长、副委员长、委员构成。

（二）国际委员长指挥、总揽有关强化国际交流、协力，政党外交，召开、支援国际会议以及协助海外媒体等的事务。

（三）当国际委员长缺位或者因其他事由无法履行职务时，由党代表指定的副委员长代行该职务。

（四）国民权益局负责辅助国际委员会的事务。

第五十四条 【在外国民委员会】

（一）在外国民委员会由议长、首席副议长（将首席副议长称为在外国民委员长）、副议长、监事以及委员构成。

（二）党代表担任在外国民委员会的议长；由党代表与最高委员会协商，任命首席副议长。

（三）在外国民委员会的组织构成和运行等必要事项，由其章程规定，并应当获得最高委员会的承认。

（四）国民权益局负责辅助在外国民委员会的事务。

第五十五条 【社会的经济支援委员会】

（一）社会的经济支援委员会由委员长、副委员长、委员构成。

（二）党代表与最高委员会协商，任命社会的经济支援委员会的委员长；通过委员长的推荐，由党代表任命副委员长以及委员。

（三）国民权益局负责辅助社会的经济支援委员会的事务。

第五十六条 【法律委员会】

（一）法律委员会由委员长、副委员长、委员构成。

（二）法律委员长指挥、总揽与本党相关的各种民、刑事诉讼等法律问题。

（三）当法律委员长缺位或者因其他事由无法履行职务时，由党代表指定的副委员长代行该职务。

（四）为了咨询相关法律问题，可以在法律委员会设置若干名咨询委员。在这一情形下，以法律委员长的推荐，由党代表任命咨询委员。

（五）国民权益局负责辅助法律委员会的事务。

第五十七条 【对外协力委员会】

（一）对外协力委员会由委员长、副委员长、委员构成。

（二）对外协力委员长总揽、指挥与各种市民社会团体以及党外人士的交流和协力相关事务。

（三）当对外协力委员长缺位或者因其他事由无法履行职务时，由党代表指定的副委员长代行该职务。

（四）国民权益局负责辅助对外协力委员会的事务。

第五十八条 【职能委员会】

（一）职能委员会由委员长、副委员长、分科委员会委员构成。

（二）党代表与最高委员会协商，任命职能委员会的委员长。

（三）通过委员长的推荐，由党代表任命职能委员会的副委员长、分科委员长以及委员。

（四）职能委员会可以按照各职能领域设置分科委员会以及部门委员会。

（五）职能委员会可以设置由委员长、副委员长、分科委员长构成的运行委员会。

（六）职能委员会的运行委员会和分科委员会的设置、运行以及其他必要事项，由内规规定。

（七）组织局负责辅助职能委员会的事务。

第五十九条【地方自治分权委员会】

（一）依照党宪第四十九条（地方自治分权委员会）的规定，设置于中央党的地方自治分权委员会（以下在本条中称为"委员会"）由下列各项委员构成：

1. 政策委员会的议长；

2. 地方自治分权委员长；

3. 市、道党委员长；

4. 所属于党的市、道知事；

5. 所属于党的市、道议会议长或者市、道议会的议员代表；

6. 由党代表与最高委员会协商委任的若干名委员。

（二）政策委员会的议长担任委员会的议长，由地方自治分权委员长担任干事委员。

（三）当有最高委员会的议决，或者议长认为必要时，再或者有三分之一以上的在籍委员要求时，由议长召集委员会。

（四）为了处理事务，委员会可以在其下设分科委员会等必要机构。

（五）组织局负责辅助委员会的事务。

第六十条【智能政党委员会】

（一）智能政党委员会由委员长、若干名副委员长构成。

（二）为了处理主要事务，在智能政党委员会下设运行委员会，由下列各项人员构成：

1. 智能政党委员长与副委员长；

2. 数码沟通委员长与副委员长;

3. 市、道党数码沟通委员长;

4. 以智能政党委员长的推荐,由党代表任命的运行委员。

(三)宣传局负责辅助智能政党委员会的事务。(2017. 7. 10 修改)

(四)智能政党委员会的组织构成和运行等必要事项由内规规定。

第六十一条【多文化幸福委员会】

(一)多文化幸福委员会由委员长、副委员长、委员构成。

(二)党代表与最高委员会协商,任命多文化幸福委员会的委员长;以委员长的推荐,由党代表任命副委员长以及委员。

(三)国民权益局负责辅助多文化幸福委员会的事务。(2017. 7. 10 修改)

第六十二条【志愿服务委员会】

(一)志愿服务委员会由委员长、副委员长、委员构成。

(二)党代表与最高委员会协商,任命志愿服务委员会的委员长;以委员长的推荐,由党代表任命副委员长以及委员。

(三)为了处理主要事务,在志愿服务委员会下设运行委员会,其构成如同下列各项内容:

1. 志愿服务委员长与副委员长;

2. 市、道党志愿服务委员长;

3. 以志愿服务委员长的推荐,并由党代表任命的运行委员。

(四)国民权益局负责辅助志愿服务委员会的事务。(2017. 7. 10 修改)

(五)志愿服务委员会的组织构成和运行等必要事项由内规规定。

第六节 事务处

第六十三条【事务总长】

(一)事务总长指挥、总揽事务处的事务,负责事务职党职者的服务管理。

(二)当事务总长缺位或者无法履行职务时,由事务副总长代行该职务。

第六十四条【事务处的构成和事务】

(一)事务总长下设辅佐事务总长且负责人事、总务的事务副总长和企划调整委员会、组织委员会、宣传委员会、数码沟通委员会。(2016. 10. 7 修改)

（二）通过事务总长的推荐，经最高委员会的协商，由党代表任命事务副总长。（2016.10.7 修改）

（三）事务处的各委员会设置委员长、若干名副委员长与委员。以事务总长的推荐，经最高委员会的协商，由党代表任命委员长与副委员长。（2016.10.7 修改）

（四）出于执行党务的必要，事务总长可以与相关委员长协商调整辅助实务的部门。

（五）事务处管理本规定所明确的事务，对于没有规定的事项而言，由事务总长与相关机构首长协商处理。

（六）为了处理本党行政等的事务，在事务处设置作为实务辅助部门的室、局，可以在各室、局设置必要的小组。（2017.6.23 修改）

（七）事务处负责辅助全国委员会以及常设委员会的事务。（2017.6.23 修改）

（八）对于没有明示责任部门的委员会而言，原则上由事务处负责辅助，必要时组织 TF 组进行辅助。

第六十五条【企划调整委员会】

（一）企划调整委员长根据事务总长的指示，指挥、总揽事业的企划以及调整，预算的编制，党事业的妥当性审查、分析、评价，政治形势的分析以及舆论的调查，战略的制定等事务。（2017.7.10 修改）

（二）当企划调整委员长缺位或者因其他事由无法履行职务时，由事务总长指定的副委员长代行该职务。

（三）企划调整委员会可以设置企划调整局与若干名专业委员。（2017.7.10 修改）

在这一情形下，通过企划调整委员长与事务总长的协商推荐，由党代表任命专业委员。

第六十六条【组织委员会】

（一）组织委员长根据事务总长的指示，指挥、总揽党的组织相关事务。

（二）当组织委员长缺位或者因其他事由无法履行职务时，由事务总长指定的副委员长代行该职务。

（三）组织委员会设置组织局。

第六十七条 【宣传委员会】

（一）宣传委员会根据事务总长的指示，指挥、总揽关于宣传党的理念与政纲、政策以及活动等的事务。

（二）当宣传委员长缺位或者因其他事由无法履行职务时，由事务总长指定的副委员长代行该职务。

（三）宣传委员会设置宣传局。

第六十八条 【数码沟通委员会】

（一）数码沟通委员长根据事务总长的指示，指挥、总揽党数码沟通相关事务。

（二）当数码沟通委员长缺位或者因其他事由无法履行职务时，由事务总长指定的副委员长代行该职务。

（三）数码沟通委员长统辖市、道党与地区委员会的数码沟通委员会。

（四）为了强化数码沟通委员会的专业性，可以委任相关领域的外部专家为委员，可以组织由外部专家构成的咨询团。在这一情形下，通过数码沟通委员长与事务总长的协商推荐，由党代表委任咨询委员。

（五）宣传局负责辅助数码沟通委员会的事务。

第六十九条 【总务局】

（一）总务局根据事务总长的指示，管理党职者的人事、招募、财产、会计、党费的交付以及其他所属于各局的事务。

（二）总务局设置局长与事务处党职者。

（三）总务局的事务如下：

1. 执行以及辅助党会议以及主要活动的相关事项；

2. 辅助事务职党职者人事委员会会议等人事相关事务，管理党各种人事资料的相关事项；

3. 管理党会计和党费交付，制定中长期财政对策，管理金钱出纳与决算、其他有关党财政的相关事项；

4. 选定印刷、制作物等物品的供应单位，调整价格，购买、供给物品相关事项；

5. 接收、发送、管理文书，党职工作以及保安上的事项，党印以及职印等有关印章的事项；

6. 修缮建筑物、车辆等党内设施，设置以及管理电力、电话、通信、电信等，其他相关必要事项；

7. 中央选举管理委员会相关事务；

8. 支援预算决算委员会事务的相关事项；

9. 收集与党历史相关的主要资料，管理保留下来的记录物以及保管、管理各类博物的事务；

10. 数码化党的记录物、保管文书，构筑管理系统等运行、管理记录馆的事务；

11. 关于支援新聘任党职者教育培训的事项；

12. 其他不属于其他委员会以及局所属的事务。

第七十条【企划调整局】

（一）企划调整局负责事业的企划以及调整、预算的编制、党务的审查分子以及评价、政治形势的分析以及舆论的调查、制定战略等的事务。（2017.6.23 修改）

（二）企划调整局设置局长与事务职党职者。

（三）企划调整局的事务如下：

1. 企划以及调整中央党党务的相关事项；

2. 组织、运行全党大会、中央委员会，制定相关基本计划的事项；

3. 召集中央委员会、党务委员会、最高委员会以及其他主要会议，制作以及保管会议记录，辅助会议的相关事项；

4. 制定、修改党宪和党规，进行有权解释的实务事项；（2017.6.23 修改）

5. 制定党财政运用的基本计划；

6. 关于编制预算的事项；

7. 审查、分析、评价党事业的妥当性的相关事项；（2017.6.23 修改）

8. 制定各类选举的基本计划，为了制定选举战略，进行舆论调查的相关事项；（2017.6.23 修改）

9. 分析政局悬案以及制定对策的相关事项；（2017.6.23 修改）

10. 计划、实施舆论调查，分析舆论调查结果，收集、保管舆论调查资料的事项；（2017.6.23 修改）

11. 为了推荐公职选举候选人以及制定选举战略，进行舆论调查的事项；（2017.6.23 修改）

12. 辅助伦理委员会以及党务监察委员会。

第七十一条【组织局】

（一）组织局根据组织委员长的指示，负责组织管理整体公共组织的相关事务；根据职能委员会的指示，负责职能相关事务；根据全国青年委员长和全国大学生委员长的指示，负责青年以及大学生相关事务。（2017.6.23修改）

（二）组织局设置局长与事务职党职者。

（三）组织局的事务如下：

1. 制定与整体公共组织相关的中长期计划，扩大、管理组织的相关事项；

2. 管理党员的入党、退党、复党，发放党籍证明书的相关事项；

3. 管理党员数据库等电子资料的事项；

4. 支持党费交付的事务；

5. 关于推荐公职候选人等各类选举事务的执行和辅助的事项；

6. 收集、保管各类选举资料和统计，收集、保管、分析选举信息的相关事项；

7. 辅助、管理市、道党公组织以及地区委员会的事项；

8. 关于管理全国各地区的组织以及信息的事项；

9. 关于制定地方自治政策的中长期开发计划事项；

10. 辅助地方自治团体首长和地方议员，协助党政之间的事务；

11. 辅助中央党地方自治分权委员会和各级地方自治党政协议会的事项；

12. 企划为提高青年、大学生地位的政策等事项；（2017.6.23修改）

13. 扩大和管理青年、大学生组织的事项；（2017.6.23修改）

14. 宣传青年、大学生政策的事项；（2017.6.23修改）

15. 与各类青年、大学生团体进行交流、协力的相关事项；（2017.6.23修改）

16. 企划职能相关政策等事项；（2017.6.23修改）

17. 扩大和管理职能组织的事项；（2017.6.23修改）

18. 宣传职能政策的事项；（2017.6.23修改）

19. 辅助职能委员会议的事务；（2017.6.23修改）

20. 针对除了全国女性委员会的全国委员会，辅助相关组织活动的事

项；（2017. 6. 23 修改）

21. 其他组织相关事项。

第七十二条【女性局】

（一）女性局根据全国女性委员长的指示，负责扩大女性组织和提高女性地位的相关事项。

（二）女性局设置局长与事务职党职者。

（三）女性局的事务如下：

1. 企划为了提高女性地位的政策以及扩大组织等的事项；

2. 扩大、管理本党女性组织的事项；

3. 关于宣传本党女性政策的事项；

4. 与各类女性团体进行交流、协力的事项；

5. 为了改善性别歧视的活动事项。

第七十三条【国民权益局】

（一）国民权益局根据相应委员会委员长的指示，负责相关事务。（2017. 6. 23 修改）

（二）国民权益局设置局长与事务职党职者。

（三）国民权益局的事务如下：

1. 辅助本党人权保护以及伸张人权的活动事项；

2. 对与本党相关的各种民、刑事诉讼等法律问题进行辅助和应对的事项；

3. 调查与法律相关的信访，与相关机关进行协力以及应对的事项；

4. 有关非正式职务的信访事项；

5. 针对中小自营业者、非正式职员的本党组织事业；

6. 关于接收、咨询、处理信访的事项；

7. 关于分类已接收的信访和向相关机关移送、处理的事项；

8. 关于调查信访、与相关机关协力以及讨论是否进行政策性应对的事项；

9. 有关不公正的雇佣上主从关系的信访事项；

10. 制定和施行沟通国民、扩大国民政治参与的战略；（2017. 6. 23 修改）

11. 关于保护和伸张在外同胞权益的事项；（2017. 6. 23 修改）

12. 宣传与在外国民选举相关的本党在外国民政策、在外国民选举政策的事项；（2017.6.23 修改）

13. 与在外同胞进行交流的事项；（2017.6.23 修改）

14. 扩大在外同胞对本党支持度的相关事项；（2017.6.23 修改）

15. 为了在外同胞参与政治的其他事务；（2017.6.23 修改）

16. 针对除了预算决算委员会、安保委员会、统一委员会、职能委员会、智能政党委员会的常设委员会，辅助相关活动的事项。

第七十四条【宣传局】

（一）宣传局根据宣传委员长的指示，负责宣传本党理念、政纲、政策以及活动，并负责发行本党机关报等有关宣传的事务；同时，宣传局根据数码沟通委员长的指示，负责数码以及媒体相关事务。（2017.6.23 修改）

（二）宣传局设置局长与事务职党职者。

（三）宣传局的事务如下：

1. 制定本党长期、短期宣传战略，以及有关宣传企划等的事项；

2. 关于对本党机关报以及其他发行刊物进行编辑、制作、分发、保管等的事项；

3. 关于对影像宣传物进行企划和制作的相关事项；

4. 关于本党广告的事项；

5. 关于对本党照片、影像资料的拍摄、整理、运行的事项；

6. 关于辅助广播演说以及制定对策的相关事项；

7. 制定数码战略以及企划事业的事项；（2017.6.23 修改）

8. 关于管理、运行本党官方主页以及数码媒体的事项；（2017.6.23 修改）

9. 关于管理、运行网络平台的事项；（2017.6.23 修改）

10. 关于沟通、组织线上支持者的事项；（2017.6.23 修改）

11. 关于辅助数码政党委员会事务的事项；（2017.6.23 修改）

12. 关于制定以及辅助广播演说等媒体对策的相关事项；（2017.6.23 修改）

13. 关于宣传事务的其他事项。

第七十五条【党务调整会议】

（一）党务调整会议协商、处理党务相关事项。

（二）当事务总长认为必要时，可以随时召开党务调整会议。

（三）党务调整会议由事务总长、政治研修院长、事务副总长、事务总长下设的委员长出席，且可以仅由必要的委员会委员长出席党务调整会议。在这一情形下，由事务总长主持会议。

（四）各室、局长陪同出席党务调整会议。

（五）其他必要事项，可以由党务调整会议规定。

第七十六条【事务职党职者人事委员会】

（一）当有党代表的指示或者委员长认为必要时，由委员长召集党宪第五十八条（事务职党职者人事委员会）规定的事务职党职者人事委员会（以下在本条中称为"委员会"）。

（二）委员会审议、制定对事务职党职者的人事议案，并提请党代表批示。

（三）总务局负责辅助委员会的事务。

（四）另行规定事务职党职者人事相关具体事项。

第七节　政治研修院

第七十七条【政治研修院】

（一）政治研修院长指挥、总揽关于党员和党职者的教育、研修事务。

（二）政治研修院长制定针对党员、党选出职公职者、党职者、一般国民政治修养的教育、研修基本计划，向最高委员会汇报该计划；在结束教育、研修后，应当向最高委员会和党务委员会汇报该结果的评价、分析内容。

（三）政治研修院由政治研修院长、副院长以及委员构成。

（四）党代表与最高委员会协商，任命政治研修院长；通过政治研修院长的推荐，由党代表任命副院长与委员。

（五）当政治研修院长缺位或者因其他事由无法履行职务时，由党代表指定的副院长代行该职务。

（六）为了有效地实施党员教育、研修，可以在政治研修院设置教授委员会、咨询委员会等必要的机构。在这一情形下，通过政治研修院长的推荐，由党代表委任教授委员以及咨询委员等。

（七）机构的设置、运行、其他必要事项，可以由内规规定。

（八）政治研修院设置政治研修局。

第七十八条 【政治研修局】

（一）政治研修局根据政治研修院长的指示，负责党员和党职者的教育和研修、线上讲座的开设等事务。

（二）政治研修局设置局长与事务职党职者。

（三）政治研修局的事务如下：

1. 制定党员教育、研修基本计划以及其他企划相关事项；

2. 关于施行党员教育、研修的事项；

3. 关于开设党员线上讲座以及运行的事项；

4. 关于研究以及开发党教育、研修课程的事项；

5. 发掘、邀请讲师的相关事项；

6. 制作、普及党员教育和研修资料，管理教育研修人员的相关事项；

7. 评价以及分析党员教育、研修结果等相关事项；

8. 对党职者进行培训等教育、研修等相关事项；

9. 其他关于党员教育、研修的事项。

第四章　院内机构

第一节　议员总会

第七十九条 【院内代表的选出】

（一）在议员总会，以秘密投票的方式，通过在籍议员过半数的赞成，选出院内代表。

（二）虽然有第一款的规定，但是当院内代表的选举候选人为一人时，可以经议员总会的议决，另行规定选出方式。

（三）选举管理委员会应当在结束开票的同时，公布该结果，并毫无迟疑地宣布当选人。

第八十条 【国会议长、副议长候选人的推荐】

（一）在议员总会，以不记名投票的方式，选出国会议长与副议长的候选人，将获得票数最多的人视为是当选人。

（二）虽然有第一项的规定，但是当国会议长与副议长的候选人为一人时，可以经议员总会的议决，另行规定选出方式。

（三）当根据第一款的规定投票后，发生得票相同的结果时，将参加选举次数多的人视为当选人；当参加选举次数相同时，将年长者视为当选人。

（四）对于国会议长与副议长候选人的登记、选举活动、投票与开票等相关事项，准用院内代表选出的规定，具体事项则由选举管理委员会规定。

第八十一条【议员总会的召集等】

（一）当存在下列各项事由时，由院内代表召集议员总会：

1. 审议、议决党的院内活动以及院内对策；

2. 审议、议决实施党立法活动所必要的主要政策；

3. 审议、议决欲提交至国会的法案和议案；

4. 选出院内代表；

5. 推荐国会议长与副议长的候选人；

6. 组织以及废止院内活动所必要的组织；

7. 对议员总会的运行以及预算、决算，进行审议；

8. 根据政党法第三十三条的规定，除名党国会议员；

9. 其他与院内活动以及院内对策相关的主要事项。

（二）对于议员总会，准用第十九条①（议案的种类）、第二十二条②（议案的审议）、第二十三条③（议案的处理）的规定。

第八十二条【院内代表的秘书室】

（一）院内代表的秘书室履行院内代表的秘书事务，企划、管理日程和信息等的事务。

（二）院内代表的秘书室可以设置由政务职党职者担任的室长与若干名特别辅佐人。

（三）院内代表的秘书室可以设置事务职党职者。

第八十三条【院内行政企划室】

（一）院内行政企划室根据院内代表的指示，负责处理党院内活动等院内行政事务，企划院内战略等院内对策以及宣传议政等相关事项。

（二）院内行政企划室设室长与事务职党职者。

（三）院内行政企划室的事务如下：

1. 提出、管理院内一切行政事务以及议案，其他有关进行议事的事项；

---

① 【译者注】：现行法规中应为第二十条。
② 【译者注】：现行法规中应为第二十四条。
③ 【译者注】：现行法规中应为第二十五条。

2. 各种会议的准备、联络，对议员亲善协会以及议员研究团体的辅助事务，管理办公用品等其他有关行政事务的事项；

3. 关于辅助国会全体会议以及国会常任委员会等国会活动的事项；

4. 关于制定院内战略、收集资料等企划相关事项；

5. 关于制作院内对策资料、议政报告书等制作议政宣传物的事项。

第二节　政策委员会

第八十四条【政策调整会议】

（一）为了调整党分科委员会之间的政策，由政策委员会议长召集政策调整会议。

（二）政策调整会议由政策委员会议长、首席副议长、政策调整委员长、分科委员长以及由院内表在政策委员中与最高委员会协商而任命的若干名委员构成。

（三）相应领域的分科委员会应当遵循政策委员会议的决定。

第八十五条【政策委员会的副议长】

（一）为了辅佐政策委员会议长的事务，可以在政策委员会设置若干名副议长。

（二）当政策委员会议长缺位或者因其他事由无法履行职务时，以首席副议长、政策调整委员长的顺序代行该职务。

第八十六条【政策调整委员会】

（一）政策调整委员长根据政策委员会议长的指示，总揽、指挥党与政府之间的政策协商、政策调整以及政策开发等相关事务。

（二）就政策调整委员会的数量与各政策调整委员会负责的领域而言，以政策委员会议长提案，经议员总会议决，由院内代表确定。但该数量为六个以内。

（三）政策室负责辅助政策调整委员会的事务。

第八十七条【法案审查委员会】

（一）当党国会议员提交法律草案时，应当向法案审查委员会提出该法律草案。

（二）法案审查委员长审查已提出法律草案是否符合党纲领与基本政策，并应当根据审查结果采取必要的措施。

第八十八条【政策室】

（一）政策室根据政策委员会议长的指示，负责制定以及综合调整党政策活动计划和议题，宣传党政策以及政策活动，企划政策委员会所管行政事务以及调整事务等有关党政策的活动，辅助政策调整委员会所管事务，研究开发党的政策，讨论悬案以及制定对策，审议法律草案，开发选举承诺等辅助党政策活动的相关事务。

（二）政策室设室长与事务职党职者。

（三）政策室可以下设负责企划、宣传、行政事务的小组以及辅助各政策调整委员会负责领域的政策研究小组。

（四）政策室的事务如下：

1. 对实践党的纲领和基本政策进行必要的调查、研究、审议、立项，制定政策以及法律草案的相关事项；

2. 制定党的政策方向，企划以及综合调整政策议题的相关事项；

3. 关于制定、执行各级选举政策议题以及开发承诺计划的事项；

4. 对政策委员会以及下设各级机构进行的事务调整和辅助的事项；

5. 与政府以及其他政党、各级团体进行政策协商以及调整，缔结协议等相关事项；

6. 企划以及执行与党政策活动相关的听证会、讨论会等各级活动事项；

7. 为了宣传党政策以及政策活动，支持媒体企划、制作、管理、言论报道等相关事项；

8. 检验党承诺的履行状况，管理与市、道党以及相关机关进行事务上合作等的政策联网相关事项；

9. 审议为了实现党政策欲向国会提交的法律草案以及议案的相关事项；

10. 针对政策调整委员会所管领域的主要悬案，进行讨论、汇报以及提出对策的相关事项；

11. 针对政府主要政策以及法律草案，进行讨论、汇报以及提出对策的相关事项；

12. 关于辅助政策调整委员会事务的事项；

13. 关于辅助法案审查委员会事务的事项；

14. 关于提供党政策活动所必要的资料等其他辅助相关事项；

15. 政策委员会以及下设各级机构的人事、财政、会计、办公用品管理、行政事务等运行相关事项。

第八十九条【听证会】

（一）当政策委员会议长认为有助于党政策的决定，或者有党代表、最高委员会的指示时，可以召开听证会、政策讨论会、研究发表会、其他聚会。

（二）可以邀请党外人士参与第一款规定的听证会等聚会。

第九十条【政策的确定】

（一）除了在党宪、党规中存在不同规定之外，原则上经相应分科委员会（当其他分科委员会提出异议时，应当经政策调整会议的审议）的审议，通过党务委员会议决，确定党的政策。

（二）虽然有第一款的规定，但是对于欲提交至国会的议案而言，由议员总会的议决确定。但当最高委员会认为必要时，应当经党务委员会议决。

（三）对于变更已经确定的政策而言，适用第一款的规定。

第九十一条【法律草案的确定】

（一）除了在党规中存在不同规定之外，原则上经相应分科委员会（当其他分科委员会提出异议时，应当经政策调整会议审议）以及法案审查委员会的审议，通过议员总会的议决，确定党的法律草案。但当最高委员会认为必要时，应当经党务委员会的议决。

（二）院内代表应当确保已确定法律草案能够及时提交至国会。

第五章　独立机构

第一节　伦理委员会

第九十二条【伦理委员会】

伦理委员会独立于代议机关以及执行机关，独立履行职务。

第二节　党务监察委员会

第九十三条【党务监察委员会】

（一）为了监察党的职务以及会计、监察党职者，设置党务监察委员会。

（二）党务监察委员会独立于执行机关，独立履行职务。

（三）党务监察委员会管辖下列各事项：（2017.6.23 修改）

1. 监察、评价中央党党务的事项；

2. 奖励党员和党外人士的事项；

3. 惩戒党员的相关事项；

4. 调查除了组织监察之外的党的纪纲。

（四）另行规定党务监察委员会的构成和运行等必要事项。

附则 （2017.7.10）

本规定自党务委员会议决之时起施行。

地方组织规定

第一章　总则

第一条【目的】

为了规范党宪第五章（市、道党）中地方组织的构成和运行上的相关事项，制定本规定。

第二条【地方组织的定义】

在本规定中，地方组织是指在首尔特别市和广域市、道以及特别自治市、道设置的市、道党（以下称"市、道党"）和按照各国会议员选区设置的地区委员会（以下称"地区委员会"）。

第二章　市、道党

第一节　市、道党的党员代表者大会

第三条【区分】

（一）市、道党党员代表者大会（以下称"市、道党大会"）区分如下：

1. 以召开定期全国党员代表者大会（以下称"全党大会"）目的，在召开全党大会之前召开的市、道党大会称为"定期市、道党大会"；

2. 不以第一项目的而召开的市、道党大会，称为"临时市、道党大会"。

（二）通过市、道党大会，创立或者改编市、道党。

第四条【准备机构】

（一）为了召开市、道党大会的市、道党大会准备委员会（以下称"准

备委员会"，准备委员会的委员长则称为"准备委员长"）构成如下：

1. 对于没有创立市、道党或者被判定为事故党部的市、道党而言，由党代表经最高委员会协商而任命的准备委员长，在其任命之日起至十日以内，与最高委员会协商，以居住于相应地区的十人以上党员组织准备委员会；

2. 对于已经创立市、道党，并且不属于事故市、道党而言，由市、道党常务委员会组织准备委员会。

（二）第一款的准备委员会掌管市、道党大会的准备和进行相关事务。但对于选举管理事务而言，则遵循选举管理委员会的指示。

（三）第一款第一项的准备委员长，应当自被任命之日起至四十五日以内，结束市、道党大会。

第五条【议长、副议长的任期】

（一）市、道党大会议长与副议长的任期，以在下一次召开的定期市、道党大会产生新一任议长与副议长时为止。

（二）以补缺选举产生的议长或者副议长的任期为前任者的剩余任期。

第六条【代行议长的职务】

当议长有故时，由副议长代行其职务。

第七条【临时议长】

（一）为了在最初召集的定期市、道党大会中选出议长与副议长，先行选出临时议长。

（二）以口头互相推荐的方式，选出临时议长。

第八条【议长、副议长的产生】

（一）通过定期市、道党大会，以口头互相推荐的方式，选出议长与副议长。

（二）虽然有第一款的规定，但是当议长或者副议长缺位或者议长与副议长一并缺位时，由下一次市、道党大会实施补缺选举，以口头互相推荐的方式选出。

第九条【召集】

（一）由准备委员长召集市、道党大会。

（二）准备委员长应当在大会召开日的七日前，向中央党汇报召开市、道党大会的时间、场所、议题、党员名册。

（三）准备委员长在市、道党大会召开日的五日前，应当明示大会的时间和场所以及议题，公告于市、道党所在处的公告栏以及中央党主页上，并在大会召开日的两日前，通知党员。

第十条【市、道党的党员代表名册】

在全党大会党员代表中，由所属于相应市、道党的党员制作市、道党大会的党员代表名册。

第十一条【党员代表证】

（一）准备委员长依照已确定的市、道党党员名册，向被登记的党员代表发放党员代表证。

（二）在第一款的党员代表证内，记载该党员的所属和姓名，并加盖该市、道党大会议长的职印。

第十二条【代理出席等的禁止】

市、道党大会的党员代表不得使他人代理其出席或者将其权限委任于他人。

第十三条【权限的委任】

市、道党大会可以将其部分权限委任于市、道党常务委员会。

第十四条【监督委员】

（一）事务总长为了检查、监督市、道党大会是否适法和其他必要事项，可以派遣监督委员。

（二）当第一款的监督委员认为因骚乱行为等不能进行市、道党大会时，可以直接指挥大会相关人员中止或者重新召开大会。在这一情形下，监督委员应当及时向事务总长汇报，并获得承认。

第十五条【承认以及批准】

市、道党大会指定的市、道党委员长，应当自大会结束日起至五日以内，准备下列各项材料，向党务委员会提出承认市、道党大会的申请以及批准市、道党委员长的申请：

1. 承认市、道党大会的申请书；

2. 提请批准市、道党委员长的申请书；

3. 市、道党大会的会议记录；

4. 市、道党大会的党员代表名册（应当能够区分出席的党员代表）；

5. 其他中央党认为必要的材料。

第十六条 【注册】

（一）就市、道党的注册而言，经党务委员会的承认以及批准后，市、道党委员长在收到中央党事务处发放的市、道党大会承认书以及市、道党委员长批准书后，根据政党法的规定，向相应地区选举管理委员会申请注册。

（二）依照政党法第十六条的规定，完成注册的市、道党委员长将收到由该地区选举管理委员会发放的注册证。

（三）市、道党委员长在收到注册证的同时，应当向中央党提交注册证的复印件。

第十七条 【承认以及批准申请的拒绝】

（一）当有符合下列各项的情形时，党务委员会可以不予承认市、道党大会，或者不予批准市、道党委员长：

1. 未满足一千人以上法定党员人数的情形；

2. 在市、道党大会的会议过程中，发生违反政党法等相关法律或者党宪、党规的重大瑕疵；

3. 市、道党大会的会议过程中，违反中央党的指示、指南等的情形；

4. 在准备委员长和市、道党委员长候选人的资格中，存在重大不合格事由或者发生重大的导致不合格的行为；

5. 存在党务委员会认定的明显瑕疵。

（二）当有满足第一款各项的情形时，应当由中央党事务处进行真相调查。在这一情形下，应当给予相应准备委员长和市、道党委员长辨明的机会。

（三）当党务委员会不予承认市、道党大会或者不予批准市、道党委员长时，在该决定发生之日起至三十日以内，原则上由党代表经最高委员会协商，重新任命准备委员长；必要时，可以由最高委员会的议决做出另行规定。在这一情形下，该市、道党视为事故党部。

（四）在承认市、道党大会后，当党务委员会认为依照本条第一款或者第十九条（异议申请）第一款的规定，存在取消承认的事由时，可以根据党务委员会的议决，取消承认。

第十八条 【解散】

在党务委员会做出承认市、道党大会以及批准市、道党委员长的决定后十日以内，准备委员会向新任市、道党委员长移交相关材料等，并就此解散。

第十九条【异议申请】

（一）当满足下列各项的情形时，自市、道党大会结束后的七日以内，以在籍党员三分之一以上的联名，可以向中央党事务处提出异议申请：

1. 市、道党大会的召集程序上，存在重大瑕疵的情形；

2. 没有党员资格的人参与表决，并对议决产生影响的情形。

（二）受理第一款规定的异议申请后，事务总长应当及时向党务委员会汇报。在这一情形下，事务总长应当就处理方法提出意见。

（三）党务委员会应当对第一款规定的异议申请做出是否妥当的判定；同时，为了确认事实可以组织调查委员会进行调查。

（四）事务总长应当向相应市、道党委员长以及申请人的代表通报党务委员会的决定事项。

第二十条【延期申请】

（一）当发生无法在市、道党确定的期限内召开市、道党大会的事由时，应当在大会召开日的七日前，通过明示该事由和召开大会的预定日期，向中央党事务处提出延期申请。

（二）在召开全党大会的情形下，被延期的市、道党大会最迟应当在全党大会召开日前结束。

（三）当有第一款规定的延期申请时，事务总长应当向党务委员会汇报，并应获得其承认。

第二十一条【全党大会的党员代表】

对于党宪第十二条（地位与构成）规定的全党大会党员代表而言，由市、道党委员长在全党大会召开日的七日前，向中央党事务处汇报该名单。但当有相当的事由时，可以通过党务委员会的议决做出另行规定。

第二十二条【排除】

（一）在被判定为事故市、道党时，曾任职于该地区的市、道党委员长不得确定为市、道党委员长的候选人。

（二）市、道党委员长候选人不得兼任准备委员长的职务。但当市、道党委员长候选人为一人时，则另当别论。

第二节　市、道党的常务委员会

第二十三条【召集】

（一）市、道党常务委员会每月召集一次，必要时可以随时召集。

（二）当市、道党常务委员会的议长不予召集常务委员会时，由市、道党运行委员中的年长者依次召集；当所有市、道党运行委员都不予召集时，可以由事务总长指定召集权人。

（三）市、道党事务处处长总揽市、道党常务委员会的准备和进行过程中的必要事项。

第三节　市、道党的构成和执行机构

第二十四条【市、道党委员长的产生和任期】

（一）依照党宪第五条（全体党员投票）第一款第二项以及第六十七条第二款的规定，选出市、道党委员长。

（二）当市、道党委员长的候选人为两人以上时，由所属于相应市、道党的全体党员投票，选出得票最多者为当选人；当得票相同时，将年长者视为当选人。

（三）对于市、道党委员长的任期而言，从市、道党大会指定市、道党委员长之时，至为召开定期全党大会而在召开的下一次定期市、道党大会中，指定新的市、道党委员长之时为止。

（四）当市、道党委员长辞职时，应当经由事务总长，向党代表提交辞职书。

（五）虽然有第四款的规定，但是在选举日的一百二十日前（对于再选、补选而言，如果该选举的实施事由被确定的时间在选举日的一百二十日以内，则从该选举的实施事由被确定之时起至七日以内）未辞去职务的市、道党委员长不得申请市、道知事选举的候选人推荐。但当有党务委员会的议决时，可以做出另行规定。

（六）当市、道党委员长缺位或者辞职时，应当自缺位或者辞职之日起的两个月以内，召开临时市、道党大会选出市、道党委员长。但当缺位或者辞职的市、道党委员长剩余任期不足八个月时，由市、道党常务委员会选出市、道党委员长。

第二十五条【副委员长】

（一）可以在市、道党设置若干名副委员长。

（二）市、道党委员长经市、道党运行委员会的审议，任命市、道党副委员长。

第二十六条【常任顾问与顾问】

市、道党委员长经市、道党运行委员会的审议，可以委任若干名常任顾问和顾问。

第二十七条【运行委员会】

（一）市、道党运行委员会是市、道党的日常党务运行机构。

（二）当议长认为必要时，或者有三分之一以上的在籍委员要求时，再或者有中央党的指示时，由议长召集市、道党运行委员会。当议长不予召集时，由市、道党运行委员中的年长者依次召集；当所有市、道党运行委员都不予召集时，可以由上级党部指定召集权人。

（三）原则上每周召集一次市、道党运行委员会，必要时可随时召集。

（四）市、道党事务处处长总揽市、道党运行委员会的准备和进行过程中的必要事项。

第二十八条【常设委员会等】

（一）市、道党可以设置女性委员会、老年委员会、青年委员会、残疾人委员会、农渔民委员会、劳动委员会、大学生委员会、职能委员会、地方自治分权委员会、数码沟通委员会等其他必要的机构。

（二）常设委员会设置委员长、副委员长以及委员。

（三）市、道党委员长经市、道党运行委员会的审议，任命常设委员会的委员长、副委员以及委员。但在选出市、道党委员长之后，还未组建市、道党运行委员会时，相应常设委员会的委员长、副委员长以及委员，则由市、道党委员长经市、道党常务委员会的批准而任命。（2016.10.28 修改）

（四）常设委员会应当随时向市、道党汇报委员会的会议结果、活动计划以及活动结果、其他必要事项。

（五）市、道党应当支持并管理常设委员会的活动。

（六）市、道党委员长经市、道党运行委员会的审议，可以设置第一款的机构。

第二十九条【党员资格审查委员会】

（一）市、道党党员资格审查委员会（以下在本条称为"委员会"）的构成，遵循相关规定。

（二）市、道党事务处处长担任委员会的干事委员。

（三）原则上每周召集一次委员会的会议，必要时可以随时召集。

（四）市、道党事务处处长总揽委员会的会议准备和进行中的必要事项。

第三十条【女性委员会】

（一）为了扩大女性组织以及开发女性相关政策，在市、道党内设置市、道党女性委员会，由委员长与若干名的副委员长以及委员构成。

（二）为了有效推进事务，市、道党女性委员会可以设置运行委员会。

（三）市、道党女性委员会的组织构成以及运行、其他必要事项，遵循全国女性委员会的内部规定。

第三十一条【老年委员会】

（一）为了扩大老年人组织以及开发老年人相关政策，在市、道党内设置市、道党老年委员会，由委员长与若干名的副委员长以及委员构成。

（二）为了有效推进事务，市、道党老年委员会可以设置运行委员会。

（三）市、道党老年委员会的组织构成以及运行、其他必要事项，遵循全国老年委员会的内部规定。

第三十二条【青年委员会】

（一）为了扩大青年组织以及开发青年相关政策，在市、道党内设置市、道党青年委员会，由委员长与若干名的副委员长以及委员构成。

（二）为了有效推进事务，市、道党青年委员会可以设置运行委员会。

（三）市、道党青年委员会的组织构成以及运行、其他必要事项，遵循全国青年委员会的内部规定。

第三十三条【残疾人委员会】

（一）为了扩大残疾人组织以及开发残疾人相关政策，在市、道党内设置市、道党残疾人委员会，由委员长与若干名的副委员长以及委员构成。

（二）为了有效履行事务，市、道党残疾人委员会可以设置运行委员会。

（三）市、道党残疾人委员会的组织构成以及运行、其他必要事项，遵循全国残疾人委员会的内部规定。

第三十四条【农渔民委员会】

（一）为了扩大农渔民组织以及开发农渔民相关政策，在市、道党内设置市、道党农渔民委员会，由委员长与若干名的副委员长以及委员构成。

（二）为了有效推进事务，市、道党农渔民委员会可以设置运行委员会。

（三）市、道党农渔民委员会的组织构成以及运行、其他必要事项，遵循全国农渔民委员会的内部规定。

第三十五条【劳动委员会】

（一）为了扩大劳动组织以及开发劳动相关政策，在市、道党内设置市、道党劳动委员会，由委员长与若干名的副委员长以及委员构成。

（二）为了有效推进事务，市、道党劳动委员会可以设置运行委员会。

（三）市、道党劳动委员会的组织构成以及运行、其他必要事项，遵循全国劳动委员会的内部规定。

第三十六条【大学生委员会】

（一）为了扩大大学生组织以及开发大学生相关政策，在市、道党内设置市、道党大学生委员会，由委员长与若干名的副委员长以及委员构成。

（二）为了有效推进事务，市、道党大学生委员会可以设置运行委员会。

（三）市、道党大学生委员会的组织构成以及运行、其他必要事项，遵循全国大学生委员会的内部规定。

第三十七条【职能委员会】

（一）为了扩大职能组织以及开发职能相关政策，在市、道党内设置市、道党职能委员会，由委员长与若干名的副委员长以及委员构成。

（二）为了有效推进事务，市、道党职能委员会可以设置运行委员会。

（三）市、道党职能委员会的组织构成以及运行、其他必要事项，遵循职能委员会的内部规定。

第三十八条【市、道党地方自治分权委员会】

（一）为了开发关于地方自治的政策和党政协商，在市、道党内设置市、道党地方自治分权委员会。

（二）地方自治分权委员会由委员长，所属于党的市、道知事，自治区、市、郡的首长，市、道的议员，自治区、市、郡的议员，市、道党地方自治委员长，常任委员以及外部咨询委员构成。

（三）党代表经最高委员会协商，任命地方自治分权委员会的委员长；通过委员长的推荐，由党代表任命常任委员以及外部咨询委员。

（四）地方自治分权委员会可以定期召开高层次地方自治党政协议会、广域地方自治党政协议会、基础地方自治党政协议会。

第三十九条 【数码沟通委员会】

（一）为了进行以线上为中心的数码沟通和宣传，在市、道党内设置市、道党数码沟通委员会。

（二）通过联系中央党的数码沟通委员会，运行市、道党数码沟通委员会。

第四十条 【党务机构】

（一）市、道党事务处设置政策、总务、组织、青年、女性、宣传、公报（发言人）等必要的室、局，室、局设置室长、局长。

（二）市、道党政策室设置政策企划、研修等必要的局与局长。

（三）经市、道党运行委员会的审议，由市、道党委员长任命市、道党的室长、局长。

（四）市、道党事务处处长是该市、道党的会计负责人，接受市、道党委员长的指示，总揽党务，指挥、监督实务组织。在这一情形下，当编制、执行市、道党的预算时，市、道党事务处处长应当向市、道党委员长进行汇报，并获得其承认。

（五）市、道党事务处处长欲申请相应地方选区议会议员以及自治区、市、郡首长选举的候选人推荐时，应当在选举日的一百二十日前（对于再选、补选而言，在该选举的实施事由被确定之时）停止市、道党事务处处长职务，当被确定为本次选举的候选人时，应当辞去市、道党事务处处长职务。但当有党务委员会的议决时，可以做出另行规定。

第四十一条 【市、道党地方自治政策协议会】

（一）在市、道党内设置市、道党地方自治政策协议会（以下在本条称为"协议会"），协议会由下列各项的委员构成：

1. 市、道党委员长；

2. 所属于市、道党的国会议员；

3. 所属于党的地方自治团体首长；

4. 所属于党的市、道议员以及自治区、市、郡议会的议长、副议长；

5. 市、道党地方自治分权委员长、事务处处长、政策室长；

6. 经市、道党常务委员会的议决，由市、道党委任的若干名委员。

（二）市、道党委员长担任协议会的议长，由市、道党地方自治分权委员长担任干事委员。

（三）当有市、道党常务委员会的议决，或者议长认为必要时，再或者有三分之一以上的在籍委员要求时，由议长召集协议会。

（四）为了处理事务，可以在协议会下设分科委员会等必要的机构。

第四节　市、道党的预算和会计

第四十二条【预算决算委员会】

（一）为了审议市、道党的收入与支出相关事项，设置市、道党预算决算委员会（以下在本节称为"委员会"）。

（二）委员会由委员长、副委员长与七名以下的委员构成。但执行部门的首长不得担任委员，委员中应当包含一名以上会计专家，且可以包含外部人士。

（三）通过市、道党委员长的推荐，经市、道党常务委员会的议决，任命委员长以及委员。

（四）委员长应当制作预算以及决算审查报告书，经市、道党运行委员会的议决，提交至市、道党常务委员会。

（五）公布委员会的预算以及决算审查报告书。

第四十三条【预算与决算】

（一）市、道党的会计年度是每年一月一日至十二月三十一日。

（二）事务处处长应当在开始次年会计年度的六十日前，制定包含预算编制案的党的财政运用计划，并提交至预算决算委员会。

（三）事务处处长应当在下一年度的五月三十一日前，将会计年度决算报告书提交至委员会。

（四）在市、道党财政运用计划中，应当包含下列各事项：

1. 财政运用的基本方向和目标；

2. 各领域财源分配计划以及主要事业方向；

3. 针对决算审查中指出的事项，进行改善的方向。

（五）经市、道党运行委员会的议决，由市、道党常务委员会审议、议决党财政运用计划和决算报告书。

（六）公布党财政运用计划。

第四十四条【审计】

（一）为了监督所属各机关的预算执行状况，委员会每年实施一次以上审计。

（二）为了对预算、决算进行透明而客观的监察，可以聘请一名外部会计专家参与审计。

第三章　地区委员会

第一节　地区委员会的党员代表者大会

第四十五条【地位和构成】

（一）地区委员会党员代表者大会（以下称"地区委员会党大会"）是相应地区委员会的最高议决机关。

（二）地区委员会党大会，由一百名以上五百名以下的地区委员会党大会的党员代表构成；当认为有相当的事由时，可以根据最高委员会的议决，做出另行规定。（2016.10.28 修改）

（三）地区委员会党大会由下列各项的党员构成：

1. 地区委员会的委员长；

2. 地方选区国会议员；

3. 地区委员会的常任顾问和顾问、副委员长；

4. 所属于相应地区委员会的地方自治团体首长以及地方议会议员；

5. 自治区、市、郡的联络所所长；

6. 事务局局长；

7. 地区委员会的常设委员会委员长；

8. 地区委员会的运行委员；

9. 邑、面、洞的党员协议会会长；

10. 地区委员会的常务委员；

11. 党宪第十二条（地位和构成）第四款规定的党员代表；

12. 由地区委员会常务委员会推荐的一百名以内的党员。

第四十六条 【权限】

（一）地区委员会党大会的权限如下：

1. 处理中央党以及市、道党指示或者委任的议案；

2. 处理地区委员会常务委员会提交的议案；

3. 处理其他必要的议案以及党宪、党规上的事项。

（二）地区委员会党大会可以在中央党确定的范围内，将其部分权限委任于地区委员会的常务委员会。

第四十七条 【召集等】

（一）在召开定期全党大会前，召开定期地区委员会党大会。

（二）必要时，通过地区委员会常务委员会的议决，决定召集临时地区委员会党大会。

第四十八条 【准备机构】

（一）通过地区委员会的运行委员会，任命为召开地区委员会党大会的地区委员会党大会准备委员长（以下称"准备委员长"）。

（二）准备委员长掌管地区委员会党大会的准备和进行上的相关事务。但对于选举管理事务而言，则遵循选举管理委员会的指示。

（三）准备委员长应当自被任命之日起至四十五日以内，结束地区委员会党大会。

第四十九条 【地区委员会的党员代表名册】

在定期地区委员会党大会之前，经市、道党常务委员会的承认，确定地区委员会党大会的党员代表名册。

第五十条 【申请异议】

（一）当存在下列各项情形时，自地区委员会党大会结束日起至七日以内，以在籍党员三分之一以上的联名，可以向市、道党或者中央党申请异议。

1. 地区委员会党大会的召集程序上，存在重大瑕疵的情形；

2. 没有党员资格的人，参与表决，并对议决产生影响的情形。

（二）当有第一款的异议申请时，市、道党或者事务总长将此汇报至党务委员会，并由党务委员会进行审议、议决。

第五十一条 【准用规定】

当没有与地区委员会党大会相关的其他规定时，准用市、道党大会的相关规定。

第二节　地区委员会的常务委员会

第五十二条【构成】

（一）地区委员会常务委员会，由一百人以下的委员构成。但当一个地区委员会由两个以上的自治区、市、郡构成时，该地区委员会常务委员会则由一百三十人以下的委员构成。（2016.10.28 修改）

（二）地区委员会常务委员会的构成如下：

1. 地区委员会的运行委员；

2. 地区委员会的常任顾问；

3. 地区委员会的副委员长；

4. 所属于相应地区委员会的自治团体首长以及地方议会议员；

5. 地区委员会常设委员会的委员长；

6. 自治区、市、郡的联络所所长；

7. 邑、面、洞的党员协议会会长；

8. 事务局局长；

9. 由地区委员会党大会选出的常务委员；

10. 由地区委员会运行委员会推荐的三十名以内的常务委员。（2016.10.28 修改）

（三）地区委员会委员长（以下称"地区委员长"）担任地区委员会常务委员会的议长，由议长指定副议长。

第五十三条【权限】

地区委员会常务委员会具有如下权限：

1. 处理地区委员会的主要党务；

2. 处理地区委员会党大会委任的议案；

3. 对自治区、市、郡的比例代表议员候选人进行排序；

4. 处理其他党宪、党规上的事务。

第五十四条【召集】

当议长认为必要时，或者有三分之一以上的在籍委员要求，再或者有市、道党的指示时，由议长召集地区委员会常务委员会的会议。当议长不予召集时，由副议长召集；当副议长不予召集时，可以由市、道党指定召集权人。

第三节　地区委员长等

第五十五条【地区委员长的产生和任期】

（一）在召开定期全党大会前，根据党宪第五条（全体党员投票）上所属于相应地区的全体党员投票等，选出地区委员长，并通过党务委员会的批准，确定该地区委员长。

（二）结束国会议员选举后，组织强化特别委员会针对所有地区委员会实施监察，当认为存在相当事由时，应当将相应地区委员会判定为事故地区委员会。

（三）地区委员长的任期为召开下一次定期全国全党大会前，至选出新委员长时为止。

（四）当地区委员长辞职时，应当经由事务总长，向党代表提出辞职书。

（五）虽然有第三款的规定，在选举日的一百二十日前（对于再选、补选而言，如果实施该选举的事由发生在选举日前的一百二十日以内，则从确定该选举的实施事由起至七日以内）未辞去职务的地区委员长不得申请地方选区国会议员选举以及该自治区、市、郡首长选举的候选人推荐。但当有党务委员会的议决时，可以做出另行规定。

（六）被推荐为地方选区国会议员选举候选人的人，自被推荐之时起至选举日期间，行使相应地区委员长的权限。

第五十六条【运行委员会】

（一）为了执行地区委员会的日常党务，设置地区委员会运行委员会。

（二）由十名以上至三十名以下的委员组成地区委员会运行委员会，其委员应当获得地区委员会常务委员会的批准。但在选出地区委员长之后，最初组建地区委员会运行委员会时，可以由地区委员长、事务局局长、地区委员长指定的五名以上至十名以下的委员构成。

第五十七条【常任顾问和顾问以及地区委员会副委员长】

（一）地区委员长经地区委员会常务委员会的议决，可以委任若干名的常任顾问和顾问。

（二）地区委员长经地区委员会常务委员会的议决，可以任命若干名的地区委员会副委员长。

第五十八条【事务局】

（一）为了处理地区委员会的事务，可以设置事务局。

（二）可以在地区委员会事务局设置事务局局长与必要的部门。

第五十九条【邑、面、洞党员协议会】

（一）为了强化地区委员会的组织和开发政策等，在各邑、面、洞，设置党员协议会。

（二）邑、面、洞党员协议会设置协议会会长，在各邑、面、洞的投票区设置一名以上男女负责人级别的干部。地区委员长任命协议会会长与负责人级别的干部。

（三）协议会会长向地区委员长汇报邑、面、洞的组织活动和会议结果以及其他事项。

（四）对于复合选区而言，在各自治区、市、郡设置联络所。地区委员长任命联络所所长。

第六十条【常设委员会等】

（一）地区委员会可以设置女性委员会、老年委员会、青年委员会、残疾人委员会、农渔民委员会、劳动委员会、大学生委员会、职能委员会、地方自治分权委员会、数码沟通委员会以及其他必要的机构。

（二）常设委员会设置委员长、副委员以及委员。

（三）地区委员长经地区委员会运行委员会的审议，任命常设委员会的委员长、副委员以及委员。但在选出地区委员长后，还未组建地区委员会运行委员会时，由地区委员长经由当然职常务委员构成的地区委员会常务委员会的批准，任命常设委员会的委员长、副委员以及委员。（2016. 10. 28修改）

（四）常设委员会的委员长应当随时向地区委员长汇报委员会的会议结果、活动计划以及活动结果、其他必要事项。

（五）地区委员会应当支持并管理常设委员会的活动。

（六）地区委员长经地区委员会运行委员会的审议，可以设置第一款上的机构。

第四章　针对地方组织的组织监察

第六十一条【组织监察】

（一）事务总长对市、道党以及地区委员会的整体组织，每年实施一次以上的监察，并向最高委员会汇报该结果。

（二）市、道党与地区委员会应当积极协助第一款的监察。

（三）根据监察结果，当最高委员会议决认为存在需要纠正的事项时，事务总长应当以文书的形式要求相应市、道党委员长以及地区委员长予以纠正。

（四）未履行第三款的纠正要求，导致履行党务上的重大问题或者认为相应市、道党以及地区委员会的功能已经瘫痪时，事务总长应当向最高委员会进行汇报，并根据最高委员会的决定实施相应措施。

（五）审查、判定市、道党是否为事故党务，或者审查公职选举候选人等的党务时，将灵活运用监事资料。

第五章　补则

第六十二条【委任规定】

（一）党宪、党规中没有规定的地方组织相关事项，遵循中央党规定的指南。

（二）市、道党常务委员会，地区委员会常务委员会通过与中央党事务处协商，可以制定实施本党规所必要的细则。

附则（2016.9.30，第一号）

第一条【施行日】

本规定于党务委员会议决之时起施行。

第二条【关于选出地区委员长等的特例】

在本规定施行前，对于已经被任命的地区委员长而言，自本规定施行以后至首次召开的全党大会之前，当有相应地区委员会党大会的批准时，视为满足了第五十五条（地区委员长的产生和任期）第一款的要件。

选举管理委员会规定

[2016. 2. 24 制定；2016. 9. 30 修改]

第一条 【目的】

为了规范选举管理委员会的构成、业务、运行和对不正当选举的制裁，根据党宪第一百一十二条（选举管理委员会）以及第一百一十三条（对不正当选举的制裁），制定本规定。

（2016. 9. 30 修改）

第二条 【构成】

（一）为了选出党代表、最高委员、院内代表等党职者和总统、国会议长和副议长、国会议员、地方自治团体长、地方议员等公职候选人推荐的选举的公正管理，经党务委员会议决，在实施该选举的中央党或市、道党内设置选举管理委员会。（2016. 9. 30 修改）

（二）委员会由包括委员长和三人以下的副委员长在内的十五人以下的委员组成，由党务委员会选出。（2016. 9. 30 修改）

（三）第二款规定的委员中应至少有百分之三十的女性委员，可以委任外部人士担任委员。

第三条 【业务分管】

（一）委员长代表委员会，总揽委员会的事务。（2016. 9. 30 修改）

（二）委员会的副委员长辅佐委员长，当委员长因故无法履行职务时，由委员长指定的副委员长代行其职务；指定的副委员长无法代行时，副委员长中的年长者代行其职务。（2016. 9. 30 修改）

（三）地方组织的（市、道党地区委员会）选举管理委员长受中央党选举管理委员长的指挥。

第四条 【业务】

（一）委员会业务如下：（2016. 9. 30 修改）

1. 候选人登记申请公告、登记公告等相关业务；

2. 根据公职选举候选人推荐管理委员会规定的细则，选民、舆论调查对象的选定及交付；

3. 候选人选举公告的发送等；

4. 候选人演讲、访谈的管理，联合演讲会及联合讨论会的举办和管理；

5. 投票及开票的管理；

6. 当选人的决定及宣布；

7. 选举舞弊行为的检举及制裁；

8. 对非法公推和非法竞选的刑事告发；

9. 推进公平选举运动；

10. 党员罢免投票的管理及选举事务的相关业务；

11. 党员投票事务的相关业务；

12. 其他党务委员会委任的选举管理相关业务。

（二）委员会可以设置专门委员会，专门委员会委员长由委员长指定。

（三）委员会可以将举办全党大会必要的选举管理的部分业务，委任至全党大会准备委员会。

（四）委员会可以将党代表及最高委员选举、为选出总统选举的候选人的选举等全国性规模的选举管理的部分业务委任至市、道党选举管理委员会或地区委员会选举管理委员会。

第五条 【任期】

委员长、副委员长及委员的任期由党务委员会规定，没有规定的根据第十一条（解散），任期截止至委员会解散。

第六条 【会议召集及议事】

（一）委员会由三分之一以上的在籍委员要求，委员长认为必要时，由委员长召集。

（二）会议由在籍委员过半数的出席和出席委员过半数的赞成而议决。

第七条 【会议结果的公开】

委员会议决事项应进行公开，但经委员会议决，可以不予公开。

（2016.9.30 修改）

第八条 【业务支援】

（一）事务总长应支援有关委员会处理业务所需的人力和预算。

（二）受委员会派遣的事务职党职者，接受委员长指挥支援选举管理业务。

第九条 【对不正当选举的制裁】

（一）委员会应对候选人、选举活动人员、党员及其他关联人（以下称为"选举关联人"）的不正当选举行为及时进行彻底的审查，根据其轻重给予下列各项制裁：

1. 注意及纠正命令：对进行不正当选举者，明示其不正当选举的内容，以书面或口头形式进行通报，并防止再次发生，下达注意及纠正命令；

2. 警告：向不正当选举者指明不正当选举的内容和所支持的候选人，并以书面形式发出警告，并将警告内容公布在主管的市、道党的网站及公告栏上；

3. 丧失资格：对不正当选举者的行为，剥夺该行为者持有的候选人、党员、选民等的资格，并将警告内容和所支持的候选人公布在主管的市、道党的网站及公告栏上；

4. 除名起诉：对不正当选举者的行为，向中央党伦理审判院提出除名起诉申请，并将警告内容和所支持的候选人公布在主管的市、道党的网站及公告栏上；

5. 刑事告发：收受贿赂等确认具有重大不正当选举行为的当事人必须对其进行刑事告发。

（二）第一款第三项中的候选人资格剥夺、第四款中的除名起诉、第五款中的刑事告发应由委员会在籍委员过半数的赞成而议决。

（三）受到委员会根据第一款第三项规定剥夺资格制裁的选举关联者，可以自接到通知之日起三日内向中央党伦理委员会提出异议申请。该决定公示在主管该选举的中央党，市、道党的网站及公告栏之时，视为该资格剥夺通知已送达。（2016. 9. 30 专门修改）

第十条 【委任规定】

本规定施行的必要事项，经委员会议决规定。（2016. 9. 30 修改）

第十一条 【解散】

委员会的业务结束视为解散。必要时，经党务委员会议议决可以做出另行规定。（2016. 9. 30 修改）

第十二条 【市、道党等选举管理委员会】

地方组织（市、道党地区委员会）选举管理委员会的运行等必要事项依照中央党选举管理委员会的方针。（2016. 9. 30 修改）

附则（2016.9.30，第二号）

本规定自党务委员会议决之日起施行。

党代表及最高委员选出规定

[2016.9.30 制定；2017.8.2 修改；2017.8.7 修改；2017.8.9 修改]

第一章　总则

第一条【目的】

为了规范党代表以及最高委员的选出事项，根据党宪第二十八条（党代表及最高委员的选出）制定本规定。

第二条【选举管理机构】

党代表以及最高委员的选举管理，由中央党选举管理委员会（以下称"选举管理委员会"）负责。

第三条【选出方法】

（一）选出党代表以及最高委员的投票，以全体党员投票方式进行。

（二）为了反应一般国民及支持者的意思，国民参与选举人团投票和舆论调查可以同时进行。此时，应占总结果百分之二十之内。

（三）可以进行选举日前实施的事前投票和巡回全国的巡回投票。

（四）根据党宪第二十八条（党代表及最高委员的选出）第三款规定的投票结果反应比例、一般国民及支持者的意识反应与否和方式、事前投票和巡回投票实施与否和方式、预备竞选实施与否和当选人数、决选投票的实施与否等的必要事项由全国党员代表者大会准备委员会（以下称"政党大会准备委员会"）实施细则规定。（2017.8.2 修改）

第二章　选举日的决定及公告

第四条【选举日等】

（一）选出党代表及最高委员的选举日定为全国代议员大会日。

（二）选举日期在选举日前三十日为止由选举管理委员会委员长（以下称"选举管理委员长"）公布。但有相当事由的，可以通过党务委员会的议决另行规定。

第三章　选民名册的制作及阅览

第五条【选民名册的制作】

（一）选出党代表及部门最高委员的全体党员投票的选民名册由全党大会准备委员会制作。

（二）第一款中的选民名册的制作标准和程序由全党大会准备委员会规定。

（三）第一款中的选民名册，自选举公告日后由选举管理委员会管理。

（四）选民名册按照《附录第一号》制定。

第六条【选民名册阅览及异议申请】

（一）为选出党代表及部门最高委员选举的选民名册的阅览、更正由选举管理委员长负责。

（二）选民名册制作后的两天内可以阅览选民名册。

（三）选举管理委员长在阅览选民名册前两日为止，依据《附录第二号》的规定将阅览时间和地点在中央党部及市、道党的公告栏和网站上进行公告。

（四）选民第二款规定的期限内可以阅览选民名册，当选民名册中存在遗漏、误记等情况时，可以根据《附录第三号》的规定向选举管理委员会提出异议申请。

（五）选举管理委员会应在阅览期限结束的两日内处理异议申请。

第七条【选民名册的更正】

选举管理委员会认为异议申请中适当的事项可以更正选民名册。

第八条【选民名册的确定】

选民名册在阅览期限届满，异议申请结束后，经党务委员会的承认后确定。

第九条【选民名册复印件的交付】

选举管理委员长在结束候选人登记后，在根据《附录第四号》交付申请选民名册复印件的情况下，发放选民名册复印件。但是，经选举管理委员会议决可以不予交付。

第十条【选民名册复印件的管理】

（一）候选人应在党员中选任选民名册的管理负责人，并根据《附录第五号》向选举管理委员会申报。

（二）第一款中的选民名册管理负责人负有选民名册复印件的交付申请、交付后的选民名册的管理和返还等选民名册的所有权限及责任。

（三）第一款中的选民名册管理负责人，对交付后的选民名册进行管理、监督，使得选民名册只能以选举目的使用，以防名册外泄。

（四）第一款中的选民名册管理负责人，在选举期满之前，应将交付后的选民名册（包括交付后制作的复印件）立即返还至选举管理委员会。

第四章　候选人

第十一条【登记资格】

欲成为党代表以及最高委员者，根据公职选举法、党宪及党规规定应具有被选举权并保有党籍。

第十二条【候选人登记期间】

（一）党代表及最高委员的候选人登记申请期限为候选人登记申请开始日起两日内。（2017.8.2 修改）

（二）选举管理委员会在不影响全国代议员大会的准备日程的范围内，决定候选人登记日期。

（三）候选人登记申请材料的受理时间（包括公休日）为上午九点至下午六点。

第十三条【寄托金】

（一）申请党代表以及最高委员候选人的党员，在登记候选人时，根据选举管理委员会规定的要求交纳寄托金。

（二）第一款中的寄托金属于特殊党费，归属于党，即使候选人退选也不予返还。但在资格审查不合格时，应返还寄托金。

（三）寄托金的金额、交纳方法等必要的事项由选举管理委员会规定。

第十四条【登记申请】

（一）申请党代表以及最高委员候选人登记，要向选举管理委员会提交以下文件：

1. 候选人登记申请书一份（附录第六号）；

2. 党籍证明书一份；

3. 党费交纳证明一份；

4. 寄托金汇款证明一份；

5. 简历一份（附录第七号）；

6. 誓约书一份（附录第八号）；

7. 居民登录证副本一份；

8. 对于纲领和政策的见解及承诺资料一份；

9. 选举管理委员会认可的其他文件。

（二）选举管理委员会在受理第一款中的候选人登记申请文件时，应及时发放根据《附录第九号》的候选人登记接收证，资格审查结束后，对资格审查中合格的候选人，根据《附录第十号》将候选人登记公布在中央党公告栏。

（三）有关候选人登记申请的其他必要事项由选举管理委员会决定。

第十五条【资格审查】

（一）选举管理委员会通过对党代表以及最高委员候选人的法律资格审查及本质性、道德性、民主性、诚实性、对党的贡献度等进行考核，决定候选人资格。（2017.8.7 新设）

（二）申请党代表以及最高委员候选人登记的人员，应提交选举管理委员会要求的资格审查所需的文件。（2017.8.7 新设）

（三）选举管理委员会通过实施细则规定资格审查的标准、方法、程序等。（2017.8.7 新设）

第十六条【选号抽签】

（一）党代表以及最高委员候选人的选号是在候选人登记结束后，由候选人或候选人的代理人抽签决定。抽签顺序等必要事项由选举管理委员会规定。（2017.8.7 修改）

（二）候选人在选任第一款中的候选人的代理人时，根据《附录第十一号》的规定应将候选人的代理人委任状提交给选举管理委员会。

第十七条【候选人的退选申报】

党代表及部门最高委员候选人退选时，根据《附录第十二号》向选举管理委员会以书面形式申报。

第十八条【登记无效】

（一）党代表以及最高委员候选人登记的无效由选举管理委员会决定。

（二）候选人属于下列各项之一的，候选人登记无效：

1. 公职选举法规定不具有被选举权的；

2. 不具有党籍的；

3. 拥有两个以上政党党籍的；

4. 没有交纳寄托金的；

5. 申请候选人登记后，退党或者加入其他政党的情形；

6. 因资料不齐全要求其补充资料，未在指定期限内补充的。

（三）如果决定候选人登记无效，选举管理委员长应及时通知该候选人登记无效，并明示事由。

第十九条【登记无效等的公告】

选举管理委员长在发生以下任一情况时，根据《附录第十三号》进行公告：

1. 候选人登记无效的情况；

2. 候选人退选或死亡的情况。

第五章 选举活动

第二十条【候选人的公平竞争义务】

（一）候选人和为候选人进行选举活动的人在进行选举活动时，应当遵守该规定，公平竞争。并在对候选人的政见进行支持、宣传或批评反对时，不能做出违背风俗或社会及政党秩序的行为。

（二）候选人对公平竞争和选举结果等，根据《附录第八号》进行誓约。

第二十一条【选举活动的定义】

（一）本规定中的"选举活动"是指使特定候选人当选或不被当选的行为。但有关选举的单纯改进意见及意思表示、关于确立候选人和选举活动的准备行为或普遍意义上的政治活动不视为选举活动。

（二）任何人都可以自由进行选举活动，党宪、党规限制的情形除外。

第二十二条【选举活动期间】

选举活动期间是候选人登记申请至选举当日为止。

第二十三条【选举公营制】

（一）选举活动在选举管理委员会的管理下及本规定确定的范围内进行，保障所有候选人享有平等的机会。

（二）联合演讲会、联合讨论会、选举公报邮递及其他选举管理所需的费用由中央党承担。

第二十四条【不得进行选举活动的人】

下列各项之一者不得进行选举活动：

1. 选举管理委员会委员；

2. 中央党委员长级别以上的政务职党职者；

3. 中央党及市、道党事务职党职者。

第二十五条【被禁止的选举活动行为】

进行选举活动，禁止下列各项行为：

1. 为选举活动，对选民及其家属、所属团体等提供斡旋、承诺金钱、款待和其他利益的行为；

2. 为选举活动，对选民及其家属进行逐户访问的行为；

3. 为选举活动，对候选人及其家属的身份、经历、人格、思想、行为或所属团体散布虚假事实的行为；

4. 使用暴力、胁迫以及其他威慑力妨碍自由投票的行为；

5. 诽谤候选人和助长地区情节的行为；

6. 散布第三十条（电话、电子宣传等）规定的选举宣传和选举管理委员会规定之外的宣传物的行为；

7. 举办除了党规规定的党员座谈会、演讲及访谈之外的由多数选民参加的未经申报的聚会的行为；

8. 运行谎称为本党或公共机关等的类似呼叫中心或公布选民投票倾向分析结果、舆论调查结果等误导舆论的行为；

9. 其他违反公职选举法、政党法等非法选举活动行为；

10. 国会议员，市、道党委员长，地区委员长以公开的方式集体支持或反对特定候选人的行为。

第二十六条【联合演讲会】

（一）候选人演讲会以联合演讲会的形式进行。

（二）联合演讲会由选举管理委员会主办，选举期间举行一次以上。

（2017.8.2 修改）

（三）选举管理委员长确定联合演讲会议的日程和地点，并予以公告。

（四）举行演讲会当日之前，通过抽签决定联合演讲会的演讲顺序，如果候选人到本人演讲时间为止未参加的，视为放弃演讲。

（五）联合演讲会的各候选人的演讲时间等必要事项由选举管理委员会决定。

第二十七条【市、道党等联合演讲会，座谈会】

（一）市、道党及地区委员会的演讲会与座谈会以联合、公开的方式进行。

（二）中央党选举管理委员会与市、道党选举管理委员会及地区委员会进行协商，调整地区委员会单位的演讲会和座谈会。

（三）其他演讲会及座谈会所需的具体事项由中央党选举管理委员会决定。

第二十八条【讨论会】

（一）选举管理委员会可以举行联合讨论会。联合讨论会的举行次数、会议方式等必要的事项，由选举管理委员会决定。

（二）选举管理委员会努力让舆论机关等主办候选人联合开展讨论会。

第二十九条【选举公报】

由选举管理委员会决定是否发放选举公报及有关选举公报的必要事项。

第三十条【条幅等】

（一）候选人制作条幅、肩带、身体报、小物品、手持宣传板（以下称"条幅等"）后，接受选举管理委员会的检查确认，才可以在联合演讲会会场、选出大会会场的室内外进行公告或使用。

（二）制作条幅等可以包含姓名、选号、党名（包括象征党的徽章、标志）、选举的种类以及选举口号等。

（三）条幅等的规格、张数、使用材质、留言以及其他必要事项由选举管理委员会决定。

第三十一条【电话、电子宣传等】

（一）候选人可以以选举人团为对象进行电话宣传，通过发送文字、音频、视频信息及邮件等方法进行选举活动。

（二）选举管理委员会可以运营选举相关的电子宣传空间。

（三）发送文字、音频、视频信息及邮件次数的限制与否等必要事项由选举管理委员会决定。

第三十二条【演说会场等的禁止及限制的事项】

（一）任何人都不能在选出大会会场、联合演讲会场及联合讨论会场（以下称"演讲会场等"）内做出诽谤特定候选人的口号或发言。发生上述情形，选举管理委员长或其代理人可以对做出该行为的人进行制裁或要求退场。

（二）选举管理委员会在演讲会场等为了维持秩序和公正的选举管理，可以制定并施行禁止限制性规定。

第三十三条【违反禁止、限制规定的措施】

（一）选举管理委员会对候选人或选举活动人员违反本规定中的禁止及限制事项的，根据选举管理委员会规定第九条（对不正当选举的制裁）采取制裁措施。

（二）选举管理委员会对违反禁止、限制规定的举报或发现该情况时，应及时进行调查。

（三）选举管理委员会对不当选举行为的举报人给予褒奖。

第六章　选出方法

第三十四条【预备竞选】

预备竞选选举人团的构成、投票方法、投票期间和投票时间等选举必要事项由选举管理委员会实施细则规定。（2017.8.9 新设）

第三十五条【投票方法】

（一）投票以普通、平等、直接、保密的投票方式进行。

（二）党代表及最高委员选举实施一人一票制。（2017.8.2 修改）

（三）投票方法包括投票所投票、收集 App 投票、网上投票、ARS 投票，选举方法由选举管理委员会决定。（2017.8.2 修改）

第三十六条【投票所投票】

（一）投票将以第三十七条（国民参与选举人团投票）规定的电子投票（触屏投票）方式进行，如不能进行电子投票（触摸屏投票）时，将通过选举管理委员会的决议使用投票纸投票。具体的投票程序和方式等必要事项由选举管理委员会决定。

（二）投票期间和投票时间由选举管理委员会决定。

（三）选举管理委员会应在选举日七日前向选民发送记载选举日期、投票方法等选举必要事项的通知。通知可以与第二十八条（选举公报）规定的选举公报一并发送。

第三十七条【手机 App 投票】

（一）选举人团根据全党大会准备委员会规定的标准和程序，由安装手机 App 的党员组成。

（二）投票期间和投票时间由选举管理委员会规定。

（三）具体的投票程序和方式等必要事项由全党大会准备委员会实施细则规定。

第三十八条【网上投票】

（一）选举人团根据全党大会准备委员会规定的标准和程序组成。

（二）投票期间和投票时间由选举管理委员会决定。

（三）具体的投票程序和方式等必要事项由全党大会准备委员会实施细则规定。（2017.8.2 专门新设）

第三十九条【ARS 投票】

（一）选举人团由全党大会准备委员会规定的标准和程序组成。

（二）投票期间和投票时间由选举管理委员会决定。

（三）具体的投票程序和方式等必要事项由实施细则规定。

第四十条【国民参与选举人团投票】

（一）根据第三条（选出方法）第二款规定，实施国民参与选举人团投票。

（二）国民参与选举人团的投票结果和全党大会日的选举开票同时进行。

（三）国民参与选举人团的召集、投票程序和方式等必要事项，由全党大会准备委员会实施细则规定。

第四十一条【舆论调查】

（一）根据第三条（选出方法）第二款规定，并行舆论调查时，委托两个以上具有公信力的机关在选举日截止前进行。

（二）舆论调查结果与全国代议员大会上实施的选举开票日一同发表。

（三）具体的舆论调查方法等必要事项在施行细则中规定。

第七章　投票、开票

第四十二条【投票、开票管理】

（一）投票与开票事务由选举管理委员会履行。

（二）在进行投票和开票时，须由选举管理委员会过半数的委员参观。在手机 App 投票，网上投票，ARS 投票，巡回投票、开票或将管理事务委托政府选举管理委员会的投票、开票的情形，可以区别对待。（2017.8.2 修改）

第四十三条【投票、开票的参观】

（一）选举管理委员会应将相关候选人在选民中推荐的两名选民指定为投票、开票的参观人，候选人在选举管理委员会指定期间，根据《附录第十四号》向选举管理委员会书面申报推荐的参观人。

（二）选举管理委员会认为有必要时，可以增减第一款中的参观人数。

第四十四条【投票及开票情况的公开】

选举管理委员会公开投票及开票情况。手机 App 投票、网上投票、ARS 投票，可另行规定。

第四十五条【结束投票】

（一）投票结束后，由选举管理委员长宣布投票结束。

（二）宣布投票结束之后，不能进行投票。

（三）选举管理委员长在宣布投票结束后，应在投票参观人的参与下密封投票箱，并将其运送至开票场所。

第四十六条【开票程序】

（一）选举管理委员长在开票前，应在委员中选定检查开票计票所需人数的验票委员。

（二）选举管理委员长在投票箱（包括手机 App 投票或电子邮件投票结果）全部到达后，确认开票准备结束时，应及时宣布开票，并在检查投票箱封条后开票。（2017.8.2 修改）

（三）选举管理委员长在开票结束后，应公布各候选人的得票数和无效票数。

（四）开票结束后，选举管理委员长在电子记录储存设备上储存并封印投票、开票记录，将其保管在中央党事务处三十日。根据第四十六条（有关投票效率的异议申请)① 规定，有异议的将其保管至选举管理委员会做出决定为止。

第四十七条 【开票时期】

（一）全党大会日进行选举开票。

（二）选举管理委员会认为必要时可以对第一款的开票时间另行规定。

（2017.8.2 专门修改）

第四十八条 【无效投票】

投票无效与否依照公职选举法规定、选举管理委员会的有权解释及一般选举惯例。

第四十九条 【有关投票效力的异议申请】

（一）对候选人的投票效力有异议时，自选举日起三十日之内可以向选举管理委员会提出异议。

（二）受理对投票效力问题的异议时，选举管理委员会将通过在籍委员过半数的出席和出席委员过半数的议决决定。

第五十条 【投票录、开票录的制作】

（一）开票结果宣布后，选举管理委员会应及时制作投票录、开票录、计票录和选举录，并需要选举管理委员长和出席的全体委员在其上签名。

（二）开票结束后，投票录、开票录、计票录和选举录等由选举管理委员长将其移交给事务总长，当选人任期内由事务处保管。

第八章　当选人的决定及宣布

第五十条 【当选人的决定及宣布】②

（一）根据第三条（选出方法）第一款或第三条第一款和第二款的选出结果进行合算后决定当选人。第三条第二款的选出结果所占比例应为全部结果的百分之二十以内。

（二）党代表将各投票的结果换算成得票率，最终得票率最高的候选人当选。

（2017.8.7 新设，2017.8.9 修改）

（三）在党代表选举中，无过半数得票者时，对前两名最高得票者进行

---

① 【译者注】：现行法规应为第四十九条。
② 【译者注】：原文确为第五十条。

决选投票，将有效得票者中较高得票者选定为当选人，此时，必要事项由
选举管理委员会实施细则规定。（2017.8.7 新设，2017.8.9 修改）

（四）最高委将投票结果以得票率换算后，得票率最高的两名为当选
人。（2017.8.7 修改）

（五）根据第三款、第四款规定，有两名以上得票率相同的，按女性、
年长者顺序决定当选人。（2017.8.7 修改）

（六）当选人已确定时，选举管理委员会应及时宣布当选人。（2017.8.
7 修改）

第九章　补则

第五十一条【不服申请】

（一）对该规定的选举程序不服的候选人，可以向选举管理委员会提交
不服申请。

（二）存在第一款中的申请时，应通过委员会在籍委员过半数的出席和
出席委员过半数的议决及时处理。

（三）对选举管理委员会议决，不得再次提交不服申请。

第五十二条【委任规定】

党宪、党规规定事项以外的细则与其他必要事项，可以以实施细则补
充规定，不得违反党宪、党规规定。

附则　（2017.08.09，第四号）

本规定自党务委员会议决之日起施行。

第十九届总统选举候选人选出规定

［2017.3.8 制定］

第一章　总则

第一条【目的】

为了规定总统选举候选人选举的相关事项，根据党宪第九十二条（总

统选举候选人推荐）制定本规定。

第二条【候选人的公平竞争义务等】

（一）候选人和为候选人进行选举活动的人在进行选举活动时，应当遵守本规定，公平竞争。并在对候选人的政见进行支持、宣传或批评反对时，不能做出违背风俗或社会及政党秩序的行为。

（二）候选人对公平竞争和选举结果等，根据选举管理委员会的规定进行誓约。

第三条【选举管理委员会】

（一）为总统选举候选人的选举业务的公正管理，设置总统选举候选人选举管理委员会（以下称"委员会"）。

（二）委员会的构成及运营根据党宪第十章第三条（选举管理委员会），并准用党规第十八号选举管理委员会的规定。

第四条【选举管理委员的中立义务】

选举管理委员长，选举管理委员，中央党及市、道党事务职党职者，根据其他法令及党宪、党规规定无法进行选举运动的人，不得行使具有不当影响力或影响竞选结果的行为。

第五条【保密义务】

（一）本规定中的职务履行者，不得泄露在任期间获知的与其职务相关的秘密。

（二）违反本规定时，根据法令进行告诉、告发及根据党规第十五号伦理审判院规定第十一条（惩戒的事由及时效）进行惩戒。

第二章　选举权与被选举权

第六条【选举权】

（一）总统选举日当日，记载在选举人团名册中的十九岁以上的大韩民国国民具有选举权。

（二）确定选举人团名册时，已登记在党员名册上的党员，无须进行特殊程序，具有第一款中的选举权。

（三）虽有第一款和第二款规定，但预备竞选和竞选、决选投票的选举权根据选举方法，经委员会议决另行规定。

（四）虽有第一款和第二款规定，但因总统弹劾而实施的选举等，具有相当事由时，是否制作名册及制作方法，由最高委员会议议决另行规定。

第七条 【被选举权】

根据公职选举法第十六条（被选举权）规定，总统选举候选人的被选举权，应由共同民主党的权利党员享有。

第八条 【不具有选举权的人】

属于下列各项的人，不具有选举权。

1. 根据公职选举法规定，不具有总统选举的选举权。

2. 根据政党法第二十二条（发起人及党员的资格）规定，不能成为党员的人。

3. 根据党宪第十一条（表彰和惩戒）、伦理委员会规定第十三条（惩戒处分的种类及决定）处以除名、停止党员权利及党籍职务的人。

第九条 【不具有被选举权的人】

属于下列各项的人，不具有被选举权：

1. 根据公职选举法规定，不具有总统选举的被选举权；

2. 根据党宪第十一条（表彰和惩戒）、伦理委员会规定第十三条（惩戒处分的种类及决定）处以除名、停止党员权利及党籍职务的人；

3. 属于党宪第九十二条（总统选举候选人的推荐）第三款规定的人。

第三章 候选人预备人选和竞选候选人预备人选

第十条 【候选人预备人选登记】

（一）虽有公职选举法第六十条之二（候选人预备人选登记）第一款第一项规定，但欲成为国民之党的竞选候选人的，应向选举管理委员会申请候选人预备人选登记。

（二）候选人预备人选的登记和提交资料等必要事项，由委员会议决以细则规定。

第十一条 【候选人预备人选寄托金】

（一）登记为候选人预备人选的，应在选举管理委员会规定的期间内，交纳第十四条（候选人预备人选寄托金）第一款中的寄托金。

（二）交纳第一款候选人寄托金的预备候选人，根据第十二条（预备竞选候选人的登记）申请竞选候选人时，视为已交纳第十四条（预备竞选候选人的寄托金）中的寄托金。

（三）预备候选人交付的寄托金为特殊党费，应归属于党不予返还。

第十二条【竞选候选人预备人选的登记】

（一）成为国民之党的竞选候选人，应向选举管理委员会申请竞选候选人预备人选登记。

（二）竞选候选人预备人选的登记和提交资料等必要事项，由委员会议决以细则规定之。

第十三条【后援会的设置】

根据第十条（候选人预备人选登记）和第十二条（竞选候选人预备人选登记），登记为候选人预备人选和竞选候选人预备人选将被认定为政治资金法第六条（后援会指定权人）第三款规定中的总统选举竞选候选人，并可以指定一个后援会。

第十四条【竞选候选人预备人选的寄托金】

（一）竞选候选人预备人选在登记申请时交付的寄托金由委员会议决规定。

（二）申请登记为候选人预备人选或竞选候选人预备人选的，向选举管理委员会交付第一款规定中的寄托金。

（三）候选人预备人选交付的寄托金为特殊党费，应归属于党不予返还。候选人预备人选死亡时，则另行规定。

第十五条【预备竞选】

有关预备竞选的实施方法和选举活动的有关事项，由委员会议决以细则规定之。

第四章　选举期间和选举日

第十六条【选举期间】

（一）选举期间是自指候选人登记申请日起至选出总统选举候选人的选举日为止。

（二）选举期间从候选人登记日至总统选举候选人指名大会日为止。

第十七条【选举日】

选出总统选举候选人的选举日由委员会规定。

第五章　选举人团

第十八条【召集及制作名册等】

（一）委员会制作包括党员名册在内的选举人团名册。

（二）选举人团的召集、名册制作、确认交付等必要事项，由委员会议决并以细则规定之。

（三）虽有第一款和第二款规定，因弹劾总统而实施的选举等，具有相当事由时，是否制作名册及制作方法，可以由最高委员会议议决另行规定。

第六章　候选人

第十九条【候选人登记】

（一）候选人注册应在委员会规定期间内向委员会申请。在不得已的情形，可以经委员会议决另行规定。

（二）根据第一款规定，申请候选人登记的，应提交下列各项资料并交纳第二十三条（寄托金）规定中的寄托金：

1. 公平竞争誓约书（附录第一号表格）；

2. 履历书（附录第二号表格）；

3. 党籍证明书；

4. 党费交付证明书或收据；

5. 寄托金交付收据；

6. 执政展望及国政运营计划书；

7. 其他委员会规定的资料。

（三）委员会在候选人登记申请时应立即受理，根据第二款规定，不具备登记资料的申请不予受理。

（四）有关候选人登记的其他必要事项由委员会议决规定。

第二十条【登记无效】

（一）候选人登记后有下列事由的，经委员会决定候选人登记视为无效。

1. 发现候选人不具有被选举权的；

2. 根据第十九条（候选人登记）第二款的规定，提交虚假资料的；

3. 候选人脱离、变更党籍的。

（二）委员会做出第一款中的登记无效决定时，应及时通知该候选人并明示其事由。

第二十一条【候选人退选的申报】

候选人退选时，以书面形式向委员会进行申报。

第二十二条【有关候选人登记的公告】

候选人因登记、退选、死亡等原因登记无效时，委员会应及时进行公告。

第二十三条【寄托金等】

（一）申请登记为候选人时，根据委员会规定的要求交纳寄托金。

（二）第一款中的寄托金用于选举管理，剩余部分属于特殊党费，归属于党。

（三）因候选人的退选或登记无效时，第一款中的寄托金属于特殊党费。但候选人死亡时，可另行规定。

（四）有关寄托金的必要的事项由委员会议决决定。

第七章　选举活动

第二十四条【选举活动的定义】

（一）本规定中的"选举活动"是指不让特定候选人当选或不被当选的行为。但有关选举的单纯改进意见及表述、候选人和选举活动的准备行为或普遍意义上的政治活动不视为选举活动。

（二）除了党宪、党规限制的情形之外，任何人都可以自由进行选举活动。

第二十五条【准用规定】

（一）有关选举运动准用党规第七号党代表及最高委员选出规定第五章（选举活动）。

（二）有关选举运动的具体事项由委员会议决以细则规定之。

第八章　选出

第二十六条【投票方法等】

（一）投票以普通、平等、直接、保密投票方式进行。

（二）投票为一人一票制。

（三）投票方法包括投票所投票、收集 App 投票、网上投票、ARS 投票，选举方法由选举管理委员会决定。具体的投票程序和方式等必要事项经委员会议决以细则规定之。

（四）可以实施选举日前的事前投票。

（五）为了反映一般国民及支持者的意思，国民参与选举人团投票和舆论调查可以同时进行。此时，具体的舆论调查的方法经委员会议决以细则规定之。

第二十七条【投票、开票等】

（一）选举管理委员会可以邀请中央选举管理委员会和警察协助，以保障投票、开票工作的顺利完成。

（二）委员会允许投票参观人参观选票的交付情况和投票情况，开票参观人在开票所内参观开票情况。

（三）投票参观人和开票参观人的人数及必要事项由委员会议决规定。

第二十八条【点算方式的投票及开票】

（一）保障投票、开票工作的顺利完成，委员会可以使用电子系统进行投票和开票。

（二）以电子系统进行投票和开票时，投票和开票的程序和方法及必要事项由选举管理委员会议决规定。

第二十九条【总统选举候选人当选人的确定】

（一）根据第二十六条第三款的细则，合算其投票结果而决定总统选举候选人。但是，反映第二十六条第五款细则规定的舆论调查或公论调查的结果时，其反映比例由委员会以细则规定之。

（二）根据第一款结果中的过半数投票率，决定总选举候选人。

（三）没有获得过半数的投票人时，由决选投票结果的有效投票中得票数较高的人当选，决选投票的必要事项，由委员会以细则规定之。

（四）虽有第一款和第二款规定，但因弹劾总统而实施的选举等，具有相当事由时，是否制作名册及制作方法，可以由最高委员会议议决另行规定。

第三十条【总统选举候选人的决定公告及通过】根据第二十六条（总统选举候选人的选出及决定）总统选举候选人确定后，由委员长公布，并及时通知总统选举候选人。

第三十一条【对违规行为的制裁】

对违规行为的制裁根据党宪第一百一十六条（对不当选举的制裁），并准用第十八号选举管理委员会规定第九条（对不正当选举的制裁）。

第三十二条【委任规定】

施行本规定的必要事项经委员会议决，以细则规定之。

附　则

本规定自党务委员会议决之日起施行。

伦理规范

第一条【目的】

为加强对国民的责任性，塑造清廉的政治风气，制定党员应当率先遵守的本伦理规范。

第二条【遵守法令和伦理规范】

（一）党员应当遵守党的纲领、基本政策、法令和党宪、党规，并尊重党论。

（二）党员应当遵守伦理规范，对待每一件事都要判断是否违反伦理规范，慎重行动。

（三）党职者和党所属公职者应当接受党实施的伦理规范相关教育，并提交伦理规范遵守承诺书。

第三条【维持品位】

（一）党员不得做出违背社会常规的行为而损害党的名誉。

（二）党员不得做出暴行、恶言、散布虚假事实等违背国民情绪的言行而损害他人的名誉。

（三）党员不得贬低女性、老人、残疾人等社会弱势群体或做出阻碍地区、世代等国民统合的言行。

（四）党员不得以性别、人种、肤色、语言、宗教、民族、社会起源、财产或出生等为由进行歧视。

（五）不管何种原因，党员都不得做出使对方产生性厌恶感和羞耻心的发言或行动。

（六）党员在发生国家危机或国家灾难等需要社会自律的情形下，不得做出赌博、娱乐、海外旅行等有悖于国民情绪的行为。

第四条 【道德责任的履行】

党员应当为促进捐赠文化和奉献活动积极努力，并为提高敬老孝亲的美风良俗全力以赴。

第五条 【诚实履行职务】

（一）党所属公职者和党职者应将党的利益优先于个人利益，国家利益优先于党的利益，忠实履行职务，尽职尽责。

（二）国会议员或地方议会议员，除了提交请假条或正式的出差以外，应出席国会或地方议会的各种会议，并忠实参与议政活动，熟知议政活动的相关内容，努力提高职务履行能力。

第六条 【清廉义务】

（一）党所属公职者和党职者应廉洁地执行职务，不得做出一切不正、腐败行为。

（二）党所属公职者和党职者不得收受与职务所相关的直接或间接的谢礼、赠予或款待（包括相关承诺）。

第七条 【公正履行职务】

（一）党所属公职者和党职者履行职务时，不得以地缘、血缘、学缘、宗教等为由向特定人员提供特惠或歧视特定人员。

（二）竞选党职或公职候选人的党员应遵守《公职选举法》《政党法》，不得做出一切不正行为。

（三）事务职党职者在党内选举中，不得做出劝诱或强迫支持或不支持特定候选人等一切不公正的职务行为。

（四）党所属公职者和党职者在履行职务时，不得做出高压性言行，应尊重对方，遵守礼仪和信义。

第八条 【滥用职权与利权介入的禁止】

（一）党所属公职者和党职者不得利用地位和身份，为确保本人或亲属、特殊关系人等获得普通国民通常得不到的实惠、特别照顾或其他例外的适用，而实施不正当的行为或影响力。

（二）党所属公职者和党职者不得利用执行职务中所知悉的信息，进行财产交易、投资或将信息提供给他人进行财产交易、签订劳务合同或投资等图谋利益的行为。

（三）党所属公职者和党职者，无正当事由不得以私人用途使用或收益公用设施和预算使用的附加服务。

（四）党所属国会议员不得将本人和配偶的民法上的亲属任命为辅佐团。

第九条【不正当请托与收受钱财等的禁止】

（一）党所属公职者和党职者不得为谋取本人或他人的不当利益，而做出妨碍公正执行职务的斡旋、请托等行为。

（二）党所属公职者和党职者退休后不得做出妨碍在职公职者和党职者公正执行职务的斡旋、请托行为。

（三）党所属公职者和党职者不得收受与其职务有直接利害关系人的金钱、有价证券、房地产、物品等或包括使用权的财产利益、接待、款待等有形和无形的利益。但根据《政治资金法》等法律的合法捐赠以及赞助除外。

（四）虽有第三款的规定，但党所属国会议员不得从自己的辅佐团和存在实际雇佣关系的人员处收受以回收工资、赞助等任何名义的不当的金钱。

第十条【防止利害冲突及回避义务】

（一）党所属公职者和党职者为防止所履行的职务与其直接利害关系相关联而导致公正执行职务出现困难，应确保职务履行的适当性，以公共利益为优先诚实地履行义务。

（二）认为难以公正执行职务的，可以事先向伦理审判院解释，并回避相关职务。

（三）党所属公职者和党职者应自行回避与本人有直接利害关系和关联的审查和决定，党所属国会议员应克制分配到分管与本人、配偶、民法上的亲属以及特殊关系人等有利害关系的政府部门的国会常任委员会。

第十一条【泄露机密与外泄资料的禁止】

党所属公职者和党职者不得泄露职务上知悉的国家机密及党的机密，且不得将国家机关的机密资料及党的保安资料用于私人用途或外泄到外部机关。但从公共利益的角度认为应该优先国民知情权的，可以根据伦理审判院的决定，另行确定。

第十二条【委任规定】

施行本规范所必要的细节事项，经中央党伦理委员会议决规定。

附则（2016. 9. 30，第一号）

本规定自党务委员会议决之日起施行。

党纪伦理审判院规定

［2016. 9. 30 制定；2017. 8. 14 修正］

第一章　总则

第一条【目的】

为了规范党纪伦理审判院的组成和运行等的相关事项，根据党宪第十章（独立机构）第一节的规定，制定本规定。

（2017. 8. 14 修改）

第二条【委员的独立性】

党纪伦理审判委员（以下本章称"伦理委员"）独立履行职务，不受一切干涉和身份上的歧视。（2017. 8. 14 修改）

第三条【严守秘密的义务】

委员和党职者不得泄露或盗用职务秘密。

第四条【会议非公开】

会议以非公开为原则，可以经党纪伦理审判院议决公开。（2017. 8. 14修改）

第五条【除斥、忌避、回避】

（一）委员与表彰或惩戒事由有关联，或与审议对象有或曾经有过亲属关系的，不得参与该案审议。

（二）审议对象认为伦理委员有做出不公正议决可能性的相当事由的，可以以书面形式说明该事由并向党纪伦理审判院申请忌避，党纪伦理审判院决定是否忌避，被忌讳的伦理委员不得参与该案件的审议。（2017. 8. 14修改）

（三）委员认为有属于第一款及第二款的事由的，应自行回避该案的审议。

第二章　中央党伦理审判员

第一节　组成与运行

第六条【审判院院长的选出】

（一）中央党党纪伦理审判院院长（以下本章称中央党审判院院长）由中央委员会选出。

（二）如果发生中央党审判院院长的选举事由，中央委员会议长将公告中央党审判院院长候选人的招聘，并由二十名以上中央委员签名推荐候选人。

（三）中央党审判院院长推荐信由秘书长受理，最高委员会对推荐候选人的资格进行审查和议决后，正式向中央委员会推荐单数或复数的候选人。

（四）简历、犯罪经历报告书等审查资格所需要的文件由最高委员会决定。

（五）最高委员会的资格审查和议决结束后，中央委员会议长在二十四小时内召集中央委员会选举中央党审判院院长。

（六）中央党审判院院长的选举以秘密投票的方式进行议决。

（七）向中央委员会推荐的候选人为单数时，以中央委员会过半数在席委员的赞成议决，候选人为复数时，将有效得票者当中多数得票者确定为当选人。（2017.8.14 专门新设）

第七条【组成】

（一）中央党党纪伦理审判院（以下称中央党审判院）由中央委员会选出的中央党审判院院长和中央党审判院院长经最高委员会的协商任命的八名伦理委员组成，其过半数为党外人士。

（二）中央党审判院院长代表中央党审判院，统管中央党审判院的事务。

（三）中央党审判院副院长（以下本章称副院长）二人辅佐中央党审判院院长，中央党审判院院长因故不能履行职务时，由中央党审判院院长指名的副院长代行职务，若无中央党审判院院长指名的副院长的，由副院长中的年长者代行职务。

（四）中央党审判院可以任命专门负责调查的伦理调查官（以下称调查官）。调查官的指挥、监督、任期、人数等必要的事项由审判院规定。

（2017.8.14 专门修改）

第八条 【召集和议事】

（一）中央党审判院在中央党审判院院长认为有必要，或三分之一以上在籍委员提出要求时，或者党务委员会或党代表提出要求时，由中央党审判院院长召集会议。

（二）中央党审判院以在籍委员过半数的出席召开会议，并以出席委员过半数的赞成议决。但党的除名和党员权利停止的相关案件以在籍委员过半数的票数决定。（2017.8.14 专门修改）

第九条 【调查命令】

（一）中央党审判院院长可以直接调查或命令调查官调查惩戒事项是否为事实。（2017.8.14 修改）

（二）中央党审判院院长或调查官可以对惩戒对象命令以下各项事项：（2017.8.14 修改）

1. 提交相关资料；

2. 以书面或直接审问方式调查。

（三）惩戒对象无正当事由，两次以上不接受前款的命令的，可以以此为由惩戒。

第十条 【协助的义务】

中央党审判院在审议案件所必要的时候，可以要求党员及党职者提交资料，陈述等必要事项，收到要求的人应诚实履行。（2017.8.14 修改）

第二节 对党纪伦理审判院院长和委员的不信任

第十一条 【不信任】

（一）经党务委员会的要求或中央委员三分之一以上的在籍委员签名，将对院长的不信任案提交到中央委员会议长的，中央委员会议长在七日内召开中央委员会进行议决。

（二）院长不信任案的议决以秘密投票进行，以中央委员会在籍委员过半数的赞成决定。

（三）最高委员会议决委员的免职时，院长免职该委员。（2017.8.14 新设）

第三节 表彰

第十二条 【表彰等】

（一）党代表可以以职权或中央党审判院院长的推荐，经审判院的议决，向对国家、社会发展做出贡献的国民、团体、党员等授予以下各项表彰：

（2017.8.14 修改）

1. 表彰状；

2. 感谢状。

（二）经前款的程序，向对党的发展有重大功劳的党员、各级党机构授予以下各项表彰：

1. 党代表实施的表彰；

2. 中央党各机关的长官或者市、道党委员长实施的表彰；

3. 党代表认定的各机关长官实施的表彰。

第四节　惩戒

第十三条【惩戒事由及时效】

（一）党宪第十一条（表彰和惩戒）第二款规定以外的惩戒事由如下：

1. 违反党宪、党规或违反党的指示、决定的情形；

2. 违反党的纲领或党论的情形；

3. 违反伦理规范所规定的纪律的情形；

4. 散布虚假事实谋害党员或以虚假事实或其他侮辱性的言行影响党员团结的情形；

5. 泄露党的机密的情形；

6. 其他损害党的品位或严重损毁党的名誉的情形。

（二）惩戒时效如下：

1. 党宪第十一条（表彰和惩戒）第二款第二项及第三项的情形为五年；

2. 前项以外的情形为三年。

第十四条【议事决定】

（一）中央党审判院根据案件的不同，经决议决定不记名投票、记名投票、举手投票中的一项。

（二）中央党审判院的决定类型如下：

1. 却下决定；

2. 弃却决定；

3. 惩戒处分决定。（2017.8.14 专门修改）

第十五条 【惩戒处分的种类种及决定】

（一）惩戒分为除名、停止党员权、解除党职职位、停止党职职务、警告。

（二）中央党审判院对辖区惩戒案件进行审查、议决、确定，并将其结果向最高委员会通报。（2017.8.14 修改）

（三）具有国会议员身份的党员的除名，除第一款程序外，还需议员总会的三分之二以上在籍议员的赞成。（2017.8.14 新设）

（四）停止党员权的处分以在籍委员过半数的赞成议决。

（五）党员权和党职职务的停止期间为一个月以上两年以下。

（六）警告以口头或书面形式进行。

（七）根据中央党审判院的职权或当事人的重审请求，决定是否属于党宪第十一条（表彰与惩戒）第二款第二项的起诉等。（2017.8.14 修改）

第十六条 【惩戒请愿】

（一）党员可以依照（附录第一号表格），向辖区伦理审判院请愿认为具有本规定第十一条规定的惩戒事由或违反伦理规范的党员的惩戒。

（二）中央党审判院应在自受理请愿书之日起三个月内决定是否启动惩戒程序。（2017.8.14 专门修改）

第十七条 【辩解】

中央党审判院应给予惩戒对象一次以上书面或出席陈述方式的辩解机会。但惩戒对象无正当事由不进行辩解的可视为已放弃辩解机会。（2017.8.14. 修改）

第十八条 【再审请求】

（一）受惩戒处分的，可以自收到惩戒议决书之日起十四日内向中央党审判院请求再审。根据党宪第十一条（表彰和惩戒）第二款规定起诉后立即停止党员权及党职职务的，可以自受理起诉之日起十四日内请求再审。（2017.8.14 修改）

（二）与惩戒处分相关的刑事案件被宣告为无罪的，不受第一款的再审请求期间的限制。

（三）请求再审应在再审请求书（附录第二号）中记载其事由，并提交议决书副本和再审事由的证明资料。

（四）中央党审判院对再审请求根据此规定，应在受理再审之日起三十日内进行审议和议决。（2017.8.14 修改）

（五）对遵守特殊议决法定人数的惩戒处分，在再审当中推翻原决定时，应满足当初的特殊议决法定人数。

第十九条【再审的决定】

（一）中央党审判院认定再审请求无正当理由的，对此驳回。

（二）中央党审判院认定再审请求有正当理由的，取消该决定并重新议决，此时再审决定将被确定。（2017.8.14 专门修改）

第二十条【对中央党选举管理委员会的制裁决定的异议申请等】

（一）中央党审判院应在受理选举管理委员会规定第九条（对不正当选举的制裁）第三款的异议申请之日起三日内决定，根据此决定确定是否丧失资格。（2017.8.14 修改）

（二）中央党审判院应在受理选举管理委员会规定第九条（对不正当选举的制裁）第一款第四项的除名申诉之日起三日内决定。此时，认为除名决定过重的，可以减轻为停止党员权。（2017.8.14 修改）

（三）虽有第十三条①（惩戒处分的种类及决定）第二款的规定和第十六条②（再审请求）第一款的规定，但本条第二款的除名和停止党员权决定立即生效，以候选人等党员资格为前提的资格将立即停止。

第二十一条【党务委员会的再审要求】

有特殊事由时，党务委员会经其议决可以要求对惩戒处分的再审。（2017.8.14 修改）

第五节　教育

第二十二条【伦理规范教育】

中央党审判院为了使党员能够遵守党宪、党规及伦理规范，可以实施相关教育。

第三章　市、道党党纪伦理审判院

第二十三条【组成等】

（一）市、道党党纪伦理审判院（以下称市、道党审判院）由经市、道党常务委员会议决，市、道党委员长任命的九名以内的市、道党伦理审判

---

① 【译者注】：现行法规应为第十五条。
② 【译者注】：现行法规应为第十八条。

委员（以下称为市、道党委员）组成，其过半数为党外人士。

（二）市、道党党纪伦理审判院院长在市、道党委员中的党外人士当中互选。

（2017.8.14 新设）

（三）市、道党审判院在市、道党委员长提出要求或市、道党党纪伦理审判院院长（以下本章称市、道党审判院院长）认为有必要，以及三分之一以上在籍委员提出要求时，由市、道党审判院院长召集会议。

（四）市、道党审判院以在籍委员过半数的出席召开会议，并以出席委员过半数的赞成议决。

（五）虽有第三款的规定，但停止党员权处分以在籍委员过半数的赞成议决，党员的除名以市、道党审判院在籍委员三分之二以上的赞成议决，并以常委会委员会在籍委员三分之二以上的赞成确定。

（2017.8.14 专门修改）

第二十四条 【权限等】

（一）市、道党审判院不得对中央委员会委员及中央党所属党职者实施惩戒处分。

（二）市、道党审判院依照中央党审判院执行任务，处理市、道党审判院案件时，应及时向市、道党委员长和中央党审判院院长报告其结果。

（三）中央党审判院可以要求市、道党审判院移交处于惩戒程序中的案件。此时，市、道党审判院应中止惩戒程序，提交相关资料，并协助中央党审判院的调查。（2017.8.14 专门修改）

第二十五条 【委任规定】

本规定的施行所必要的事项，经中央党审判院的议决，由中央党审判院院长决定。（2017.8.14 修改）

第二十六条 【紧急惩戒】

（一）党代表认定有明显的惩戒事由，若不及时处理，有可能发生党的重大问题的，虽有第十三条①（惩戒处分的决定）及第十五条②（辩解）的规定，但可以经党务委员会议决，做出党员资格停止以下的惩戒处分。

---

① 【译者注】：现行法规应为第十五条。
② 【译者注】：现行法规应为第十七条。

（二）紧急惩戒事由解除时，应根据惩戒嫌疑人的请求，经过第十三条及第十五条①的程序。（2017.8.14 专门新设）

附则（2017.8.14，第二号）

第一条

本规定自党务委员会议决起施行。

第二条

虽有党规第十五号第六条规定，但第一任党纪伦理审判院院长，经最高委员会的议决，由党代表推荐，若候选人为单数的，经询问是否赞成选举。

---

① 【译者注】：现行法规应为第十五条和第十七条

正 义 党

党　宪

[2012.10.21 由创立大会制定；2013.06.16 党大会修正；2015.03.22 第三次党大会修正；2015.11.22 统合党大会修正；2016.09.25 第五次临时党大会修正；2017.10.21 第六次党大会修正]

前言

正义党是开拓先进政治未来的革新性质的进步政党。

正义党为了成为代表现代、民主的进步政党，制定了如下志向。

正义党是以劳动为基础的大众政党。本党是被组织起来的劳动者、非正式员工、青年失业者等多样而广泛的劳动阶层都能自主参与的政党。任何劳动的国民都能支持本党，并自主地成为本党政治主体。

正义党是由市民参与的进步政党。本党是任何市民都能简单而自由参与的开放性质的政党。本党是尊重领导者，并关照少数者的民主性质的政党。作为主权者的市民，任何人都可以成为正义党的主人。

正义党是现代性质的生活政党。本党拓宽进步的价值，是允许志向该价值的多种路线和政策以及势力集团得以共存、竞争，本党是现代性质的进步政党，是以进步的政策和对路线的生产性竞争而改变国民生活的生活政党。

正义党志在成为代表进步的政党。本党是与放下所有既得权，并同意进步性革新的劳动者、农民、贫民、市民、团体以及个人一同存续的政党。本党实现对先进政治的统一领导，作为代表进步性质的政党，是成为韩国政治主力的责任政党。

怀揣上述政党的志向，制定本党宪。

第一章　总则

第一条【名称】

本党称为"正义党"。本党是以党员为中心实现政党民主主义的政党，是市民可以自由参与的政党。

第二条【目的】

正义党以自由、平等、团结、和平、生态为基本价值，为了一起建设幸福而正义的福祉国家，本党将为民主主义进行政治改革，并成为一个强大的政党，为韩国资本主义的民主改革和经济体制改革提供替代方案，营造基于生态的可持续社会，扩大作为市民普遍权利的劳动权，营造任何人都能得到尊重并且不受歧视的社会，建立支持终身和生活领域的普遍性福祉，主导东亚与韩半岛的和平等，制定本党章。

第三条【组织】

本党在首尔特别市设置中央党，在首尔特别市和广域市、道以及特别自治市、道设置市、道党。原则上在各市、郡、区设置地区委员会，但以广域市、道运行委员会的决定，可以按照国会议员选区，或者将临近市、郡、区统合为一处的方式设置地区委员会。

第二章　党员

第四条【党员】

（一）依照法令具有成为党员的资格，同意本党纲领和基本政策的任何人都可以依党规规定的程序成为党员。

（二）为无法成为政党党员的青少年，设立预备党员制度。

（三）关于预备党员的事项和其他党员的入党、退党、复党、转籍以及除名等的具体事项，由党规规定。

第五条【权利和义务】

（一）党员享有下列各项权利：

1. 选出党宪、党规中规定的党职以及公职候选人的选举权和被选举权;

2. 参与党议事决定的权利;

3. 参与党组织活动的权利;

4. 获得关于党活动的资料和教育,并具有对此提出意见的权利;

5. 对于侵害党员权利的行为,依照党规规定的程序,要求采取必要措施的权利;

6. 对任一本党的选出职以及公职选举当选人,依照党规,要求罢免的权利;

7. 与上述第一项、第二项相关的具体事项,由党规规定。

(二) 党员负有下列各项义务:

1. 遵循党的纲领和基本政策的义务;

2. 遵守党宪、党规,遵循党论和党的命令的义务;

3. 支持党推荐公职候选人的义务;

4. 保守党机密的义务;

5. 接受由党实施的教育、培训的义务;

6. 保持清廉和品位的义务;

7. 交付党费的义务。

第六条 【党费】

(一) 党费的种类、数额、交付程序和方法以及对已交纳党费的分配等必要事项,由党规规定。

(二) 当党员未交纳党费时,可以限制上述第五条第一款中的部分权利,具体事项由党规规定。

(三) 任何人都不得为他人代交纳党费,其他必要的事项由党规规定。

第七条 【女性党员的地位和权利】

(一) 为了扩大女性的政治参与,实现实质上的两性平等,在所有选出职和任命职中,女性党员享有百分之三十以上的配额。

(二) 女性配额的计算以及程序等具体事项,由党规规定。

第八条 【残疾人党员的地位和权利】

(一) 为了扩大残疾人的政治参与,保障其实质上的社会活动,在所有选出职和任命职中,残疾人党员享有百分之五以上的配额。

(二) 残疾人配额的计算以及程序等具体事项,由党规规定之。

第九条 【青年党员的地位和权利】

（一）为了扩大青年的政治参与机会，在组织中央党以及广域市、道党的代议机构时，应当尽可能使得青年党员占据百分之十以上。

（二）由党代表制定并提交的关于扩大青年党员政治参与以及伸张青年社会权利的青年发展基本计划，并由全国委员会予以承认。

（三）青年党员配额的计算以及程序等具体事项，由党规规定之。

第十条 【残疾人、青年、女性的配额】

（一）虽有党宪第七条、第八条的各项规定，但是没能按照配额选出（选任）时，可以将不足的名额设为空席。但党大会、全国委员会、广域市和道党的代议员大会、全国委员会的直属机构，应当尽可能在三个月以内消除空席完成配额，三个月以内仍未能满足配额的，该单位的地位和权限将自动停止。

（二）虽有党宪第九条的规定，但是未能满足配额的机构，应当在三个月内完成配额，未能完成时，该单位的地位和权限将自动停止。

第十一条 【奖励和惩戒】

（一）对党的发展有功劳的党员以及个人、团体，依照党规的规定，可以给予奖励。

（二）未履行义务或者对党实施了有害行为的党员，依照党规的规定，可以给予惩戒。

第三章　党员的总投票

第十二条 【党员的总投票】

（一）党员总投票是优先于党大会议决的本党最高议事决定方法。（2017.10.21 新设）

（二）在下列各项情形下，实施党员总投票：

1. 党的合并和解散；

2. 处理由党大会提出的议案；

3. 以全体党权者百分之五以上的联名，提出的议案；

4. 依照党宪、党规实施的其他党员总投票。

（三）由党大会提出党员总投票议案的，该议案中应当包含有关选举公告、投票、开票等的程序事项。

（四）有关党员投票程序等的具体事项，由党规规定之。

（五）（2017. 10. 21 删除）

第四章　代议机构

第一节　党大会

第十三条【地位和构成】

（一）党大会作为党的最高议决机构，由下列人员构成：

1. 党代表以及副代表；

2. 全国委员；

3. 党的顾问；

4. 所属于党的国会议员；

5. 所属于党的地方自治团体长官以及地方议员；

6. 地区（职场）委员会的委员长；

7. 中央党各部门、各分科委员会的委员长；

8. 经代表推荐，由全国委员会批准的推荐职代议员；

9. 选出职党大会代议员；

10. 党规规定的党员俱乐部代表。

（二）组织第一款党大会的必要事项，由党规规定。

第十四条【权限】

党大会具有下列各项权限：

1. 修改纲领；

2. 修改党宪；

3. 提出党的合并和解散议案；

4. 处理由全国委员会提出的议案；

5. 决定党的主要政策以及路线；

6. 提出党员总投票议案；

7. 做出其他重要决定。

第十五条【议长团】

（一）为了召集党大会以及主持议事，设置由议长一人和副议长二人组成的议长团。

（二）在党大会的代议员中，选出议长团。

（三）议长团的任期与党大会的代议员任期相同。

第十六条 【党大会代议员的任期】

党大会代议员的任期为两年。但其任期以选出下一届党大会代议员之时为止。（2017.10.21 修改）

第十七条 【召集以及运行】

（一）定期党大会由议长每两年召集一次。

（二）当有全国委员会的议决，或者在籍党大会代议员三分之一以上要求时，由党大会议长召集党大会。

（三）党大会的议事等有关运行的具体事项，由党规规定之。

第二节　全国委员会

第十八条 【地位和构成】

（一）在党大会召开之前，全国委员会作为最高议决机构，具有对党的重要事项进行日常协商以及议决的地位。

（二）全国委员会由下列各项人员构成：

1. 党代表以及副代表；

2. 事务总长、政策委员会议长、教育研修院院长、政策研究所所长；（2017.10.21 新设）

3. 所属于党的国会议员；

4. 广域市、道党的委员长；

5. 选出职全国委员；

6. 经代表推荐，由全国委员会批准的推荐职全国委员。

（三）有关第二款各项的必要事项，由党规规定之。

第十九条 【权限】

全国委员会具有如下各项权限：

1. 制定与修改党规；

2. 提出对纲领以及党宪的修正案；

3. 批准各级公职候选人；

4. 承认以及取消对广域市、道党的创立；

5. 议决指定广域市、道党为事故党部；

6. 审议、议决预算与决算案；

7. 解释纲领、党宪、党规；

8. 批准支持团体；

9. 批准以及罢免中央党纪委员会、中央选举管理委员会、中央预算决算委员会的委员长以及委员；

10. 批准推荐职全国委员；

11. 批准党主要执行机构的长官；

12. 批准全国委员会下属机构的设置以及废止案；（2017.10.21 修改）

13. 审议代表提交的议案；

14. 其他由党宪、党规规定的权限。

第二十条【全国委员的任期】

全国委员的任期为两年。但其任期以选出下一届全国委员之时为止。（2017.10.21 修改）

第二十一条【召集以及运行】

（一）全国委员会由党代表召集。但三分之一以上的在籍全国委员要求时，应当在十五日以内召集。

（二）全国委员会的议事等有关运行的具体事项，由党规规定之。

第五章　执行机构

第一节　党代表

第二十二条【党代表的地位和权限】

（一）党代表统辖党务，并代表党。

（二）党代表具有下列各项权限：

1. 执行、调整、监督全部党务；

2. 召集、主持全国委员会等党的主要会议以及提出议案；

3. 处理党大会、全国委员会委任的事项；

4. 推荐党主要执行机构的负责人；

5. 设置以及废止中央党的执行机构；（2017.10.21 修改）

6. 提出针对全国委员会下属机构的设置以及废止案；（2017.10.21 新设）

7. 任免中央党职者；

8. 其他党宪、党规授予的权限。

（三）党代表推荐依党宪、党规确定的公职选举候选人。

第二十三条【党代表以及副代表的任期】

党代表和副代表的任期各为两年。但其任期以选出下一届党代表以及副代表之时为止。(2017.10.21 修改)

第二十四条【党代表以及副代表的选出】

（一）由党员总投票选出党代表和副代表。

（二）党代表的任期为两年。但其任期以选出下一届党代表之时为止。(2017.10.21 修改)

（三）当党代表缺位或者因故不能履行职权时，其职务代行由党规规定之。

第二十五条【副代表】

（一）党设置副代表三人。

（二）副代表具有如下权限：

1. 副代表辅佐代表处理党务，当代表缺位时，代行代表权限至选出新一任代表。

2. 其他由党宪、党规授予的权限。

第二十六条【战略协议会】

为了协商、调整关于党的运行和路线等主要事项，党代表可以通过召集副代表和国会议员以及党的主要人士，运行战略协议会。

第二十七条【委员长联席会议】

（一）为了收集所有党务相关意见，设置广域市、道党的委员长联席会议和地区委员会的委员长联席会议。

（二）关于广域市、道党的委员长联席会议和地区委员会的委员长联席会议的其他必要事项，由党规规定之。

第二节　各种机构

第二十八条【常务执行委员会】

（一）常务执行委员会由代表、副代表、院内代表、事务总长、政策委员会议长、中央党执行部门的长官等构成。

（二）常务执行委员会辅佐党代表，是检查、审议党日常性事务执行的机构。

（三）有关常务执行委员会运行的事项，由党规规定之。

第二十九条【事务总局】

（一）为了执行党务，设置事务总局。

（二）事务总局的事务由事务总长统辖，可以设置必要的业务机构。

（三）党代表经全国委员会的批准，任命事务总长。

（四）其他有关事务总局运行的必要事项，由党规规定之。

第三十条【政策委员会】

（一）为了开发、审议党的政策，设置政策委员会。

（二）政策委员会的议长统辖政策委员会的事务，可以设置必要的业务机构。

（三）党代表经全国委员会批准，任命政策委员会的议长。

（四）其他有关政策委员会运行的必要事项，由党规规定之。

第三十一条【教育研修院】

（一）设置教育研修院作为管理党员教育、培养党干部和教育市民等总揽党教育事务的机构。

（二）党代表经全国委员会的批准，任命教育研修院院长。

（三）关于教育研修院的职级和运行的事项，由党规规定之。

第三十二条【其他】

党设置为了执行宣传、人事等其他必要事务的各种部门，必要的具体事项由党规规定之。

第六章　全国委员会的直属机构

第三十三条【党纪委员会】

（一）为了管理党员惩戒事项，在中央党以及广域市、道党，设置党纪委员会。

（二）党纪委员会独立于代议机构以及执行机构，履行其职务。

（三）党纪委员会由委员长一人和委员若干人构成。

（四）中央党纪委员会是全国委员会的直属机构，具有作为党员惩戒终审机构的权限。

（五）广域市、道党纪委员会是广域市、道党代议员大会的直属机构，具有作为党员惩戒一审机构的权限。

（六）其他关于党纪委员会的构成、选出方法、权限、运行等必要的具体事项，由党规规定之。

第三十四条【选举管理委员会】

（一）为了公正的管理各级党职选举和公职候选人的党内选举，在中央党以及广域市、道党和地区委员会内，设置选举管理委员会。

（二）中央选举管理委员会是全国委员会的直属机构，依照党宪、党规的规定，总揽党的各级选举事务，指挥、监督下级选举管理委员会。

（三）中央选举管理委员会对选举的规定具有最终解释权，并具有针对选举效力的判定权。

（四）广域市、道党选举管理委员会总揽广域市、道党的选举事务，指挥、监督地区委员会选举管理委员会，对广域市、道党的选举相关规定，具有解释权以及选举效力的判定权。

（五）其他关于选举管理委员会的构成、选出方法、职务、权限以及职能等必要的具体事项，由党规规定之。

第三十五条【预算决算委员会】

（一）为了审议、监察党的收入和支出的预算、决算事务，在中央党和广域市、道党内，设置预算决算委员会。

（二）预算决算委员会由委员长一人和委员若干人构成。

（三）关于预算决算委员长和委员的选出方法、名额、权限、职级和运行的具体事项，由党规规定之。

第七章　顾问团

第三十六条【顾问】

（一）为了咨询党的主要事务和政策，可以设置若干名顾问。

（二）顾问经党代表的提名，由全国委员会批准。

（三）顾问可以参与党的各种会议，并进行发言。

第八章　院内机构

第一节　议员总会

第三十七条【地位和构成】

议员总会作为全国委员会直属的院内最高议事决定机构，由党的国会议员构成。

第三十八条 【作用和职能】

议员总会具有下列作用和职能：

1. 选出院内代表；

2. 批准院内首席副代表以及院内副代表；

3. 选出国会议长以及副议长、常任委员会委员长候选人；

4. 分配所属国会议员至各国会常任委员会以及特别委员会；

5. 审议、议决院内对策以及院内战略；

6. 执行党议事决定机构的院内活动方针；

7. 审议、议决将提交至国会的法律议案；

8. 组建、废止与国会活动相关的组织；

9. 依照政党法第三十三条（政党所属国会议员的除名），除名国会议员；

10. 处理其他关于国会运行的事项。

第三十九条 【召集以及运行】

（一）议员总会由院内代表召集。但三分之一以上的在籍议员要求时，由院内代表随即召集。

（二）关于议员总会运行的事项，由其自身的规则规定。

第二节　院内代表

第四十条 【地位】

院内代表在国会代表本党，负有运行国会的责任，统辖院内事务。

第四十一条 【选出以及任期】

（一）通过议员总会选出院内代表，其他关于选出方式的必要事项，由党规规定之。

（二）院内代表的任期为一年。但其任期以选出下一届院内代表之时为止。当院内代表缺位时，在一个月以内，由议员总会进行再选举，通过再选举选出的院内代表任期为前任的剩余任期。（2017.10.21 修改）

（三）当院内代表违背党论或者在履行职务时存在显著过失时，以代表的要求或者议员总会三分之一以上的在籍议员要求，可以实施不信任投票。此时，当有议员总会在籍议员三分之二以上的赞成时，予以解任。

（四）其他必要事项，由党规规定。

第四十二条【权限】

院内代表具有下列权限：

1. 主持议员总会以及院内对策会议；

2. 推荐院内首席副代表以及院内副代表；

3. 提请分配所属国会议员至各国会常任委员会以及特别委员会；

4. 具有其他依党宪、党规的权限以及处理国会运行的必要事项。

第四十三条【院内副代表】

为了辅佐院内代表，设置院内首席副代表和若干名院内副代表。

第四十四条【院内对策会议】

（一）为了协商、调整关于院内预算、立法案等全部院内活动的本党对策，召开院内对策会议。

（二）院内对策会议由党代表、院内代表、院内首席副代表、政策委员会议长，以及党代表指定的十名左右副代表和国会议员构成。

（三）院内代表担任院内对策会议的议长。

第四十五条【支援院内活动】

本党对院内活动提供立法、政策活动方面的企划以及支持，其必要事项，由党规规定之。

第九章　政策研究所

第四十六条【政策研究所】

（一）为了进行对党理念和政策的中长期性研究，设置政策研究所。

（二）以独立法人的形式，在中央党内设置政策研究所。

（三）为政策研究所的运行，组织董事会。

（四）关于政策研究所董事会构成、职级、运行的具体事项，由党规规定之。

第十章　地区组织

第一节　广域市、道党

第四十七条【地位和构成】

（一）广域市、道党总揽并代表该广域市、道党的所属党员和地区（职场）委员会。

（二）广域市、道党设委员长，可以设置副委员长。

（三）广域市、道党设事务处，由事务处处长总揽该事务处。

（四）关于广域市、道党的批准和运行等的必要事项，由党规规定之。

第四十八条【代议员大会】

（一）广域市、道党代议员大会是广域市、道党的最高议决机构，由以下人员构成：

1. 委员长、副委员长、事务处处长；

2. 所属于该广域市、道党的地区（职场）委员会委员长；

3. 所属于该广域市、道党的国会议员；

4. 所属于该广域市、道党的地方自治团体长官以及地方议员；

5. 所属于该广域市、道党的选出职全国委员以及选出职和推荐职党大会代议员；（2017.10.21 修改）

6. 经委员长推荐，并由广域市、道党运行委员会批准的推荐职党大会代议员；

7. 其他该广域市、道党的规约规定的党大会代议员。

（二）广域市、道党代议员大会具有下列各项权限：

1. 制定以及修改广域市、道党的规约；

2. 审议、议决广域市、道党的预算与决算；

3. 审议、议决广域市、道党运行委员会提交的议案；

4. 审议、议决广域市、道党的主要政策和事务；

5. 其他由党宪、党规以及该广域市、道党的规约规定的权限。

（三）召集以及运行：

1. 广域市、道党委员长每年召集一次定期代议员大会，议长由广域市、道党委员长担任；

2. 当有广域市、道党运行委员会的议决和三分之一以上的在籍代议员要求时，由议长召集临时代议员大会。

（四）广域市、道党代议员的任期为两年。但其任期以选出下一届广域市、道党代议员之时为止。（2017.10.21 修改）

（五）其他广域市、道党代议员大会的召集和进行议事等的必要事项，由广域市、道党的规约规定。

第四十九条【运行委员会】

（一）广域市、道党运行委员会是广域市、道党的最高执行机构，由以下人员构成：

1. 广域市、道党的委员长与副委员长；

2. 所属于该广域市、道党的地区（职场）委员会委员长以及筹备委员长；

3. 经广域市、道党委员长推荐，并由运行委员会批准的推荐职运行委员；

4. 其他广域市、道党的规约规定的运行委员。

（二）广域市、道党运行委员会具有以下权限：

1. 提出广域市、道党规约的修正案；

2. 审议、议决由委员长提出的议案；

3. 批准广域市、道党的党纪委员长，选举管理委员长，预算决算委员长以及各委员；

4. 批准地区委员会，判定是否为事故地区委员会，选任职务代行者；

5. 关于设置、运行职场委员会的事项；

6. 设置广域市、道党的部门委员会，决定和执行方针；

7. 批准推荐职运行委员；

8. 批准广域市、道党的各季度收入、支出明细报告；

9. 其他党宪、党规以及相应广域市、道党的规约规定的权限。

（三）运行委员会由委员长召集。但当有三分之一以上的运行委员要求时，议长应当在七日以内召集。

（四）其他广域市、道党运行委员会的召集和议事等的必要事项，由广域市、道党的规约规定。

第五十条【广域市、道党委员长与副委员长】

（一）委员长代表并统辖市、道党。

（二）通过所属于相应广域市、道党的党员总投票选出委员长与副委员长，其任期为两年。但其任期以选出下一届委员长与副委员长之时为止。（2017.10.21 修改）

（三）虽有本条第二款的规定，但是经市、道党运行委员会的决定，可以决定是否选出副委员长以及另行规定选出方式。

（四）当委员长缺位或者因故不能履行职权时，有关职务代行的内容，由广域市、道党的规约规定之。

第五十一条【事务处】

（一）为了执行广域市、道党的党务，设置事务处。

（二）事务处处长统辖事务处的事务，依照广域市、道党的规约，设置必要的业务机构。

（三）委员长经运行委员会的批准，任命事务处处长。

（四）运行事务处的其他必要事项，由广域市、道党的规约规定。

第二节　地区委员会

第五十二条【地位和构成】

（一）地区委员会是党的基础组织，原则上所有党员在入党的同时，将编入地区委员会；然而，在已经成立职场委员会的情形下，相应党员的编制由党规规定之。但对于没有地区委员会的地区党员，由广域市、道党运行委员会决定其编制。

（二）地区委员会设委员长与三名以内的副委员长。由地区委员会的运行委员会确定副委员长的名额。

（三）其他关于党员的地区委员会编制、设置、运行等事项，由党规规定之。

第五十三条【党员大会】

（一）地区委员会的党员大会（以下称"党员大会"）是地区委员会的最高议决机构，其成员为具有党权的所有党员。

（二）党员大会具有如下权限：

1. 制定以及修改地区委员会的规约；

2. 审议、议决地区委员会运行委员会提出的议案；

3. 设立（新设）地区委员会；

4. 其他由党宪、党规以及相应地区委员会的规约规定的权限。

（三）必要时，由委员长召集党员大会。但当有地区委员会运行委员会的议决和五分之一的在籍党员要求时，委员长应当在三十日以内召集。

（四）党员大会以出席党员过半数进行议决，必要的事项由党规规定之。

（五）其他有关党员大会的召集和议事等的必要事项，由党规规定。

第五十四条【代议员大会】

（一）在地区委员会党员大会召开之前，地区委员会代议员大会是最高议决机构，由以下人员构成：

1. 委员长、副委员长、事务局局长；

2. 所属于相应地区委员会的地方自治团体长官以及地方议员；

3. 所属于相应地区委员会的党大会代议员；

4. 地区委员会的选出职党大会代议员；

5. 相应地区委员会规约规定的其他党大会代议员。

（二）除了党宪第五十三条（党员大会）中"设立地区委员会"的权限之外，地区委员会代议员大会可以代行党员大会的权限。

（三）可以设置代议员大会的地区委员会的标准由党规规定之。

第五十五条【运行委员会】

（一）地区委员会的运行委员会是议决、执行地区委员会日常事务的机构，由以下人员构成：

1. 地区委员会委员长、副委员长；

2. 所属于党的基础团体长官、地方议员；

3. 所属于相应地区委员会的选出职全国委员以及选出职和推荐职党大会代议员；（2017.10.21修改）

4. 其他依照地区委员会规约规定的运行委员。

（二）地区委员会的运行委员会具有以下权限：

1. 执行地区委员会党员大会的议事决定；

2. 提出对地区委员会规约的修正案；

3. 决定以及执行主要事务；

4. 其他依照相应地区委员会规约规定的权限。

（三）运行委员会由地区委员会的委员长召集。但有三分之一以上的在籍运行委员要求时，由委员长在七日以内召集。

第五十六条【地区委员会委员长与副委员长】

（一）地区委员会可以设置共同委员长。

（二）根据地区委员会的决定，可以设置副委员长。

（三）原则上以党员总投票选出委员长与副委员长，但依照运行委员会的决定，可以确定是否选出副委员长以及另行规定其选出方式。

（四）当委员长缺位或者有故时，由地区委员会的规约规定职务代行。

第十一章　公职选举

第五十七条【公职选举候选人资格审查委员会】

（一）为了对公职选举的候选人进行资格审查，在中央党与广域市、道党内，设置公职选举候选人资格审查委员会（以下称"候选审查委"）。

（二）候选审查委自审查公职选举候选人预备人选的资格至全国委员会批准候选人之前，审查公职候选人是否适格。

（三）候选审查委由包含委员长在内的十五人以下的委员构成，必要时可以委任外部人士为委员。

（四）候选审查委的构成、作用、职能以及运行等必要事项，由党规规定之。

第五十八条【各级公职候选人的选出】

（一）原则上由党员的直接投票选出各级公职候选人，可以允许国民、支持者的参与或者反映国民、支持者的意思。但等额候选人的，直接由党员投票选出。

（二）各级公职候选人的选出方式等必要事项，由党规规定之。

第五十九条【再选、补选候选人的选出】

虽有党宪、党规中关于选出公职候选人的各种条款，但是再选、补选公职者的情形，可以经全国委员会的决定，另行规定公职候选人的选出方式等，其必要事项由党规规定之。

第六十条【外部人士的引进】

对于党公职候选人的被选举权，虽有党宪、党规中的相关条款，但是经全国委员会的议决，党代表可以给外部人士赋予参加各级公职候选人选举过程的被选举权，必要事项，由党规规定之。

第六十一条【公职候选人的批准】

（一）所有公职候选人都由全国委员会批准。

（二）当全国委员会拒绝批准时，应当告知其理由。

（三）其他必要事项，由党规规定之。

第十二章　财政

第六十二条【构成】

（一）党财政由党费、寄托金、政党补助金、政党赞助金、党规规定的其他附带收入构成。（2017.10.21 修改）

（二）党费包括所有党员每月定期交付的一般党费和为特别目的而不定期交付的特殊党费。

（三）一般党费的数额和交付程序，由党规规定之。

（四）中央党特别党费的数额和交付程序，由党代表规定之。

（五）有关管理、执行财政的必要事项，由党规规定之。

第六十三条【预算与决算】

（一）为了有效运行党的财政，在每会计年度开始之前确定预算，在会计年度结束后编制决算。

（二）会计年度为 1 月 1 日至 12 月 31 日。

（三）为了提高党财政的透明度，公开预算与决算。

（四）关于预算与决算的公开方式等具体事项，由党规规定之。

第十三章　支持团体

第六十四条【支持团体】

（一）同意党的政纲政策的团体，经其最高议决机构的决议和全国委员会的批准，可以成为支持团体。

（二）党针对支持团体的具体方针，由党规规定之。

第十四章　补则

第六十五条【议决的规定人数】

（一）在没有特别规定的情况下，党的各级会议和处理政党合并、解散的党员总投票，以在籍人员过半数的出席和出席人员过半数的赞成而议决。

（二）除了政党合并、解散的情形，党员总投票以投票参加者过半数的赞成而议决。

（三）等额选举党职以及公职候选人时，获得投票参加者有效投票过半数的人为当选者；无人获得过半数投票时，实施终极投票。但有两人以上的候选人获得相同得票时，应当依照党规处理。

（四）关于议决规定人数的第二款和选出党职以及公职候选人的选举，参加投票的人员应当占据党权者的百分之二十以上。

第六十六条【清算】

（一）当中央党因解散或者其他事由而归于消灭时，由消灭当时的全国委员会或者全国委员会设置的受委托机构对党的财产和负债进行清算。

（二）当广域市、道党归于消灭时，由消灭当时的广域市、道党运行委员会或者其委托的机构对其财产和负债进行清算。

（三）关于清算的具体事项，由党规规定之。

第六十七条【电子会议和电子投票】

依照提出议案单位的决定，可以通过电子会议、在线投票、手机投票等电子投票方式代替党的会议以及议决，必要的事项由党规规定之。

第六十八条【期间的起算日】

依照本党宪以及党规计算期间时，应当计入开始日。

第六十九条【非常对策机构】

（一）由于所有党代表和副代表的缺位，在引发非常状况的情形下，为了稳定党的运行并解除非常状况，全国委员会可以组织非常对策机构。

（二）在非常状况发生之日起至十五日以内，院内代表召集为了组织非常对策机构的全国委员会。

（三）非常对策机构的长官享有党代表的地位和权限。

（四）其他有关非常对策机构的必要事项，由党规规定之。

第七十条【同时党职选举】

组成中央党和广域市、道党以及地区（职场）委员会的执行机构与代议机构选出职党职者的选举同时进行。但同时进行党职选举的当年，实施选举之前，业已通过创立地区委员会选出委员长的情形除外。

第七十一条【法定材料和印章的移交】

（一）变更中央党或者市、道党的代表，或者因政党合并改编组织时，应当在十四日以内，中央党由事务总长；市、道党由事务处处长移交法定材料和有关政党运行的印章等。

（二）法定材料和印章的种类、移交程序、其他必要事项，由党规规定之。

第七十二条【维持各级机构的权限】

在实施同时党职选举之后至组成新的各级机构之前，由依照本党宪业已组成的各级议决机构以及执行机构，继续发挥和行使其作用和权限。

第七十三条【民主主义的一般原则】

在制定相应党规之前，应当参照先前进步政党的经验和事例、民主主义的一般原则。

附则（2017.10.21修正）

第一条【发生效力】

本党宪自议决之日起发生效力。

第二条【地区组织运行的特例】

虽有党宪关于广域市、道党的各种条款，但是在创立广域市、道党之前的广域市、道党创立准备委员会和其所属机构具有与本党宪规定的广域市、道党和其所属机构同等的地位和权限。

党员规定

[2012.11.09第一次全国委员会制定；2013.05.22第六次全国委员会修改；2013.10.20第二届第二次全国委员会修改；2013.12.14第二届第三次全国委员会修改；2013.12.31第二届第四次全国委员会修改；2015.05.30第二届第十三次全国委员会修改；2016.11.26第三届第十二次全国委员会修改；2017.06.03第三届第十七次全国委员会修改]

第一章　总则

第一条【目的】

为了规定党员的入党、退党、复党、转籍等以及党权（者）有关事项，制定本法。（2016.11.26修改）

第二条【党权者】

"党权者"或"具有行使党权权力的人"是指，党规第十五号第二十条

规定的具有选举权的党员。（2016.11，26 新设）

第三条 【党员名册的管理】

（一）党员名册的管理是指党员的入党、退党、复党及党员信息的修改等。

（二）党员名册由中央党和广域市、道党进行管理。

（三）党员名册由中央党统一管理。

第四条 【党员所属地区委员会】

（一）所有党员入党的同时，所属于地区委员会。

（二）党员所属地区委员会，按下列各项标准之一：

1. 住所地；

2. 单位及学校所在地。

（三）没有符合第二款中的地区委员会时，应直接隶属于该党广域市、道党。但是，海外地区委员会属于中央党。

第二章 入党、退党、转籍、复党等

第五条 【入党】

（一）入党志愿者需向管辖的广域市、道党以亲自访问、邮寄、传真、党网站、电子邮件等方式提交亲笔签名或盖章的入党志愿书。

（二）中央党或地区委员会受理的入党志愿书，应立即邮寄到相应广域市、道党办理。

（三）广域市、道党受理入党志愿书后，应在七日内将结果通知该申请人。但是，有提交给党员资格审查委员会的事项的除外。

（四）入党效力自申请人被登记到党员名册之日起发生效力。

（五）虽有第四款规定，但属于下列情形之一的，自中央党受理入党志愿书之时起发生入党效力：

1. 广域市、道党无正当理由拒绝受理入党志愿书，由中央党受理并批准的情形；

2. 对市、道党不批准入党的决定有异议，向中央党提出异议申请后准许入党的情形；

3. 因公职选举候选人申请，聘请外部人士等原因向中央党申请入党并准许的情形；

4. 依照党宪、党规的其他规定，赋予党员资格的情形。

第六条【退党】

（一）欲退党的党员应向广域市、道党或中央党提交退党申报书。

（二）受理退党申报书的管辖广域市、道党或中央党在受理之日起两日内删除党员名册上的记载。退党者有要求时，应交付退党证明书。

（三）退党申报书被受理的同时，退党者丧失党员资格。

第七条【复党】

（一）欲恢复党籍者，需向退党时所属广域市、道党，提交复党志愿书。

（二）依照下列各项情况，决定是否恢复党籍，并且受理复党志愿书之日起三十日内做出决定：

1. 通过广域市、道党资格审查委员会的审查，由广域市、道党运行委员会决定；

2. 欲恢复党籍者，对第一项决定有异议时可以向中央党提出异议申请。届时，经中央党党员资格审查委员会审查，由党代表决定。

（三）欲退党者自退党之日起六个月内不得恢复党籍。被党除名或在惩戒期间退党的人，自除名或退党之日起三年后，可以申请复党。但经全国委员会另行议决的除外。

（四）虽有第三款规定，但根据国家公务员法、地方公务员法、选举管理委员会法、政党法、行政关系法、言论关系法、教育关系法以及公司章程等规定，因无法获得党籍而退党的人，提交事实证明，申请恢复党籍的，立即允许恢复党籍。

第八条【地区委员会所属变更】

（一）上述第三条（党员所属地区委员会）第一款各项中，任一项更改时，相关党员应变更所属地区委员会。

（二）但遇到党内选举等特殊情形时，可以通过个别规定，限制党员变更所属地区委员会。

第九条【入党及复党的决定】

（一）广域市、道党及中央党无正当事由不得拒绝党员的入党、复党。

（二）入党的审查决定应在收到申请之日起十四日内，复党的审查决定应在收到申请之日起三十日内办理，并应立即通知该申请人。在规定期限内没有做出决定的，视为批准。

（三）广域市、道党应将入党或复党结果确定之日起三日内，汇报至中央党。

第三章　党员资格审查

第十条【党员资格审查委员会】

（一）中央党及广域市、道党设置党员资格审查委员会，并执行入党、复党、转籍等有关事项。

（二）中央党党员资格审查委员会由事务总长和中央党伦理审判院院长指定的一名伦理审判员在内的三名以上七名以下委员组成，广域市、道党党员资格审查委员会由广域市、道党的党纪委员长与广域市、道党事务总长协商推荐，经广域市、道党运行委员会议决后任命的三名以上五名以下的委员（包括委员长）组成。

（三）中央党及广域市、道党的党员名册管理负责人将成为中央党资格审查委员会及广域市、道党员资格审查委员会的干事。

（四）委员会根据第十条①第二款各项，发生党员资格审查事由的，广域市、道党委员长及党员资格审查委员长要求或三分之一以上的在籍委员要求时，由委员长召集会议，但委员长没有召集的，可以由要求人员当中的一人进行召集。

（五）委员长因故不能履行职务时，由委员长指定的人员代行其职务。

第十一条【资格审查等】

（一）党员资格审查委员会具有审查判定党员的入党、复党、转籍等有关党员资格的权限。

（二）党员资格审查根据下列各项标准进行审查：

1. 根据法令规定，审查是否具有党员资格；

2. 是否符合党的理念和政纲、政策；

3. 党宪、党规或党代表规定的其他事项。

（三）党代表在党员入党以后知道存在第二款规定事项的，可以要求党员资格审查委员会进行再审。（2016.11.26 新设）

（四）可以进行书面形式的审查。

---

① 【译者注】：现行规定应为第十一条。

第四章　党员教育

第十二条 【党员教育】(2016. 11. 26 专门修改)

（一）教育研修院在每年一月份，制定该年度党员教育和以党职、公职者为对象的活动家基本教育计划，并得到全国委员会的批准后公告。

（二）广域市、道党与地区委员会协商，一年一次以上，以党员为对象实施包括党规第十三号平等教育和第十四号残疾教育的人权教育，给所有党员提供充分的机会。

（三）广域市、道党应每年定期实施两次以上的新党员教育。

（四）任命职、选出职、推荐职党职者和公职者应进修教育研修院准备的活动家基本教育。

（五）教育研修院的活动家基本教育包括性别平等、障碍平等，各进行两小时以上的深化教育，党职公职者必须进修该年度的活动家基本教育。

（六）参选党职及公职的党员应进修上半年或该年度的人权教育，才可获得参选资格。但选举结束后的三个月内，提交人权教育承诺书的，可以认定其参选资格。

（七）接受过活动家基本教育中性别平等、障碍平等的深化教育的党职者和公职者参选时，视为已接受人权教育。

（八）选出职党职者和公职者没有进修全年度活动家基本教育时，从每年1月1日起至进修该年度活动家基本教育为止应停止行使职权。提交第六款中的进修誓约书后不履行的选出职党职者或公职者，至进修人权教育为止，停止行使职权。

（九）任命职、推荐职、党职者和公职者没有进修活动家基本教育时，采取停止职权或提交惩戒委员会等措施。

（十）公职选举候选人除了接受活动家基本教育，还要进修由教育研修院指定的参选者教育，没有进修的不得参选。

（十一）第八款和第九款从2017年起适用。

第五章　党员信息保护

第十三条 【党员信息的保护义务】

（一）中央党及广域市、道党为了保护党员个人信息应采取必要措施。

（二）党职者或党员在执行党务过程中，不得泄露党员的个人信息及身份信息。

（三）违背第二款规定的，将其移送党纪委员会予以惩戒。

第六章　党员罢免

第十四条【党员罢免】

党的所有选出职党职者和公职者违反党的纲领、党宪、党规，对党的权威和名誉造成损害的，党员根据本章的规定，可以直接罢免当事人。

第十五条【用语的定义】

（一）罢免是指剥夺选出职党职者的党职、劝退当选公职选举的公职者以及不回应劝退时的开除党籍。

（二）党员是指提起罢免时，根据党宪、党规，具有行使党权权力的人。

第十六条【罢免对象】

（一）选出职党职者如下：

1. 罢免对象包括党代表、副代表、院内代表、全国议员、党代会代议员等，任命—批准职不包括在对象范围内。

2. 广域市、道党：罢免对象包括广域市、道党委员长，广域市、道党副委员长，根据广域市、道党的自行规章选出的运行委员及党大会代议员等，任命—批准职不包括在对象范围内。

3. 地区委员会：罢免对象包括地区委员会委员长及地区委员会副委员长、根据地区委员会规章选出的党职者等，任命—批准职不包括在对象范围内。

（二）公职者：罢免对象包括，推荐为党的公职候选人并在公职选举中当选的所有公职者，及通过党内程序，派遣至公职的所有公职人员。

第十七条【罢免程序】

（一）发起条件如下：

1. 罢免国会议员及全国党员投票选出的人，以全国党权者十分之一以上联合签名发起。

2. 罢免广域议员及广域市、道党党员投票选出的人，以全国党权者五分之一以上联合签名发起。

3. 罢免基础议员、地区委员会及地区委员会所属的各选区党员投票选出的人，以地区委员会三分之一以上党员的联合签名发起。

4. 罢免其他各级党机构选出的人，以该机构三分之一以上的党员联合签名发起。

（二）罢免发起的执行

1. 欲发起罢免的党员，应向该地区选举管理委员会申报，申报之日起三十日内受理发起案。

2. 受理发起案的相关选举管理委员会应在七日内进行投票公告，投票期限为十日以内，并在三十日内完成所有程序。

3. 广域市、道党选举管理委员会如有罢免相关的申报时，应立即向中央选举管理委员会报告。

4. 中央选举管理委员会规定投票管理细则。

（三）辩解

1. 罢免对象可以根据中央选举管理委员会规定的方式进行辩解。

2. 投票公告之后可以辩解。

（四）投票单位

第一款的发起条件中规定的党部和机构的在籍党员进行投票。

（五）罢免由各级在籍党员过半数的投票和投票者过半数的赞成而决定。

第七章 党员发起党员总投票

（2016. 11. 26 专门修改）

第十八条①【党员发起党员总投票】

党员发起的党员总投票是指，根据党宪第十一条②（党员总投票）第一款第三项，全体党权者中百分之五以上，联合签名发起实施的党员总投票。

第十九条【对象】

（一）对党论产生重大影响的事项可以通过党员发起的党员总投票进行。但只能以赞成或反对特定事项的形式进行。

（二）虽有第一款规定，但是下列各项事项，不得通过党员发起的党员

---

① 【译者注】：正义党官方网站中的党员规定原文中即为十七条。

② 【译者注】：现行法规中为第十二条。

总投票进行：

1. 党规第一号（党员规定）第六章规定的，有关党员惩戒事项；

2. 党规第七号（党员的惩戒及党纪委员会）规定的，有关党员惩戒事项；

3. 总统选举、国会议员总选举、地方选举等，有关党的选举方针的事项；

4. 有关同一事项（包括相同事项和主旨的）实施党员总投票后，未经过一年的事项。

第二十条【发起程序】

（一）党员根据党宪第十一条（党员总投票）① 第一款第三项，发起党员总投票时，应选出党员发起代表人（以下称"发起代表人"），当选的发起代表人应提交党员总投票发起案和对此的宗旨及理由，向党代表申请提交代表证明书。

（二）党代表对不符合第十八条第二款的党员总投票发起案，应在提交申请之日起四日内，发放发起代表人证明书，并公布其事实，但法定公休日不计算在内。

（三）发起代表人在提交发起代表证明书之日起三十日内，邀请党员在总投票发起签名册上签名。

（四）发起代表人在第三款的邀请签名期限内，应向中央党提交党员总投票发起议案和党员发起签名册。

（五）中央党应向党员们通知党员总投票发起签名情况，并为了保障参加发起的党员能够在网上进行联合签名，支援党职选举的在线本人认证系统。

（六）为了发起党员总投票的党权者标准日期和党权者总数是以申请提交代表证明书的日期为准。

第二十一条【党员总投票】

（一）党代表对满足第十九条发起程序的党员总投票发起案，应立即公布其结果。

（二）党代表对有关党员发起的党员总投票，通过网站主页公告、电子邮件、发送信息等多种方式提供党员总投票相关信息和资料，以确保党员做出明确及客观的判断。

---

① 【译者注】：现行党规应为第十二条。

（三）公布党员总投票结果后，中央选举管理委员会应在三日内进行投票公告，并在二十一日以内完成所有程序。但按照公职选举法的总统选举、国会议员总选举、全国同时地方选举、为选出党职和公职候选人的全国同时选举日程和党员总投票的日期相近的，可以依照全国同时选举日程进行选举或在选举结束后的十五日内实施。

（四）中央选举管理委员会要为提供有关党员投票的信息，举行说明会、讨论会等，并保障对党员投票的意见不同的人均可参加。

（五）中央选举管理委员会规定有关党员发起党员总投票的必要事项的实施细则。

第八章　表彰

第二十二条　【表彰】

通过党代表的批准及广域市、道党运行委员会议决，对党的发展有功劳的党员、个人及团体进行表彰。

第二十三条　【表彰的种类】

（一）表彰的种类分为以党代表名义的表彰状（牌）、感谢状（牌）、奖状（牌）和以广域市、道党名义的表彰状（牌）、感谢状（牌）、奖状（牌），表彰分为贡献奖和模范奖。

（二）表彰的分类如下：

1. 贡献奖是对党的发展有着重大贡献的党员；

2. 模范奖是发挥创新的作用，为党的利益和发展做出贡献的模范党职者；

3. 感谢状是积极支援并协助党的个人或团体；

4. 奖状是在党举行的各种活动及公募大会上表现出入选以上成绩的个人或团体。

第二十四条　【双重表彰的禁止】

不得对同一功绩进行双重表彰。

附　则

第一条　【施行细则】

中央党事务总局可以通过党代表批准，对本规定的各项条款制定必要的实施细则。

第二条 【预备党员】

（一）支持本党的价值和路线，并一同参与活动的青少年区别于党员，可以成为不具有权利和义务的预备党员。

（二）预备党员不具有党宪第二章（党员）第五条（权利和义务）第一款第一项、第二项中的选举权、被选举权、议决权和第二款第七项中的交纳党费的义务。

（三）其他必要事项，以事务总局的施行细则规定之。

党费规定

［2012.11.09 第一次全国委员会制定；2015.05.30 二届第十三次全国委员会修改；2016.09.03 三届第十次全国委员会修改］

第一章　总则

第一条 【目的】

为了规范党费的种类、金额、交纳程序以及方法等党费相关事项，制定本规定。

第二条 【类别】

党费分为一般党费和特殊党费。

第二章　一般党费

第三条 【一般党费】

（一）党员应当交纳一千韩元以上的党费。但月收入为一百五十万韩元以下的党员可调整为每月五千韩元以上，基本生活保障金领取者可调整为每月一千韩元以上，并由广域市、道党事务处通过地区委员会进行确认。

（二）已交纳一百万韩元终生党费的党员，与每月均交纳一般党费的党员享受相同资格。

第四条 【党员的权利】

未交纳一般党费的党员的权利可受到限制，此为另行规定。

第五条 【交纳方法】

（一）交纳党费以自动交纳（CMS 银行自动转账，手机、信用卡结算）为原则。

1. 欲自动交纳党费的党员，根据中央党规定的程序，申请自动交纳。

2. 申请自动交纳党费的党员中，可以对最近三个月未取出的党费进行一次性提款。

（二）需要亲自交纳党费的党员，可通过网上银行、无存折汇款交纳，但首次交纳时，党员应提交身份证复印件或由市、道党确认是否为本人。

1. 欲亲自交纳党费的党员应将党费交纳到广域市、道党会计负责人处，会计负责人应立即发放发票。

2. 亲自交纳的党费由广域市、道党会计负责人按照规定的模板制订并提交给中央党。

3. 在线结算可以利用网站的结算系统来交纳。

4. 无存折汇款应交纳到中央党及广域市、道党所指示的账户。

5. 广域市、道党及中央党应另行制作现金交纳及无存折汇款党员的名册。

（三）党费原则上按月交纳，并可以预付。党权行使的效力，自相应月份起发生。

（四）中央党及广域市、道党对未交两个月以上党费的党员，以手机电话、短信等方式通知未交纳党费的事实。

第六条 【党费的分配】

中央党根据全国委员会的决定，将已交纳的党费分配至广域市、道党，争取实现广域市、道党之间的财政均衡。

第七条 【交纳党费】

（一）对于代替他人交纳党费或让他人代交自己的党费的党员，中央党事务总局与广域市、道党事务处应立即通报广域市、道党委员会，并进行惩戒程序。

（二）此时党纪委员会应停止一年以上相关党员的资格，党员资格停止的起点为中央党事务总局或广域市、道党事务处确认之日。

（三）虽有第一款的规定，但直系亲属和夫妇中的一人可以通过 CMS 银行自动转账交纳党费，党提出要求的，该党员应将证明资料提交到广域市、道党事务处。

第三章 特殊党费

第八条 【特殊党费】

（一）特殊党费是指党员为党的发展特别交纳的党费。

（二）特殊党费交纳到中央党或广域市、道党。

第九条 【公职特殊党费】

国会议员以及辅佐职员应交纳党代表规定的公职特殊党费，地方议员及团体长应交纳广域市、道党运行委员会规定的公职特殊党费。

附　则

第一条 【施行细则】

中央党事务总局经党代表的批准，可规定各款项所必要的施行细则。

代议机构的构成

第一条 【目的】

为了规定党宪第四章中关于组织代议机构等的具体必要事项，制定本党规。

第二条 【党大会的构成】（2017.6.3 修改）

（一）以如下方式，选出党宪第十二条第一款第九项的选出职党大会代议员：

1. 按照各广域市、道党，从具有选举权的每五十名党员中选出一名，但依照全国委员会的规定，不可以超过包含女性、青年、残疾人配额的各广域市、道党的选出职名额。

2. 选出职党大会代议员的选区，由广域市、道党运行委员会决定。但所有选区的选出职名额，原则上应当为两人以上，以党员一人一票直接投票的方式，按照得票多少的顺序选出。

3. 广域市、道党为了完成选出职党大会代议员名额中的配额，准用副代表的选出方式。但在没有女性候选人、青年候选人、残疾人候选人的情形下，设为空席。

4. 以制作选民名册的基准日为标准，计算选出职党大会代议员的名额。

5. 在选出职党大会代议员的任期内，即使有党员的增减也不得追加选出代议员。

6. 推荐职党大会代议员的名额，应当控制在选出职党大会代议员名额的百分之二十以内。（2017.9.23 新设）

（二）党宪第十二条第一款第十一项的党员俱乐部代表（一人），应当满足下列各项的所有内容。但由党代表判断"党员俱乐部"是否适格：

1. 有未加入其他俱乐部的二十名以上的党员作为会员；

2. 每月至少一次，已经有三个月以上定期进行聚会以及活动的经历；

3. 应当在党大会召开七日前，向中央党事务总长提交规定格式的申请书。

第三条【党大会议长团的任期】

党大会议长团的任期为两年。但该任期以选出下一届党大会议长团时结束。

第四条【党大会的召集】

（一）依照党宪第十六条第二款，议决或者要求召集临时党大会时，应当明示召开时期。

（二）当党大会议长违反党宪第十六条第一款或者第二款的规定不予召集党大会时，由副议长中按照年长者顺序负责召集，当所有副议长都不予召集时，由党代表召集。

第五条【全国委员会的构成】（2017.6.3 修改）

（一）以广域市、道党为单一选区，按照党员人数的比例，通过总投票选出党宪第十七条第二款第四项规定的选出职全国委员。当选出职全国委员的选举权人为五百人以下时，选出一名；每超过五百名时，追加一个名额。由进行同时党职选举之前的全国委员会决定残疾人配额、青年配额、女性配额的选出职名额，该配额不得超过全国委员会规定的各广域市、道党的选出职名额。

（二）对于选出复数的选出职全国委员选区，以党员一人一票、直接投票的方式，按照得票多少的顺序选出。

（三）以制作选民名册的基准日为标准，计算选出职全国委员的名额。

（四）在选出职全国委员任期内，即使有党员的增减也不得追加选出全国委员，由全国委员会做出与此相关的决定。

（五）推荐职全国委员的名额应当控制在选出职全国委员名额的百分之二十以内。

第六条【全国委员会的召集】

（一）依照党宪第二十条第一款的规定，议决或者要求召集全国委员会时，应当明示召开时间。

（二）当依照党宪第六十八条①的规定，院内代表不予召集全国委员会或者自发生非常情况时起超过十五日仍不予召集全国委员会时，依照党宪第二十条召集全国委员会，并将召集要求人中的一人视为召集权人。

补 则

第七条【党大会、全国委员会中青年党员的年龄、百分之十以上的青年配额等】

（一）组成党大会、全国委员会的青年党员是指三十五周岁以下的党员。

（二）在党大会、全国委员会的构成中，当青年党员不足百分之十时，通过推荐职使得满足10%以上的要求。

（三）党代表制定两年的青年发展基本计划，该计划应得到全国委员会的承认。

<h1 style="text-align:center">执行机构</h1>

<h2 style="text-align:center">第一章 总则</h2>

第一条【目的】

为了规定党宪第五章中关于中央党各种执行机构运行的必要事项，制定本党规。

第二条【党代表以及副代表的产生】

党代表与副代表以下列各项方式选出：

---

① 【译者注】：现行法规中应为第六十九条。

1. 依照党员一人一票的方式，将获得过半数得票的人视为党代表；在无人获得过半数得票的情形下，通过在第一、第二位之间进行终极投票的方式选出党代表；

2. 依照党员一人一票的方式，通过直接投票，以得票多少的顺序选出副代表，其中的一人应当为三十五周岁以下的青年。当排列副代表候选人的得票结果，发现三名副代表中没有三十五周岁以下的青年候选人时，通过由三十五周岁以下的青年候选人中得票最多的人替换最后顺序者，选出青年副代表。此后，当三名选出职副代表中没有女性时，通过由女性候选人中得票最多的人替换最后顺序的男性候选人，选出一名女性副代表。

第三条 【党代表以及副代表的缺位】

（一）当党代表缺位时，随即由党代表指定的副代表代行党代表的职务。当党代表没有指定职务代行者时，或者因本人的归责事由而缺位时，由得票最多的副代表代行党代表的职务。

（二）当党代表与全部或者部分副代表缺位时，由全国委员会决定是否实施补缺选举以及选出时期等必要事项。

第四条 【统合人事委员会】

（一）统合人事委员会（以下称"人事委"）由下列各项人员组成：

1. 事务总长；

2. 政策研究所的所长；

3. 政策委员会的议长；

4. 由事务职党职者确定的一名党职者；

5. 党代表任命的委员。

（二）委员长担任事务总长，代表委员会，并总揽委员会。

（三）当委员长缺位或者因故无法履行职务时，经委员长指定，由人事委批准的委员代行该职务。

（四）人事委审议下列各事项：

1. 关于事务职党职者人事相关的基本方针和计划事项；

2. 关于对事务职党职者的人事提请事项；

3. 其他人事委员会认为必要的事项。

（五）当有五人以上的党职者人事问题时，或者有党代表的指示或有在籍委员过半数的要求时，由委员长召集人事委的会议。

（六）除非有党宪、党规的另行规定，人事委独立进行议事，并对相关的一切事项保密。但必要时，经人事委的议决可以公开部分内容。

第五条【事务总局】

（一）事务总局设置总务、组织、对外协作等执行党务所必要的部门。

（二）事务总长经代表的议决，可以设置、合并、废除事务总局的各部门，对除了本规定第四条（统合人事委员会）第五款以外的事务总局党职者，具有日常人事提请权限。

第六条【政策委员会】

（一）在政策委员会内，可以设置为了辅佐议长事务的副议长，副议长由党代表任免。

（二）政策委员会委员，经议长推荐，由党代表任免。

（三）政策委员会议长经代表的承认，可以设置、合并、废除必要的部门；通过与事务总长协商，具有对政策委员会党职者的日常人事提请权限。

第七条【教育研修院】（2016.11.26 修改）

（一）教育研修院院长（以下称"院长"）总揽关于本党教育、研修的事务，制定年度以及各季度教育计划。

（二）为了顺利推进教育研修院的事务，可以设置包含专职副院长的若干名副院长。副院长辅佐院长的事务，处理由院长委任的事项。

（三）副院长，经院长推荐，由党代表任免。

（四）为了强化党员教育的专业性，组织咨询委员会。

（五）教育研修院的事务如下：

1. 计划、制定、评价有关党员教育和活动内容；

2. 企划以及执行教育事业；

3. 提出教育事业的预算、决算案；

4. 为特定领域的培训或者授课，培养、管理、委任讲师。

（六）为执行教育研修院的业务，设置若干名业务负责人，并与事务总局、政策委员会、本党研究所进行合作。

（七）广域市、道党应当设置总揽教育行政以及业务的教育机构，并选任教育负责人，与中央党教育研修院合作进行教育事业。

第八条【部门、职能、专门委员会等】

（一）为了扩大社会各界的政治参与以及实现社会各界的权利，设置部门、职能、专门委员会（以下称"委员会"）。

（二）委员会由党代表设置。

（三）由党代表经全国委员会的批准，任免各委员长，并就日常事务向党代表进行汇报。

（四）有关支持各委员会事务的事项，由事务总局和政策委员会的相关部门负责。

第九条【特别委员会以及本部】

（一）根据应对争议问题等的特定需要，可以在党代表下设置特别委员会以及本部。

（二）以党代表的决定设置、废除特别委员会和本部，由党代表任免委员长以及本部长。

附　则

第一条【内部规则】

（一）党代表通过制定党务规则，确定详细的党务处理方针。

（二）其他依照本规定而设置的各级执行机构，可以制定关于组织组成和运行的内部规则，经党代表的批准后实施。

第二条【政务职党职者】

政务职党职者是指需要批准的党职者、各类委员会中的专职委员长和发言人、党代表和院内代表的秘书室室长以及政务职秘书、事务副总长和各部门的室长。

地区组织

第一章　总则

第一条【目的】

为了规定党宪第十章中关于广域市、道党以及地区委员会运行等的必要事项，制定本党规。

第二条【对创立广域市、道党的批准等】

（一）依照政党法的标准，由全国委员会批准广域市、道党的创立。

（二）当认为广域市、道党难以进行正常的活动时，全国委员会可以将该广域市、道党指定为事故党部，并为其正常化议决相关方案。

第三条【地区委员会的设置以及批准】

（一）依照党宪第三条和党宪第四十八条的规定，由广域市、道党运行委员会设置地区委员会和地区委员会的准备委员会［以下称"地区委员会（准）"］。

（二）批准地区委员会和地区委员会（准）的要件如下：

1. 地区委员会：党员人数在五十人以上；

2. 地区委员会（准）：党员人数在三十人以上不足五十人。

（三）当没有正式负责人为设立地区组织筹办相关党员集会等主要事务时，可以由广域市、道党委员长直接负责或者指定某一主体负责。

（四）可以在创立地区委员会之前，进行选出地区委员会委员长以及副委员长的选举活动，然而该选举过程的结束时间，应当在创立日或在创立日之后的期间。

（五）当有设置地区委员会和地区委员会（准）的批准申请时，广域市、道党委员长应当在三十日以内，召开运行委员会，决定是否设置以及批准该地区组织。

（六）当广域市、道党运行委员会拒绝批准时，应当向批准申请人告知恰当的理由；当不服这一决定时，批准申请人可以向全国委员会提出异议。

（七）其他地区委员会的设置以及有关批准的必要事项，由广域市、道党运行委员会规定。

第二章　广域市、道党的运行

第四条【代议员大会与运行委员会的召集等】

（一）广域市、道党委员长每年召集一次广域市、道党代议员大会。

（二）原则上广域市、道党委员长每年召集一次广域市、道党运行委员会。

（三）但当有运行委员会的议决或者有三分之一以上的在籍代议员要求时，应当由委员长在三十日以内召集广域市、道党代议员大会；当有三分之一以上的在籍运行委员要求时，应当由委员长在七日以内召集运行委员会。

（四）经广域市、道党委员长推荐并由运行委员会批准的，推荐职党大会代议员以及运行委员的人数，应当在全体选出职党大会代议员以及运行委员名额的 20% 以内。

第五条【代议员中青年党员配额的年龄等】

（一）广域市、道党代议员大会中的青年党员是指三十五周岁以下的党员。

（二）在广域市、道党代议员大会的构成中，当青年党员的人数不足 10% 时，应当以推荐职弥补至 10% 以上。

第六条【委员长与副委员长】

（一）委员长为一人。

（二）可以依照广域市、道党的规约，设置副委员长。

（三）委员长具有下列各项的地位和权限：

1. 委员长是广域市、道党的最高负责人，代表广域市、道党；

2. 统辖广域市、道党的日常事务以及下属地区委员会；

3. 推荐广域市、道党事务处处长以及广域市、道党的各级部门和机构的负责人，经运行委员会的批准而进行任命；

4. 享有其他党宪、党规与广域市、道党规约所规定的地位和权限。

（四）副委员长辅佐委员长，在委员长缺位时，代行其职务。

第七条【事务处】

（一）在广域市、道党内设置事务处，由事务处处长总揽事务。

（二）事务处管理党员入党、退党等的党员名册，与中央党进行事务沟通，执行辅助地区委员会的基本事务，以及其他广域市、道党规约所规定的事务。

（三）由运行委员会决定是否设置以及废止事务处的各部门。

第八条【部门委员会等】

依照运行委员会的决定，设置部门委员会、各种委员会以及本部等。

第三章 地区委员会的运行

第九条【党员大会的召集等】

（一）必要时，由委员长召集党员大会。但当有地区委员会运行委员会的议决与五分之一以上的在籍党员要求时，委员长应当在三十日以内召集。

（二）为了尽最大可能使党员参加党员大会，委员长应当以邮寄、电话、短信等方式，充分履行事前通知，并在选择大会召开场所时，选择党员容易接近的场所。

（三）党员大会的成立，需要有该地区全体党员百分之二十以上的出席。但创立大会，应当有该地区全体党员百分之二十以上的党员或者二十名以上的党员出席时，得以成立。（2017.6.3 修改）

（四）其他必要事项，由地区委员会的规约规定。

第十条【地区委员会的代议员大会】

当有两百名以上的党员权利人时，可以设置代议员大会。

第十一条【运行委员会的召集等】

委员长召集运行委员会。但当有三分之一以上的在籍运行委员要求时，委员长应当在七日以内召集。

第十二条【委员长与副委员长】

（一）可以设置公共委员长。

（二）依照地区委员会的规约，可以设置副委员长。

（三）委员长具有下列各项的地位和权限：

1. 委员长作为地区委员会的最高负责人，代表地区委员会；

2. 统辖地区委员会的日常业务；

3. 推荐地区委员会事务局局长以及地区委员会的各级部门和机构的负责人，经运行委员会的批准而进行任命；

4. 享有其他党宪、党规和地区委员会的规约所规定的地位和权限。

（四）依照党宪、党规，以当然职的身份，参与中央党与广域市、道党执行机构以及代议机构的地区委员会委员长，由共同委员长中的一人担任。

（五）副委员长辅佐委员长，在委员长缺位时，代行其职务。

第十三条【事务局】

（一）地区委员会设事务局，由事务局局长总揽该事务。

（二）根据履行地区事务的必要性，可以在事务局设置部门，该部门的设置应当由委员会决定。

第十四条【分会的构成以及运行】

（一）分会作为地区委员会的基础组织，以地区委员会运行委员会的决定，按照地区、职场、部门、议题等多样的形态设置、运行。

（二）分会为党员提供沟通、学习、教育的机会等；在各地区、职场，开展为提高本党威信的各种活动。

（三）其他必要事项，由地区委员会的规约规定。

院内组织的运行

第一条【目的】

为了规定党宪第八章中院内机构运行的全部事项，制定本党规。

第二条【院内代表的选出等】

（一）通过秘密投票方式的议员总会，以在籍议员过半数的赞成，选出院内代表。

（二）关于选出院内代表的必要事项，由议员总会的细则规定。

（三）虽有第一款、第二款的规定，但当院内代表的候选人为一人时，可以通过议员总会的议决，采用其他选举方式。

第三条【院内副代表】

（一）院内首席副代表服从院内代表的指示，当院内代表缺位时，代行其职务。

（二）以院内代表的推荐，经议员总会的批准，由院内代表任命院内首席副代表以及院内副代表。

第四条【立法程序以及议案的审议】

（一）欲推进立法的议员，应当以提交至国会的法律草案格式，制定法律草案，并提交至政策委员会；政策委员会应当附加讨论意见，并毫不迟疑地报送至党代表以及院内代表。

（二）当党代表提出要求时，在议员总会审议、议决之前，应当听取党代表的意见。

（三）由院内代表向议员总会提交被报送的法律草案，议员总会在参考政策委员会的讨论意见下，进行审议、议决。应当向党代表汇报被审议、议决的法律草案。

（四）除了由本党议员发起的法案以外，议员总会还要审议、议决提交至国会全体会议以及国会常任委员会的议案。

第五条 【院内对策会议】

（一）为了协商、调整院内预算、立法草案等有关院内活动的本党对策，召开院内对策会议。

（二）院内对策会议，由党代表、院内代表、院内首席副代表、政策委员会议长，以及党代表指定的十名左右副代表和国会议员构成。

（三）院内代表担任院内对策会议的议长。

第六条 【院内代表秘书室】

（一）院内代表秘书室执行院内代表的秘书事务。

（二）院内代表秘书室可以设室长与公报局等。

第七条 【院内行政企划室】

（一）为了辅助院内活动以及业务，在议员总会下设院内行政企划室。

（二）院内行政企划室可以设室长与企划局、行政局、议事局等。

（三）院内行政企划室履行下列职能：

1. 辅助议员总会以及院内对策会议；

2. 制定院内战略等的企划；

3. 调整对议案以及立法草案等议政活动诸事务的企划；

4. 辅助院内运行所必要的行政；

5. 关于议事日程上的事务。

（四）院内行政企划室室长按照院内代表的指示，总揽院内支援事务；为了有效地辅助议政活动，可以召集按照每名议员设置一名辅佐官的全体辅佐官与院内代表秘书室室长等组成的议政对策会议。

第八条 【人事】

（一）院内代表通过与人事委员长协商，向党代表提请院内党职者以及国会政策研究委员的任免。

（二）应聘院内党职者的人事待遇，准用事务处党职者的人事规定。

（三）另行规定对国会政策研究委员职级的人事待遇。

（四）国会政策研究委员可以兼任党职。

第九条 【辅佐职员】

（一）辅佐职员是指辅佐国会议员履职的党员，由国会事务处确定该职级。

（二）辅佐职员由相应国会议员任免，国会议员应当向党代表汇报该任免行为。

（三）辅佐职员的待遇，遵循国会事务处规定的职级待遇，应当尽可能避免不合理的区别待遇。

第十条【非交涉团体政策支援费的使用】

（一）非交涉团体政策支援费（以下称"政策支援费"）是指为了强化非交涉团体的政策力量、支援议政活动，由国会支付的研究开发费。

（二）政策支援费的使用方针，由议员总会决定。

（三）为了严格审查依政策支援费运行方针实施的政策开发课题，院内代表应当在议员总会下设置政策开发课题审查小委员会（以下称"审查小委"）。

（四）审查小委由五名以内的人员，即由担任审查小委委员长的院内首席副代表以及通过院内代表与政策委员会议长协商指定四名以内的委员构成、运行。

（五）其他必要事项，由议员总会的规则规定。

会议规定

第一章　总则

第一条【目的】

为了民主而有效地运行党大会、全国委员会，制定本规定。

第二条【适用对象】

（一）在党宪或者其他党规没有做出另行规定的情况下，本规定适用于党大会、全国委员会。

（二）党内各种机构没有自身会议规则时，准用本会议规定。

第三条【用语的定义】

本规定中使用的用语，定义如下：

1. "议长"是指不论其名称为何，主持会议的人；

2. "会议参加者"是指不论其名称为何，具有党权和行使职权资格，并实际参加会议的人。但为了赋予参加会议的资格，可以另设党权恢复期间。

第二章　开会与闭会

第四条【议事的规定人数】

所有会议由在籍人员过半数的出席而成立。但在没有特别规定时，可以由在籍人员三分之一以上的出席而开议。

第五条【在籍的总数】

（一）通过在召开日当时具有资格的总人数减去事故人员人数，计算出在籍人员人数。

（二）事故人员的人数是指由于执行拘束、通缉、刑罚、出差海外、本人以及直系亲属的结婚、本人以及配偶亲属的葬礼等，不能参与会议的人数。但仅限于在召开会议之前已经由议长确认事故人员姓名与事由的情形。

（三）议长在汇报成员之前，说明已经确认的事故人员人数、姓名和事故事由。但召开党大会和全国委员会时，可以省略事故人员的姓名。

第六条【汇报成员】

（一）为了宣布开会，议长应当在此前汇报成员，明确在席人员人数满足议事规定人数。

（二）在汇报成员时，应当依次公布会议成员总数、事故人员人数、在籍人员人数、议事规定人数和在席人员人数。

第七条【宣布开会】

当对成员报告没有异议时，由议长说明会议日程和会议的正式名称，并宣布开会。

第八条【流会】

超过事前公告时刻一小时，还未达到议事规定人数时，议长可以宣布流会。

第九条【停会】

议长在必要时，可以宣布停会中止会议。当议长宣布停会时，应当一并通知下次开会的时间。

第十条【会议中途未达议事规定人数】

在会议途中，发现未达到议事规定人数时，由议长宣布散会或者闭会。

第十一条【闭会】

依照会议顺序处理完所有议案后，由于其他不可避免的事由，无法继续开会时，由议长宣布闭会，结束会议。

第三章　议题

第十二条【党大会的议题】

（一）党大会的议题，参照党宪第十三条的各项规定。

（二）议长应当在会议召开之日的十四日前，公开党大会的议案和会议资料。

（三）党大会代议员可以通过获得代议员总数的 5% 或党员权利人总数 1% 以上的签名赞成或者主页上的赞成，在会议召开之日的七日前，提出议案。但议案的提案人应当以文书形式向议长提交议案内容和赞成人员名单、赞成人员签名。（2016.11.26，2017.9.2 修改）

（四）议长团以全员合议，可以提出其认为紧急并重要的议案。

（五）议长未遵守第二款规定的，党大会代议员可以通过获得代议员总数 5% 以上的签名赞成或者主页上的赞成，在会议开始之前提出议案。

第十三条【全国委员会的议题】

（一）全国委员会的议题，参照党宪第十八条的各项规定。

（二）议长应当在五日前公开全国委员会的议案和会议资料。但议长认为存在不应公开的部分时，可以不予公开部分资料。（2017.9.23 修改）

（三）全国委员会通过获得全国委员五人以上或党员权利人总数 1% 以上的签名赞成或者主页上的赞成，提出议案。议案的提案人应当在会议召开之日的前一日为止，以文书形式向议长提出议案内容、赞成人员名单和赞成人员签名。但在会议当日提出议案时，应当获得全国委员在籍议员 10% 以上的签名赞成，并应当在结束该会议顺序之前提出。（2016.11.26，2017.9.2 修改）

（四）党代表可以提出其认为紧急并重要的议案。

（五）议长未遵守第二款规定的期间时，全国委员可以通过获得五人以上的签名赞成或者主页上的赞成，在会议开始之前提出议案。

第四章　动议

第十四条【动议的种类】

在会议中，可以提出的动议种类如下：

1. 修正动议；

2. 议程动议；

3. 翻案动议；

4. 紧急动议。

第十五条 【修正动议】

（一）在全国委员会，经两人以上的赞成（再请、三请），可以提出对已提交议案的修正动议。

（二）在党大会，经在席人员 5% 以上的赞成，可以提出对已提交议案的修正动议。

（三）修正动议的内容应当是对原案的部分添加或者删除。如果修正动议的内容是将原案代替为完全不同的内容或者对原案直接提出反对的内容，那么议长应放弃该修正动议。

（四）不得对翻案动议、议程动议、紧急动议提出修正动议。

第十六条 【议程动议】

（一）为了有效率地讨论议案，以两人以上的赞成（再请、三请），可以提出议程动议。

（二）议程动议的种类如下：

1. 质疑的终结：议决后，不再允许提出质疑，随即开始讨论。

2. 讨论的终结：议决后，不再允许进行讨论或提出修正动议，随即开始表决。

3. 议案的退回：议决后，中止对议案的讨论，在下次会议中重新处理。提案人可以在下次会议上提出对议案内容的补充。

（三）但在进行质疑与答复之后，自结束赞成讨论和反对讨论各一次以上后，才可以提出第二款第二项和第三项的动议。

（四）议程动议无须讨论，直接进行表决，以在席人员过半数的赞成而议决。

第十七条 【翻案动议】

（一）议决结束后，为了对其进行修正，需要提出翻案动议。

（二）由在席人员过半数的同意提出翻案动议，以在席人员三分之二以上的赞成而议决。

第十八条 【紧急动议】

（一）为了解决会议进行上重大深远的问题，以两人以上的赞成（再请、三请）可以提出紧急动议。

（二）紧急动议的种类如下：

1. 停会：议决后，议长随即宣布停会。

2. 对议长的不信任：提议后，议长离开议长席，在召开党大会时，由副议长中的一人主持余下的会议；在召开全国委员会时，由副代表中的一人主持余下的会议。

（三）紧急动议无须讨论，直接进行表决，以在席人员三分之二以上的赞成而议决。

第十九条 【议案的撤回】

第十二条第三款、第十三条第三款的提案人，经获得所有赞成人员的同意，可以撤回议案。

第二十条 【一事不再议】

不可以重新讨论已经结束议决的议案。但有翻案动议的情形下，则另当别论。

第二十一条（原文无该条文）

第五章 发言

第二十二条 【发言的申请与许可】

（一）欲发言时，先举手说出"议长"一词，向议长申请发言权。

（二）不得在其他成员还未结束发言前申请发言。但对于议程动议和紧急动议，则另当别论。

（三）提出议程动议或紧急动议时，应当在申请发言权同时表达其动议。

（四）议长应当随即许可对议程动议和紧急动议的发言；对于其他发言，可以在询问发言的宗旨后，确定许可的时间。

第二十三条 【发言的开始以及次数的限制等】

（一）发言人员在明示所属和姓名后，简单说明发言宗旨，开始发言。

（二）对同一议题，每人可以发言两次。但对于下列各项情形，不计入发言次数内：

1. 答复质疑时；

2. 提案人或者同意人员说明其宗旨时；

3. 已征得议长的许可时。

（三）在召开全国委员会时，在没有议长的特别规定时，不限制成员的发言次数。

第二十四条 【限制发言时间】

（一）发言人员应当在五分钟以内结束发言。

（二）当需要五分钟以上的发言时间时，发言人员应当获得议长的许可。

第二十五条 【命令终止发言】

在下列各项情形下，议长可以命令终止发言：

1. 当发言脱离了已提交议案的讨论范围时；

2. 申请议程动议或者紧急动议后，对议题内容进行发言的情形；

3. 未经议长许可，超出发言时间限制的情形。

第六章　议案的讨论

第二十六条 【会议顺序】

（一）议长通过排列议案的讨论顺序公布会议顺序，通过征得与会成员的意见，确定会议顺序。

（二）会议顺序以在席人员过半数的赞成而议决。

第二十七条 【议案的提交】

（一）议长按照会议顺序，逐个提交议案。

（二）议案的提交，以议长在朗读议案的题目后，宣布提交而确定。

（三）在未结束对已经提交议案的议决之前，议长不得提交其他议案。

第二十八条 【提案说明】

（一）提交议案后，由提案人中的一人对提案进行说明。

（二）提案的说明内容，应当符合已经以文书形式向议长提交的内容，说明人员不能任意修改内容。

第二十九条 【质疑与讨论】

（一）会议参加者可以向议案的提案人或者修正动议人员提出质疑。

（二）质疑结束后进行讨论，讨论的方式依规定选择适用。

（三）议长通过询问会议参加者，决定是否终结质疑与讨论。

第三十条 【逐条审议】

（一）包含多个条款的议案，对各条款进行逐条审议。但议长以在席人员过半数的赞成，可以省略逐条审议或者仅对部分条款进行逐条审议。

（二）为了审议的效率，议长可以变更条款的顺序或者合并几个条款或者将一个条款划分为若干部分而逐条审议。

第三十一条【讨论方式】

（一）进行赞成、反对讨论时，参加讨论的人数，原则上为赞成和反对各三人。但无讨论人员时，可以不是各三人。

（二）赞成、反对的讨论顺序如下：赞成→反对→反对→赞成→赞成→反对。

（三）当对三个以上的复数议案进行讨论时，参加讨论的人数，限制为各议案两人。但无讨论人员时，可以不是各两人。

（四）复数议案的讨论顺序如下：第一议案→第二议案→第三议案……/第二议案→第三议案……第一议案/第三议案……第一议案→第二议案。

（五）当议长认为有必要时，可以通过安排针对各类意见的同等讨论人数，允许进行深层讨论。

（六）对于全国委员会，议长可以将讨论人数限定在三人以内，赞成和反对的人数可以不是同等的人数。

第三十二条【参加党大会议长团的讨论】

（一）党大会议长参与讨论时，应当指定副议长中的一人担任临时议长，并离开议长席，在对该问题表决结束以前，不得返回议长席。

（二）当党大会副议长参与讨论时，应当离开副议长席，在对该问题表决结束以前，不得返回到副议长席。

第七章　议决

第三十三条【议决的规定人数】

以在席人员过半数的赞成，议决无另行规定的议案。

第三十四条【参加表决和禁止变更意思】

（一）表决时，不在会场的会议成员，不得参加表决。但当依投票进行表决时，在封闭投票箱之前，可以参加表决。

（二）会议成员不得变更已经做出的意思表示。

第三十五条【表决的开始】

（一）开始表决时，议长宣布欲表决的议案题目，同时宣布表决的开始。

（二）议长在宣布开始表决之后至结束表决之前，禁止除了有关表决程序以外的发言。

第三十六条【表决方法】

议长咨询会议成员的意见后，确定表决方法。但关于人事的表决，遵循投票的四大原则（秘密投票、平等投票、普通投票、直接投票）。

第三十七条【表决顺序】

（一）对同一议题提出了两个以上的修正动议时，从最后提出的修正动议开始表决。

（二）如果对一个修正动议达成了议决，对还未表决的修正动议与原案不再进行表决。

（三）当所有修正动议都被否决时，对原案进行表决。

第三十八条【检票与开票】

在开始投票前，议长指定检票委员和开票委员，在征得与会成员的同意后，并在该委员的到会下，进行投票与开票。

第三十九条【议决的宣布】

当表决结束时，议长公布该结果，并在朗读该决定的内容后，宣布议决已经达成。

第八章　互联网直播、会议记录以及会议结果

第四十条【互联网直播】

党大会、全国委员会原则上通过主页进行互联网直播。但经议长团或者党大会的批准，可以不予公开全部或者部分内容。

第四十一条【会议记录以及会议结果】

（一）会议记录是指包含下列事项的文书：

1. 会议时间和场所；

2. 出缺情况：在籍代议员的人数、事故代议员的人数和名单、出席代议员的人数和名单、未出席代议员的人数和名单、离席人员的人数和名单；

3. 会议主持人和记录人员；

4. 会议顺序；

5. 议案与附属于议案的材料；

6. 议决内容、议决方法、包含表决结果的会议结果；

7. 会议录音记录。

（二）"会议结果"是指除了第一款"会议录音记录"以外，包含剩余事项的文书。

（三）对于本党正式代议以及执行机构的会议，应当制作会议结果。

第四十二条【会议记录的制作机构】

对下列各项会议制作会议记录：

1. 党大会；

2. 全国委员会。

第四十三条【会议记录的制作与保管】

（一）议长在宣布开会后，在出席人员的同意下，指定若干书记员。

（二）书记员负责为了制作会议记录的录音和记录。

（三）议长在结束党大会、全国委员会之后的十日以内，完成会议记录的制作。

（四）议长负责保管会议记录，该业务由党的事务处担任。

第四十四条【会议结果的公开】

（一）议长在五日以内向党员公开会议结果。

（二）通过中央党主页向党员公开各类会议的结果。

（三）根据各类会议的结果，可以不予公开特定议案或者特定会议的全部会议结果。但在不予公开时，应当明示该事由。

第四十五条【会议记录以及会议结果的纠正】

（一）议长在必要时，可以纠正会议记录的内容，使其尽可能符合议决的宗旨。

（二）当会议结果的内容与事实不符时，各个会议的出席人员可以向议长申请对会议结果的纠正。

（三）议长在收到纠正申请后七日内，通过对比确认申请内容与录音资料，决定是否进行纠正，并向申请人员通报决定内容。

（四）当会议结果被纠正时，应当随即公开该内容。

第九章　秩序

第四十六条【议长维持秩序】

（一）议长在宣布开会后，指定若干指导员。指导员在有无遵守会议规定、维持秩序和表决等事务上，辅佐议长。

（二）当会议出席者在会议中违反本规定，搅乱会场秩序或者做出损伤组织威信的言行时，议长可以做出如下惩戒：

1. 注意：没有故意性的轻微违规情形。

2. 警告：虽然已经要求注意，但还是反复做出违规行为的情形；具有明确的故意性，并妨害会议进行的情形。

3. 取消发言和道歉：无视其他代议员或者做出侮辱其他代议员行为的情形；做出贬低组织威信的言行时。

4. 退场：虽然已经给予警告，但还是反复做出满足警告要件的行为时；不履行取消发言和道歉的命令时；通过其他言行对会议的进行造成严重的阻碍时。

第十章　全国委员以及党大会代议员的义务

第四十七条【全国委员以及党大会代议员的义务】

（一）全国委员以及党大会代议员在参与会议时，应当尽可能积极地收集原选举单位组成人员的意见。

（二）中央党以及广域市、道党应当尽可能提供有效收集意见的沟通方案。

选举管理规定

[2013.02.28 第四次全国委员会制定；2013.05.22 第六次全国委员会修正；2013.06.16 党大会修正；2013.10.20 第二届第二次全国委员会修正；2015.05.30 第二届第十三次全国委员会修正；2016.01.30 第三届第五次全国委员会修正；2016.07.16 第三届第九次全国委员会修正；2016.09.03 第三届第十次全国委员会修正；2017.06.03 第三届第十七次全国委员会修正；2017.09.23 第四届第二次全国委员会修正；2017.10.21 第六次党大会修正]

第一章　总则

第一条【目的】

为了规范党职选举、公职选举候选人的选出以及公职选举候选人资格审查委员会的设立和运行相关事项，根据相关党宪以及党规，制定本党规。

第二条【选举】

本党规中的党的各类选举，依照直接、平等、秘密、无记名投票的方式进行。

第三条【事务的协助】

各级选举管理委员会要求协助相关选举事务时，党应当优先提供协助。

第四条【适用】

根据党宪、党规的规定，本规定适用于党员直接选举中下列各项的选举：

1. 党职选举（代议机构以及执行机构）；

2. 公职候选人选举。

第五条【选区】

（一）公职选举候选人由住址在该公职选举选区内的全体党员选出。通过广域市、道党运行委员会三分之二以上的特殊决议，可以将选区扩大至地区委员会的范围。但经全国委员会的议决或者广域市、道党运行委员会的议决，代表可以将被选举权赋予不具有选区内住址的党员。

（二）选出党职者由党职选举选区内的全体党员和地址在该选区的职场委员会全体党员选出。

（三）但对相应地区委员会管辖的选举而言，职场委员会不包括在选区内。

第二章　选举管理

第六条【选举管理委员会的组成】

（一）中央选举管理委员会由包含委员长在内的五人以上九人以下的委员组成；经党代表的推荐，通过全国委员会批准委员长和委员。

（二）广域市、道党选举管理委员会由包含委员长在内的三人以上五人以下的委员组成；经广域市、道党的委员长推荐，通过广域市、道党委员

会批准委员长和委员。（2017.06.03 修改）

（三）地区委员会、职场委员会的选举管理委员会由包含委员长在内的三人以上五人以下的委员组成；由地区委员会、职场委员会的运行委员会决定委员长和委员。

（四）选出党职者中隶属于各级执行机构的人，不得担任对应各级选举管理委员会委员。

（五）各级选举管理委员会委员长、选举管理委员欲登记为相应选举管理委员会直接管辖的选举候选人时，应当在该选举候选人登记开始日的三十日前，辞去选举管理委员职务。

第七条 【选举管理委员会的任期】

（一）中央选举管理委员长和委员的任期为两年。

（二）广域市、道党选举管理委员长和委员的任期，由广域市、道党规约规定。

第八条 【选举管理委员会的职务以及权限】

（一）根据党宪以及党规的规定，中央选举管理委员会总揽党的各级选举事务，指挥、监督下级选举管理委员会，具有针对党所有选举相关规定的解释和选举效力的最终判定权。

（二）广域市、道党选举管理委员会总揽广域市、道党的选举事务，指挥、监督所属地区委员会的选举管理委员会，具有针对广域市、道党选举相关规定的解释和选举效力的最终判定权。

（三）地区委员会、职场委员会的选举管理委员会总揽地区委员会、职场委员会的选举事务，具有针对地区委员会、职场委员会选举相关规定的解释和选举效力的最终判定权。

（四）总揽相应选举的选举管理委员会（以下称"辖区选举管理委员会"）可以将部分职务委任于下级选举管理委员会。

（五）尚未组建地区委员会选举管理委员会时，由广域市、道党选举管理委员会履行该职务。

第九条 【选举管理委员会的职能】

（一）各级选举管理委员会具有如下职能：

1. 公告选举；

2. 制作以及确定选民名册；

3. 处理候选人登记以及退选相关事项；

4. 受理推荐候选人时的参观人申请；

5. 管理选举活动；

6. 提供候选人相关信息；

7. 设置投票场所以及开票场所；

8. 管理投票以及开票；

9. 确定当选人以及制作、保管投票记录、开票记录；

10. 有关公告当选的事项；

11. 其他选举管理所必要的事项。

（二）各级选举管理委员会应当随即向上级选举管理委员会汇报第一款各项的事务以及全部选举事务。

第十条 【选举管理委员会的委员长】

（一）各级选举管理委员长代表各级选举管理委员会，总揽相应选举事务。

（二）委员长发生事故时，在委任下一任委员长之前，由委员中互选选出的临时委员长代行委员长职务。

第十一条 【干事以及选举事务员】

（一）各级选举管理委员会可以设干事，经委员长的推荐，由相应选举管理委员会批准干事的任免。

（二）干事根据委员长的指挥，处理选举管理委员会的日常事务，并向选举管理委员会汇报处理结果。

（三）各级选举管理委员会自选举公告时起至开票结束这一期间，可以设若干选举事务员，经委员长的推荐，由相应选举管理委员会批准选举事务员的任免。

（四）选举事务员辅助相应选举管理委员会的选举管理事务，通过干事向选举管理委员会汇报该事务处理结果。

（五）通过选举管理委员会的议决，可以设置为了管理选举事务的事务局。

第十二条 【会议的召集】

（一）各级选举管理委员会的委员长应当在公告选举的三日前召集会议，制定选举事务所需的计划后，公告选举。

（二）各级选举管理委员长认为必要时，可以召集会议；有三分之一以上的在籍委员要求时，应当在七日以内召开会议。

（三）委员长拒绝召集第二款后文规定的会议时，经过半数委员的同意，可以由要求召集会议的三分之一以上委员直接召集会议。

第十三条【运行】

（一）各级选举管理委员会以委员过半数的出席而开议，并以出席委员过半数的赞成而议决。

（二）委员长具有表决权，赞成与否决同数时，视为否决。

（三）其他有关运行的事项，遵循民主主义的一般原则。

第十四条【选举管理委员等的中立义务】（2017.06.03 全文修改）

（一）各级选举管理委员、干事、选举事务员（以下称"选举管理委员等"）应当在本党所有选举中保持公正性和中立性。

（二）在党的所有选举中，各级选举管理委员等欲登记为候选人时，应当在相应选举的候选人登记开始日十五日前辞去职务。

（三）当各级选举管理委员等违反本规定时，上级选举管理委员会通过审议、议决，可以停止选举管理委员等的选举管理职务至结束投票之时；当中央选举管理委员等违反本规定时，常务委员会可以代替上级选举管理委员会的职责进行处分。

（四）非由党纪委员会的处分，各级选举管理委员不受警告、停止职权、解除职位等身份上的不利益。

第三章 公职候选人的审查

第十五条【公职选举候选人资格审查委员会的组成】

（一）为了审查公职选举候选人的资格，根据公职选举法，在候选人预备人选登记日三十日前，设置中央党和广域市、道党的资格审查委员会（以下称"候选人审查委"）。

（二）中央党候选人审查委由包含委员长在内的五人以上七人以下的委员组成，由党代表任免委员长和委员。

（三）广域市、道党候选人审查委由包含委员长在内的五人以上七人以下的委员组成，由广域市、道党的委员长任免委员长和委员。

第十六条【候选人审查委的任期】

（一）中央党候选人审查委的委员长和委员任期为两年。

（二）广域市、道党候选人审查委的委员长和委员任期为两年。

第十七条【候选人审查委的职责以及功能】

（一）中央党候选人审查委针对总统选举、广域团体长官选举、比例以及地方选区国会议员选举中，自候选人预备人选登记前，至党最终批准为候选人前，审查公职选举候选人是否适格。

（二）广域市、道党候选人审查委针对基础团体长官、比例以及地区地方议员选举中，自候选人预备人选登记前，至党最终批准候选人前，审查公职候选人是否适格。

（三）相应候选人审查委向该广域市、道党以及本人，随即通报资格审查结果；中央党候选人审查委向常务委员会，广域市、道党候选人审查委向广域市、道党运行委员会汇报后，向该选区党员进行公告。

（四）未经党候选人预备人选资格审查的人，不得登记为国家选举管理委员会的候选人预备人选、党内公职候选人选出选举的候选人以及国家选举管理委员会候选人等。

第十八条【审查标准等】

（一）为了审查各级公职选举候选人，中央党候选人审查委员会根据参选的法定资格、正体性、贡献度、道德性等标准，制定审查标准和审查方法等。

（二）当候选人审查委确定审查候选人资格所需的材料，并进行公告时，候选人应当提交相关材料。

（三）申请候选人预备人选资格审查的当事人对资格审查结果有异议时，自审查结果公告之日起三日内，对中央党候选人审查委的审查结果向常务委员会申请再审；对广域市、道党候选人审查委的审查结果向中央党候选人审查委申请再审。是否予以再审查，中央党由常务委员会；广域市、道党则由中央党候选人审查委决定。

（四）由中央党候选人审查委进行第三款规定的再审。

（五）即使无第三款规定的申请情形下，中央党候选人审查委可以在十五日内，对广域市、道党候选人审查委的决定进行再审。

第十九条【运行规定等】（2017.06.03 全文修改）

（一）公职选举候选人资格审查委员会的运行标准等，准用选举管理委员会的运行标准。

（二）根据公职选举候选人资格审查委员会的决定，规定施行细则等。

第四章　选举权和被选举权

第二十条【选举权】

（一）党员在第二十九条①第一款规定的选民名册制作基准日当时，已经入党三个月以上，并在选民名册制作基准日当时，六个月期间内，未交纳一般党费累计不超过两个月时，具有选举权。

（二）删除（2017.09.23）。

（三）根据现行党规第七号党员的惩戒以及党纪委员会规定，处于停止党员资格期间的党员，投票期间不享有选举权。

第二十一条【被选举权】

（一）为了具备本党各级选举中的被选举权，除了满足第二十条规定的各项要件之外，公职选举候选人还应当具备公职选举法上的被选举权。

（二）下列各项人员不享有被选举权：

1. 选民名册制作基准日当时，近一年内存在退党情形的人。但满足党规第一号第七条第四款规定的人除外；

2. 在投票期间，根据现行党规第七号的规定，被处以除名处分的人，或者在惩戒过程中退党，并自除名处分之日或退党之日起未满五年的人；

3. 党宪、党规规定的其他不具备被选举权的人。

（三）但对于由全国委员会推荐的候选人，即使不符合第一款规定，也可以享有被选举权。

第五章　公职选举候选人的选出

第二十二条【排除了比例代表选举候选人的候选人竞选方式】

当公职选举候选人为两人以上时，根据党宪第十一章第五十七条第一款的规定，依照全国委员会规定的竞选方式选出公职候选人。

第二十三条【比例代表地方议员选举候选人】

（一）通过拥有选举权的广域市、道党全体党员直接投票，制作比例代

---

① 【译者注】：现行法规应为第三十条。

表广域市、道议员选举候选人名册。

（二）通过广域市、道党代议员大会的议决，可以制定战略名册，由广域市、道党代议员大会决定全体名册的配额、战略名册的标准等与制作名册相关的事项。

（三）通过拥有选举权的相应基础自治团体内地区委员会全体党员直接投票，制作比例代表自治市、郡、区议员选举候选人名册。

（四）由相应广域市、道党代议员大会决定其他必要事项。

第二十三条之一【造成补缺选举原因时的放弃公荐】

在党选出职公职者因腐败、违法而当选无效或者丧失被选举权（包括刑罚确定前辞职的情形），导致再、补选的情形下，不再针对该选区推荐公职候选人。

第六章　女性以及残疾人的配额

第二十四条【公职选举候选人中女性候选人的人数】

（一）为了扩大女性的政治参与，保障女性的实质性政治活动，针对因任期结束而实施的国会议员选举、广域议员选举、基础议员选举中，女性候选人应当占据参选地方选区（选出职）候选人名额的百分之三十以上；在选出选举候选人之前，由全国委员会决定该具体分配方针。

（二）在由党选出的比例代表国会议员候选人以及比例代表地方议会议员候选人中，女性应当占据二分之一以上，并赋予女性政党名册中的单数序号。

第二十五条【公职选举候选人中残疾候选人的人数】

（一）由党选出的比例代表国会议员候选人中，残疾人党员应当占据十分之一以上，在选出选举候选人之前，由全国委员会决定该具体分配方针。

（二）第一项中的残疾人党员是指党规第十四号第二条第二款（残疾人）中的党员。

第二十六条【选出职党职者女性党员适用配额】

（一）选出党职者时，必须分配百分之三十以上的女性党员，适用于选出两人以上的所有选区；通过对选出名额乘以 0.3 的方式，以四舍五入计算女性党员百分之三十的配额。

（二）其余事项遵循党宪附则第二条规定。

第二十七条【选出职党职者残疾人党员适用配额】

（一）选出党职者时，必须分配百分之五以上的残疾人党员，适用于选出十人以上的所有选区；通过对选出名额乘以 0.05 的方式，以四舍五入计算残疾人党员百分之五的配额。但为了实现残疾人党员配额，相应地区组织的运行委员会可以调整选区。

（二）第一项中的残疾人党员是指党规第十四号第二条第二款（残疾人）和第三款（残疾人相关人士）中的党员。

（三）其余事项遵循党宪附则第二条规定。

第二十八条【选出职党职者青年党员适用配额】（2017. 10. 21 新设）

（一）选出党职者时，必须分配百分之十以上的青年党员，适用于选出五人以上的所有选区；通过对选出名额乘以 0.1 的方式，以四舍五入计算青年党员百分之十的配额。但为了实现青年党员配额，相应地区组织的运行委员会可以调整选区。

（二）其余事项遵循党宪第十条的规定。

第七章　选举公告

第二十九条【选举公告】

（一）所有公职候选人选出选举以及党职者选出选举，应当在投票开始日的十五日前，由辖区选举管理委员会公告。

（二）根据管辖选举的种类，分别由全国委员会或广域市、道党运行委员会或地区委员会运行委员会决定前款选举公告日等选举日程，并由相应选举管理委员会进行公告。但对于再选举和补缺选举而言，由辖区选举管理委员会决定选举日程。

（三）选举公告文中记载下列各项内容：

1. 欲选出的公职选举候选人以及党职者的种类、人数和选举方法；

2. 选民名册制作基准日、对选民名册申请异议的期间、确定选民名册的日期；

3. 候选人登记期间、候选人的资格标准；

4. 选举活动的方法；

5. 投票期间、投票场所、投票方法以及各类投票的施行细则；

6. 选举管理委员会决定的其他事项。

第八章 选民名册

第三十条 【选民名册的制作】

（一）选民名册的制作基准日为选举公告日前一个月的最后一天。

（二）辖区选举管理委员会在选民名册制作基准日当时的党员中，按照各选区调查第二十条规定的选举权人，在五日以内制作选民名册；当上级选举管理委员会充当制作选民名册的机构时，应当在制作选民名册后，随即向各下级选举管理委员会（当已经确定选区的情形下，下级选举管理委员会应当向该选区）送达一份选民名册。

（三）选民名册中应当记载选举权人姓名，入党日期，地址，出生年月日，所属广域市、道党以及其他必要事项。

（四）针对同一选举，任何人都不能重复登记于选民名册中。

（五）辖区选举管理委员会可以在选民名册制作期间，通过本人的确认程序，对记载于选民名册中的个人信息进行修改。要求变更个人信息的党员，应当向辖区选举管理委员会提交相关文件。

第三十一条 【选民名册的阅览】

（一）第二十条中规定的选举权人，可以通过本党主页，确认本人是否具有选举权。

（二）自选民名册送达对应辖区选举管理委员会后的第二日起三日内，在每日上午九点至下午六点期间，阅览选民名册；辖区选举管理委员会应当通过发送手机短信等方式，通知相应选区的所属党员阅览名册。

（三）但依照第一款、第二款的规定阅览选民名册时，各级选举管理委员会应当能够保护个人信息。

第三十二条 【异议申请以及选民名册的确定】

（一）当选民名册中存在遗漏、误记或者无第二十条规定之选举权的人登记在册时，任何党员都可以在选民名册阅览期间，通过有线、书面等方式，向相应各级选举管理委员会提出异议申请。

（二）受上级选举管理委员会委任或者委托选举管理事务的下级选举管理委员会，应当在第三十条第二款的选民名册阅览期间，每日向上级选举管理委员会汇报当日选民名册异议申请事项。

（三）辖区选举管理委员会通过直接受理或者通过确认下级选举管理委员会受理的异议申请内容，修改选民名册后，在结束阅览选民名册的次日十八点前，最终确定选民名册。

（四）针对上述第一款、第二款的异议申请期间以后确定的选民名册，不得提出追加异议申请，不得修改一切记载于选民名册上的姓名、电话号码等信息。

（五）辖区选举管理委员会制作已通过确认的选民名册，当上级选举管理委员会充当制作选民名册的机构时，应当在制作选民名册后，随即向各下级选举管理委员会送达一份选民名册。

（六）投票开始日以后，不得变更一切选民名册，不得为了投票而修改网上投票选民名册上记载的居民登录证号码以及电话号码等信息。

第九章　候选人登记

第三十三条【候选人登记】（2017.06.03 全文修改）

（一）党员欲成为公职候选人选举以及党职选举的候选人时，自选民名册的确定日以后，在辖区选举管理委员会指定的候选人登记期间，从普通名册、女性名册、残疾人名册中，自愿选择希望登记为候选人的名册，进行候选人登记申请。

（二）根据第一款的规定，欲申请登记为候选人的党员，应当一并提交下列各项文件：

1. 候选人登记申请书；

2. 保有被选举权的确认书；

3. 候选人推荐信；

4. 参选事由以及承诺；

5. 候选人誓约书；

6. 履历书；

7. 人权教育进修确认书或者誓约书；

8. 寄托金发票（仅限于第三十二条①之二中规定的情形）；

9. 辖区选举管理委员会要求的其他文件。

---

① 【译者注】：现行法规应为第三十三条。

（三）推荐人可以为多个候选人提供推荐信，由辖区选举管理委员会确定第二款第三项中候选人推荐信的推荐人人数。

（四）由本人或者持有委任状的代理人，通过到访进行登记申请，或者通过传真（fax）进行登记申请，再或者通过邮寄（包括电子邮件）进行登记申请的方式完成候选人的登记申请，并限于在辖区选举管理委员会登记申请截止时间前收悉，方为有效。但通过传真以及电子邮件方式进行登记申请的情形，在登记申请结束日之后，辖区选举管理委员会可以要求提交原件。

（五）除未能提交第二款规定文件的情形之外，辖区选举管理委员会应当随即受理登记申请，并发放接收证。

（六）辖区选举管理委员会不得延长已经做出公告的候选人登记期间，对于无候选人提出登记申请的情形而言，则另当别论。

第三十三条之二【寄托金】（2017.06.03 新设）

（一）党代表的选举候选人、总统候选人的选举候选人、比例代表国会议员的选举候选人，应当在申请登记为候选人时，交纳全国委员会确定的寄托金，具体事项由中央选举管理委员会规定。

（二）前款规定的寄托金属于党的特殊党费，即使候选人退选也不予返还。但当比例代表国会议员候选人未能入围本党制作的名册中时，可以予以返还。

（三）寄托金的金额、交纳方法等必要事项由全国委员会规定。

第三十四条【登记无效】

（一）候选人申请登记后，存在下列各项事由之一的，该候选人登记视为无效：

1. 发现候选人不具有被选举权；

2. 发现属于违反第三十二条①规定而进行的候选人登记。

（二）候选人登记为无效时，辖区选举管理委员会应当及时向该候选人做出通知并明示登记无效的事由。

第三十五条【号码的抽选】

在结束第三十二条②第一款规定的候选人登记申请后，辖区选举管理委

---

① 【译者注】：现行法规应为第三十三条。

② 【译者注】同上

员会通过对候选人或者具有委任状的代理人或候选人的委任，可以抽选候选人的号码。

第三十六条【候选人的退选】

候选人在投票开始日前，由本人或者通过代理人的直接访问，以书面形式提交辞呈时，视为退选。

第三十七条【候选人登记、号码抽选、候选人退选的公告】

辖区选举管理委员会应当及时公告候选人的登记以及号码抽选结果、候选人登记无效以及退选事项。

第十章 选举活动

第三十八条【选举活动】（2017.06.03 全文修改）

（一）本规定中的"选举活动"是指使得特定候选人当选或者不被当选的行为。但针对选举的单纯意见陈述、意思表示、为了确立候选人和进行选举活动的准备行为或者普遍意义上的政治活动，不视为选举活动。

（二）任何人都可以自由地进行选举活动。但党宪、党规中禁止或者限制的，则另当别论；针对选举公职候选人，应当遵循公职选举法允许的行为。在本质上不限制选举活动自由的范围内，辖区选举管理委员会可以限制部分选举活动的方法以及次数等。

（三）中央党执行机构的选出职党职者以及任命职党职者，登记为选举党代表以及副代表的候选人、选举总统候选人的候选人、选举比例代表国会议员的候选人时，在选举活动期间，停止该职务的履行。

（四）市、道党执行机构的选出职党职者以及任命职党职者，登记为选举该市、道党委员长以及副委员长的候选人时，在选举活动期间，停止该职务的履行。

（五）地区委员会执行机构的选出职党职者以及任命职党职者，登记为选举该地区委员会委员长以及副委员长的候选人时，在选举活动期间，停止该职务的履行。

（六）第三款、第四款、第五款的情形下，当党宪、党规未规定职务代行者时，由该候选人所属的执行机构指定职务代行者。但仅有单一候选人参选的各类选举而言，不予停止该职务的履行。

（七）对不参加辖区选举管理委员会主办的百分之三十以上候选人讨论

会、宣讲的候选人进行警告，并公布该事实。

第三十九条【候选人相关信息的提供】

为了展开以政策为中心的选举活动、扩大选举权人参与选举等，在辖区选举管理委员会的主管下，通过要求所有候选人提供其经历、政策、有关争议问题的见解等，由辖区选举管理委员会向选举权人提供该结果。

第四十条【选民名册的提供】

（一）结束候选人登记以后，辖区选举管理委员会向候选人或者候选人指定的人，提供有限份数的包含了联系方式和电子邮箱地址的党员个人信息文件。在这一情形下，辖区选举管理委员会应当制定有关提供党员个人信息的细则；候选人应当遵守该细则，并尽力保护党员个人信息。

（二）当候选人可以通过电子方式等获取由辖区选举管理委员会管理的选民名册，并进行所需的选举活动时，以辖区选举管理委员会的决定，可以不予适用前款规定。

第四十一条【选举活动期间】

自公告选举以后，候选人（包括预备参选者）可以进行选举活动。但投票期间准用公职选举法的规定；选举施行细则中禁止以及限制的情形下，不得进行选举活动。（2017.06.03 修改）

第四十二条【禁止事项】

候选人或党员在选举时不应做出以下行为：

1. 行使暴力、胁迫、绑架等妨碍公正选举的行为；

2. 针对竞争候选人做出诽谤、发布虚伪事实的行为；

3. 向选举权人提供财物、款待的行为；

4. 不遵守党员个人信息誓约书的行为；

5. 妨碍各级选举管理委员会选举事务的行为；

6. 毁损选举相关公告的行为；

7. 其他违反党宪、党规和本规定的行为。

第四十三条【对不正当选举的惩戒】（2017.06.03 全文修改）

（一）辖区选举管理委员会得知候选人或者党员违反第四十一条①（禁止事项）各项、其他违反本规定的事实时，经审议、议决，根据事实的轻

---

① 【译者注】：现行法规应为第四十二条。

重，处以第二款各项之一的处分，并应当向不正当选举行为人通报不正当选举的内容以及处分事实。

（二）惩戒种类如下：

1. 注意以及纠正命令：以书面或者口头形式进行通报，通过下达注意以及纠正命令，以防止再次发生；

2. 警告：以书面形式向不正当选举行为人做出警告；

3. 丧失资格或者禁止选举活动：不正当选举行为人是候选人时，剥夺该选举的候选人资格以及选举权；不正当选举行为人是党员时，禁止其选举活动以及剥夺其选举权。

4. 除名之诉：针对不正当选举行为人，向广域市、道党的党纪委员会提起除名之诉。被提起除名之诉的人，在被提起除名之诉时，受到与丧失资格或者禁止选举活动同等效力的惩戒。

（三）做出第二款第二项以下的惩戒时，通过主管选举的中央党或者相应市、道党的主页等，公告不正当选举内容以及处分事实。这一情形下，当不正当选举行为人是候选人时，应当公开候选人的姓名；当不正当选举行为人不是候选人时，由辖区选举管理委员会决定是否公开姓名。

（四）辖区选举管理委员会得知候选人或者党员存在违反第四十一条①（禁止事项）各项或者违反本规定中其他条款的风险事实时，经审议、议决，可以做出"劝告"，以防止违规行为。但劝告不属于惩戒，在不触及第二款第二项以下的惩戒前提下，不公开该劝告事实。

（五）通过传唤相关人进行审问后，行使第二款规定的措施。但当一方或者全部相关人不接受传唤时，则另当别论。

（六）对于第二款第三项规定中候选人资格的丧失和第四项规定中党纪委员会的除名之诉，经委员会在籍过半数的出席和在籍委员三分之二以上的赞成而议决。

（七）党纪委员会收到除名之诉后，应当在三日内做出可否除名的决定。在这一情形下，当认为处分过重时，可以减轻为党员资格的停止。但剥夺候选人的资格以及选举权。

（八）在公职候选人选举结束后，发现存在选举上的不正当行为时，经

---

① 【译者注】同上。

辖区选举管理委员会的审议、议决，可以做出选举无效的决定；在这一情形下，可以向相应市、道党的党纪委员会，提出针对该候选人或者党员的除名之诉。

第四十四条【针对处分的异议申请】

（一）受到第四十二条处分的人，可以向上级选举管理委员会以书面形式提交异议申请书。但异议申请书的提交并不影响处分的效力。

（二）异议申请书中应当具体记述异议申请，并应当在处分决定书的领取日五日内提交该异议申请书。

（三）上级选举管理委员会在接收异议申请书之日起三十日以内，做出决定，并向异议申请人通知该内容。

（四）根据第一款规定提交异议申请书的情形下，为了预防因第四十二条的处分导致难以恢复的损害，当认为存在紧急的必要时，上级选举管理委员会可以依异议申请人的申请或者依职权，及时做出停止全部或者部分处分的决定。

第十一章　投票

第四十五条【投票的种类以及方法】

（一）投票期间以完成本人认证为前提，可以通过网上投票、ARS 移动电话投票、现场投票方式进行投票，投票种类、投票方法、各类投票方式的投票时间、顺序等遵循辖区选举管理委员会的规定。但现场投票不得超过一日。

（二）对于罪犯等无法进行第一款规定中投票的不在籍人员而言，可以进行邮寄投票。

（三）针对残疾人党员的投票种类以及方法，应当提供最大限度的正当的便利。

第四十五条之二【选出方法】

公职候选人以及党职者的选出方法，候选人的人数多于欲选出的公职候选人以及党职者的人数时，遵循党宪、党规、选举施行细则的规定；候选人的人数等于或者少于欲选出的公职候选人以及党职者的人数时，对各个候选人实施赞成与否的投票。在这一情形下，应当有有效投票数的过半数赞成。（2017.06.03 新设）

第四十六条 【投票期间】

（一）投票期间为五日；实施 ARS 移动电话投票时，投票期间为六日。

（二）对于邮件投票，在投票结束时刻前，到达辖区选举管理委员会，方为有效。

第四十七条 【网上投票的选民名册】

（一）网上投票开始以后，即使出现丧失选举权的人，也不得从网上投票选民名册中删除该姓名。

（二）即使发现完成投票的选民是丧失选举权的人，该投票仍视为有效投票。

（三）在投票期间，任何人都不得阅览未投票者名单。

（四）网上投票期间结束后，上级选举管理委员会应当立即将未投票者名单移交至辖区选举管理委员会。

第四十八条 【网上投票系统的管理】

（一）在投票期间，任何情况下都不能修改或者接近网上投票系统。但辖区选举管理委员会认为必要时，可以在候选人的监督下接近或者修改网上投票系统；在这一情形下，应当以文书的形式记录作业的时间、内容和参观人的姓名等，并保管三个月。

（二）通过同一 IP 只能进行四次投票行为；超过四次时，不能使用该IP 进行投票。

第四十九条 【网上投票行为的相关事项】

（一）当选民参加多个选举时，在结束标记一个选票后，若点击移动至下一个选举的按钮，视为完成相应选举的投票行为。

（二）选民在进行投票的过程中，因发生网络服务中断等不可抗力事由，导致退出网上投票系统时，针对已经完成标记选票的选举，视为完成了投票行为；针对未对选票进行标记或者虽然结束对选票的标记却未点击确认按钮的选举，视为未进行投票行为，因此自本选举开始继续行使选举权。

第五十条 【通过 ARS 移动电话投票实施的选举】

（一）限于选举党代表以及副代表、总统候选人、国会议员比例代表候选人时，可以实施 ARS 移动电话投票。

（二）针对未进行网上投票或者现场投票的选民，实施 ARS 移动电话投票。

第五十一条【现场投票场所】（2017.06.03 全文修改）

（一）必要的情形下，可以通过辖区选举管理委员会的决定，设置党各级选举的现场投票场所；应当在投票开始日的三日前，决定是否设置现场投票场所。在这一情形下，应当及时向候选人以及党员公告现场投票的场所。

（二）在现场投票场所内，应当有两名以上辖区选举管理委员会承认的管理人，且应当准备能够确认选举权和是否已经参加投票的电脑。

（三）辖区选举管理委员会应当在现场投票的投票开始日三日前，向各候选人邀请参观人的出席。

（四）在现场投票场所进行投票时，管理人必须在投票前，通过查看居民登录证、驾驶证等，确认登记于选民名册中的选民身份，并发放选票；辖区选举管理委员会应当在事前，充分告知携带身份证件的事宜。

（五）未能满足第二款规定的要求时，辖区选举管理委员会可以不予设置现场投票场所，或者中断其运行。

第五十二条【选票的制作以及投票箱的使用】

（一）由辖区选举管理委员会制作选票，无选举管理委员会委员长职印的选票为无效。

（二）即使候选人退选、登记无效，对于已经完成制作的选票而言，不予删除该候选人的号码、姓名，也不得使用书写工具进行删除。但辖区选举管理委员会应当积极做出相关说明确保党员获知该退选事实。

（三）辖区选举管理委员会可以通过向相应国家选举管理委员会提出租赁等方式，使用投票箱、计票台。

第五十三条【配送选票】

（一）选票应当在投票开始前与选民名册一同配送至投票场所。

（二）制作选票的上级选举管理委员会向下级选举管理委员会配送选票。

（三）辖区选举管理委员会可以规定不同于第二款的配送选票方式。

第五十四条【现场投票和标记选票的方法】

（一）选民在标记选票时，应当遵照选举公告或者选举指南中公示的方法。

（二）应当由选民直接标记选票。但对于无法由本人直接标记选票的选民，在该事由获得相应选举管理委员会的确认后，可以要求选举事务员辅助标记选票的行为。

第五十五条 【参观人】

限于候选人指定的一名参观人，可以在辖区选举管理委员会指定的场所，监督投票以及开票情况。

第五十六条 【投票箱等的移送】

在投票结束日的终止时间，辖区选举管理委员加封投票箱后，应当及时将投票箱、选民名册、剩余选票等移送至开票场所。

第五十七条 【投票箱等的移交】

辖区选举管理委员将投票箱、选民名册、剩余选票、其他选举相关资料或者物品移送至开票场所后，向辖区选举管理委员会委员长告知投票箱的到达情况，并要求确认封印状态后，完成移交。

第十二章 开票

第五十八条 【开票场所】

（一）辖区选举管理委员会指定一个开票场所。

（二）虽有第一款的规定，但是当辖区选举管理委员会欲增设开票场所时，该场所应当是可以由选举管理委员以及参观人进入的场所，并且应当在开票日的三日前，公告增设的开票场所。

第五十九条 【投票箱的开箱以及开票】

（一）根据各类投票方法，开票顺序为邮寄投票、现场投票、ARS 移动电话投票、网上投票。

（二）针对现场投票的开票，当十分之一以上的投票箱到达开票场所时，开始开票；根据到达先后顺序，通过确认封印状态后，进行开箱。

（三）在相应选举管理委员以及参观人到场的状态下，进行开票。但当一方或者全部参观人拒绝到场时，则另当别论。

（四）按照各选区实施开票，在结束计算一个选区的投票数后，实施下一个投票箱的开箱。

（五）计票结果应当立即传达至辖区选举管理委员会委员长。

第六十条 【投票结果的公开】

辖区选举管理委员会应当按照地区委员会选举管理委员会的各投票场所，及时公开计票结果。但当选举权人的人数过少，以致无法保障秘密投票时，根据辖区选举管理委员会的决定，可以调整公开的范围。（2017.06.03修改）

第六十一条 【无效投票】

（一）存在下列各项情形的选票视为无效：

1. 对于因违反第三十三条规定，导致退选、登记无效的候选人，删除其号码、姓名的情形；

2. 未使用规定选票的情形；

3. 使用无辖区选举管理委员会委员长职印的选票的情形；

4. 在任何一个栏上都没有标记选票的情形；

5. 无法明确标记选票对象候选人的情形；

6. 未使用选举管理委员会提供的标记选票工具，而使用文字或者物形标记的情形；

7. 在指定栏以外处，进行标记选票的情形；

8. 判明投票箱封印已经被损毁的情形；

9. 未能根据第五十五条①及时移送至开票场所的投票箱中选票。但有不得已的情形，向辖区选举管理委员会汇报后，得到批准的情形除外；

10. 未遵循第五十三条②标记选票方法的选票；

11. 辖区选举管理委员会做出无效处理的其他情形。

（二）计算得票率时，不计算无效的选票。

第六十二条 【有关投票效力的异议申请】

（一）候选人对投票效力存在异议时，可以在投票结束日后的三日内，向辖区选举管理委员会，以书面形式提出异议。

（二）当异议书被接收时，辖区选举管理委员会应当立即通过在籍选举管理委员过半数的出席和出席委员过半数的议决，对该异议做出决定，并立即以书面形式通报异议申请人。

---

① 【译者注】：现行法规应为第五十六条。
② 【译者注】：现行法规应为第五十四条。

（三）应当自前款决定后的三日以内，完成再验票；辖区选举管理委员会应当立即公告该结果。

（四）针对辖区选举管理委员会的决定，可以向上级选举管理委员会提出不服申请。

第六十三条【选票等的保管】

（一）在结束开票后，辖区选举管理委员会应当制作开票录（包括互联网、移动电话投票的相关资料），经选举管理委员会委员长和到场的选举管理委员签名后，与选票一同封存保管。

（二）第一款规定中的保管期间是自决定当选人后的三个月。

第十三章　当选

第六十四条【当选人的决定】

结束开票后，辖区选举管理委员会根据第四十五条之二（选出方法），决定当选人并予以公告。但相同得票数候选人为两人以上时，按照残疾人、女性、抽签顺序决定。（2017.06.03 修改）

第六十五条【当选人决定的更正】

辖区选举管理委员会发现对当选人的决定有着明确的错误时，应当在选举结束后的七日以内，更正该决定。

第六十六条【因丧失被选举权而当选无效等】

（一）在选举日，不具有被选举权的人，不能成为当选人。

（二）在任期开始前，当选人失去被选举权时，丧失当选的效力。

（三）在任期开始前，当选人存在下列各项情形时，该当选无效：

1. 发现当选人违反第一款规定当选的；

2. 发现当选人具有第三十三条规定中的登记无效事由的。

第六十七条【任期的开始】

（一）根据本规定选出的党职者任期开始日为前任任期结束之日的第二天。

（二）删除。（2017.06.03）

（三）若党规无另行规定，通过补缺选举选出的党职者任期开始日为当选日，任期为前任的剩余期间。

第十四章　再选举和补缺选举

第六十八条【再选举】

（一）符合下列各项情形时，根据第三十二条①的规定，通过再登记后，实施再选举：

1. 当选人在任期开始前，辞退或者死亡的；

2. 当选人当选无效的；

3. 辖区选举管理委员会决定所有选举为无效的；

4. 由于无当选人或者当选人的人数未达到该选区应当选出的人数，从而为了选出不足部分当选人的。

（二）任期开始前辞退的当选人、当选无效的当选人、为导致选举无效提供直接原因的人，不得参选相应再选举。

（三）应当在选举结束以后的六个月内，实施再选举。

第六十九条【因部分无效而实施的再投票】

（一）辖区选举管理委员会决定部分选举无效时，对选举无效的部分实施再选举后，重新决定当选人。

（二）第一款情形下，应当自决定部分选举无效之日起七日以内，实施再投票。

（三）即使根据第一款规定认为部分选举无效，当无须对部分无效选举进行再投票，也可以决定选举结果时，不再实施再投票，直接决定当选人。

第七十条【因自然灾害等实施的再投票】

（一）因自然灾害和不可避免的事由，未能完成部分投票，或者发生投票箱的消灭、丢失等事由时，通过实施针对相应投票的再投票，决定当选人。

（二）当第一款的事由对选举结果不产生影响时，准用第六十九条第三款的规定。

第七十一条【补缺选举】

（一）根据本规定选出的党职者规定人数中，发生空缺，并需要补充人员时，实施补缺选举。

---

① 【译者注】：现行法规应为第三十三条。

（二）党职者的补缺选举，遵循相关党规。

（三）虽有第二款规定，但是距离任期结束未满六个月的情形下，可以不予实施补缺选举。

第七十二条【本规定以外的选举无效】

施行本规定后，针对未依照本规定实施的各级选举，不予承认其选举效力。

附　则

第一条【选民名册遗漏者的救济】

（一）虽然根据本规定第三十条、第三十一条、第三十二条，已经确定选民名册，但是发现因选民名册制作机构的明确归责事由，导致选举权人在名册中被遗漏的情形下，各级选举管理委员会可以在开始投票的两日前，将该选举权人登记于选民名册中。在全国范围内同时进行党职选举的情形下，由广域市、道党选举管理委员会决定是否救济遗漏者。但开始投票后，不得进行登记。

（二）前款规定中，因明确归责事由的救济，仅限于选民名册制作基准日当时，由中央党以及广域市、道党管理的党籍记录簿（党员党费数据库）中记载事项，不同于选民名册中记载事项的情形。

第二条【一般民主主义原则和惯例的准用】

针对本规定中未明确的事项，通过准用公职选举法等一般民主主义原则和惯例，做出判断。

第三条【国会议员比例代表选出选举的候选人预备人选登记以及选举活动期间的特例】

（一）为制作第二十届国会议员比例代表候选人名册的公职候选人，可以通过登记为候选人预备人选的方式，自登记日以后至投票开始日前，进行选举活动。但在选举施行细则上做出禁止或者限制的情形下，则另当别论。

（二）中央党公职候选人资格审查委员会审查为了登记为候选人预备人选的资格。

第四条【委托国家选举管理委员会】

针对党内选举，当委托国家选举管理委员会实施投票、开票事务等选举管理时，可以对本规定的事项做出另行规定。具体事项由中央选举管理委员会和国家选举管理委员会协商决定。

关于国会议员履行职务的规定

［2016.03.11 第三届第七次全国委员会制定；2016.07. 16 第三届第九次全国委员会修改］

第一条 【目的】

国会议员既是根据宪法和法律选出的独立宪法机关，同时也是基于党员的共识与奉献而授权的党的战略性资产，为规范党所属国会议员的职务履行方向及义务，制定本规定。

第二条 【院内活动】

党所属国会议员应以促进党的发展和成长、加强行政能力和授权能力为方向，进行院内活动。

第三条 【义务】

（一）党所属国会议员对国民和党负有无限责任。

（二）身为国会议员，应保持应有的品位，尽一切义务。

（三）遵守党的公职（候选人）者伦理规定及选举管理规定。

（四）遵守党宪、党规，为纲领服务。

（五）履行参与党的正式、非正式会议和党主管的活动、计划等义务。

（六）议政活动应符合党的院内外战略以及方针。

（七）党的国会议员和辅佐团，应按照党规定的标准交纳职责党费。党费的交纳应在任期开始前或每年一月份与事务总长进行协商。

（八）有关国会常任委员会的分配或党内外特别委员会的组成事项，应遵从党的战略性判断和要求。

（九）组建辅佐团时，应积极响应党的政策能力提升及人才培养的战略，并与事务总长协商录用百分之二十以上的党推荐的青年及党职者（在中央党及地区活动一定期间者）等。为此，应运行人事计划（青年实习、国会辅佐团公募制度等）。

（十）聘用辅佐职员时，不得录用本人的亲属。

第四条 【不受逮捕特权的限制】

党所属国会议员因腐败、舞弊等嫌疑，成为嫌疑人身份时，应及时向常务执行委员会报告，常务执行委员会无特别措施的，自行接受令状实质审查。无正当事由，没有出席的，经常务执行委员会议决，向党纪委员会提起诉讼。

有关选出职公职者伦理的规定

第一条 【目的】

为防止党所属选出职公职者利用公职非法增值财产，确保公务执行的公正性，以确立作为对国民的奉献者的伦理精神，制定本规定。

第二条 【正义】

"选出职公职者"（以下简称为"公职者"）是指当选为总统、国会议员、地方议员以及团体长的人员。

第三条 【清廉、维持品位】

（一）公职者无论直接或间接，均不得收受与职务相关的谢礼、赠予或款待。

（二）公职者无论职务内外，均不得实施损害其品位的行为。

第四条 【财产的公开】

（一）根据《公职者伦理法》，公职者自成为登记义务者之日起两个月内应将包括本人在内的公开对象的财产登记到登记机关，并一个月内在中央党网站公开。且将每年1月1日到12月31日的财产变动事项，在次年2月底为止之前申报到登记机关，并3月份之内通过网站向党员和国民公开。

（二）股票和债券应公开交易时间等具体明细。

第五条 【业务以外收入的限制】

公职者不得收受下列规定以外的任何补偿。

1. 通常惯例范围内提供的演讲费，讨论会参加费。

2. 法律允许的兼职收入

第六条 【利害冲突】

（一）下列各项中规定的利害关系者之间，不得实施接受金钱、物品赠予等一切行为。

1. 获得职务相关认可、许可的事业者或者申请认可、许可的事业者和个人。

2. 作为国家补助金的补贴对象，在职务关系的范围内进行的事业者或个人。

（二）即使支付一般利息，但不得从利害关系人处收取贷款。但金融机构等属于利害关系人的，允许作为一名顾客从金融机构收取贷款。

第七条【回避】

不得试图做出、参与或影响对本人或亲属以及其他亲友的财政利害关系产生影响的公共议事决定。

第八条【礼物规定】

公职者不得从与职务相关的其他公职者处收受礼物。但互助会公开提供或通常惯例范围内提供的小额物品或饮食招待除外。具体施行方法参考《规则》。

【规则】限制收受礼物、礼金、花环、花盆等的规定

第一条【概念定义】

（一）"职务相关人员"属于下列各项情形。

1. 要求与公职者所管业务相关的行为或措施的个人或团体。

2. 与公职者所管业务相关的个人或团体。

3. 因公务人员所管的业务相关的权限行使或因不幸而受到利益的个人或团体。

4. 对公职者执行所管业务产生影响的有利害关系的个人或团体。

（二）礼物是指无代价提供的物品（各种商品类以及花环、花盆、宠物等动植物类和书画、瓷器等艺术品包括在内的所有有价值的有形物品）或者代金券、机票、车票、住宿券、使用券、会员券、入场券及其他可估价的有价证券。

（三）款待是指饮食、酒饮、高尔夫等接待服务，或提供交通、住宿及其他便利的服务。

第二条【禁止收受金钱、礼物以及款待】

（一）公职者和其配偶、直系亲属不得从职务相关人员收受金钱、礼物或款待（以下简称"礼物等"）。但排除以下情形。

1. 简约的茶点。

2. 与职务相关的活动主办方一律向活动参与者提供的交通、住宿以及饮食。

3. 为广泛宣传而发给一般人的宣传品或纪念品。

4. 其他各部门或机关为方便其执行职务而允许的物品或便利。

（二）公务员不得从职务相关人员收受超出通常惯例范围的礼物等，其不得超过一次一人五万韩元，且不得超过每年二十万韩元。

第三条【庆吊事通知和收受礼金的限制】

（一）公职者为良好的庆吊事文化以身作则。

（二）公职者不得实施有关庆吊事的以下行为。

1. 通知职务相关机关（包括行政机关）、团体或其所属职员的行为。

2. 以讣告、请帖、邀请函等方式通知时，记载单位、职级的行为。

3. 从职务相关个人、机关及团体或其所属职员收受礼金的行为。

第四条【被禁止的礼物等的处理】

收受上述规定的超标金钱或被禁止金钱及礼物（以下简称"被禁止的礼物"）的公职者应返还提供者。

党员的惩戒及党纪委员会规定

第一章　总则

第一条【目的】

为了规范与党员的惩戒相关的党纪委员会的组成、运行以及惩戒事项，制定本规定。

第二条【设置】

中央党和广域市、道党应设置中央党党纪委员会和广域市、道党党纪委员会。

第三条【委员会的独立与身份保障】

党纪委员会独立于代议机构和执行机构履行其职务，党纪委员不受身份上的歧视。

第四条【严守秘密的义务】

委员和党纪委员会业务的人员不得泄露或盗用职务秘密。

第二章　党纪委员会

第五条【组成及选出方法】

（一）党纪委员会由包括委员长在内的五人以上九人以下的委员组成。

（二）中央党党纪委员长和委员由党代表推荐，全国委员会批准。

（三）广域市、道党党纪委员长和委员由广域市、道党委员长推荐，广域市、道党运行委员会批准。

（四）委员长缺位时，以互选的方式确定委员长权限代行者，直至重新任命委员长为止。

（五）中央党党纪委员会和广域市、道党党纪委员会为调查、处理性歧视、性暴力、家庭暴力事件，可下设"性歧视、性暴力、家庭暴力调查委员会（以下简称性歧视调查委员会）"，并对性歧视调查委员会的组成等事项另行规定。

第六条【任期】

（一）中央党党纪委员长和委员的任期为两年。但其任期到下一任中央党党纪委员长选出为止。

（二）广域市、道党党纪委员长和委员的任期，以广域市、道党规约规定。

第七条【权限】

（一）党纪委员会可要求党员和党机构提交惩戒判定所必要的资料，并要求相关人员的出席、陈述、意见提出等，党员和党机构应当忠实履行。

（二）接受前款所规定命令的党员和党机构无特殊理由而不服从命令或进行虚假陈述等，该党纪委员会可以依职权进行惩戒。

第八条【召集及运行】

（一）党纪委员长认为有必要时，可以召集会议，如有三分之一以上在籍委员提出要求的，应在七日内召开会议。

（二）如果委员长拒绝按照前款的后项规定召开会议的，三分之一以上的委员获得过半数委员的同意，可直接召开会议。

（三）委员会以过半数以上在籍委员的出席召开会议，出席委员过半数以上的赞成进行议决。但除名的判定以三分之二在籍委员的赞成议决。

（四）委员长拥有议决权，而赞成票与反对票相等时由委员长决定。

（五）委员会会议以非公开为原则，经委员会表决个别案件可公开。

（六）委员长及委员如本人为申诉者或被申诉者或与该事件有利害关系的，不得参与审议和议决，而利害关系是否存在，由该党纪委员会决定。

（七）其他有关运行的事项，遵循民主主义的一般原则。

第三章　党员的惩戒

第九条 【惩戒的事由】

下列情况下可以经过委员会的审议，进行惩戒：

1. 持续参加或支援与纲领精神明显相反立场的政党或组织的活动的情形；

2. 违背纲领和党宪、党规以及党的决定的情形；

3. 明显降低党的名誉的情形；

4. 明显违反党员义务的情形；

5. 泄露党的机密，对党造成损害的情形；

6. 属于党宪、党规规定的其他惩戒事由的情形。

第十条 【惩戒的种类】

（一）惩戒分为以下几类：

1. 警告：持续其言行需要惩戒的，应命令中止。警告的传达方法由党纪委员会决定。

2. 停止职权：在代议机构、执行机构等中央和地方的所有党的机构具有职位的党员一定期间内限制其行使该职权。停止职权的期间由党纪委员会决定。

3. 免职：解除其代议机构和执行机构等中央和地区所有党组织的职位。

4. 停止资格：一定期间内不得行使选举权、被选举权以及议决权和职位等作为党员的所有权利和职位的权限。

5. 除名：剥夺党员的资格。

（二）处第一款第一项到第四项的惩戒的，党纪委员会认为有必要时，将制定期间、时间、金额等，可适当地附加以下各项命令：

1. 适当的教育、服务，实践过程；

2. 损害赔偿；

3. 禁止在党（一切党机构）的网站上登载文章；

4．禁止参加及参观各种党内会议。

第十一条【惩戒的减轻和加重】

（一）被告在党的网站上公开道歉的，可将此充分反映到惩戒量刑。

（二）对不履行惩戒的人，可加重处罚。

第十二条【惩戒程序】

（一）对惩戒的申诉，应向广域市、道党党纪委员会提交申诉状。

（二）所有党员和党的机构均可向所属广域市、道党党纪委员会提起申诉。

（三）申诉事由本身明确不是惩戒事由的，党纪委员会可以驳回该申诉。

（四）申诉者和被申诉者属于不同广域市、道党的，由被申诉者所属广域市、道党管辖。但申诉者认为负责惩戒程序的广域市、道党可能做出不公正的审查的，可以向中央党党纪委员会说明并要求指定管辖。

（五）属于不同广域市、道党的多数被申诉者就同一事件被申诉的，申诉者可以说明合并处理的适当性，要求指定特定广域市、道党党纪委员会合并处理该案件。

（六）党纪委员会经审查认为无申诉事由的，可弃却该案。（2017.06.03 新设）

（七）广域市、道党党纪委员会在提出申诉状起六十日内审查确定惩戒与否，公布判定结果。公布方式由广域市、道党党纪委员会决定。但需要对被申诉的案件进行追加调查和实际调查的，根据委员会成员过半数的赞成，可以将审理期限最多延长六十天。

（八）广域市、道党党纪委员会可以为申诉者和被申诉者设置三十日以内进行和解的调解期间。但在调解期间内不进行惩戒程序。

（九）广域市、道党党纪委员会可以委托相应党员所属地区委员会的运行委员会审议在党的机构不具有职位的党员的惩戒。地区委员会的运行委员会应自广域市、道党党纪委员会委托审议之日起十五日内，将运行委员会议决确定的审议意见书提交至广域市、道党党纪委员会。

（十）广域市、道党党纪委员会的惩戒判定，除申诉人和被申诉人放弃异议申请外，自异议申请期限结束后开始生效，若在异议申请期间提出异议申请的，自中央党党纪委员会最终判定结束后开始生效。但除名的情形，自广域市、道党党纪委员会的判定之后到中央党党纪委员会最终判定之前，视为处于与停止资格同样的惩戒状态。

（十一）未在惩戒履行期限内履行广域市、道党党纪委员会确定的惩戒的，广域市、道党运行委员会以惩戒决定不履行为由，自惩戒期间结束之日起向首次召开的中央党党纪委员会议，申诉未履行的受惩戒者。

（十二）申诉人或被申诉人可以以第六条（召集及运行）第五款①规定为由，申请该党纪委员会党纪委员的回避，到做出回避申请处理决定为止中止该案的惩戒程序。

（十三）申诉人和被申诉人及所有党员自申诉之日起，不得在网络等地方公开申诉状的全部内容。

第十三条 【辩解】

（一）广域市、道党党纪委员会应在受理申诉后五日内，向申诉对象党员通知申诉事实，并提供辩解的机会。未向申诉对象党员提供辩解机会的惩戒无效。

（二）可以通过出席并以口头方式辩解或通过亲自制作的辩解书进行辩解，自行选择。

（三）申诉者和被申诉者以及所有党员自提起申诉起，不得向互联网等公开一切申诉状。

第十四条 【异议申请】

（一）对广域市、道党党纪委员会的判定有异议的当事人，均可向中央党党纪委员会提出异议申请。

（二）自广域市、道党党纪委员会公布惩戒判定之日起十四日内，异议申请者将其亲自签名的异议申请书，以亲自访问、挂号邮寄（接收日为标准）或电子邮件等方法，提交至广域市、道党党纪委员会。

（三）接收异议申请书的广域市、道党党纪委员会，将异议申请书、决定书以及所有相关审查资料移送到中央党党纪委员会，中央党党纪委员会自接收移送之日起进行审查。

第十五条 【对异议申请的审查】

（一）中央党党纪委员会的审查程序准用第十条②（惩戒程序）及第十

---

① 【译者注】：现行法规应为第八条第六款。
② 【译者注】：现行法规应为第十二条。

一条①（辩解）的规定。

（二）异议申请被驳回后，广域市、道党党纪委员会的惩戒决定予以确定。

（三）是否驳回异议申请，以中央党党纪委员过半数的出席和过半数的赞成议决。

第十六条【再审】

（一）如有下列事由的，为了被申诉者的利益可以对已确定的惩罚决定申请再审：

1. 对作为决定惩戒的关键证据的文件或供述等证据进行伪造、变造或弄虚作假的情形；

2. 新发现证明惩戒无效的确凿证据的情形；

3. 作为决定惩戒原因的事实，因党代会或全国委员会的议决而消灭的情形。

（二）再审由被申诉者或其所属的地区委员会（运行委）提出申请，被申诉者死亡时，其所属的地区委员会或其配偶或子女可以提出申请。

（三）再审由最终决定惩戒的党纪委员会管辖。

（四）有关再审的程序及议决，党纪委员会准用第十条②（惩戒程序）和第十一条③（辩解）的规定。

（五）再审请求被受理的，其效力仅对未来发生，不影响已进行的权利义务。

（六）惩戒完全无效的，应采取将其决定登载到党的网站或党报等恢复权利和名誉所必要的适当措施。

第十七条【施行细则】

施行本规定所必要的事项以及中央党和广域市、道党党纪委员会的有效统一运行所必要的事项，中央党党纪委员会可以通过施行细则规定。

附则一

虽有以上规定，但常务执行委员会可以停止党职者的职务：

1. 在国会议员总选举、全国同步地方选举等选举活动过程中，党职者

---

① 【译者注】：现行法规应为第十三条。
② 【译者注】：现行法规应为第十二条。
③ 【译者注】：现行法规应为第十三条。

明显违反党论的情形；

2. 属于第七条①（惩戒事由）的行为程度严重的情形。

附则二

同时，对于因腐败嫌疑而被起诉或被确认为事实的选出职党职者和选出职公职者，可以经常务执行委员会的议决停止党员权。

---

① 【译者注】：现行法规应为第九条。

后　记

　　党内法规制度建设离不开对于国外政党法规和党内法规的合理借鉴。韩国是政党政治较有特色的国家，政党法规和党内法规也是韩国政党政治体系的重要组成部分。翻译韩国政党法规和党内法规，对中国共产党的党内法规制度建设有着重要参考价值。

　　本书的翻译对象，是韩国宪法的政党条款，政党法、政党资金法等多部重要政党法规以及长期在韩国执政或具有较大影响力的共同民主党、自由韩国党、国民之党、正义党等政党的党章、党纲及其他重要党内法规。这些规范覆盖了韩国主要政党法规和主要政党的党内法规，是了解韩国政党政治体系的重要参考资料。

　　本书是武汉大学党内法规研究中心策划的"国外政党法规和党内法规译丛"的重要成果。"国外政党法规和党内法规译丛"从 2016 年开始策划，第一批《德国政党法规和党内法规选译》和《日本政党法规和党内法规选译》已经在 2017 年年底出版。第二批成果包括韩国、法国和西班牙等国的政党法规和党内法规选译，本书就是第二批成果中的一本。随后，武汉大学党内法规研究中心还将开展第三批俄罗斯、美国、英国等国政党法规和党内法规的翻译工作。本书也是武汉大学党内法规研究中心借助外脑开展本项目的一次成功尝试。本书的出版，得益于延边大学朝鲜韩国法研究基地蔡永浩主任牵头的朝鲜韩国法研究团队（吉林省高校创新团队）的辛勤工作，该团队有着较高的语言驾驭能力和业务能力，特别是对于韩国政党法规和党内法规有着深入的研究和思考，十分适合承担本项翻译工作。需要自我批评的是，作为本译丛的策划，我本人并不懂韩国语，只能根据中文习惯在各位优秀译者的指导下，艰难且缓慢地审阅本书，在此向各位译者和各位读者道歉。

尽管各位译者的贡献是同样的，但基于技术原因，必须在封面呈现作者排序，这一排序并不表明实际贡献有别。各部分的译者列于各自的译本之后，翻译责任由各位译者自行承担，我本人也承担相应的审阅责任。

本书的成型和出版获得了很多师友的关心和帮助，特别是武汉大学党内法规研究中心各共建单位的支持和帮助。感谢武汉大学党内法规研究中心将本译丛列为重点资助项目，并提供翻译和出版资金支持。感谢延边大学朝鲜韩国法研究基地对本书的支持。感谢武汉大学法学院南玉梅老师对延边大学朝鲜韩国法研究团队的引介和联络。感谢武汉大学党内法规研究中心李丹青老师为本书出版做出的贡献。感谢社会科学文献出版社任文武老师、周映希老师和责任编辑的大力支持和协助。

由于时间仓促，本书定然存在很多错漏之处，请各位党内法规理论研究和译著界的同人先进不吝赐教！我们相信，没有大家的批评，我们就很难正确认识自己，也就不可能真正战胜自己，更不可能超越自己。

祝捷

于武汉大学半山庐

2018 年 10 月

图书在版编目（CIP）数据

韩国政党法规和党内法规选译 / 蔡永浩等译. -- 北
京：社会科学文献出版社，2018.12
（珞珈党规精品书系）
ISBN 978 - 7 - 5097 - 8899 - 8

Ⅰ. ①韩…　　Ⅱ. ①蔡…　　Ⅲ. ①政党 - 法规 - 研究 - 韩
国　Ⅳ. ①D931. 261. 1

中国版本图书馆 CIP 数据核字（2018）第 292119 号

珞珈党规精品书系
韩国政党法规和党内法规选译

译　　　者 / 蔡永浩　朴大宪　崔慧珠　姜祉言

出 版 人 / 谢寿光
项目统筹 / 任文武
责任编辑 / 杨　雪

出　　　版 / 社会科学文献出版社·区域发展出版中心（010）59367143
　　　　　　地址：北京市北三环中路甲 29 号院华龙大厦　邮编：100029
　　　　　　网址：www. ssap. com. cn
发　　　行 / 市场营销中心（010）59367081　59367083
印　　　装 / 三河市尚艺印装有限公司

规　　　格 / 开　本：787mm × 1092mm　1/16
　　　　　　印　张：38. 25　字　数：622 千字
版　　　次 / 2018 年 12 月第 1 版　2018 年 12 月第 1 次印刷
书　　　号 / ISBN 978 - 7 - 5097 - 8899 - 8
定　　　价 / 98. 00 元